Anne Dubreuil.

Grammaire française

Grammaire française

Jacqueline Ollivier

Stanford University

 Harcourt Brace Jovanovich, Inc.

New York   San Diego   Chicago   San Francisco   Atlanta

ISBN: 0-15-529675-2

Library of Congress Catalog Card Number: 77-92249

Printed in the United States of America

The author is grateful to Éditions Gallimard for their kind
permission to reprint the two poems by Jacques Prévert,
''Pour faire le portrait d'un oiseau'' and ''Le message,''
which appear on pages 32–33 and page 190. Both are from
the collection *Paroles* by Jacques Prévert, © Éditions
Gallimard, tous droits réservés.

Préface

Grammaire française est un livre pour les étudiants de deuxième année de français à l'université qui savent déjà une grammaire simple, fondamentale, acquise dans leur première année d'étude de la langue; ils ont maintenant besoin d'en revoir les différents points pour «mettre de l'ordre» dans leurs connaissances et augmenter celles-ci en apprenant d'autres règles, d'autres mots, et quelques nuances de la pensée. Le livre est aussi pour les étudiants qui ont fait plusieurs années de français à l'école secondaire et qui se trouvent placés dans une classe de deuxième année à leur arrivée à l'université; eux aussi ont besoin de reprendre les différents points qui constituent leurs connaissances de la langue. Le livre convient également aux classes d'école secondaire où l'étude de la grammaire accompagne celle de la littérature. Il est enfin pour les personnes qui veulent se remettre à l'étude du français.

Cet ouvrage est écrit entièrement en français. C'est un français simple qui permet de suivre les explications sans difficulté. Les leçons, au nombre de vingt, sont complètement indépendantes, ce qui donne de la flexibilité au livre. Les premières sont celles qu'il faut généralement inclure dans le programme au début du niveau intermédiaire. D'autres sont placées vers la fin du livre parce qu'elles ne sont nécessaires que vers la fin de l'année. Mais toutes peuvent être utilisées dans l'ordre qui correspond aux besoins de la classe.

La première leçon a été jugée très utile par les étudiants qui ont utilisé la version préliminaire. Il est recommandé de la revoir au commencement de chaque trimestre ou semestre. Elle encourage en particulier le travail oral du fait qu'elle donne de la confiance dans la prononciation.

Voici les considérations principales qui ont guidé l'écriture des leçons :

—des tableaux complets mais simples sont employés pour donner une vue générale aussi claire que possible du sujet.

—des «applications immédiates», avec réponses à l'appui, permettent aux étudiants de vérifier s'ils ont compris ce qu'ils viennent de lire, au fur et à mesure de l'étude d'une leçon.

—les points les plus délicats n'ont pas été évités ni traités superficiellement; au contraire ils ont été approfondis pour essayer de ne rien laisser d'imprécis.

—les déductions logiques employées pour éclairer un certain nombre de faits grammaticaux aident la mémoire.

—les expressions de l'appendice sont incorporées dans les leçons pour que les étudiants y soient exposés, s'y habituent et les retiennent.

—des répétitions sont employées puisqu'on inculque en répétant.

Un but important du livre est de combattre les erreurs dues aux habitudes linguistiques venant de l'anglais, langue maternelle des étudiants. Ces erreurs sont toujours les mêmes et semblent être faites pour les mêmes raisons. Ce but est poursuivi par l'un des moyens suivants :

—en montrant que les constructions peuvent être différentes dans les deux langues et qu'il faut donc raisonner en français au lieu de traduire.

—en donnant l'expression anglaise équivalente quand c'est nécessaire pour la clarté; l'anglais est alors utilisé comme outil pour apprendre le français.

—en signalant quelques fautes très courantes.

Les exercices, oraux ou écrits, sont actifs, variés et gradués. Ce sont d'abord des exercices d'application grammaticale qui reprennent et renforcent les «applications immédiates» : compléter des phrases par les formes correctes des mots qui manquent, transformer des phrases, choisir le mot qui convient, etc. D'autres sont des exercices d'expression : écrire des phrases en employant des mots donnés, changer une phrase simple en phrase complexe, écrire de petits paragraphes qui font exprimer la pensée en utilisant de façon intense les ressources de la leçon. Enfin des extraits littéraires, exemples frappants de la structure en question, permettent de travailler avec un texte et de faire ainsi le trait d'union entre la grammaire et la littérature.

Grammaire française est un livre vivant, non seulement par l'emploi des «applications immédiates» qui coupent la monotonie de la lecture des explications grammaticales, mais aussi grâce aux annotations «Attention», «Exception», «Remarque», et «Note». Il est concret parce qu'il établit des règles à partir de l'analyse de phrases et met à profit des remarques découlant de l'observation de formes et de structures. Il permet d'enrichir grandement le vocabulaire si les étudiants veulent bien s'intéresser au sens de chaque mot inconnu qu'ils rencontrent. Il est complet pour ce niveau: il réduit au minimum les questions que les étudiants auront à poser sur les explications grammaticales, et il permet alors de consacrer la plupart du temps à l'emploi des structures étudiées. C'est donc un ouvrage qui enseigne à la fois la grammaire, le vocabulaire, l'orthographe, la prononciation, et la composition française, donnant ainsi la base solide essentielle à la bonne connaissance de la langue.

Je tiens à exprimer ma gratitude aux étudiants qui ont utilisé avec beaucoup d'intérêt la version préliminaire de cette grammaire. Leurs commentaires exprimés dans les évaluations à la fin des cours ont été très utiles. Je veux remercier en particulier Michael Rudolph, ainsi que Katie Solow et Juanita Fenton, d'avoir communiqué le point de vue de l'étudiant d'une façon diligente et soutenue. Je suis très reconnaissante à la maison Harcourt Brace Jovanovich pour les soins qu'elle a apportés dans la préparation du livre. Je remercie en particulier Albert Richards pour son excellent travail d'édition au cours duquel il s'est bien mis à la place de l'étudiant, et Mary Anne Root pour ses bonnes suggestions qui font ressortir dans le livre les valeurs relatives des différentes parties du manuscrit et pour son aide enthousiaste dans le travail minutieux de vérification.

J. O.

Table des matières

Grammaire française

I *Les Syllabes*
Les Accents

Cette première leçon présente les règles de formation des syllabes. Elle explique la coupure des mots à la fin des lignes et la présence ou l'absence d'un accent grave sur un **e** qui a le son **è**, questions souvent imprécises dans l'esprit de l'étudiant. Elle donne aussi des indications sur la prononciation des mots.

I. *Les Syllabes*

A. **Une syllabe** est un groupe de consonnes et de voyelles qui se prononcent d'une seule émission de voix.

Si on considère les mots :

vé/ri/té — 3 syllabes   mai/son — 2 syllabes   u/ni/té — 3 syllabes
thé/â/tre — 3 syllabes

on voit qu'en français :

une syllabe contient toujours une voyelle ou un groupe de voyelles et *commence par une consonne* (excepté quand la lettre initiale du mot est une voyelle ou quand on sépare deux voyelles à l'intérieur d'un mot).

1. *La diphtongue* et *la triphtongue.* Ce sont des groupes de deux ou trois voyelles indivisibles :

ai (g**ai**), **au** (**au**to)   **eau** (tabl**eau**), **ei** (v**ei**lle), **eu** (neuv**eu**)
ia (gén**ia**l), **ie** (b**ie**n), **io** (not**io**n)   **œi** (**œi**l), **œu** (c**œu**r), **oi** (m**oi**), **ou** (gen**ou**)
ui (h**ui**t), **ua** (contin**ua**tion)

Cependant le groupe *é* (*e accent aigu*) + *voyelle* n'est pas une diphtongue ; le *é* est *toujours prononcé seul. On coupe immédiatement après un é* ; il est donc toujours à la fin d'une syllabe :

Ex. thé/o/lo/gie   eu/ro/pé/en   ré/u/nion

2. *La consonne.* Pour diviser un mot en syllabes, *cherchez les consonnes dans le mot* ; et comme une syllabe commence par une consonne, *coupez immédiatement avant la consonne* :

Ex. se/ra   poi/reau   ra/pi/di/té

Remarques

La voyelle initiale seule (en particulier, le **i** de **in**)

u/ti/le ; ici la voyelle est *seule* au commencement du mot.

i/nu/ti/le ; quand on ajoute **in** devant un mot qui commence par *une voyelle,* le **i** de **in** est *prononcé seul* (important !) ; **n** est dans la syllabe suivante.

La consonne finale

fo/rêt ; *on ne coupe pas avant une consonne finale* parce qu'il n'y a pas de voyelle après la consonne pour former une syllabe. En français, *une consonne finale n'est généralement pas prononcée*: forêt (le **t** n'est pas prononcé).

Le e muet final

A la fin d'un mot, **e** (sans accent) est muet. Il est indiqué par ꭗ : **Ex.** boî/tꭗ ;

es est muet aussi : **Ex.** frè/rꭗꭗ ;

ent est muet pour les verbes seulement : **Ex.** (ils) la/vꭗꭗꭗ.

mais— **ent** est prononcé à la fin de tous les autres mots : a/g**ent** (nom) ; l**ent** (adjectif) ; gaî/m**ent** (adverbe).

— Le **e** final *est prononcé* dans les mots qui n'ont qu'*une syllabe* : **je, se, le,** etc. et *en poésie* devant un mot qui commence par une consonne : la ro/**se** fanée.

La consonne finale + e (muet)

Dans ce cas la consonne est prononcée car elle se trouve dans une syllabe avec le **e** : **Ex.** tê/t̶e̶ (le **t** final est prononcé).

Application immédiate — Coupez les mots suivants en considérant les consonnes ; puis prononcez les syllabes à haute voix en les séparant bien. Indiquez le **e** muet final : e̶, e̶s̶, e̶n̶t̶.

musée animé inanimé voitures carat réalité (elles) lisent

(*Réponses p. 13*)

---

3. *La combinaison de consonnes.* Quand un mot contient une combinaison de consonnes, que fait-on ? On sépare les consonnes quand elles sont divisibles.

   a. Voici d'abord *des combinaisons généralement indivisibles* ; vous savez que ces consonnes sont prononcées ensemble :

   consonne + h : ch, ph, th ; **ch**aise, **ph**iloso**ph**ie, **th**éâtre
   consonne + l : bl, cl, fl, gl, kl, pl, tl, vl ; ta**bl**e, **cl**imat, ang**l**e, **pl**aisir, at**l**as
   consonne + r : br, cr, dr, fr, gr, pr, tr, vr ; **br**ave, **cr**oire, ca**dr**an, **Fr**ance, li**vr**e

   gn : i**gn**orant, répu**gn**ant

   b. *Les autres combinaisons de consonnes sont divisibles.*

   Ex. car/na/val   pren/dre   im/por/tant   us/ten/si/le   Ber/lin
   diph/ton/gue

   En particulier on coupe toujours *entre deux consonnes semblables* :

   Ex. ap/par/te/ment   af/fo/lant   ar/ro/gant   as/su/rer   at/ti/rer

---

Application immédiate — Coupez les mots suivants en cherchant les consonnes. Indiquez le **e** muet final : e̶, e̶s̶, e̶n̶t̶.

salle art (ils) recherchent plantes magnifique lettre

(*Réponses p. 13*)

Remarque

Il arrive que trois consonnes consécutives soient divisibles ; il faut alors couper selon la formation du mot :

Ex. lors/que inter/stice trans/porter

4. *Voyelles nasales.* Une voyelle (ou une diphtongue) est nasale quand elle est suivie d'un **n** ou d'un **m** *dans la même syllabe* ; elle est indiquée par le signe ~ :
Ex. le/çõn.

ATTENTION

Quand la voyelle est suivie de **nn** ou **mm**, la coupure en syllabes se fait : **n/n** ou **m/m**. Dans ce cas, bien que la voyelle soit suivie de **n** ou **m** dans la même syllabe, elle n'est pas nasale : **Ex.** com/me.
Cette exception ne s'applique pas à la voyelle **e** quand elle est au commencement d'un mot. Elle reste nasale : **Ex.** ẽn/nui.

---

voyelles nasales	voyelles non nasales
fĩn	fi/ne
ũn	u/ne
mõins	moi/ne
a/mé/ri/cãin	a/mé/ri/cai/ne
bõn	bon/ne
ãn	an/né/e
tõm/ber	pom/me
ẽn, ẽm/me/ner	pren/ne

Prononcez ces mots pour faire la distinction entre le son nasal et le son non nasal.

Remarque

Savez-vous qu'un **n** ne précède jamais **b, m, p** ; il est changé en **m** devant ces lettres :

Ex. imbuvable ; emmurer ; rompre   *Exception* : bonbon

5. *L'apostrophe. Ne coupez jamais à l'endroit d'une apostrophe* car celle-ci n'indique pas la fin d'une syllabe ; coupez à la fin de la syllabe dans laquelle se trouve l'apostrophe :

Ex. l'a/pos/tro/phe   d'a/bord   s'ins/cri/re   au/jour/d'hui

6. *Voyelles ou diphtongues qui se suivent dans deux syllabes consécutives.* Quand il y a plusieurs voyelles ou diphtongues consécutives dans un mot, *ne les coupez pas*, même si elles appartiennent à deux syllabes différentes dans la prononciation (cependant on coupe toujours après **é** ; voir IA1) :

    Ex. net/**toyai**ent   **poè**/me   **louo**ns   mais : **ré**/ins/tal/ler

---

Application immédiate   Coupez les mots suivants en syllabes. Indiquez les voyelles nasales ˜ et le **e** muet final ⓧ.

onéreux   l'animal   pointu   méandre   rouillé   citron   *(Réponses p. 13)*

B. Coupure des mots à la fin des lignes

Quand il n'y a pas assez de place pour écrire un mot à la fin d'une ligne, il faut le couper. On coupe selon les règles de division en syllabes que nous venons d'étudier (voir exemple dans l'exercice IV, p. 11).

II. La Question du e et de l'accent grave

A. Les *trois* sons du *e* sont :

1. *le son e* (*e sans accent*) indiqué par le signe ⓐ.

    Ex. revenir   je   le   (voir aussi le **e** muet final p. 2)

2. *le son é* (*e accent aigu*) indiqué par le signe ⓔ (e fermé).
   Les cas suivants ont aussi le son **é** :

   — **ez**, **er**, à la fin d'un verbe et
                à la fin d'un nom ou d'un adjectif (avec quelques exceptions) ;

   — **ai**, à la fin d'un verbe ;
      — la conjonction **et**.

    Ex. été   nez   avez   aller   léger   tablier   et   j'**ai**   j'aur**ai**

3. *le son è* (*e accent grave*), *ê* (*e accent circonflexe*), indiqués par le signe ⓔ (e ouvert).

Les cas suivants ont aussi le son **è** :

— les terminaisons **ais**, **ait** ;

— **ai**, **ei**, à l'intérieur d'un mot ;

— **et**, à la fin d'un mot.

Ex. lève   rêve   avais   était   chaise   Seine   ballet

Application immédiate

Dans les mots suivants, indiquez les sons (ə), (e), (ɛ) et soulignez les lettres qui donnent ces sons. Indiquez aussi le **e** muet final ~~e~~, ~~es~~, ~~ent~~.

fenêtres	replet	maître	veine	gérais
crier	irez	et	allai	me	(ils) lèvent

(Réponses p. 13)

B. **Quand un *e* est prononcé *è* (ɛ)**, on a tendance à l'écrire avec un accent grave. *Mais il n'y a pas toujours d'accent grave.*

   1. Considérons et coupons les mots suivants :

      (es)/sen/ce   (ef)/fort   (per)/mis/sion

Dans chacune des syllabes indiquées, *il y a une consonne après le e.* Cette consonne donne au e le son **è** ; mais le e n'a *pas d'accent*.

RÈGLE 1 | *A l'intérieur d'une syllabe, un e suivi d'une consonne* se prononce **è** mais n'a *pas d'accent grave* : **Ex.** lec/teur.

(Un **e** étant nasal avec un **n** ou un **m**, il prend le son **è** seulement quand il est suivi de **nn** ou **mm** à l'intérieur d'un mot (voir p. 4). **Ex.** vien/ne, dilem/me.)

Quand il n'y a pas de consonne après le e dans la même syllabe, il faut mettre un accent grave sur le e pour avoir le son **è** : **Ex.** en/lè/ve/ment.

   2. La règle 1 est intéressante pour les mots qui *se terminent par* : (e) + consonne(s) + e (muet).

Pour pouvoir prononcer ce e, il faut qu'il ait le son **è** (ɛ), donc :

— quand il est suivi de deux consonnes divisibles, il ne faut pas d'accent grave (parce qu'il y a une consonne après le **e** dans la même syllabe) :

Ex. ter/re   scep/tre

— quand il est suivi d'une seule consonne ou de deux indivisibles, il faut un accent grave (parce que le **e** est à la fin de l'avant-dernière syllabe) :

Ex. pè/re   mè/tres

RÈGLE 2 | Quand un mot se termine par ⓔ + consonne(s) + e (muet), on écrit :

ⓔ + *consonnes divisibles* + *e (muet)* : **Ex.** res/te
ou ⓔ̀ + 1 *consonne ou* 2 *indivisibles* + *e (muet)* : **Ex.** niè/ce   lè/pre.

Application immédiate   Les **e** soulignés ont le son **è**. Faut-il un accent grave ? Coupez en syllabes pour le savoir.

mesquin   pièce   scenes   chevre   perception   regles   mere
(Réponses p. 13)

Remarque

La règle 2 explique les changements orthographiques des verbes en **er** qui ont un **é** ou **e** à la fin de l'avant-dernière syllabe de l'infinitif. Aux quatre terminaisons muettes du présent (voir aussi leçon 3) :

— on change l'accent aigu en accent grave :
es/pé/rer → j'es/pè/re, tu espères, il espère, ils espèrent

— on ajoute un accent grave sur le **e** :
a/che/ter → j'a/chè/te, tu achètes, il achète, ils achètent

— on double la consonne après le **e** :
ap/pe/ler → j'ap/pel/le, tu appelles, il appelle, ils appellent

3. *La consonne x.* Comment peut-on expliquer *le son è* du e qui précède un **x** ?
Ex. e/xer/ci/ce
Eh bien, la consonne **x** est une consonne *double*, équivalente à deux **s**. La consonne double **ss** est divisible et nous retrouvons la règle 1 :

ⓢ̇ⓢ
e/xer/ci/ce

RÈGLE 3 | *Un e qui précède un x n'a jamais d'accent grave* et *se prononce toujours è*, qu'il soit ou non dans la même syllabe que le **x**. Autres exemples :

    ⓔ   ⓔ   ⓔ
    e/xem/ple   le/xi/que   fle/xi/ble

Cherchez d'autres mots avec **ex** : exorcisme, réflexion, etc.

4. *Autres accents*

    a. *L'accent circonflexe.* Il donne à un **e** le son **è** (voir aussi p. 5). Il remplace quelquefois un **s** ancien ; sur un **e** :

        Ex. tête (lat. testa)   forêt (lat. forestis)   fenêtre (lat. fenestra)

    sur *d'autres voyelles* :

        Ex. hâte (autrefois haste)   pâte (lat. pasta)   bâtir (autrefois bastir)
            île (autrefois isle)   côte (lat. costa)   hôpital (autrefois hospital)

    b. *Le tréma.* Un tréma est indiqué par deux points sur les voyelles **e** ou **i**.
    — Le tréma est utilisé dans un groupe de deux voyelles pour les *prononcer séparément* ; il *est placé sur la deuxième voyelle* : **Ex.** Noël, naïf. Prononcez bien les voyelles séparément.

Application immédiate   Placez le tréma correctement et prononcez les mots :

Cain   héroine   cocaine   hair   coincidence   *(Réponses p. 13)*

    — Quelquefois il y a *trois voyelles* et le tréma est placé sur la troisième voyelle (sur la dernière) :

        Ex. le vieux verbe **ouïr** (entendre)   j'ai **ouï** dire (j'ai entendu dire)
        l'ouïe

    — *Mots en gu.* Prononcez l'adjectif **aigu**. Le féminin s'écrit **aiguë**. Pourquoi ? Prononcez le féminin sans le tréma : **aigue** (comme : **langue**). Vous perdez le son **u** du masculin. Avec le tréma, les deux voyelles **u** et **e** sont prononcées séparément mais **e** est muet. On entend donc **u** comme au masculin : aiguë̸. Autre exemple : la ciguë. Prononcez le nom : ambiguïté ; on entend les deux voyelles **u** et **i** à cause du tréma.

En résumé

En français une syllabe *commence par une consonne* toutes les fois que c'est possible (ce qui n'est pas le cas en anglais) et *contient toujours une voyelle ou une diphtongue.* Pour analyser un mot, il faut :

— chercher les consonnes du mot et couper *avant une consonne*, ou *à l'intérieur d'une combinaison de consonnes divisibles.*

— ne pas couper à l'endroit d'une apostrophe.

— couper immédiatement après un **é**.

— indiquer les sons du **e** : e, é, è ou ê, ẽ.

— indiquer une voyelle nasale avec un ~ sur la voyelle.

Exemples de mots coupés en syllabes avec les différentes indications :

le/ver   ãn/ten/nᴇ   õm/brᴇ   o/me/let/tᴇ   thé/â/trᴇ   hon/nê/te/té

III. *Prononciation des mots*

Vous pouvez maintenant prononcer tous les mots français. Dites chaque syllabe séparément en vous servant des règles de division en syllabes étudiées et prononcez clairement chaque voyelle ou diphtongue dans la syllabe. N'oubliez pas que vous rencontrerez des exceptions aux règles : **Ex.** femme, bien, sens, cher, ennemi. Voici quelques explications supplémentaires :

1. **y** se prononce **i** :   **Ex.** hyperbole (prononcez *iperbole*)

2. **s** se prononce **z** entre 2 voyelles :   **Ex.** chaise (prononcez *chaize*)

     désirer (prononcez *dézirer*)

   Mais il se prononce **ss** entre deux consonnes ou entre une consonne et une voyelle :

     Ex. consterner (prononcez conssterner)   observation (prononcez obsservation)

3. un **h** est muet ou aspiré (voir dictionnaire). Quand il est muet, il ne compte pas ; on peut faire l'élision ou la liaison avec le mot précédent.   **Ex.** l'homme, un͜ homme, les͜ hommes.
   Quand il est aspiré, il compte pour une consonne et on ne fait pas d'élision ni de liaison. Ne l'aspirez pas.   **Ex.** en//haut, le//héros, un//héros, des//héros.

4. a. un **c** se prononce **ss** devant e, i, y :   **Ex.** celui, ici, cylindre
     et devant a, o, u avec *une cédille* :   **Ex.** ça, leçon, reçu
     un **c** se prononce **qu** devant a, o, u :   **Ex.** cadeau, encore, vécu
     et devant e en ajoutant **u** :   **Ex.** cueillir.
     b. un **g** se prononce **j** devant e, i, y :   **Ex.** manger, girafe, gymnastique
     et devant a, o en ajoutant un **e** :   **Ex.** mangeant — (nous) mangeons
     un **g** est guttural devant a, o, u :   **Ex.** gare, gomme, guttural
     et devant e, i, y en ajoutant un **u** :   **Ex.** guerre, guider, Guy

5. **ti** + *voyelle* se prononce **ssi** :   **Ex.** nation, initiation, inertie, démocratie

    excepté après **s** :   **Ex.** (nous) restions
    et au commencement d'un mot :   **Ex.** tiers, tien

6. **th** se prononce **t** :   **Ex.** théâtre, mythologie, menthe

Exercices

EXERCICE I (écrit) *Coupez les mots suivants en syllabes. Donnez ensuite toutes les indications possibles. Marquez les sons :* e, é, è, ê, ǝ, *le son nasal* ~. *(Les accents aigus sont toujours donnés.)*

Ex. cõn/si/dé/rer   re/voir   per/mé/a/blǝ

1. cheminée	(ils) espèrent	absolument	l'effet
2. chienne	perplexité	commun	commune
3. cousin	cousines	admissible	inadmissible
4. épeler	quatre	ivrogne	multiplication
5. possible	impossible	famille	péage
6. craie	(nous) appelons	(ils) appellent	interpellation

EXERCICE II (écrit) *Complétez les mots avec* **n** *ou* **m** *selon le cas.*

1. i__décis   4. i__biber
2. fla__me   5. a__cien
3. o__bre   6. esto__per

EXERCICE III (écrit)   *Dans les mots suivants, le e qui est souligné se prononce è* ⓔ.

a) *Faut-il un accent grave sur les e soulignés ? Coupez en syllabes pour déterminer s'il en faut un.*

personne	première	siècle	descendre	exact
espèce	ténèbres	erreur	(tu) considéres	hebdomadaire

b) *Décidez rapidement, en regardant seulement* (sans couper en syllabes par écrit), *s'il faut un accent grave sur les e suivants. Puis écrivez le mot.*

> **Ex.** je considère   Faut-il un accent grave ? Oui. **je considère**
>   un essai   Faut-il un accent grave ? Non. **un essai**

Continuez : une description   complètement
            des vermicelles   le commerce
            convexe   un espace
            (ils) menent   un hémisphere

EXERCICE IV (écrit)   *Application pratique.*

Voici un passage organisé pour couper les mots à la fin des lignes, quand il n'y a pas assez de place.

> Bien sûr, dit le renard. Tu n'es enco-
> re pour moi qu'un petit garçon tout sem-
> blable à cent mille petits garçons. Et je
> n'ai pas besoin de toi. Et tu n'as pas be-
> soin de moi non plus.... Mais, si tu
> m'apprivoises, nous aurons besoin l'un de
> l'autre. Tu seras pour moi unique au mon-
> de.... Ma vie est monotone. Je chasse
> les poules, les hommes me chassent. Tou-
> tes les poules se ressemblent, et tous les
> hommes se ressemblent. Je m'ennuie donc
> un peu. Mais, si tu m'apprivoises, ma
> vie sera comme ensoleillée. Je connaî-
> trai un bruit de pas qui sera différent de
> tous les autres. Les autres pas me font ren-
> trer sous terre. Le tien m'appellera hors
> du terrier, comme une musique....

> Saint-Exupéry, *Le Petit Prince*

Faites le même exercice avec le texte suivant sur une feuille séparée :

Le jour tombe. Un grand apaisement se fait dans les pauvres esprits fatigués
du labeur de la journée ; et leurs pensées prennent maintenant les couleurs tendres
et indécises du crépuscule. Cependant du haut de la montagne arrive à mon
balcon, à travers les nues transparentes du soir, un grand hurlement, composé
d'une foule de cris discordants, que l'espace transforme en une lugubre harmonie,
comme celle de la marée qui monte ou d'une tempête qui s'éveille.

Baudelaire, *Le Crépuscule du soir*

EXERCICE V   *Ecrivez plusieurs fois les mots suivants qui sont très usités et dont l'orthographe
donne des difficultés* (à faire sur une feuille séparée).

par exemple	quelquefois (1 mot)	une partie
quelqu'un	longtemps	une responsabilité
chacun(e)	un problème	une terminaison
aucun(e)	un exercice	une conjugaison
plusieurs	un groupe	une combinaison

EXERCICE VI (oral)   *Prononciation des mots.*

a) *Voici des mots que vous ne connaissez peut-être pas. En vous servant des règles de
divisions en syllabes et de sons, prononcez-les à haute voix, d'abord* lentement *en
séparant bien les différentes syllabes, puis une deuxième fois* à vitesse normale.

forficule	cerveau	naguère	hyacinthe	commérage
imputrescible	judas	contrée	palissade	béatifiant

b) *Prononcez les mots suivants ; attention à la 1ère syllabe quand le mot commence par* **in**.

buvable ; imbuvable	mobile ; immobile	inodore
certain ; incertain	égal ; inégal	initié
actif ; inactif	tolérant ; intolérant	inéligible

c) *Prononcez clairement les trois sons du* **e** : ⓐ, ⓒ, ⓔ *dans les mots suivants.*

élève	pénétrais	atterré	relève	repérer	exprès
perceptible	élection	mêler	béret	réservoir	reléguer

d) *Prononcez les mots suivants très clairement pour les distinguer.*

1. l'homme   l'âme
2. la mort   l'amour
3. la ville   la vie
4. l'humour   l'humeur

Réponses aux applications immédiates

p. 3   mu/sé/e̶   a/ni/mé   i/na/ni/mé   voi/tu/re̶   ca/rat   ré/a/li/té   li/se̶n̶t̶

p. 3   sal/le̶   art   re/cher/che̶r̶   plan/te̶s̶   ma/gni/fi/que̶   let/tre̶

p. 5   o/né/reux   l'a/ni/mal   poĩn/tu   mé/ãn/dre̶   rouil/lé   ci/trõn

p. 6   fenêtre̶s̶   replet   maître̶   veine̶   gérais   crier   irez   et   allai   me   (ils) lève̶n̶t̶

p. 7   mes/quin   piè/ce   scè/nes   chè/vre   per/cep/tion   rè/gles   mè/re

p. 8   Caïn   héroïne   cocaïne   haïr   coïncidence

2 L'Infinitif

!. Formes

L'infinitif est un mode qui a deux temps : l'infinitif présent et l'infinitif passé. (Voir tableau des modes et temps.)

A. L'infinitif présent. Un verbe se donne à l'infinitif présent : c'est sa forme nominale.

1. Les verbes *réguliers* se terminent par **-er, -ir**, ou **-re**.
   Ex. aimer, finir, vendre.

2. Les verbes *irréguliers* se terminent par **-er, -ir, -oir**, ou **-re**.
   Ex. aller, sortir, voir, prendre.

3. Tous les verbes, réguliers et irréguliers, se divisent en :
   verbes transitifs (qui ont un objet direct ou indirect)
   verbes intransitifs (qui n'ont pas d'objet direct ni indirect)
   verbes pronominaux (accompagnés du pronom réfléchi **se**)

ATTENTION

Le pronom réfléchi **se** d'un verbe pronominal change à l'infinitif avec la personne de son sujet, comme dans la conjugaison des autres temps (voir p. 113).

B. L'infinitif passé. C'est une forme composée : deux mots.

1. Il est formé de : *l'infinitif de l'auxiliaire **avoir** ou **être** + le participe passé du verbe en question.*

   Le deuxième mot d'une forme verbale composée est *toujours* le participe passé du verbe en question. Le participe passé suit les mêmes règles d'accord que celles des autres temps composés.

2. L'infinitif passé indique une action *antérieure à* l'action du verbe principal.

   Ex. Nous regrettons de vous **avoir donné** une mauvaise nouvelle. (L'action de **donner** est antérieure à l'action de **regretter**.)

   Robert a remercié Anne d'**être allée** au magasin avec lui.

   — ou une action qui sera faite à un certain moment dans le futur.

   Ex. Il faut **avoir lu** ce livre avant demain.

3. La préposition **après**. Rappelez-vous que la préposition **après** est toujours suivie de l'infinitif passé, quand elle est suivie d'un verbe.

   Ex. Après **avoir discuté** le sujet, nous tirerons une conclusion.

   Après nous **avoir quittés**, il est allé au cinéma.

Application immédiate   Ecrivez la forme de l'infinitif passé du verbe. Attention à l'accord du participe passé.

1. Elle est certaine de nous_____à la conférence. (voir)
2. Lucie ne regrette pas d'_____à la Tour Eiffel. (monter)
3. Ils sont contents de_____cet après-midi. (se promener)
4. Il a remis les livres sur l'étagère après les_____. (lire)

(Réponses p. 34)

C. La forme négative

1. Avec l'infinitif présent, on place **ne pas** devant l'infinitif, et devant les pronoms objets.

   Ex. J'espère **ne pas** rencontrer les Dupont. J'espère **ne pas** les rencontrer.

   Avec **être** et **avoir**, on trouve aussi : **n'**être **pas**, **n'**avoir **pas**.

2. Avec l'infinitif passé, on place **ne pas** devant l'auxiliaire, et devant les pronoms objets.

   Ex. Il regrette de **ne pas** avoir vu le film. Il regrette de **ne pas** l'avoir vu.

— ou : **ne** devant l'auxiliaire (et les pronoms objets) et **pas** après l'auxiliaire.

Ex. Il regrette de **n'**avoir **pas** vu le film. Il regrette de **ne** l'avoir **pas** vu.

Application immédiate   Mettez l'infinitif au négatif.

1. Vous m'avez dit de venir.
2. Il m'accuse d'y être allé. (deux possibilités)

(Réponses p. 34)

D. L'infinitif passif. C'est *l'infinitif* **être** + *le participe passé d'un verbe transitif direct* (conjugué avec **avoir**). Le participe passé s'accorde avec le mot auquel il se rapporte, comme un adjectif. (Voir leçon 15 pour les autres modes et temps du passif.)

> **Ex.** Il voulait **être choisi** par ses camarades.
> (Forme active équivalente : Il voulait que ses camarades le choisissent.)
> Ces tableaux viennent d'**être vendus**.
> (On vient de vendre ces tableaux.)

Application immédiate   Ecrivez la forme passive du verbe entre parenthèses et puis la phrase à la forme active équivalente.

1. Ses vêtements vont _____ par une couturière. (faire)
2. _____.   *(Réponses p. 34)*

II. *Emplois*

A. Certains infinitifs sont employés comme *noms*, avec un article.

> **Ex.** le manger   le savoir-faire   le lever   un être humain
>   le boire   le savoir-vivre   le coucher

— ou l'infinitif fait partie d'un nom avec la préposition **à**, pour indiquer *la fonction* du nom.

> **Ex.** une salle à manger   une machine à écrire, à laver, à coudre
>   une chambre à coucher   une bonne à tout faire
>   un fer à repasser

Application immédiate   Comment s'appelle :
1. Une machine qui sert à faire des calculs ?
2. Une pomme que l'on doit faire cuire ?
3. Une aiguille pour faire du tricotage ?

(*Réponses p. 34*)

B. L'infinitif est *le sujet d'un verbe*, avec la fonction d'un nom (mais sans article).

> **Ex. Partir** ne vous servira à rien.   ("to leave, leaving")
> **Vouloir**, c'est pouvoir.   (proverbe)

Application immédiate

_____ en ville par cette chaleur, c'est de la folie !   ("to go, going")

(*Réponse p. 34*)

C. L'infinitif est *sans rapport avec un verbe principal*.

1. *Seul* dans une phrase :
   > **Ex. S'allonger** au soleil à la plage, quel bonheur !
   > **M'excuser**, moi ? Vous n'êtes pas sérieux !

2. Pour donner *des ordres ou instructions écrits d'une façon impersonnelle*, à la place d'un impératif :
   > **Ex.** Un professeur écrit le travail à donner à ses étudiants : « *Lire* la leçon 5, *écrire* les exercices et *préparer* une composition orale. » **Lire, écrire**, et **préparer** sont des infinitifs parce que les mots **il faut** sont sous-entendus : « Il faut lire, écrire, etc. » (Quand ce travail est indiqué *oralement* en classe, les infinitifs deviennent *des impératifs* : **lisez, écrivez, préparez**, ou *des futurs* : **vous lirez, écrirez, préparerez**.)
   >
   > Dans les recettes de cuisine : « **Battre** les œufs avec le sucre, **ajouter** de la vanille, puis la farine et le beurre. Enfin **verser** dans le moule et **cuire** à four de température moyenne. »
   >
   > Dans des livres (de grammaire, par exemple) : « **Voir** leçon 6 p. 72. »
   >
   > Dans un autocar : « **Ne pas parler** au conducteur. »
   >
   > Dans un train : « **Ne pas se pencher** au dehors. Danger de mort. »
   >
   > Sur la route : « **Ralentir**. »
   >
   > Sur des flacons de médicaments : « **Agiter** le flacon avant de s'en servir. »

D. L'infinitif est *l'objet d'un verbe.* C'est le cas le plus fréquent.

Il y a trois constructions possibles :
pas de préposition entre le verbe principal et l'infinitif
la préposition **à**
la préposition **de**

1. Il n'y a *pas de préposition* :

   a. après les verbes :

   — *de perception* : apercevoir, écouter, entendre, paraître, regarder, sembler, sentir, voir. (voir leçon 19 pour la place des pronoms)
   Ex. On **entend** les oiseaux **chanter.**

   — *de goût, de préférence* : aimer, aimer mieux, détester, préférer, valoir mieux.
   Ex. Nous **préférons ne pas continuer** notre promenade.

   — *de mouvement* (seulement les verbes suivants) : aller, courir, descendre, emmener, entrer, envoyer, mener, monter, partir, rentrer, retourner, revenir, sortir, venir.
   Ex. Je **suis descendu** à la cuisine **boire** un verre de lait.
   Venez nous **rejoindre** dans une heure.

ATTENTION

Ne confondez pas la construction **aller** (*mouvement*) + *infinitif* avec le futur proche **aller** + *infinitif*.
   Ex. Va étudier maintenant. (deux actions : "go and study")
   Tu **vas étudier** cet après-midi. (le futur proche)
Ne confondez pas la construction **venir** (*mouvement*) + *infinitif* avec le passé récent **venir de** + *infinitif*.
   Ex. Vous **venez** la **voir.** (deux actions)
   Vous **venez de** la **voir.** (passé récent)

   — *de déclaration, volonté, intention* : affirmer, compter, croire, déclarer, désirer, dire, espérer, nier, penser, prétendre, savoir, souhaiter, vouloir.
   Ex. J'**espère pouvoir** y aller.
   Que **penses-tu faire** cet été ? — Je **compte aller** à la montagne.

   b. après les verbes ou expressions suivants :
   avoir beau : **Ex.** Vous **avez beau** me le **répéter**, je n'arrive pas à m'en souvenir.
   devoir, pouvoir : **Ex.** Vous **devez vous tromper.** (voir leçon 19)
   être censé : **Ex.** Vous n'**êtes** pas **censé** le **savoir.** (Vous n'êtes pas supposé...)

faillir : **Ex. J'ai failli tomber** dans l'escalier. (Je suis presque tombé.)

faire, laisser (voir leçon 19) : **Ex. Il a fait construire** un château.

falloir : **Ex. Il faut essayer** de comprendre la situation.

oser : **Ex. Oserez-**vous y **aller** toute seule ?

s'imaginer, se figurer : **Ex. Il s'imaginait pouvoir** y aller en deux heures.

se rappeler (+ infinitif passé) : **Ex. Il se rappelle** vaguement **avoir parlé** à cette personne-là.

Remarque

La forme d'un verbe en **-er** qui suit immédiatement le verbe **être** est *le participe passé* du verbe, *jamais* l'infinitif.

Ex. Le soleil est **couché**. (**couché** a le même son que **coucher**)

2. Il y a *la préposition* **à** :

Voici les verbes les plus courants. Les verbes synonymes sont groupés ensemble.

	Exemples
aider à	Veux-tu que je t'**aide à** faire ton travail ?
s'amuser à	L'enfant **s'amuse à** découper l'image.
apprendre à	Je vais vous **apprendre à** jouer au bridge.
⌈arriver à parvenir à ⌊réussir à	J'espère que vous **parviendrez à** la convaincre.
s'attendre à	Je ne **m'attendais** pas à vous rencontrer ici.
avoir... à...	Un romancier **a** beaucoup de pages **à** écrire.
chercher à	Il **cherche à** vous faire plaisir.
⌈commencer à ⌊se mettre à	Il **s'est mis à** bâiller.
continuer à	Nous **continuerons à** faire un effort dans cette direction.
⌈forcer à ⌊obliger à	On ne peut pas vous **forcer à** accepter ça.
hésiter à	Pourquoi **hésitez-**vous **à** répondre ?
inviter à	Je vais t'**inviter à** passer le week-end chez moi.
⌈passer (du temps) à ⌊mettre (du temps) à	Tu **as passé** la soirée **à** lire. J'**ai mis** trois heures **à** finir ce travail.
⌈songer à ⌊penser à	On dit que vous **songez à** quitter cette ville ; **y pensez-**vous vraiment ?
servir à (l'usage)	A quoi **sert** ce bouton ? —Il **sert à** allumer la lampe.
tarder à	Ne **tardez** pas **à** envoyer cette lettre ; elle est urgente.
tenir à	Iras-tu chez lui cet après-midi ? —Oui, je **tiens à** le voir.

3. Il y a *la préposition* **de** :

Ces verbes sont nombreux. Voici les plus courants. Les verbes synonymes sont groupés ensemble.

	Exemples
accepter de	**Acceptez**-vous **de** déjeuner avec moi ?
⌈accuser de	Robert **accuse** Henri **d'**avoir pris sa bicyclette.
⌊reprocher de	
⌈(s') arrêter de	
cesser de	Quand il **aura cessé de** pleuvoir, nous partirons.
⌊finir de	
s'agir de	Il **s'agit de** savoir qui a raison.
(sujet : **il** impersonnel)	
⌈avoir peur de	
⌊craindre de	En y allant nous **craignons d'**envenimer la situation.
avoir honte de	Pourquoi as-tu **honte de** montrer ton dessin ?
avoir envie de	Elle **a eu envie de** rire. (ne pas confondre avec : envier)
avoir l'air de	Vous n'**avez** pas **l'air de** vous amuser.
avoir l'intention de	Je n'**ai** pas **l'intention de** vous donner trop de travail.
avoir le temps de	Avec vingt unités ce trimestre **avez**-vous **le temps de** faire du sport ?
avoir raison de	Vous **avez eu raison de** lui dire ça.
avoir tort de	Il **a tort de** s'énerver.
avoir de la chance de	Vous **avez de la chance d'**aller à Hawaii !
avoir hâte de	J'**ai hâte d'**être en vacances. ("I can't wait . . . .")
conseiller de	Je vous **conseille de** lui en parler.
continuer de (*ou* : à)	(voir : à)
décider de	J'ai **décidé de** suivre un cours de psychologie.
⌈défendre de	
⌊interdire de	Sa mère lui **a défendu de** courir en traversant la rue.
empêcher de	Le bruit m'**empêche de** dormir.
⌈demander de	
⌊prier de	Le professeur nous **a demandé de** taper notre travail.
se dépêcher de	**Dépêchez-vous de** me raconter votre histoire.
dire de (un ordre)	**Dites-lui de** prendre son temps ; nous ne sommes pas pressés.
⌈essayer de	
⌊tâcher de	Je vais **essayer de** vous expliquer la situation.
s'excuser de	**Excusez-moi de** ne pas vous avoir dit bonjour.
faire bien de	Vous **avez bien fait de** me le dire.

faire exprès de	Je n'**ai** pas **fait exprès de** vous marcher sur le pied.
faire semblant de feindre de	Elle **a fait semblant de** ne pas nous voir.
oublier de	N'**oubliez** pas **de** voter demain.
ordonner de	Je vous **ordonne de** vous taire.
permettre de	**Permettez**-moi **de** vous reconduire chez vous.
promettre de	Le professeur **a promis de** se débarrasser de son tic.
rappeler de	**Rappelez**-moi **de** faire l'appel.
refuser de	Ne **refusez** pas **de** venir avec nous.
regretter de	Il ne faut jamais **regretter d'**avoir voulu bien faire.
remercier de	Je vous **remercie de** m'avoir aidé.
risquer de	En te levant, tu **risques de** devenir encore plus malade.
se rappeler de	Il faut que je **me rappelle de** le prévenir.
(+ l'infinitif présent = ne pas oublier de)	
se souvenir de	Vous ne **vous souvenez** pas **d'**avoir dit ça ?
venir de (passé récent)	Je **viens de** la voir il y a une minute.

(La liste complète des constructions 1, 2, et 3, est donnée par ordre alphabétique dans l'appendice.)

Remarque

Il peut y avoir trois ou quatre verbes consécutifs dans une phrase. Attention à la construction de chacun d'eux.

   Ex. J'ai oublié d'aller faire mes courses.

     Vous avez eu raison de lui défendre d'aller jouer avec son voisin.

ATTENTION

La construction *verbe* + *infinitif* peut être différente de la construction *verbe* + *nom*.

   Ex. Je commence à écrire.   (verbe + infinitif)

         Je commence mon devoir.   (verbe + nom)

Pour l'infinitif après des prépositions autres que **à** et **de**, voir leçon 16.

   4. *La proposition infinitive*

     Une proposition infinitive *remplace une proposition subordonnée* à l'indicatif ou au subjonctif introduite par **que**, quand *le sujet* du verbe subordonné est *le même que* celui du verbe principal.

L'infinitif *présent* remplace *les temps simples* des verbes subordonnés.
L'infinitif *passé* remplace *les temps composés* des verbes subordonnés.
La construction de l'infinitif dépend du verbe principal.

> **Ex. Il** regrette que **vous** ayez mal compris.   (2 sujets différents)
> **Il** regrette d'avoir mal compris.   (le même sujet)

Remarque

Avec les verbes *de déclaration* et *de pensée*, comme : dire, espérer, penser, etc., on peut aussi employer une proposition subordonnée avec le même sujet.

> **Ex. J'**espère qu'**il** partira tôt.   (2 sujets différents)
> **J'**espère partir tôt. *ou* **J'**espère que **je** partirai tôt. (le même sujet)

Application immédiate   Faites une seule phrase avec les deux propositions. Attention à la construction du verbe quand il faut un infinitif.

> **Ex.** Nous avons hâte / nous sommes en vacances.
> Nous avons hâte d'être en vacances.

1. Je tiens / je pars tôt.
2. Les voyageurs espèrent / ils n'auront pas trop chaud pendant le voyage.
3. Il faut / il va à la gare.
4. Ma camarade de chambre a décidé / elle mettra ses affaires en ordre.

(Réponses p. 34)

---

5. *Différences entre certaines constructions : verbes + infinitif.*

a. commencer à, finir de ; commencer par, finir par

commencer à indique le commencement d'une action :

> **Ex.** Je **commence à** être fatigué.

commencer par indique la première action :

> **Ex.** Nous allons **commencer par** lire le poème et puis nous l'expliquerons.

finir de = cesser de :

> **Ex.** J'ai **fini de** travailler.

finir par = arriver à :

> **Ex.** J'ai **fini par** trouver la rue en question.

b. décider de, décider quelqu'un à, se décider à, être décidé à

décider de = prendre une décision :

> **Ex.** A la fin de la réunion, nous **avons décidé de** nous revoir bientôt.

décider quelqu'un à = persuader quelqu'un de faire quelque chose :

> **Ex.** J'**ai décidé Robert à** venir avec moi.

se décider à = prendre la détermination de, se résoudre à :

> **Ex.** Quand **vous déciderez-vous à** prendre des vacances ?

être décidé à (forme passive) = être fermement déterminé à :
>**Ex.** Il **est décidé à** la suivre, sans penser aux conséquences.

c. demander de, demander à
demander de = ordonner, commander :
>**Ex.** Je vous **demande de** me répondre.
demander à = avoir envie de, vouloir :
>**Ex.** Il **a demandé à** parler devant l'audience.

d. penser, penser à
penser = avoir l'intention de, compter, projeter :
>**Ex.** Il **pense** aller en France l'été prochain.
penser à = ne pas oublier :
>**Ex.** Il faut que je **pense à** acheter du pain.
ou = s'intéresser à, s'occuper de :
>**Ex.** Je **pense à** m'établir ici.

e. venir, venir de, en venir à
venir, venir de (voir p. 18, 1a)
en venir à = en arriver à :
>**Ex.** Quand il est en colère, il **en vient à** dire des choses regrettables.

Application immédiate Complétez avec le temps correct du verbe et une préposition si elle est nécessaire.
1. Je _____ me préparer et puis je viendrai. (finir)
2. Pouvez-vous _____ me l'apporter ? (venir)
3. Nous essayons de le _____ changer d'avis. (décider)
4. Il faut que je _____ apporter de l'argent pour payer mon inscription. (penser)
5. Jean a eu une mauvaise note dans un cours alors il _____ voir son examen final. (demander) *(Réponses p. 34)*

E. L'infinitif est *l'objet d'un nom ou d'un adjectif* (constructions personnelles).

1. On emploie généralement **de** :

a. quand l'infinitif est l'objet d'*un nom* (ou d'un pronom).
>**Ex.** Je lui ai donné **l'ordre de** venir.
>>Vous avez **la permission de** commencer.
>>Prenez **le temps de** vous reposer.
>>Vous avez une très mauvaise habitude, **celle de** jurer.

b. quand l'infinitif est l'objet d'*un adjectif affectif* (exprimant l'état, la disposition d'une personne). Voici quelques-uns de ces adjectifs :

courageux	≠	fatigué, las
capable	≠	incapable
content, ravi, enchanté	≠	mécontent, triste, furieux
heureux, satisfait	≠	malheureux
gentil, aimable	≠	méchant, vilain, rusé
sûr, certain	≠	pas sûr, pas certain, incertain
sensé, raisonnable	≠	insensé, fou
obligé, forcé	≠	libre

Ex. Je suis **enchanté de** faire votre connaissance.

Vous êtes si **gentil de** m'avoir invité.

Ma mère est **heureuse de** vous avoir rencontré.

Elle est **furieuse d'**avoir raté son autobus.

Tu es bien **aimable de** me le dire.

Tu étais **fou de** la croire.

Je suis **obligé de** rester à la maison.

2. On emploie **à** :

a. quand le sens de l'infinitif permet de substituer *un passif* en anglais. Voici quelques adjectifs :

facile, aisé, commode	≠	difficile, dur, pénible
léger	≠	lourd
possible	≠	impossible
intéressant, passionnant	≠	bizarre, désagréable, ennuyeux
agréable, amusant, gai	≠	terrible, effrayant
beau	≠	laid, horrible
long	≠	court

Ex. Voilà **un appartement à louer.** ("an apartment for rent" ; "to be rented")

Donnez-moi **quelque chose à faire.**

Cette dissertation est **difficile à composer.**

La cuisine à l'huile est **lourde à digérer.** ("heavy to digest" ; "to be digested")

C'est une situation **pénible à voir.**

Mon amie est **agréable à écouter.**

C'est **long à faire**, ce genre de travail.

b. quand l'infinitif exprime *la réaction que le nom ou l'adjectif produit* sur quelqu'un :

Ex. Il m'a raconté **une histoire à dormir debout.**

(une histoire ennuyeuse au point de dormir debout)

C'est un film **amusant à éclater de rire.**

(amusant au point d'éclater de rire)

Cette musique est **triste à en pleurer.**

(triste au point d'en pleurer)

c. quand l'infinitif est *l'objet* de :
  — un nombre ordinal : le premier, le deuxième,... le dernier
  — l'adjectif *seul*
  — et quelques adjectifs d'habitude et d'aptitude : habitué, prêt, lent, rapide.
    Ex. Vous êtes **le deuxième à** m'en parler.
      Tu étais **le seul à** comprendre.
      Le train est **lent à** venir.

Application immédiate   Ajoutez **à** ou **de**.
  1. Vous n'êtes pas satisfait _____ l'avoir vu ?
  2. Voilà un texte _____ taper à la machine.
  3. N'es-tu pas fatigué _____ entendre cette musique ?
  4. Vous êtes le seul _____ le savoir.
  5. Je suis certain _____ vous l'avoir dit.
  6. Votre problème est difficile _____ résoudre.
  7. C'était une histoire _____ ne pas en croire mes oreilles.
  8. Il a reçu l'ordre _____ retourner chez lui.
  9. Etes-vous prêts _____ partir ?
  10. J'ai été forcé _____ arrêter.   (*Réponses p. 34*)

F. L'infinitif *dans des constructions impersonnelles*

[**Il** (impersonnel) + **être** + adjectif + **de** + *infinitif*
[**Ce** + **être** + adjectif + **à** + *infinitif*
  Ce + **être** + nom + **de** + *infinitif*

1. avec **être** + *adjectif* :
  a. On emploie **de** *devant l'infinitif* quand cet infinitif, *placé après* **être** + adjectif, est le sujet réel de **être** + *adjectif*.
    Ex. Il est agréable **de** *lire des romans*. (Lire des romans est agréable.)
      ↑   (sujet réel)
    (sujet apparent)

      Il impersonnel, sujet apparent de **est agréable**, annonce la proposition infinitive **lire des romans** qui est le sujet réel de **est agréable**.

Remarque

Dans le langage parlé, on emploie aussi **ce** au lieu de **il** :
Ex. Il (C') est agréable **de** lire des romans.

b. On emploie **à** *devant l'infinitif* quand le sujet réel de **être** + *adjectif* est *placé avant* **être** + *adjectif* ; **ce** représente le sujet réel. L'infinitif n'est pas le sujet.
Ex. *Vous avez passé de bonnes vacances* ; c'est facile **à** voir.
        (sujet réel)   (sujet)

c', sujet de **est facile**, représente la phrase **Vous avez passé de bonnes vacances**, placée avant.

2. avec *être* + *nom* :
On emploie toujours **de** *devant l'infinitif* parce que le sujet réel de **être** + *nom* est toujours cet infinitif, *placé après* **être** + nom.
Ex. C'est une folie *de partir maintenant*. (Partir maintenant est une folie.)
    ↑   (sujet réel)
(sujet apparent)

C', sujet apparent de **est une folie**, annonce la proposition infinitive **partir maintenant** qui est le sujet réel de **est une folie** (même cas que 1a). Le seul sujet apparent possible de **être** + *nom* est **ce** (règle grammaticale, voir leçon 7, p. 147).

Remarque

Le mot **dommage** est employé comme *nom* ou comme *adjectif* ; on peut donc dire :
C'est dommage de ne pas y être allé. (nom)
ou : **Il** est dommage de ne pas y être allé. (adjectif)

Application immédiate   Cherchez le sujet réel de **être** + *adjectif* ou **être** + *nom*, puis complétez avec **il** ou **ce** et **à** ou **de**.

1. _____ est normal _____ avoir besoin de ses parents.
2. _____ est ridicule _____ penser qu'il a raison ; _____ est même une sottise _____ le croire.
3. Paul souffre de migraines ; _____ est difficile _____ guérir.
4. _____ était une bonne idée _____ rentrer immédiatement.

(*Réponses p. 34*)

Exercices

EXERCICE I

a) *Vous êtes le professeur et, comme lui (ou elle), vous préparez par écrit le travail à donner aux étudiants, en deux ou trois lignes, en employant des infinitifs à la place de l'impératif et un peu d'humour (voir p. 17).*
Choisissez les verbes avec soin. « Pour mercredi … »

b) *Ecrivez la recette de votre plat préféré que vous préparez quand il y a une fête à votre dortoir. (Employez des infinitifs.)*

c) *Trouvez deux conseils qu'on vous dit de suivre dans vos activités sur le campus : à la bibliothèque, au laboratoire ou dans votre dortoir. (Employez des infinitifs.)*

EXERCICE II (écrit)   *Mettez les phrases à la forme passive.*

Ex. On vient d'annoncer une nouvelle → Une nouvelle vient d'être annoncée.

1. Les étudiants vont préparer des questions.
2. On vient de finir la leçon.
3. Le professeur va expliquer le texte.

EXERCICE III (écrit)   *Après avoir étudié les constructions verbe + infinitif (partie D), décidez s'il faut des prépositions pour compléter les phrases suivantes.*

1. Il vaut mieux _____ rester à la maison quand il pleut.
2. J'ai tellement de travail _____ faire aujourd'hui que je préfère _____ ne pas y penser.
3. Je vais_____ essayer_____ me décider_____ prendre des leçons de peinture.
4. Vous n'arrêtez pas _____ vous plaindre.
5. Faudrait-il _____ le prévenir de notre arrivée ?
6. Vous auriez dû _____ lui demander _____ vous permettre _____ jouer aux cartes.
7. Dépêchez-vous _____ accepter _____ venir chez moi _____ prendre une tasse de café.
8. Vous oseriez _____ lui dire _____ aller _____ voir ce film ?
9. As-tu réussi _____ décider ton père _____ te prêter sa voiture ?
10. Vous faites semblant _____ ne pas comprendre, j'en suis sûr.
11. Je venais _____ tourner au coin de la rue quand l'accident est arrivé.
12. Il est absolument défendu _____ marcher sur les pelouses des jardins publics en France.
13. Il a failli _____ se tuer quand il a essayé _____ grimper à un mur trop haut.

14. Je ne crois pas _____ pouvoir _____ vous l'expliquer.

15. J'ai beau _____ faire de mon mieux, vous ne semblez pas _____ apprécier mes efforts.

16. Les étudiants n'ont pas fini l'exercice car ils ont oublié _____ tourner la page pour voir les dernières questions.

17. Pourriez-vous _____ l'excuser _____ ne pas savoir _____ expliquer la différence entre les mots : compte, conte, et comte ?

18. Nous serons à la fête et nous espérons _____ vous y rencontrer.

19. Ne tarde pas _____ prendre ta décision parce que si tu laisses _____ passer trop de temps, tu t'imagineras _____ avoir _____ résoudre un problème plus compliqué qu'il n'est.

20. Il s'est mis _____ manger sans attendre les autres.

21. Que pensez-vous _____ faire en Europe le mois prochain ?

22. Pourquoi venez-vous _____ me voir ? — Je désire _____ vous parler.

23. Je vous demande _____ bien vouloir me permettre _____ m'absenter deux ou trois jours.

24. Pensez _____ lui dire que j'arriverai à six heures.

25. Le jury a demandé _____ écouter les témoignages une seconde fois.

26. Reviendrez-vous _____ me voir bientôt ? J'ose _____ l'espérer.

27. Je veux _____ vous dire _____ ne pas chercher _____ m'intimider.

28. Elle aimerait _____ préparer une fondue la prochaine fois qu'elle invitera ses amis _____ dîner.

29. Elle a envoyé sa fille _____ faire une course à l'épicerie.

30. Ai-je tort _____ dire que vous voudriez _____ savoir _____ parler français couramment ?

EXERCICE IV (oral) *Substituez chacun des verbes indiqués au verbe souligné de la phrase donnée. Attention à la construction verbe + infinitif.*

1. J'aime apprendre le français.

   a. vais
   b. ai envie
   c. espère
   d. essaie
   e. veux

   f. tiens
   g. commence
   h. arrive
   i. refuse
   j. peux

2. On ne doit pas le répéter.

   a. est censé
   b. tarde
   c. permet
   d. défend
   e. a peur

   f. sait
   g. a
   h. souhaite
   i. hésite
   j. risque

3. Il <u>dit</u> avoir menti.

a. prétend	e. a honte
b. regrette	f. déteste
c. se rappelle	g. semble
d. s'excuse	h. nie

4. Nous <u>avons décidé de</u> ne pas entrer.

a. avons préféré	e. avons bien fait
b. avons cherché	f. avons failli
c. avons accepté	g. avons fait exprès
d. avons eu tort	h. avons promis

5. Nous <u>comptons</u> voir ce film.

a. désirons	e. avons le temps
b. avons hâte	f. partons
c. osons	g. allons
d. conseillons	h. venons (passé récent)

6. <u>Permettez-moi de</u> parler.

a. Laissez	e. Apprenez
b. Invitez	f. Arrêtez
c. Ecoutez	g. Demandez
d. Interdisez	h. Conseillez

EXERCICE V   *Ecrivez deux longues phrases indépendantes dans lesquelles vous emploierez le plus possible de constructions verbe + infinitif. Cherchez dans les listes données* (voir p. 18).

Ex. Il est défendu de fumer en classe ; alors quand Robert a commencé à allumer une cigarette, le professeur lui a dit de l'éteindre et d'aller la jeter dehors.

EXERCICE VI (écrit ou oral)   *Faites une seule phrase avec les deux propositions données. Attention à la construction verbe + infinitif quand les sujets sont identiques.*

Ex. Je voudrais / j'irai vous voir bientôt.
Je voudrais aller vous voir bientôt.

1. Il pense / vous pourrez m'accompagner.
2. Il a fallu / il part immédiatement.
3. Ils ont décidé / ils iront à la campagne samedi.
4. L'étudiant malade a demandé / il sort de la classe.
5. Tu ne semblais pas / tu avais fait tant de fautes.
6. Il aime mieux / vous vous occupez de cette affaire.
7. Nous nous rappelons / nous avons eu cette opportunité inespérée.
8. J'espérais / je pourrais lui parler.

EXERCICE VII (écrit)   *Complétez avec l'infinitif présent ou passé, selon le sens. Attention à l'accord du participe passé.*

1. Vous semblez _____ (faire) des progrès dans votre dernière composition.
2. Je t'avais défendu de _____ (marcher) nu-pieds.
3. Elle a acheté la robe après l'_____ (essayer).
4. Ne nous reprochez pas de les _____ (appeler) hier soir.
5. Après _____ (arriver) au sommet de la montagne, ils ont dû redescendre immédiatement.

EXERCICE VIII (écrit)   *Faites une phrase avec les mots donnés en mettant l'infinitif au négatif. Employez l'infinitif présent ou passé selon le sens. Ajoutez une préposition si elle est nécessaire. Attention au pronom des verbes pronominaux.*

Ex. Je vous demande / être en retard.   Je vous demande de ne pas être en retard.

1. On vous a conseillé / s'inquiéter
2. Elle préfère / sortir ce soir
3. Nous regrettons / s'excuser
4. Il a réussi / parler constamment de son travail
5. Je tiens / se fatiguer pendant le week-end

EXERCICE IX   *Avec chacune des expressions suivantes, écrivez une phrase qui montre clairement le sens de l'expression* (voir pp. 22–23).

1. penser à + infinitif
2. venir + infinitif
3. se décider à + infinitif
4. commencer à + infinitif

EXERCICE X (écrit)   *Finissez les phrases avec une proposition infinitive.*

Ex. Après une mauvaise expérience, on désire *faire mieux la prochaine fois.*

1. Cette machine sert _____.
2. Après notre conversation, je m'attends _____.
3. Je passe toujours beaucoup de temps _____.
4. Demain, rappelez-moi _____.
5. A la fin de l'année, j'espère _____.
6. Tu vois que j'ai eu raison _____.

EXERCICE XI (écrit)   *Complétez avec* **à** *ou* **de** *devant l'infinitif objet d'un nom* (ou pronom) *ou d'un adjectif* (constructions personnelles).

1. Je ne suis pas sûr _____ pouvoir aller à la conférence avec vous ce soir.
2. *L'Exorciste*, c'est un film horrible _____ voir !
3. Votre idée, celle _____ retourner à la maison, est excellente.
4. Elle m'a bien donné l'impression _____ vouloir vous parler.
5. C'est vous qui m'avez donné l'idée _____ tenter ma chance.
6. Ils sont ravis _____ avoir eu de si bons résultats.
7. Il m'a passé un livre intéressant _____ lire mais il est très long.
8. Je vous remercie beaucoup d'avoir été si rapide _____ taper ces feuilles.
9. Les chansonniers de Paris racontent des histoires amusantes _____ en pleurer.
10. Je suis très contente _____ avoir pu passer quelques moments avec vous.

EXERCICE XII (écrit)   *Complétez avec* **il** *ou* **ce** (**c'**), *et* **à** *ou* **de** *dans les constructions impersonnelles suivantes.*

1. _____ n'est pas nécessaire _____ aller à ce cours. Pourquoi ? _____ est facile _____ deviner : le professeur fait toujours les mêmes conférences.
2. _____ serait une folie _____ ne pas profiter de la situation.
3. _____ est impossible _____ comprendre ce qui est arrivé ; _____ est un mystère pour tout le monde.
4. _____ n'est pas la peine _____ venir.
5. _____ est bon signe _____ être en convalescence.
6. _____ est plus rapide _____ voyager en avion qu'en train.
7. Il va faire beau demain ; _____ est bon _____ savoir.
8. N'essayez pas de le convaincre ; _____ est très dur _____ faire.

EXERCICE XIII (oral)   *Complétez avec* **à** *ou* **de** *quand une préposition est nécessaire. Distinguez les différents cas ; verbe + infinitif, adjectif ou nom + infinitif* (constructions personnelles ou impersonnelles).

1. Il n'est pas bon _____ rester au soleil trop longtemps.
2. Ce point de grammaire n'est pas facile _____ comprendre.
3. Il faut passer beaucoup de temps _____ étudier à la bibliothèque parce que les étudiants ne veulent pas _____ se taire dans les dortoirs.
4. Il prétend _____ connaître la question à fond mais il est préférable _____ le laisser _____ l'étudier un peu plus longtemps.
5. Voilà un passage très dur _____ analyser ; les étudiants ont été obligés _____ le lire plusieurs fois avant de commencer _____ le comprendre.
6. Etes-vous content _____ être de retour à la maison ?

7. Ça doit être formidable _____ faire le tour du monde.
8. Voudriez-vous _____ savoir la raison de son départ ? C'est un peu délicat _____ expliquer mais je vais _____ tâcher _____ le faire.
9. Il a une voiture _____ vendre, si vous voulez _____ la voir !
10. C'est une histoire _____ vous faire pâlir.

EXERCICE XIV   *En employant les constructions des parties E et F de la leçon, écrivez un petit paragraphe sur votre vie d'étudiant. Dites quel travail est intéressant ou difficile à faire, ce que vous avez le temps, la permission, ou l'habitude de faire, ce qu'il est utile de faire, etc. sur le campus.*

EXERCICE XV   *Faites oralement en classe, à l'aide des listes de la partie D de la leçon, de nombreuses phrases courtes qui vous permettront d'entendre les différentes constructions apprises pour que votre oreille s'y habitue.*

> **Ex. J'ai mis** trois heures à réparer ma bicyclette.
> Vous n'**avez** pas l'**air de** comprendre ma question.
> Je n'**ai** pas **le temps d'**aller vous voir aujourd'hui.

EXERCICE XVI (écrit)   *Finissez les phrases en utilisant l'adjectif entre parenthèses. Variez l'infinitif.*

> **Ex.** Vous êtes heureux, *c'est facile à voir.* (facile)

1. Dépenser de l'argent, _____ _____. (facile)
2. Quand il y a des programmes de sport à la télévision, _____ _____. (intéressant)
3. La hauteur des chutes du Niagara, _____ _____. (impressionnant)
4. Ecrire une dictée sans oublier d'accents, _____ _____. (dur)

EXERCICE XVII (oral)   *Lisez le poème suivant à haute voix. Puis trouvez les infinitifs qui y sont contenus et expliquez leur emploi.*

Pour faire le portrait d'un oiseau

Peindre d'abord une cage
Avec une porte ouverte
peindre ensuite
quelque chose de joli
quelque chose de simple

quelque chose de beau
quelque chose d'utile
pour l'oiseau
placer ensuite la toile contre un arbre
dans un jardin
dans un bois
ou dans une forêt
se cacher derrière l'arbre
sans rien dire
sans bouger....
Parfois l'oiseau arrive vite
mais il peut aussi bien mettre de longues années
avant de se décider
Ne pas se décourager
attendre
attendre s'il le faut pendant des années
la vitesse ou la lenteur de l'arrivée de l'oiseau
n'ayant aucun rapport
avec la réussite du tableau
Quand l'oiseau arrive
s'il arrive
observer le plus profond silence
attendre que l'oiseau entre dans la cage
et quand il est entré
fermer doucement la porte avec le pinceau
puis
effacer un à un tous les barreaux
en ayant soin de ne toucher aucune des plumes de l'oiseau
Faire ensuite le portrait de l'arbre
en choisissant la plus belle de ses branches
pour l'oiseau
peindre aussi le vert feuillage et la fraîcheur du vent
la poussière du soleil
et le bruit des bêtes de l'herbe dans la chaleur de l'été
et puis attendre que l'oiseau se décide à chanter
Si l'oiseau ne chante pas
c'est mauvais signe
signe que le tableau est mauvais
s'il chante c'est bon signe
signe que vous pouvez signer
Alors vous arrachez tout doucement
une des plumes de l'oiseau
et vous écrivez votre nom dans un coin du tableau

Jacques Prévert

Réponses aux applications immédiates

p. 15 1. avoir vus (vues)
2. être montée
3. s'être promenés
4. avoir lus

p. 16 1. de ne pas venir
2. de ne pas y être allé
de n'y être pas allé

p. 16 1. être faits
2. Une couturière va faire ses vêtements.

p. 17 1. une machine à calculer
2. une pomme à cuire
3. une aiguille à tricoter

p. 17 Aller

p. 22 1. Je tiens à partir tôt.
2. Les voyageurs espèrent ne pas avoir
trop chaud. *ou* : qu'ils n'auront pas
trop chaud.
3. Il faut qu'il aille à la gare.
4. a décidé de mettre ses affaires en
ordre.

p. 23 1. Je vais finir de *ou* Je finis de
2. venir me l'apporter
3. de le décider à
4. que je pense à
5. il a demandé à

p. 25 1. de
2. à
3. d'
4. à
5. de
6. à
7. à
8. de
9. à
10. d'

p. 26 1. Il (*ou* C'), d'
2. Il (*ou* C'), de ; c', de
3. c', à
4. C', de

3 Le Présent de l'indicatif L'Impératif

I. *Le Présent de l'indicatif.* C'est un temps simple: un mot.

A. Formes

1. *Verbes réguliers.* Rappelons la formation du présent des verbes réguliers. Il y a trois conjugaisons : les verbes en **er** (1ère conjugaison), en **ir** (2ème conjugaison), et en **re** (3ème conjugaison).

Ex. aimer	finir	vendre
j'aime	je finis	je vends
tu aimes	tu finis	tu vends
il, elle, on aime	il, elle, on finit	il, elle, on vend
nous aim**ons**	nous fin**issons**	nous vend**ons**
vous aim**ez**	vous fin**issez**	vous vend**ez**
ils, elles aiment	ils, elles fin**issent**	ils, elles vend**ent**

Remarque

Le **r** de la terminaison de l'infinitif ne se trouve jamais dans la conjugaison du présent.

    a. Les verbes en **er** sont *tous réguliers* (excepté le verbe **aller** ; le verbe **envoyer** est aussi irrégulier au futur et au conditionnel).

    — Comme les terminaisons **e**, **es**, **ent**, sont muettes, quatre formes du présent ont exactement la même prononciation.

        Ex. je parle   tu parles   il parle   ils parlent

        (la terminaison **ez** n'est pas muette : voir la leçon 1)

    — Quand le verbe commence *par une voyelle*, il y a une liaison à la troisième personne du pluriel.

        Ex. j'aime, tu aimes, il aime, ils aiment.

Application immédiate   Ecrivez et prononcez les quatre personnes à terminaisons muettes.

1. taper (à la machine) :
   je _____, tu _____, il _____, ils _____
2. arriver :
   j'_____, tu _____, il _____, ils _____   *(Réponses p. 53)*

    — Quand il y a un **r** avant la terminaison de l'infinitif du verbe, n'oubliez pas d'écrire et de prononcer ce **r**.

        Ex. rencontrer   Je rencontre.

ATTENTION

à la prononciation du présent des verbes en **ier**, **uer**. Aux terminaisons muettes le **i**, ou le **u**, est prononcé seul.

    Ex. étudier : j'étudie, tu étudies, il étudie, ils étudient (le **i** est prononcé)

    continuer : je continue, tu continues, il continue, ils continuent (le **u** est prononcé)

Application immédiate Ecrivez et prononcez les quatre personnes à terminaisons muettes.

1. apprécier :
   j'_____, tu _____, il _____, ils _____
2. tuer :
   je _____, tu _____, il _____, ils _____   (*Réponses p. 53*)

Particularités de certains verbes en er

Changements orthographiques *aux quatre personnes à terminaisons muettes* : je, tu, il, ils.

— Les verbes qui ont un **e** ou **é** à la fin de l'avant-dernière syllabe de l'infinitif le changent en **è** devant les terminaisons muettes :

Ex. le/ver	espé/rer
je lève	j'espère
tu lèves	tu espères
il, elle, on lève	il, elle, on espère
nous levons	nous espérons
vous levez	vous espérez
ils, elles lèvent	ils, elles espèrent

— mais les verbes en **eler** et **eter** doublent la consonne **l** ou **t** devant les terminaisons muettes :

Ex.	appeler		jeter
j'	appelle	je	jette
tu	appelles	tu	jettes
il, elle, on	appelle	il, elle, on	jette
nous	appelons	nous	jetons
vous	appelez	vous	jetez
ils, elles	appellent	ils, elles	jettent

EXCEPTIONS

geler ; je gèle. **peler** ; je pèle. **acheter** ; j'achète.
(mais **épeler** se conjugue comme **appeler**)

— Les verbes en **ayer**, **oyer**, **uyer** changent **y** en **i** devant les terminaisons muettes. Pour les verbes en **ayer**, on peut aussi garder le **y**.

	payer		nettoyer		ennuyer
je	paie (je paye)	je	nettoie	j'	ennuie
tu	paies (tu payes)	tu	nettoies	tu	ennuies
il, elle, on	paie (il paye)	il, elle, on	nettoie	il, elle, on	ennuie
nous	payons	nous	nettoyons	nous	ennuyons
vous	payez	vous	nettoyez	vous	ennuyez
ils, elles	paient (ils payent)	ils, elles	nettoient	ils, elles	ennuient

Changements orthographiques *à la première personne du pluriel* nous :
— *les verbes en cer*. Pour conserver le son *ss* du *c* à l'infinitif, il faut mettre une cédille sous le **c** à la première personne du pluriel (voir leçon 1, p. 10).
   Ex. commen**c**er   nous commen**ç**ons

— *les verbes en ger*. Pour conserver le son **j** du **g** à l'infinitif, il faut mettre un **e** après le **g** à la première personne du pluriel (voir leçon 1, p. 10).
   Ex. man**g**er   nous man**g**eons

Application immédiate   Ecrivez les formes **je** et **nous** du présent des verbes suivants.

1. mener :   je _____, nous _____
2. répéter :   je _____, nous _____
3. épeler :   j' _____, nous _____
4. feuilleter : je _____, nous _____
5. peler :   je _____, nous _____
6. essayer :   j' _____, nous _____
7. employer :   j' _____, nous _____
8. essuyer :   j' _____, nous _____
9. placer :   je _____, nous _____
10. nager :   je _____, nous _____   *(Réponses p. 53)*

---

b. Les verbes en **ir** (voir conjugaison p. 35).
    Les verbes réguliers en **ir** se conjuguent avec l'infixe **iss** au pluriel du présent. (Les verbes en **ir** qui n'ont pas l'infixe sont irréguliers.)

Dans cette catégorie on trouve en particulier des verbes *formés sur des adjectifs* :

Ex. *adjectifs de couleur*	*autres adjectifs*
blanc → blanchir	beau → embellir
bleu → bleuir	court → raccourcir
brun → brunir	dur → durcir
jaune → jaunir	grand → grandir, agrandir
noir → noircir	gros → grossir
pâle → pâlir	jeune → rajeunir
rouge → rougir	laid → enlaidir
vert → verdir	large → élargir
	lent → ralentir
	lourd → alourdir
	maigre → maigrir
	mince → amincir
	profond → approfondir
	sale → salir
	vieux → vieillir

Ces verbes indiquent *une transformation* avec le sens de **devenir** ou **rendre** :

Ex. Je **rougis** facilement parce que je suis timide. (Je **deviens** rouge.)
et :

Les arbres **embellissent** l'avenue. (Les arbres **rendent** l'avenue belle.)
(agent extérieur)

Quand l'action du verbe est appliquée *au sujet* du verbe, le sens est **devenir**.

Quand l'action du verbe est appliquée *à l'objet* du verbe, le sens est **rendre**, et le sujet du verbe est un agent extérieur.

Voici les deux sens avec le même verbe :
Chaque jour nous **vieillissons** un peu. (Nous **devenons** vieux.)
Les soucis **vieillissent** l'homme. (Les soucis **rendent** l'homme vieux.)

Application immédiate   Dans les phrases suivantes, quel est le sens du verbe en **ir** ?
1. La fumée **noircit** les bâtiments.
2. Votre fils **grandit** vite.

(Réponses p. 53)

Particularités du verbe haïr   haïr (détester)

Il n'y a pas de *tréma aux trois formes du singulier du présent* :

je	hais	→	(prononcez **è**, ε)		nous	haïssons
tu	hais	→	»	»	vous	haïssez
il, elle, on hait		→	»	»	ils, elles haïssent

c. Les verbes en **re** (voir conjugaison p. 35)

Il n'y a pas de terminaison *à la troisième personne du singulier* du présent des verbes réguliers en **dre**, mais il faut mettre un **t** à celle des verbes en **pre**.

Ex. ven**dre** : il ven   interrom**pre** : il interromp**t**

Remarque

Il y a très peu de verbes réguliers en **re** : 17 seulement (la plupart des verbes réguliers sont dans les deux autres catégories). Voici la liste de ces verbes : défendre, descendre, épandre, fendre, fondre, mordre, perdre, pondre, prendre, rendre, répandre, répondre, rompre, tendre, tondre, tordre, vendre, + quelques verbes dérivés de ces verbes.

Application immédiate   Ecrivez les verbes suivants au présent, à la personne indiquée.

1. corrompre : ils _____
2. rendre : vous _____
3. descendre : je _____

4. fondre : elle _____
5. perdre : nous _____
6. répondre : tu _____

(Réponses p. 53)

---

2. *Verbes irréguliers.* Ils se terminent par **er, ir, oir**, et **re**. (Revoir le présent de ces verbes dans l'appendice.)

Attention en particulier aux formes des verbes irréguliers suivants :

verbes en **ir** : { dormir : je dors   partir : je pars   mentir : je mens
                     sentir : je sens   servir : je sers   sortir : je sors
tenir : je tiens   venir : je viens
(Ne confondez pas : devenir : je deviens, et deviner : je devine.)

{ couvrir : je couvre   cueillir : je cueille
  ouvrir : j'ouvre   souffrir : je souffre
  offrir : j'offre (mêmes terminaisons du présent que les verbes en **er**)

verbes en **oir** : { pouvoir : je peux
                              je puis (employé surtout dans l'inversion : puis-je)
                      vouloir : je veux

{ apercevoir : j'aperçois   décevoir : je déçois
  recevoir : je reçois.

verbes en **re** : $\begin{cases} \text{être : vous êtes} \\ \text{faire : vous faites} \end{cases}$ dire : vous dites

$\begin{cases} \text{craindre : je crains} \\ \qquad\quad \text{nous craignons} \end{cases}$ joindre : je joins

nous joignons

$\begin{cases} \text{peindre : je peins} \\ \qquad\quad \text{nous peignons} \end{cases}$

Attention aussi à *l'accent circonflexe à la troisième personne du singulier* des verbes suivants :

connaître : il connaît   disparaître : il disparaît

naître : il naît   plaire : il plaît

Application immédiate Ecrivez les verbes suivants au présent à la personne indiquée.

1. sentir : tu _____
2. éteindre : j' _____
3. souffrir : il _____
4. reconnaître : elle _____

5. recevoir : je _____
6. appartenir : nous _____
7. pouvoir : ils _____
8. plaire : je _____

(Réponses p. 53)

---

3. *Verbes pronominaux.* Ce sont des verbes réguliers ou irréguliers qui sont conjugués avec *un pronom réfléchi* (voir leçon 6).

Exercices

EXERCICE I *Ecrivez les verbes en* **er** *suivants au présent de l'indicatif, à la personne indiquée.*

a) *Verbes en* **ier**, **uer**. *Prononcez ces formes après les avoir écrites.*

1. prier : je vous en _____
2. simplifier : tu _____
3. nier : il _____

4. saluer : ils _____
5. remuer : tu _____
6. suer : je _____

b) *Verbes en **er** à changements orthographiques.*

1. peser : tu _____
2. acheter : vous _____
3. geler : ils _____
4. céder : je _____
5. rappeler : tu _____
            nous _____
6. jeter : on _____
          vous _____
7. effrayer : nous _____

8. tutoyer : je _____
9. envoyer : elle _____
10. appuyer : on _____
11. effacer : nous _____
12. avancer : ils _____
13. arranger : tu _____
14. juger : nous _____
15. bouger : vous _____

EXERCICE II (écrit)   *Quelle est la troisième personne du pluriel du présent des verbes irréguliers suivants?*

1. être : ils _____
2. faire : ils _____
3. devoir : elles _____
4. aller : ils _____
5. pouvoir : elles _____
6. croire : ils _____

7. avoir : elles _____
8. vouloir : ils _____
9. écrire : ils _____
10. apprendre : ils _____
11. connaître : elles _____
12. peindre : elles _____

EXERCICE III (oral)   *Donnez rapidement la forme correspondante du singulier ou du pluriel des formes du présent des verbes réguliers et irréguliers suivants.*

1. tu fais (vous)
2. j'obéis (nous)
3. ils perdent (il)
4. vous êtes (tu)
5. je mets (nous)
6. tu vis (vous)
7. elle a (elles)
8. nous accueillons (j')
9. vous avez (tu)
10. nous écrivons (j')
11. ils courent (il)
12. il plaît (ils)

13. nous suivons (je)
14. tu vois (vous)
15. ils connaissent (il)
16. ils doivent (on)
17. tu peins (vous)
18. j'acquiers (nous)
19. je bois (nous)
20. il tient (ils)
21. tu t'assieds (vous)
22. elle vaut (elles)
23. je reçois (nous)
24. nous remercions (je)

EXERCICE IV (écrit) *Pour vérifier votre connaissance du présent, complétez les phrases avec la personne convenable du présent de l'indicatif du verbe entre parenthèses.*

1. Je (haïr) _____ ce cours ; je le (suivre) _____ seulement parce qu'il le (falloir) _____.
2. Un vaurien est une personne qui ne (valoir) _____ rien.
3. Les enfants (salir) _____ leurs vêtements quand ils (jouer) _____ dehors.
4. Je (raccourcir) _____ cette robe qui (être) _____ trop longue ; je l'(aimer) _____ bien parce qu'elle m'(amincir) _____.
5. (Pouvoir) _____-je vous poser une question ?
6. Il (partir) _____ tôt chaque jour et il (revenir) _____ tard.
7. Je (mourir) _____ de faim ; et vous ?
8. En France on (boire) _____ beaucoup de vin parce qu'on en (produire) _____ beaucoup.
9. Vous me (surprendre) _____ quand vous (dire) _____ que vous ne (croire) _____ pas mon histoire.
10. Il (conduire) _____ bien quand il le (vouloir) _____.
11. Nous (craindre) _____ le pire. Il (vivre) _____ si dangereusement !
12. Je vous (offrir) _____ ce bouquet de fleurs.
13. Les poules (pondre) _____ des œufs.
14. Est-ce que ce parfum (sentir) _____ bon ?
15. Ton dessin (représenter) _____ un animal bizarre.
16. Ses notes le (satisfaire) _____.
17. (Prendre) _____ -tu toujours une glace comme dessert ?
18. Tu (mener) _____ une vie trop rapide et tu (mettre) _____ trop d'énergie dans ton travail.
19. Je (cueillir) _____ ces fruits parce qu'ils (être) _____ mûrs.
20. Il me (dire) _____ qu'il vous (connaître) _____ très bien. Mais il (mentir) _____ peut-être.
21. Chaque fois que je le (rencontrer) _____, il me (raconter) _____ une histoire.
22. Je (se servir) _____ souvent de cet instrument.
23. Nous (changer) _____ de train à la prochaine gare.
24. Peut-être (vous, rire) _____ trop souvent. (peut-être + inversion)
25. Les professeurs (instruire) _____ leurs élèves.
26. Ils (fuir) _____ parce qu'ils (voir) _____ un désastre arriver.
27. Mes verres de contact me (permettre) _____ de bien voir.
28. L'adjectif (qualifier) _____ un nom ou un pronom.
29. Quand ces étudiants (passer) _____ des examens, ils (réussir) _____ toujours bien ; ils (avoir) _____ toujours de bonnes notes.
30. Le temps (devenir) _____ mauvais et je (deviner) _____ que tu n'(être) _____ pas content.

B. Emplois.   Le présent est employé :

1. pour exprimer *une action qui a lieu maintenant, en ce moment.*
     Ex. Il **dort**.   Vous **travaillez**.
   Si on veut insister sur le fait que l'action a lieu au moment présent, on emploie l'expression : **être en train de** + *infinitif.*
        Ex. Ne faites pas de bruit ; il **est en train de** dormir. (Cette expression est aussi employée à l'imparfait ou au futur quand l'action est dans le passé ou au futur respectivement.)

   pour exprimer *un état au moment présent.*
     Ex. Ils **sont** heureux.

2. pour exprimer *une action habituelle.*
        Ex. Quand je **suis** fatigué, je **me repose**.
            Tous les jours, je **vais** en classe à 9 heures.
            Les Français **parlent** toujours de leur foie.

3. pour exprimer *un fait qui est toujours vrai.*
        Ex. La terre **tourne** autour du soleil.
            Les nuages **apportent** la pluie.
            Qui **dort dîne**. (proverbe)

4. pour exprimer *un passé récent* par rapport au présent, généralement exprimé par : **venir** (au présent) + **de** + *infinitif.*
        Ex. J'**arrive** de Paris. (Je viens d'arriver de Paris.)
            Il **sort** de mon bureau à l'instant. (Il vient de sortir de mon bureau.)

5. pour exprimer un *futur proche* par rapport au présent, généralement exprimé par : **aller** (au présent) + *infinitif.*
        Ex. Je **repars** demain pour Los Angeles. (Je vais repartir demain pour Los Angeles.)
            Attendez-moi ! Je **viens** tout de suite. (Je vais venir tout de suite.)

6. *à la place d'un futur* après un **si** de condition dans une phrase au futur (voir leçon 8 sur le futur).
        Ex. Si vous **voulez** ce livre, je vous l'apporterai.

7. *comme présent littéraire* dans une narration *au passé* pour rendre l'action plus vivante.

Ex. Je n'étais pas sitôt arrivé dans le bureau de mon collègue qu'il **se met** à s'énerver en faisant de grands gestes et qu'il me **parle** d'une façon tellement inadmissible que je suis ressorti très rapidement, jurant de ne plus jamais retourner le voir.

8. avec **depuis**, pour exprimer qu'**une action (ou un état) commencée dans le passé continue dans le présent**. C'est la forme progressive anglaise "I have been (doing) . . . for, since . . ."

depuis indique **l'espace de temps** "for" entre le commencement de l'action dans le passé et le moment présent.

    Ex. Depuis combien de temps étudiez-vous le français ?

    J'étudie le français **depuis trois mois.**

depuis (que) indique **le commencement** "since" (date ou moment précis) de l'action dans le passé.

    Ex. Depuis quand étudiez-vous le français ?

    J'étudie le français depuis le mois de septembre.

    — ou : **J'étudie** le français depuis que je suis à l'université.

a. *Expressions équivalentes à depuis.* Elles indiquent seulement *l'espace de temps* "for". Leur construction est différente de celle de **depuis.**

Il y a... que...

    Ex. Il y a combien de temps **que** vous étudiez le français ?

    Il y a trois mois **que** j'étudie le français.

Cela (ça) fait... que...

    Ex. Ça fait combien de temps **que** vous étudiez le français ?

    Ça fait trois mois **que** j'étudie le français.

Voilà (voici)... que...

    Ex. Voilà trois mois **que** j'étudie le français. (pas de question possible dans ce cas)

Remarque

L'espace de temps est placé immédiatement après : **depuis** ; **il y a** ; **ça fait** ; **voilà.**

Application immédiate   Répondez à la question suivante ; puis changez la réponse en employant les expressions équivalentes à **depuis.**

Depuis combien de temps êtes-vous ici ? (1 heure)   (*Réponses p. 53*)

Remarque

Ambiguïté de sens avec le mot **heure.**

Ex. Je travaille **depuis** deux heures.

> **deux heures** peut signifier : **combien de temps** l'action a déjà duré ("for 2 hours")
>
> ou : **l'heure à laquelle** l'action a commencé ("since 2 o'clock")

— mais : **Il y a** deux heures **que** je travaille. Le sens est clair.

Employez une expression équivalente à **depuis** quand il y a une ambiguïté.

ATTENTION

Il y a souvent une confusion entre **il y a... que...** et **il y a.**

Ex. Il y a une heure **que** je suis là.

Il y a une heure, j'étais àl a bibliothèque. (verbe au passé) ("ago")

---

b. Les expressions **depuis, il y a...**, **cela (ça) fait...**, **voilà...**, sont aussi utilisées avec *un verbe négatif* pour exprimer qu'*une action n'a pas eu lieu depuis un moment du passé jusqu'au présent.*

Deux temps sont possibles, avec une légère différence de sens :

— *le présent* traduit la forme progressive anglaise négative "I have not been (doing) . . . for, since . . ." Employez-le aussi avec **ne... plus.**

> **Ex.** Je **n'étudie pas depuis** trois jours.
>
> Je **n'étudie pas depuis** que j'ai été malade.
>
> Je **ne** le **vois plus depuis** longtemps.

— *le passé composé* traduit le "present perfect" anglais négatif : "I have not (done) . . . for, since . . ." (C'est le cas le plus fréquent.)

> **Ex.** Je **ne** lui **ai pas écrit depuis** un mois.
>
> Je **ne** lui **ai pas écrit depuis** sa dernière lettre.

Autres exemples

> **Il y a** une éternité **que** je ne vous **ai pas vu.**
>
> **Ça fait** un mois **que** vous **ne** lui **parlez plus.**
>
> **Voilà** très longtemps **que** je **ne suis pas allée** voir un film.

Application immédiate Complétez avec le présent ou le passé composé du verbe négatif.

1. Je (ne pas prendre) _____ de vacances depuis trois ans.
2. Ça fait une semaine qu'il _____ (ne pas sentir) bien.   *(Réponses p. 53)*

Exercices

EXERCICE V (écrit ou oral)   *Répondez en utilisant l'expression **être en train de** au présent.*

   Ex. Pourquoi ne viens-tu pas me voir ?

   Parce que je **suis en train de** lire un roman passionnant.

1. Qu'est-ce que vous faites en ce moment ?
2. Pourquoi parle-t-elle si longtemps au téléphone ?
3. Pourquoi est-il au guichet ?
4. Pourquoi a-t-il besoin de trois crayons de couleur ?

EXERCICE VI   *Ecrivez au présent deux actions habituelles qui s'appliquent à vous-même* (voir B 2).

EXERCICE VII (écrit)   *Indiquez trois faits qui sont toujours vrais* (voir B 3).

EXERCICE VIII   *Ecrivez un paragraphe de quatre ou cinq lignes au présent de l'indicatif sur le sujet suivant, en faisant un bon choix de verbes :*

C'est l'été. Vous êtes à la campagne, assis(e) à l'ombre d'un arbre.

EXERCICE IX (oral)

   a) *Répondez aux questions suivantes.*
   1. Tu regardes ce programme de télévision depuis combien de temps ?
   2. Depuis combien de temps l'attends-tu ?
   3. Depuis quand est-il malade ?
   4. Il y a combien de temps qu'il ne s'est pas lavé les cheveux ?
   5. Ça fait combien de temps qu'il sort avec elle ?

6. Depuis combien de temps habitez-vous ici ?

7. Depuis quand suis-tu ce cours ?

b) *Posez les questions dont voici les réponses.*

1. Il joue au football depuis septembre. (**jouer à** pour un sport)

2. Ça fait six ans qu'elle joue du piano. (**jouer de** pour un instrument de musique)

3. Je gagne ma vie depuis l'année dernière.

4. Elle n'est pas allée à New York depuis très longtemps.

5. Il y a deux ans qu'il vit ici.

c) *Dans la phrase suivante remplacez **depuis** par des expressions synonymes.*

Je le sais depuis longtemps.

EXERCICE X   *Ecrivez une phrase avec **il y a... que** et une phrase avec **il y a.***

EXERCICE XI   *Ecrivez deux phrases affirmatives et une phrase négative concernant vos propres activités à l'université, en employant une des expressions :*

depuis, il y a... que, ça fait... que, voilà... que.

Ex. Je **suis** au laboratoire **depuis** une demi-heure.

Ça fait plusieurs semaines **que** je **n'ai pas écrit** à mes parents.

EXERCICE XII   *Ecrivez un petit paragraphe au passé en y incorporant le présent littéraire* (voir B 7).

EXERCICE XIII   *Ecrivez un passage court au présent en employant huit des verbes suivants :* jeter, créer, offrir, essayer, lancer, forcer, venir, pouvoir, recevoir, devenir, permettre, observer, se plaindre, suivre, courir, faire.

EXERCICE XIV   *Ecrivez une phrase au présent avec chacun des verbes suivants.*

1. rougir

2. mentir

3. découvrir

EXERCICE XV (oral)   *Exercice de lecture. Lisez les phrases suivantes à haute voix en faisant particulièrement attention aux présents des verbes.*

1. Il rentre souvent tard le soir parce qu'il rencontre des amis.

2. J'étudie rapidement et puis j'apprécie le temps libre qui suit.

3. Les jeunes filles se confient leurs secrets.

4. Les invités savourent leur tasse de café.
5. Tu noues ta cravate et puis tu la dénoues.
6. Est-ce que tu tutoies tes camarades de classe ?
7. Ces hommes prennent des décisions et soulèvent un tollé général.
8. Il hait la chaleur et ses amis la haïssent aussi.
9. La Seine rejoint la Manche par un vaste estuaire.
10. Un membre du comité de lecture rejette cette oeuvre littéraire.
11. Ils créent des emplois supplémentaires.
12. Elle continue son voyage malgré le mauvais temps.

EXERCICE XVI (oral)   *Trouvez les présents de l'indicatif contenus dans ce texte et donnez l'infinitif de chaque verbe.*

Gnathon

Gnathon ne vit que pour soi, et tous les hommes ensemble sont à son égard comme s'ils n'étaient point. Non content de remplir à une table la première place, il occupe lui seul celle des deux autres ; il oublie que le repas est pour lui et pour toute la compagnie ; il se rend maître du plat, et fait son propre de chaque service : il ne s'attache à aucun des mets qu'il n'ait achevé d'essayer de tous ; il voudrait pouvoir les savourer tous tout à la fois. Il ne se sert à table que de ses mains ; il manie les viandes, les remanie, démembre, déchire, et en use de manière qu'il faut que les conviés, s'ils veulent manger, mangent ses restes. Il ne leur épargne aucune de ces malpropretés dégoûtantes, capables d'ôter l'appétit aux plus affamés ; le jus et les sauces lui dégouttent du menton et de la barbe ; s'il enlève un ragoût de dessus un plat, il le répand en chemin dans un autre plat et sur la nappe ; on le suit à la trace. Il mange haut et avec bruit ; il roule les yeux en mangeant ; la table est pour lui un râtelier ; il écure ses dents, et il continue à manger. Il se fait, quelque part où il se trouve, une manière d'établissement, et ne souffre pas d'être plus pressé au sermon ou au théâtre que dans sa chambre. Il n'y a dans un carrosse que les places du fond qui lui conviennent ; dans toute autre, si on veut l'en croire, il pâlit et tombe en faiblesse. S'il fait un voyage avec plusieurs, il les prévient dans les hôtelleries, et il sait toujours se conserver dans la meilleure chambre le meilleur lit. Il tourne tout à son usage ; ses valets, ceux d'autrui, courent dans le même temps pour son service. Tout ce qu'il trouve sous sa main lui est propre, hardes, équipages. Il embarrasse tout le monde, ne se contraint pour personne, ne plaint personne, ne connaît de maux que les siens, que sa réplétion et sa bile, ne pleure point la mort des autres, n'appréhende que la sienne, qu'il rachèterait volontiers de l'extinction du genre humain.

La Bruyère

C. Distinctions de sens entre :

1. **depuis (que)**, **pendant (que)**, **pour**, **puisque**, **tandis que**

    a. *depuis*, *depuis que* (+ *verbe*), *pendant*, *pour*

    depuis (que) contient toujours une idée de commencement (voir p. 45).

    pendant = durant. Il s'agit de *la durée, sans idée de commencement.*

    pendant n'est pas toujours exprimé quand la durée de temps *suit immédiatement* le verbe.

    pour indique *une limite de temps* et est surtout employé avec les verbes *aller, venir, partir.*

    Ex. Ils voyagent **depuis** un mois.
    Ils voyagent **depuis** le mois de juin.
    Ils voyagent **depuis qu'**il fait beau.
    L'année dernière ils ont voyagé **pendant** un mois.
    Ils partent **pour** un mois.

Application immédiate   Complétez avec **depuis, depuis que, pendant, ou pour.**

1. Il est confus _____ il vous a parlé.
2. J'ai été absente _____ une semaine.
3. Ses parents viennent _____ quelques jours.
4. Il habite Los Angeles _____ l'été dernier.   *(Réponses p. 53)*

---

b. *depuis que* (+ *verbe*), *puisque* (+ *verbe*) (même mot anglais "since")

    depuis que indique *le commencement* d'une action (voir plus haut).

    puisque = pour la raison que, du fait que (sens plus fort que **comme**)
    Ex. Depuis que vous êtes parti, je suis triste.
    Puisqu'il faut que vous le sachiez, je vais vous le dire.

Application immédiate   Complétez avec **depuis que, ou puisque.**

1. Il ne me parle plus _____ nous nous sommes disputés.
2. Viens me voir _____ tu as des questions à me poser.   *(Réponses p. 53)*

c. *pendant que* (+ *verbe*), *tandis que* (+ *verbe*)

> **pendant que** = dans le temps que ; une action a lieu *en même temps qu'une* autre action.
>> **Ex.** J'ai lu **pendant que** tu te promenais.

> **tandis que** a deux sens : **pendant que** et **mais** (opposition)
>> **Ex.** J'ai lu **tandis que** tu te promenais. (pendant que)
>>> La vie est facile pour lui **tandis que** pour vous, elle est dure. (mais)

Application immédiate   Complétez avec **pendant que** ou **tandis que**.

1. _____ tu déjeunes, je vais aller chercher mon livre.
2. Il adore le golf _____ elle, elle le déteste.   (*Réponses p. 53*)

---

2. **penser à, de ; partir, quitter, s'en aller ; manquer à, de**

a. *penser à, de*

> **penser à** quelqu'un, **à** quelque chose (songer à)
>> **Ex.** Paul **pense à** Julie.
>> Robert **pense à** ses vacances.

> **penser de** (pour une opinion)
>> **Ex.** Que **pensez-vous de** ce journal ? Le trouvez-vous bon ?
>> Si nous allions en ville ! Qu'est-ce que vous **en pensez** ?

b. *partir (de), quitter (+ objet direct), s'en aller (de)*

> **partir** = s'en aller. Employez **partir** dans les temps composés.
>> **Ex.** Je **pars** à trois heures. (Je **m'en vais** à trois heures.)
>> Il **est parti** en voyage.

> partir d'un endroit = quitter un endroit
> Le verbe **quitter** doit *toujours* être accompagné *d'un objet direct*.
>> **Ex.** Je **quitte** ce lieu sans regrets. (Je pars de ce lieu...)
>> Je vous **quitte** maintenant ; au revoir !

c. *manquer à, de*

> **manquer** une chose (rater "to miss")
>> **Ex.** Je **manque** mon autobus quelquefois.

> **manquer à** (ne pas se conformer ou faire défaut)
>> **Ex.** Vous **manquez à** votre devoir, à votre parole.
>> La force **me manque** pour grimper à ce mur.

et   **manquer à** (*pour des sentiments*). La construction est différente de la construction anglaise : *l'objet direct* devient *le sujet* et *le sujet* devient *l'objet indirect.*

> **Ex.** Je **manque à** mes parents. ("My parents miss me.")
> Son chien **lui manque.** ("He misses his dog.")

manquer de (ne pas avoir en quantité suffisante)

> **Ex.** Ils **manquent d'**argent. Nous ne **manquons de** rien.

et   **manquer de** + *infinitif* (faillir, être sur le point de)

> **Ex.** J'**ai manqué de** tomber dans l'escalier.

Application immédiate   Ajoutez une préposition si elle est nécessaire, d'après le sens.

1. Que pensez-vous _____ mon idée ? N'est-elle pas excellente ?
2. Vous manquez _____ imagination. Ça se voit dans votre composition.
3. Je vais penser _____ vous demain car il ne faut pas que vous manquiez _____ votre examen.
4. Partez _____ là ; vous avez déjà manqué _____ vous blesser tout à l'heure.
5. Quand il faut quitter _____ son pays, on est toujours triste.
6. **Traduisez** : "They miss their children."

(*Réponses p. 53*)

Exercices

EXERCICE X (écrit)   *Complétez avec :* **depuis**, **depuis que**, **pendant**, **pendant que**, **pour**, **puisque**, *ou* **tandis que**.

1. Il faut travailler _____ longtemps pour arriver à ce résultat.
2. Je corrigerai cette composition _____ vous ne voulez pas le faire.
3. _____ elle ne fait plus d'exercice, elle grossit.
4. Vous a-t-elle dit qu'elle part _____ quelques jours ?
5. Je n'ai pas eu de leurs nouvelles _____ la naissance de leur fils.
6. Vous pourrez vous reposer _____ nous irons faire des courses.
7. Vous réussirez _____ lui, qui ne fait rien, il échouera.
8. A la terrasse d'un café, on peut regarder les gens qui passent _____ on prend une boisson.

EXERCICE XI   *Ecrivez une phrase avec chacune des expressions suivantes :*

1. pendant que
2. pendant
3. depuis que
4. puisque
5. tandis que (marquant l'opposition)

EXERCICE XII   *Ecrivez une phrase avec chacune des expressions suivantes :*

1. penser à
2. manquer à (pour sentiments)
3. quitter

Réponses aux applications immédiates

p. 36   1. je tape, tu tapes, il tape, ils tapent
2. j'arrive, tu arrives, il arrive, ils arrivent

p. 37   1. j'apprécie, tu apprécies, il apprécie, ils apprécient
2. je tue, tu tues, il tue, ils tuent

p. 38   1. je mène, nous menons
2. je répète, nous répétons
3. j'épelle, nous épelons
4. je feuillette, nous feuilletons
5. je pèle, nous pelons
6. j'essaie (essaye), nous essayons
7. j'emploie, nous employons
8. j'essuie, nous essuyons
9. je place, nous plaçons
10. je nage, nous nageons

p. 39   1. La fumée rend les bâtiments noirs.
2. Votre fils devient vite grand.

p. 40   1. ils corrompent
2. vous rendez
3. je descends
4. elle fond
5. nous perdons
6. tu réponds

p. 41   1. tu sens
2. j'éteins
3. il souffre
4. elle reconnaît
5. je reçois
6. nous appartenons

7. ils peuvent
8. je plais

p. 45   Je suis ici depuis une heure.
Il y a une heure que je suis ici.
Ça fait une heure que je suis ici.
Voilà une heure que je suis ici.

p. 47   1. Je n'ai pas pris
2. qu'il ne se sent pas bien

p. 50   1. depuis qu'
2. pendant
3. pour
4. depuis

p. 50   1. depuis que
2. puisque

p. 51   1. Pendant que *ou* Tandis que
2. tandis qu'

p. 52   1. de
2. d'
3. à, (rien)
4. de, de
5. (rien)
6. Leurs enfants leur manquent.

II. *L'Impératif* (pour donner un ordre)

A. Formes

1. L'impératif a *trois* formes ; *elles sont tirées du présent de l'indicatif* (la 2ème personne du singulier et les première et deuxième personnes du pluriel : **tu, nous, vous**, sans les pronoms sujets) *pour tous les verbes, réguliers et irréguliers,* excepté quatre.

Voici l'impératif des verbes réguliers en **er**, **ir** et **re** et de quelques verbes ir-réguliers :

aim er	fin ir	vend re	faire	prendre	aller
aime	finis	vends	fais	prends	**va**
aimons	finissons	vendons	faisons	prenons	allons
aimez	finissez	vendez	faites	prenez	allez

Les quatre verbes suivants font exception :

être	avoir	savoir	vouloir
sois	aie	sache	veuille
soyons	ayons	sachons	veuillons (non usité)
soyez	ayez	sachez	veuillez

Particularités

a. *A la deuxième personne du singulier* (**tu**) *on omet le s de toutes les formes en es* et *as*, c'est-à-dire :
   — la terminaison **es** du présent des verbes en **er** et la terminaison **as** du présent du verbe irrégulier en **er** : **aller**. (voir plus haut)
   — la terminaison **es** du présent des verbes irréguliers en **ir** : **couvrir** ; **cueillir** ; **offrir** ; **ouvrir** ; **souffrir** (leur présent se conjugue comme celui des verbes en **er**).
   Ex. ouvrir → ouvre
   — la terminaison **es** des subjonctifs des verbes **avoir** ; **savoir** ; **vouloir** ; employés comme impératifs. (voir plus haut)

b. Cependant *on garde le s* de ces formes quand l'impératif est immédiatement suivi de **y** ou de **en** *après le trait d'union*, pour faciliter la prononciation de la voyelle (seulement quand il y a un trait d'union).
   Prononcez la liaison :
   Ex. vas - y   parles - en   nages - y   offres - en

Application immédiate   Mettez les verbes à la 2ème personne du singulier de l'impératif.

1. (travailler) _____ bien.
2. (cueillir) _____-en.
3. (savoir) _____-le.

(Réponses p. 62)

2. L'impératif étant tiré des formes correspondantes du présent de l'indicatif, on y retrouve les particularités des verbes en **er** et en **ir** :

appeler	nettoyer	placer	haïr
appelle	**nettoie**	place	**hais**
appelons	nettoyons	**plaçons**	haïssons
appelez	nettoyez	placez	haïssez

3. Ordre des pronoms objets
   a. *A l'impératif affirmatif*, les pronoms *suivent le verbe* et sont liés au verbe par des *traits d'union* :

   Ex. donnez-lui

   (*un* trait d'union avec *un* pronom)

   donnez-lui-en

   (*deux* traits d'union avec *deux* pronoms)

TABLEAU 3-1   Ordre des pronoms après l'impératif affirmatif

Impératif affirmatif	*devant*	Objet direct	*devant*	Objet indirect	*devant*	y	*devant*	en
		me (m'), te (t'), nous, vous le, la, les		me (m'), te (t'), nous, vous lui, leur				

ATTENTION

Les pronoms **me**, **te**, **nous**, **vous** peuvent être *directs* ou *indirects*. Leur place dépend de leur fonction :

Ex. donne-le-nous   mettez-nous-y

↑   ↑

(indirect)   (direct)

Remarques

— Il n'y a pas de trait d'union à l'endroit d'une *apostrophe* :

    Ex. donnez-m'en   occupe-t'en

— **me** et **te** se changent en **moi** et **toi** quand ils sont *le seul* ou *le dernier* pronom après l'impératif :

    Ex. écoute-**moi**   dites-le-**moi**

          lave-**toi**   répète-le-**toi**

— *s'il n'y a pas de trait d'union* entre l'impératif affirmatif et le pronom qui suit, c'est que le pronom n'est pas l'objet de l'impératif ; il est *l'objet de l'infinitif* qui suit l'impératif :

    Ex. Allez le voir.   (**le** objet de **voir**)

          Venez nous aider.   (**nous** objet de **aider**)

          Va y déjeuner.   (**y** objet de **déjeuner**)

   b. *A l'impératif négatif*, les pronoms précèdent le verbe et ont le même ordre qu'aux autres temps. *Il n'y a pas de trait d'union* :

    Ex. Ne le lui donne pas.

          Ne m'en envoyez pas.

          N'y va pas.

Application immédiate   Mettez les impératifs négatifs suivants à la forme affirmative.

1. Ne me la raconte pas.
2. Ne nous le répétez pas.
3. N'y va pas.
4. Ne va pas y lire.

                                                  (Réponses p. 62)

---

   c. *Dans le cas des verbes pronominaux*, le pronom réfléchi accompagne toujours l'impératif :

    après le verbe : **toi** (**te**), **nous**, **vous** (à l'impératif affirmatif)

    devant le verbe : **te**, **nous**, **vous** (à l'impératif négatif)

    Ex.

se regarder

affirmatif	négatif
regarde-toi	ne te regarde pas
regardons-nous	ne nous regardons pas
regardez-vous	ne vous regardez pas

s'en aller (partir)

va-t'en	ne t'en va pas
allons-nous-en	ne nous en allons pas
allez-vous-en	ne vous en allez pas

ATTENTION

Comment reconnaître si le verbe est pronominal ?

— Quand l'impératif et le pronom objet sont *à la même personne* du singulier ou du pluriel, le verbe *est pronominal*.

  Ex. Demande-toi si tu as raison.   **(se demander)**

  Ne vous levez pas tôt demain.   **(se lever)**

— Quand ils ne sont *pas à la même personne*, le verbe n'est *pas pronominal* :

  Ex. Demande-moi si tu as raison.   **(demander)**

  Ne me réveillez pas tôt demain.   **(réveiller)**

Application immédiate   Est-ce que les verbes suivants sont pronominaux ? Ecrivez l'infinitif.

1. Lave-toi les mains. _____
2. Lave-lui les mains. _____
3. Ne me dérange pas ! _____
4. Ne te dérange pas ! _____

(*Réponses p. 62*)

4. Il n'y a *pas de formes de l'impératif* aux 1ère et 3ème personnes du singulier ni à la 3ème personne du pluriel. Quand on a besoin d'une de ces formes, on emploie la forme correspondante *du subjonctif présent*, avec **que** et *le pronom sujet* :

  Ex. qu'ils partent immédiatement.

  qu'il finisse son travail.

  que je puisse le voir !

  qu'elle fasse attention.

5. *L'impératif passé.* L'impératif passé est peu employé.

  Il est formé de : *l'impératif de l'auxiliaire + le participe passé du verbe* en question.

  Il est employé pour un ordre qui *sera accompli dans le futur* :

  Ex. Aie fini ton travail bientôt.

  Soyez rentré à onze heures.

Exercices

EXERCICE I (oral)   *Donnez les deux personnes qui complètent l'impératif des verbes suivants.*

Ex. Fais attention : faisons attention
                           faites attention

1. Ayez confiance :
2. Sois aimable :
3. Prends note :
4. Rasez-vous :
5. Ne vous regardez pas :

6. Viens tout de suite :
7. Sachons la vérité :
8. Parlez-en :
9. N'en offrez pas :
10. Conduis-toi mieux :

EXERCICE II (écrit)   *Remplacez les mots soulignés par des pronoms ; y a-t-il un trait d'union ?*

Ex. Donnez-lui son manteau. → Donnez-le-lui.

1. Répondez à ma question.
2. Venez raconter votre histoire.
3. Dites à votre ami d'aller voir ce film.
4. Va acheter des fruits.
5. Ne fais pas de bruit.

6. Chante des chansons.
7. Va à son bureau.
8. Donnez cette clé à son propriétaire.
9. Apportez-moi votre feuille.
10. Mets-toi du rouge à lèvres.

EXERCICE III (écrit)   *Mettez les impératifs négatifs à la forme affirmative. Ecrivez aussi l'infinitif du verbe, entre parenthèses. Est-il pronominal ?*

Ex. Ne les lui donnez pas. → Donnez-les-lui. (donner ; pas pronominal)

1. N'en parle pas.
2. Ne te la demande pas.
3. N'y faites pas attention.
4. Ne te fâche pas.

5. Ne me les envoyez pas.
6. Ne le lui dis pas.
7. Ne nous en allons pas.

EXERCICE IV (écrit)   *Donnez la forme négative des impératifs affirmatifs suivants. Ecrivez aussi l'infinitif du verbe, entre parenthèses.*

1. Donne-le-moi.
2. Occupe-t'en.
3. Endormez-vous-y.

4. Plongez-les-y.
5. Donnes-en une.

B. Emplois.   L'impératif est employé :

1. pour *donner un ordre.*
    Ex. sors ; ne partez pas ; travaillons dur ; laisse-moi tranquille ; va-t'en ; qu'il se taise.

2. pour *exprimer un souhait.*
    Ex. sois heureuse ; profitez bien de vos vacances ; faites bon voyage.

3. pour *une exhortation, un conseil, une prière.*
    Ex. qu'il fasse bien attention ; ne parlez pas trop ; méfiez-vous de lui ; ayez la gentillesse de me prévenir ; asseyez-vous donc.

4. pour *une supposition.* L'impératif est alors équivalent à une phrase avec **si** :
    Ex. Faites-leur du bien, ils l'oublieront vite.   (Si vous leur faites du bien)
    Gare-toi là, et tu n'auras pas de contravention.   (Si tu te gares là)
    Traite-le de menteur et de fou, il ne réagira pas.   (Si tu le traites de menteur)

5. avec ***veuillez*** + *infinitif,* forme polie pour donner un ordre. Cet impératif de **vouloir** est équivalent à **s'il vous plaît.**
    Ex. Veuillez fermer la porte.   (Fermez la porte, s'il vous plaît.)
    Veuillez vous asseoir.   (Asseyez-vous, s'il vous plaît.)
    A la fin d'une lettre :
    Veuillez agréer, cher Monsieur, l'expression de mes sentiments distingués.

ATTENTION

Ne confondez pas le mot anglais "let" de la 1ère personne du pluriel de l'impératif avec le verbe **laisser** (permission) :
    Ex. Partons. ("Let's leave.") mais : Laissez-moi vous expliquer ceci. ("Let me explain . . .")

Exercices

EXERCICE V (écrit)   *Faites une liste des ordres que votre professeur vous donne dans votre classe de français : des impératifs de conseil, d'exhortation, de prière, à l'affirmatif ou au négatif.*

> **Ex.** Ne parlez pas anglais dans la classe de français.
> Préparez votre travail chaque jour.

EXERCICE VI (écrit)   *Maintenant demandez à votre professeur, avec des impératifs, ce que vous voudriez qu'il fasse pour que les étudiants soient plus heureux.*

> **Ex.** Soyez patient avec nous ; la prononciation du français est difficile.
> Donnez-nous de bonnes notes ; ne soyez pas trop dur(e).

EXERCICE VII (oral)   *Donnez l'ordre indiqué en employant la forme familière (**tu**) ou polie (**vous**) d'après la personne à qui l'ordre est donné.*

> **Ex.** Dites à votre camarade de venir tout de suite.
> Viens tout de suite.

1. Dites à votre ami de s'asseoir et de se calmer.
2. Dites à votre professeur de parler moins vite. (2 façons)
3. Demandez à quelqu'un d'écrire son adresse sur votre carnet.
4. Dites à ce monsieur de ne pas mettre son chapeau sur votre livre.
5. Dites à votre camarade de chambre de se lever tôt mais de ne pas faire de bruit.
6. Dites à votre voisin d'appeler ce numéro en cas d'urgence.
7. Une mère demande à ses enfants de ne pas se salir.

EXERCICE VIII (oral)   *Employez **veuillez** + infinitif à la place de l'impératif.*

> **Ex.** Asseyez-vous, s'il vous plaît. Veuillez vous asseoir.

1. Ouvrez la fenêtre, s'il vous plaît.
2. Fermez la porte, s'il vous plaît.
3. Levez-vous et sortez sans bruit, s'il vous plaît.

EXERCICE IX (écrit)   *Mettez les phrases suivantes au négatif. Attention au partitif dans la phrase négative.*

1. Apportez-lui des fleurs.
2. Va faire du bateau aujourd'hui.
3. Demandez-moi des faveurs.
4. Allez chercher un dictionnaire.

EXERCICE X (écrit)   *Finissez la phrase avec un ordre à l'impératif.*

Ex. Si vous êtes fatigué, *reposez-vous quelques instants.*

1. Si tu as froid,
2. Si vous ne voulez pas me croire,
3. Si le vocabulaire est trop difficile,
4. Si tu t'ennuies,

EXERCICE XI (écrit)   *Donnez l'ordre (à l'impératif) qui correspond à la situation. Employez un pronom dans la phrase.*

Ex. Je suis malade ; il faut que le docteur vienne. *Appelez-le immédiatement.*

1. Je pars mais ma valise est en haut dans ma chambre.
2. Nous ne connaissons pas ce poème.
3. Elle ne sait pas que son amie est partie.
4. Trois livres sont nécessaires pour le cours de Robert.
5. J'ai un examen de français demain.

EXERCICE XII (écrit et oral)   *Dans le texte suivant, écrivez les verbes entre parenthèses à la forme familière (**tu**) de l'impératif, comme l'auteur l'a fait. Puis lisez le texte en mettant les verbes à la 2ème personne du pluriel (**vous**) et en faisant tous les changements nécessaires.*

_____ (marcher) deux heures tous les jours, _____ (dormir) sept heures toutes les nuits, _____ (se coucher) dès que tu as envie de dormir ; _____ (se lever) dès que tu es éveillé. Ne _____ (manger) qu'à ta faim, ne _____ (boire) qu'à ta soif, et toujours sobrement. Ne _____ (parler) que lorsqu'il le faut, n'_____ (écrire) que ce que tu peux signer ; ne _____ (faire) que ce que tu peux dire.

N'_____ (oublier) jamais que les autres comptent sur toi, et que tu ne dois pas compter sur eux. N'_____ (estimer) l'argent ni plus ni moins qu'il ne vaut : c'est un bon serviteur et un mauvais maître. _____ (Pardonner) d'avance à tout le monde, pour plus de sûreté ; ne _____ (mépriser) pas les hommes, ne les _____ (haïr) pas davantage et n'en _____ (rire) pas outre mesure ; _____ (plaindre)-les. _____ (S'efforcer) d'être simple, de devenir utile, de rester libre.

Alexandre Dumas fils

EXERCICE XIII   *Ecrivez en un petit paragraphe les conseils que vous voudriez donner à une personne que vous connaissez bien pour améliorer ses rapports avec vous. Employez des impératifs (affirmatifs et négatifs).*

EXERCICE XIV (écrit)   *Vous allez prendre la photo de quelqu'un (ou une photo de famille).*
A l'aide de phrases impératives vous lui (leur) dites où se placer, de ne pas bouger, etc.
(Ecrivez un paragraphe de trois ou quatre lignes ; un peu d'humour, s'il vous plaît.)

Réponses aux applications immédiates

p. 55   1. Travaille
         2. Cueilles-en
         3. Sache-le

p. 56   1. Raconte-la-moi
         2. Répétez-le-nous
         3. Vas-y
         4. Va y lire

p. 57   1. se laver
         2. laver
         3. déranger
         4. se déranger

4 Les Pronoms personnels

Remarques générales

Par définition, un pronom est un mot qui *remplace* un nom (pro/nom = pour un nom). *En réalité*, un pronom peut aussi remplacer : un autre pronom, un adjectif, une proposition, une idée. Et quelquefois un pronom ne remplace pas de mots exprimés.

— Quand un pronom représente *un nom* ou *un pronom*, il prend *le genre et le nombre* de ce nom ou de ce pronom :

    Ex. Je vois **la petite fille**. Je **la** vois.

    Le sien est meilleur mais je ne **le** veux pas.

— Quand le pronom représente *un adjectif* ou *une proposition*, il est *invariable* :

    Ex. Il est **gentil** ; il **l'**est vraiment.

    Je sais **que vous avez été malade** ; on me **l'**a dit.

— Certains pronoms *ne remplacent pas* de mots exprimés. Leur fonction est alors celle d'**un nom** :

    Ex. Quelqu'un est venu ; **on** ne sait pas pourquoi.

    Il fait beau.

— On distingue *plusieurs sortes de pronoms*, d'après leur fonction :

personnels	démonstratifs
possessifs	relatifs
interrogatifs	indéfinis

Les Pronoms personnels

Il y a *deux* sortes de pronoms personnels :

les *Pronoms personnels* proprement dits (atones) qui sont *sujets* ou *objets* du verbe. Ils sont *près du verbe* et ne sont pas mis en relief ; c'est pourquoi on les appelle *atones* (atone = sans accent, sans relief) :

> **Ex. J'y** vais.
>
> **Vous me les** rendez.

et les *Pronoms disjoints* (toniques) qui ne sont pas liés au verbe ; ils sont *séparés du verbe*, comme leur nom l'indique. Leur position et leur fonction les mettent en relief ; c'est pourquoi on les appelle aussi *toniques* (tonique = avec ton, avec accent) :

> **Ex.** C'est **vous** qui avez mon livre.
>
> **Lui** il viendra, mais **toi** tu resteras.
>
> Je ne veux voir ni **eux** ni **elles**.

TABLEAU 4-1   Tableau complet des pronoms personnels

	atones				toniques
	SUJETS	OBJETS		RÉFLÉCHIS	DISJOINTS
		directs	*indirects*	*dir.* ou *indir.*	
personnes : 1ère sing. 2ème sing. 3ème sing. 1ère plur. 2ème plur. 3ème plur.	je (j') tu il, elle, on nous vous ils, elles	me (m') te (t') le, la (l') nous vous les	me (m') te (t') lui nous vous leur	me (m') te (t') se (s') nous vous se (s')	moi toi lui, elle, soi nous vous eux, elles
		en, y			

I. *Les Pronoms personnels*   proprement dits (atones)

A. Pronoms sujets

1. *Formes* (voir tableau 4-1)

   a. **je** se change en **j'** devant une voyelle ou un **h** muet : **Ex.** j'aime, j'hésite.

b. **il** remplace un nom masculin et **elle** un nom féminin, mais le nom féminin *une personne* peut désigner un homme aussi bien qu'une femme ; employez toujours **elle** pour remplacer ce nom, même si vous parlez d'un homme.

c. **on** est un pronom indéfini, employé *seulement comme sujet* du verbe. **l'** est quelquefois ajouté devant **on** pour faciliter la prononciation entre deux voyelles, mais n'a pas de signification. **Ex.** si l'on, où l'on.

d. **vous** n'est pas toujours pluriel ; il est singulier quand il est *la forme polie* de la deuxième personne du singulier ; **tu** est *la forme familière*. On emploie **tu** dans une famille, entre les enfants et leurs parents (père et mère) et les autres parents ; (en français **parents** ne désigne pas seulement le père et la mère mais aussi les autres membres de la famille : tantes, oncles, etc.) On emploie aussi **tu** avec certains amis : en particulier sur un campus les jeunes se tutoient. Dans votre classe de français, dites **tu** à vos camarades et **vous** au professeur, naturellement ! Mais dans d'autres circonstances, si vous êtes incertain, employez **vous**.

2. *Position*

a. Le pronom sujet est généralement placé *devant le verbe* :
   Ex. Je parle français. **Nous** buvons du thé. **On** se trompe quelquefois.

b. Il est placé *après le verbe* (inversion : verbe-pronom sujet) ou *après l'auxiliaire* dans les temps composés (inversion : auxiliaire-pronom sujet) :

— à l'interrogatif :
   Ex. Aimez-**vous** le français ? As-**tu** vu Marie ?
   Ajoutez **t** entre deux voyelles, à la troisième personne du singulier :
   Ex. Arrivera-**t-elle** à trois heures ? A-**t-il** fini ?

— dans une petite phrase *après une citation* ou *entre deux citations* (proposition incise) :
   Ex. « J'aime le français », dit-**il**.
   « Votre père », remarqua-**t-il**, « est très patient. »
   Mais il n'y a pas *d'inversion* quand cette petite phrase est *devant la citation* :
   Ex. Il dit : « J'aime le français. »
   Il remarqua : « Votre père est très patient. »

— après **peut-être, à peine... que..., aussi, sans doute, encore**, placés au début de la phrase et portant sur le verbe :
   Ex. Peut-être voulez-**vous** partir.
   A peine la cloche avait-**elle** sonné **qu'**ils se précipitèrent dehors.
   Le temps devenait mauvais ; **aussi** avons-**nous** décidé de rentrer.
   (aussi = en conclusion, en conséquence)
   Sans doute comprenez-**vous** maintenant...
   Je veux bien lui parler ; **encore** faut-**il** que je le voie.

Remarque

En conversation, employez : **peut-être que**, sans inversion.

Ex. Peut-être que nous irons au cinéma ce soir mais je n'en suis pas sûr.

L'inversion est plus élégante que la forme *sans inversion* avec **que**, qui est plus lourde. Mais dans le langage parlé, celle-ci est plus employée parce qu'elle est plus simple et plus rapide.

Application immédiate   Placez le verbe et le sujet dans la phrase.

1. « J'ai très faim », _____.
   (il, a ajouté)

2. Peut-être que _____ le voir tout à l'heure.
   (vous, pourrez)

3. Elle est partie ; peut-être _____ vous prévenir.
   (elle, aurait dû)

4. _____ ta décision ?   (*Réponses* p. 87)
   (tu, as pris)

B.   Pronoms objets directs et indirects

1. *Formes* (voir tableau 4-1)

2. *Position par rapport au verbe.* Les pronoms objets sont placés :

   a. *devant un verbe conjugué aux temps simples* et devant **voici**, **voilà** qui sont aussi des verbes :

      Ex. Je **vous** comprends.   Il **lui** donne sa clé.

         Il **les** enverra demain.   Nous **en** avons.

         Ah ! **Vous** voilà !   Vous voulez un crayon ? **En** voici un.

   b. *devant l'auxiliaire aux temps composés,* car les règles s'appliquent à l'auxiliaire :

      Ex. Il **l'**a vu.   **Vous** avait-il invités ?   Elle **y** est arrivée.

   c. *devant le verbe (ou l'auxiliaire) à la forme négative* (immédiatement après *ne*) et à la forme interrogative :

      Ex. Il ne **me** demandera pas pourquoi.

         L'interrogera-t-il ?

   d. *devant un infinitif dont ils sont l'objet* :

      Ex. Je suis content de **vous** voir.   Il acceptera de **la** recevoir.

> **ATTENTION**
>
> Quand un infinitif dépend d'un des verbes suivants : **faire**, **laisser**, et **regarder**, **voir**, **écouter**, **entendre**, **sentir** (verbes de perception), le pronom personnel objet de l'infinitif est placé devant ce verbe, pas devant l'infinitif (voir aussi leçon 19).
>
> **Ex.** Je **les** entends jouer.   Tu **lui** fais perdre la tête.
>
> Avec le verbe **envoyer**, les deux constructions sont possibles :
>
> **Ex.** Ils **l'**enverront chercher. *ou* Ils enverront **le** chercher.
>
> (Quand il y a deux pronoms, voir leçon 19.)

     e. *après le verbe*, avec des traits d'union, *à l'impératif affirmatif*.
        Ex. Donne-**lui** son jouet. (voir leçon 3, p. 55)

Application immédiate Placez les pronoms entre parenthèses dans les phrases suivantes :

1. (le) Je veux.
2. (lui) As-tu parlé ?
3. (leur) Il va dire.
4. (en) Mettez.

5. (les) Je ne prends pas.
6. (la) Nous regardons arriver.
7. (y) Ils n'ont pas déjeuné.

(Réponses p. 87)

Remarques

Dans une série de verbes qui ont le même pronom objet, on répète ce pronom aux temps simples :
     Ex. Je **les** vois et (je) **les** entends.
On le répète aussi aux *temps composés* si l'auxiliaire est répété :
     Ex. Je **vous** ai vu et **vous** ai appelé.
Si l'auxiliaire n'est pas répété, on ne le répète pas s'il a la même fonction avec les deux verbes :
     Ex. Je **vous** ai vu et appelé.

    3. *Ordre des pronoms objets devant le verbe* (voir le tableau suivant)

TABLEAU 4-2   Ordre des pronoms objets devant le verbe

Groupe A		Groupe B		Groupe C		Groupe D		Groupe E
objet direct ou indirect (personnes)		objet direct (personnes ; choses)		objet indirect (personnes)		(choses)		(choses ; personnes)
me (m') te (t') nous vous se (s') (personnes ou choses)	*devant*	le (l') la (l') les	*devant*	lui leur	*devant*	y	*devant*	en

Ex. Vous ne **lui en** avez pas parlé.   Je **vous le** dis.
    Les leur avez-vous donnés ?   Il n'**y en** a plus.

4. *Emplois*

   a. Les pronoms du groupe **A** (voir tableau 4-2) sont directs ou indirects et placés en première position quand il y a plusieurs pronoms objets.

     — **me, te, se**, se changent en **m', t', s'** devant une voyelle ou un **h** muet :
       Ex. On s'ennuie.   Vous **m'**honorez.

     — **me, te, nous, vous** sont employés pour *des personnes* seulement :
       Ex. Elle **t'**a trouvé.   Il **me** dira bonjour.

     — **me, te, nous, vous, se** sont les *pronoms réfléchis* des verbes pronominaux (tableau 4-1) :
       Ex. Nous **nous** regardons.
          Vous **vous** parlez.

     — **se** est employé pour *des personnes* ou pour *des choses* :
       Ex. Robert et Henri **se** détestent.   (personnes)
          Les problèmes **se** multiplient.   (choses)

Application immédiate Indiquez si les pronoms soulignés sont directs ou indirects, dans les phrases suivantes.

1. C'est votre oncle qui <u>nous</u> conduira à la gare.

2. <u>Vous</u> a-t-il dit pourquoi il n'est pas venu ?

3. Il ne <u>m</u>'a pas répondu.

4. Je ne vois pas ce qui <u>te</u> dérange.

5. Les atomes <u>se</u> divisent.

(*Réponses p. 87*)

ATTENTION

à **nous** et **vous**. Quand un de ces pronoms se trouve immédiatement devant un verbe, il n'est pas nécessairement le sujet de ce verbe.

Exemple de faute courante :

plaît

Voilà un livre qui nous ~~plaisons~~. (**qui** est le sujet)

---

b. Les pronoms du groupe **B** (voir tableau 4-2) sont des pronoms objets directs, placés après **me, te, nous, vous, se,** et employés pour des personnes ou pour des choses. Ils remplacent des groupes de mots qui commencent par *un article défini, un adjectif possessif* ou *démonstratif* :

Ex. Regardes-tu **les enfants** ? (article défini)—Oui, je **les** regarde.

Mettez-vous **votre manteau** ? (adjectif possessif)—Oui, je **le** mets.

Connaissez-vous **cette personne** ? (adj. démonstratif)—Non, je ne **la** connais pas.

— le participe passé d'un temps composé s'accorde avec **la** et **les**, objets directs toujours placés avant le verbe :

Ex. Nous **les** avons écrit**s**.

— les pronoms **le, les,** ne se contractent pas avec les prépositions **à** et **de** (seulement les articles définis) :

Ex. J'ai besoin **de le** voir.   Je commence **à les** comprendre.

— **le** et **la** se changent en **l'** *devant une voyelle ou un h muet* :

Ex. Il faut **l'**emmener à la maison et **l'**humaniser.

— le pronom **le** ne remplace pas seulement un nom masculin objet direct. Il peut aussi :

remplacer une proposition et il correspond alors aux mots anglais "it, so, to":
  Ex. Le matin, **je n'arrive pas à me lever** ; tu le sais. ("you know it")
  Est-ce qu'**il viendra** ? — Je le pense. ("I think so")
  Je veux **aller au cinéma** ; je le veux. ("I want to")

annoncer une proposition :
  Ex. Comme vous le dites, **c'est une affaire sérieuse.**

remplacer un adjectif :
  Ex. Je suis **fatigué**, mais vous, vous ne l'êtes pas.
  Je ne suis pas si **fou** que vous le pensez.

Application immédiate   Remplacez les mots soulignés par des pronoms et placez-les dans les phrases.

1. Je vois ton fils dans le parc.
2. Je crois que tu n'as pas encore écrit ta composition.
3. Voulez-vous rencontrer Lucie ?
4. Il est méchant mais nous l'aimons bien quand même.
5. Vous avez eu raison de poser ces questions.

(Réponses p. 87)

---

c. Les pronoms du groupe **C** (voir tableau 4-2) sont des pronoms objets indirects qui s'appliquent à des personnes seulement ; ils peuvent être masculins ou féminins. Ils sont placés après **le, la, les.** Ils remplacent **à** + *nom de personne.*

  Ex. Avez-vous parlé **à Sylvie** ?   — Oui, je **lui** ai parlé.
  Et **à Robert** ?   — Oui, je **lui** ai aussi parlé.
                                          Je **leur** ai parlé à tous les deux.

ATTENTION

Faut-il l'objet direct **le, la, les** ou l'objet indirect **lui, leur** ? Pour employer le pronom convenable, direct ou indirect, il faut :

— *raisonner avec le verbe français* et « oublier » le verbe anglais ; les constructions des verbes sont souvent différentes dans les deux langues et beaucoup d'erreurs viennent de la traduction d'anglais en français. Soyez sûr de la construction du verbe français employé.

— *savoir* qu'en français, si un verbe prend un objet indirect, il y a la préposition **à** entre le verbe et l'objet ; cette préposition est toujours exprimée (ce qui n'est pas le cas en anglais). Si au contraire il n'y a pas de préposition après le verbe, c'est qu'il prend *un objet direct*.

> **Ex.** Je cherche **mon sac.**   (On dit : chercher une chose ; il n'y a
> Je **le** cherche.   *pas de préposition* entre le verbe et
>   l'objet ; le pronom est *direct.* N'em-
>   ployez pas *pour* avec le verbe **chercher**.)
>
> Il obéit **à ses parents.**   (On dit : obéir à une personne ;
> Il **leur** obéit.   obéir a un objet *indirect*.)

Attention en particulier aux *verbes très usités* suivants :

+ objet direct			+ objet indirect
aider une personne			demander (une chose) à quelqu'un
attendre	»	, une chose	dire (quelque chose) à quelqu'un
chercher	»	, »	écrire à quelqu'un
écouter	»	, »	obéir à »
entendre	»	, »	parler à »
regarder	»	, »	plaire à »
voir	»	, »	répondre à »
			téléphoner à »

Application immédiate   Complétez avec un pronom objet direct ou indirect.

1. Ce petit enfant est très gentil avec sa mère ; il _____ obéit toujours.
2. Je vais parler à mes parents et je vais _____ demander pourquoi ils sont en colère contre moi.
3. Voilà un homme en difficulté ; il faut _____ aider.
4. J'ai une télévision mais je ne _____ regarde jamais.
5. Elle va venir ; vous _____ attendez.   (*Réponses p. 87*)

d. Le pronom **y** qu'on appelle aussi *un pronom adverbial* (voir plus loin) est un pronom objet indirect, comme **lui**, **leur**, mais pour les choses seulement. Il est placé avant **en** (voir tableau 4-2). Voici les emplois :

— y remplace *à* + *nom de chose* :
   Ex. Jouez-vous **au bridge** ?—Oui, j'**y** joue.
   Avez-vous pensé **à notre projet** ?—Oui, j'**y** ai pensé.

— y remplace aussi *à* + *proposition* si le verbe en question a la même construction (à) avec un pronom :
   Ex. Vous attendez-vous **à avoir un A en français** ?
   (Vous attendez-vous **à cela** ?)—Oui, je m'**y** attends.
   Tenez-vous **à ce qu'il vous dise ce qui est arrivé** ?
   (Tenez-vous **à cela** ?)—Oui, j'**y** tiens absolument.
   mais : Apprenez-vous **à jouer au bridge** ?
   (on dit : **j'apprends cela** ; on ne peut donc pas remplacer par **y**. Il faut dire : j'apprends *ou* j'apprends à y jouer.)

— y remplace *un lieu*, *un endroit*, exprimé par *une préposition* (excepté **de**) + *nom de lieu*, ou *un mot de lieu*, *seul* :
   Ex. Mon livre est-il **sur l'étagère** ? —Oui, il **y** est.
   Travaillez-vous **dans votre bureau** ? —Oui, j'**y** travaille souvent.
   Le professeur est-il **devant la classe** ? —Oui, il **y** est.
   Allez-vous **au laboratoire** régulièrement ? —Oui, j'**y** vais régulièrement.
   Était-il **là-bas** ? —Oui, il **y** était.
C'est dans ce cas qu'on appelle **y** un pronom adverbial parce qu'il signifie **là**. (y remplace un lieu mais **là** est un adverbe qui ne remplace pas de mot. Ne les confondez pas.)

Remarques

— Avec le futur et le conditionnel du verbe aller : **irai, irais,** on omet **y** pour éviter la répétition du son **i** :

>Ex. Irez-vous **en classe** aujourd'hui ? —Oui, j'irai.

— *A la place de* **y** on emploie quelquefois **dessus, dessous, dedans,** pour remplacer **sur, sous,** ou *dans + nom de chose* :

>Ex. Je ne vois pas le papier **sur ton bureau.** Je l'ai mis **dessus,** pourtant.

>Est-ce que le chat est **sous le lit** ? —Oui, il est **dessous.**

>As-tu mis les sandwichs **dans le panier** ? —Oui, je les ai mis **dedans.**

Les mots **dessus, dessous, dedans,** sont aussi employés comme noms :

>Ex. **le dessus** d'un meuble, **le dessous** d'une boîte, **le dedans** d'un panier, etc.

Application immédiate Remplacez les mots soulignés par y, quand c'est possible.

1. Vous pensez trop à vos notes.
2. Il ira à Paris l'été prochain.
3. Vous vous attendez à le voir.
4. Il faut répondre à cette lettre.
5. Je l'ai trouvé dans la cave.
6. Jean est assis à son bureau.

(Réponses p. 87)

— **y** dans des *expressions idiomatiques* :

>**y être** : être prêt, avoir compris ou deviné.

>>Ex. Vous **y êtes** ? Si oui, nous pouvons commencer.

>>Vous n'**y êtes** pas du tout ; vous n'avez pas suivi notre discussion.

>**vas-y, allez-y** (langage parlé) : en avant, commence(z).

>>Ex. Nous vous écoutons ; **allez-y** !

>**y compris** (invariable) : inclusivement. ≠ excepté.

>>Ex. Il a tout vendu, **y compris** sa maison.

>**ça y est** (langage parlé) : c'est fait ou accompli.

>>Ex. **Ça y est,** j'ai fini.

>**s'y faire** : se faire à, s'habituer à, s'accoutumer à une situation.

>>Ex. Les changements ne le dérangent pas ; il **s'y fait** rapidement.

s'y prendre bien, **mal** : savoir comment s'organiser pour faire un travail, être adroit ou maladroit.

 Ex. Tu **t'y prends mal** ; il ne faut pas commencer comme ça.

  Il peut peindre votre maison ; il sait **s'y prendre**.

s'y connaître en (sans article) : être un expert en quelque chose.

 Ex. Je **m'y connais en** art.

  Employez **être bon en** pour un sens moins fort :

 Ex. Etes-vous bon en français ? — Hum, mes notes ne sont pas formidables.

Application immédiate Remplacez les mots soulignés par une expression idiomatique contenant **y**.

1. Nous aimons toutes les variétés de champignons, et celle-ci aussi.
2. Il est un expert en musique.
3. Le climat est dur dans ce pays-là mais on s'y habitue.
4. Commençons avec l'exercice numéro 2. Vous êtes prêts ?
5. Comment allez-vous faire pour lui annoncer la nouvelle ? (*Réponses p. 87*)

---

 e. Le pronom **en** qu'on appelle aussi *un pronom adverbial* (voir plus loin) remplace des groupes de mots qui commencent par **de, d', du, de la, des**. Il s'applique à des choses, quelquefois aussi à des personnes et est toujours placé le dernier s'il y a plusieurs pronoms objets (voir tableau 4-2). Voici les emplois :

— **en** remplace *de, d', du, de la, des, + nom de chose* (on trouve beaucoup de constructions avec **de**) :

 Ex. Avez-vous besoin **de votre bicyclette** ? (avoir besoin de)

  Oui, j'**en** ai besoin.

  Te sers-tu **du dictionnaire** en ce moment ? (se servir de)

  Non, je ne m'**en** sers pas.

— **en** remplace aussi *de + proposition* si le verbe en question a la même construction (de) avec un pronom :

 Ex. Vous rendez-vous compte **de ce que vous faites** ? (Vous rendez-vous compte **de cela** ?)

  Oui, je m'**en** rends compte.

  Avez-vous peur **de l'avoir cassé** ? (Avez-vous peur **de cela** ?)

  Oui, j'**en** ai peur.

mais: Oubliez-vous quelquefois **de fermer votre porte** ?

(On dit : **j'oublie cela** ; on ne peut pas employer **en**. Il faut dire : j'oublie *ou* j'oublie de le faire.)

— **en** remplace *de + nom de personne* seulement quand le nom de personne *a un sens collectif* ou *indéfini* :

Ex. Avec sa grande maison, il lui faut **des domestiques** ; elle **en** a bien besoin.

— **en** est *un pronom partitif* (en anglais "some" "any") quand il remplace *l'article partitif + nom de chose ou de personne* :

Ex. J'ai **de la chance**. Et vous, **en** avez-vous ?

Je n'ai pas assez **d'argent**. Peux-tu m'**en** prêter ?

Regardez les gens dans la rue ; il y **en** a qui marchent vite et d'autres qui ne sont pas pressés.

— **en** est employé avec *les expressions de quantité*

qui contiennent **de** : beaucoup de, assez de, peu de, etc. Il remplace *de + nom de chose ou de personne* :

Ex. Les étudiants ont-ils trop **de travail** ?—Ils **en** ont trop au moment des examens.

Y a-t-il assez **d'étudiants** pour former une classe ?—Oui, il y **en** a assez.

qui ne contiennent pas **de**, comme les nombres un*, deux, mille, etc. et des mots de quantité comme **plusieurs, quelques-uns, aucun**, etc.

Ex. Il a trois dollars ; moi j'**en** ai **quatre**.

Avez-vous des parents ici ? —J'**en** ai **quelques-uns**.

Votre devoir a quelques fautes et il y **en** a **plusieurs** qui sont graves.

Avez-vous un crayon ? —Oui, j'**en** ai **un**.

mais la réponse négative est :

Non, je n'**en** ai pas. (le mot **un** disparaît)

ou Non, je n'**en** ai pas **un seul**. (pour insister)

— **en** remplace *de + nom de lieu* ; il s'appelle alors un pronom adverbial, car il signifie **de là** :

Ex. Arrivez-vous **de New York** ? —J'**en** arrive à la minute même.

Il faudrait que tu passes chez Jean. —Mais, j'**en** viens ! (venir de)

---

* Quand le nom est accompagné d'un adjectif qu'il faut garder dans la réponse, on garde aussi **un, de** ou **des**, même avec **en** :

Ex. Avez-vous trouvé un beau tableau dans cette galerie ?

— Oui, j'**en** ai trouvé **un beau**.

Je voulais des fleurs et j'**en** ai acheté **des rouges** à ce supermarché.

Ce livre est plein d'histoires courtes et il y **en** a **de très intéressantes**.

— **en** est employé à la place d'un possessif quand le possesseur est un objet inanimé ou une abstraction (voir leçon 11, ID2).

La difficulté avec le pronom **en** ?
C'est qu'*on oublie de l'employer* parce que, bien souvent, il n'est pas employé en anglais.

Application immédiate   Remplacez les mots soulignés par **en**, quand c'est possible.

1. Elle a de la famille à la Nouvelle-Orléans.
2. J'accepte de vous accompagner.
3. La classe est pleine d'étudiants ; il y _____ a 25.
4. J'ai envie de faire un grand voyage.
5. Je suis revenu de Tahiti hier.
6. Tu as besoin de ta voiture.   (*Réponses p. 87*)

— **en** est aussi employé dans *des expressions idiomatiques* :
en être : être arrivé à un certain point d'un travail, d'une étude, d'une occupation.
> **Ex.** Où **en sommes**-nous ? —Nous **en sommes** à l'exercice numéro 6.

s'en aller : partir.
> **Ex.** Je **m'en vais**. A demain !

en avoir assez (de) : être fatigué de quelque chose ou de quelqu'un, arriver à un point où il faut s'arrêter.
> **Ex.** J'**en ai assez de** faire ce voyage tous les jours.

s'en faire : se faire du souci, de la bile, s'inquiéter, (sans raison quelquefois).
> **Ex.** Elle **s'en fait** tellement pour lui qu'un jour c'est elle qui sera malade.
> **Ne t'en fais pas (Ne vous en faites pas)**, ça ira mieux demain.
> > (expression courante)

s'en ficher (langage parlé) : ne pas prendre au sérieux, ne pas s'inquiéter ; ≠ s'en faire.
> **Ex.** Si je ne peux pas y aller, je **m'en fiche** ; je ferai autre chose.

ne plus en pouvoir : être à bout de force ou de patience.
> **Ex.** J'ai conduit par une grande chaleur pendant quatre heures ; en arrivant je **n'en pouvais plus**.

s'en tirer : se tirer d'une affaire difficile ; rester en vie (après un accident).
> **Ex.** Vous êtes tellement débrouillard que vous **vous en tirerez** très bien.
> L'accident a été si grave qu'il est douteux qu'elle **s'en tire**.

en vouloir à quelqu'un : avoir de mauvais sentiments, de la rancune, contre quelqu'un.

> **Ex.** Pourquoi **m'en voulez**-vous ? Qu'est-ce que je vous ai fait ? —Je **vous en veux** de lui avoir dit mon secret.

Application immédiate   Remplacez les mots soulignés par une expression idiomatique contenant **en**.

1. Je suis perdu ; je ne sais plus à quelle page je suis.
2. Vous vous inquiétez trop à son sujet.
3. Depuis que je lui ai dit la vérité, elle a de mauvais sentiments envers moi.
4. Comment va-t-il se sortir de cette situation ? Il doit de l'argent à tout le monde.

(*Réponses p. 87*)

Exercices

EXERCICE I (oral ou écrit)   *Changez la proposition soulignée en une proposition incise (placée après la citation). (voir IA2b)*

Ex. Il a remarqué : « Vous êtes bonne. »
 « Vous êtes bonne, » a-t-il remarqué.

1. Il a dit : « Venez m'aider. »
2. Elle a déclaré : « C'est l'heure du dîner. »
3. Je répondis : « Fais ce que tu voudras. »
4. Tu me diras bientôt : « Tu avais raison. »
5. Nous lui répétons : « Ce n'est pas vrai. »

EXERCICE II (écrit)   *Placez les pronoms entre parenthèses dans les phrases.*

1. (le, vous) Je _____ apporterai.
2. (en, lui) Il faut _____ donner.
3. (en, y) Il _____ a beaucoup là-bas.
4. (y, me, les) Pourquoi ne _____ avez-vous pas apportés ?
5. (la, te) Je ne vais pas _____ prendre.

EXERCICE III   *Remplacez les mots soulignés par des pronoms, oralement et rapidement.*

1. Vous cherchez vos lunettes.
2. Les enfants n'obéissent pas à leurs parents.

   3. Je réponds à ta question.

   4. Est-ce que le film a plu à Suzanne ?

   5. Monique aime cette plante.

   6. On veut sauver la victime.

   7. Nous habitons à la campagne.

   8. Passe-moi les légumes.

   9. Va à la conférence.

  10. Ne parlez pas de cette histoire extraordinaire à M. Dupont.

  11. Aimez-vous les vacances ?

  12. Jouez-vous au tennis ?

  13. Faites-vous des sports ?

  14. Jouez-vous du violon ?

  15. Voilà une lettre.

  16. Tu regardes l'enfant jouer.

  17. Il envie son ami parce qu'il a de bonnes notes.

  18. Il ne s'est pas aperçu de son erreur.

  19. Dites bonjour à votre ami.

  20. Il y a des gens qui sont gentils et d'autres qui ne sont pas gentils.

EXERCICE IV (écrit)   *Complétez avec le pronom personnel qui manque. Considérez bien les constructions des différents verbes français.*

   1. Ils sont célèbres ; c'est pourquoi tout le monde _____ regarde.

   2. Il devait écrire à sa mère et je crois qu'il _____ a écrit hier.

   3. Si tu as envie de ces souliers, achète-_____.

   4. Tu l'aimes ; mais est-ce qu'elle _____ aime aussi ?

   5. Il faut que j'aille à la banque ; voulez-vous _____ aller avec moi ?

   6. Où est votre composition ? Je voudrais _____ lire.

   7. Dites à Robert et à Marc de venir me voir ; il faut que je _____ parle.

   8. J'espère trouver un cours intéressant ce trimestre. J'_____ ai suivi un le trimestre dernier que je n'ai pas du tout aimé.

   9. Quand le professeur parle, les étudiants doivent _____ écouter.

  10. Je dois l'appeler aujourd'hui ; il faut que j'_____ pense.

  11. Anne va arriver ; je _____ attends.

  12. Ce soir il y a un programme spécial à la télévision ; je vais _____ regarder.

  13. Pourrais-tu m'apporter ton livre de philosophie, s'il _____ plaît ?

  14. Ah ! _____ voilà ! Je savais bien que vous alliez venir.

  15. J'ai une grande quantité de disques ; je peux t'_____ prêter quelques-uns, si tu veux.

EXERCICE V (écrit)   *Complétez le paragraphe suivant avec les pronoms personnels objets qui conviennent.*

Robert et Jean sont deux bons amis. Robert parle souvent à Jean. Il _____ télé-phone le soir pour _____ parler de ses devoirs. Les deux amis _____ font d'ailleurs quelquefois ensemble ; ils _____ aident pour arriver à mieux _____ comprendre. Les réponses sont dures à trouver ; ils _____ cherchent ensemble.

Ils vont voir les films qui _____ plaisent. Comme il y a un petit café près du cinéma, ils _____ vont après le film. Une salle contient un billard ; ils _____ jouent pendant quelque temps. Robert a des disques et il veut toujours _____ acheter d'autres. Il adore _____ écouter. Jean, lui, aime regarder la télévision ; Robert _____ regarde avec lui seulement pour _____ faire plaisir, seulement parce qu'il _____ veut.

Ce soir Arlette sort avec Jean et elle _____ attend. Il _____ a téléphoné pour _____ dire qu'il serait un peu en retard. Elle _____ a répondu que ça n'avait pas d'importance. Arlette a de la patience ; elle _____ a souvent besoin.

EXERCICE VI (écrit)   *Voici les réponses à des questions. Ecrivez les questions en utilisant des noms à la place des pronoms soulignés. Le verbe peut être différent.*

Ex. Je vous en parlerai bientôt.

Allez-vous nous parler de votre projet ?

1. Je l'ai oubliée.
2. Il y pensera.

3. Oui, nous en avons quelques-uns.
4. Vous le leur avez donné.

EXERCICE VII (oral)   *Trouvez tous les pronoms personnels qui se trouvent dans le passage suivant et expliquez leur fonction.*

L'Enfant

C'est qu'il m'est égal de regarder des jouets, si je n'ai pas le droit de les prendre et d'en faire ce que je veux ; de les découdre et de les casser ; de souffler dedans et de marcher dessus si ça m'amuse... Je ne les aime que s'ils sont à moi, et je ne les aime pas s'ils sont à ma mère. C'est parce qu'ils font du bruit et qu'ils agacent les oreilles qu'ils me plaisent ; si on les pose sur la table, comme des têtes de mort, je n'en veux pas. Les bonbons, je m'en moque, si on m'en donne un par an comme une exception, quand j'aurai été sage. Je les aime quand j'en ai de trop. « Tu as un coup de marteau, mon garçon ! », m'a dit ma mère un jour que je lui contais cela, et elle m'a cependant donné une praline. « Tiens, mange-la avec du pain. »

Jules Vallès

EXERCICE VIII (oral)   *Répondez à la question en remplaçant les propositions soulignées par y ou en, quand c'est possible.*

1. As-tu envie de boire un Coca-Cola ?
2. Avez-vous pensé à fermer votre porte à clef ?
3. A-t-il décidé d'aller au bord de la mer ?
4. Ont-ils oublié de mettre les accents sur les e ?
5. Tenez-vous à ce qu'il reste avec vous ?
6. Vous attendez-vous à ce qu'il échoue au baccalauréat ?
7. As-tu choisi d'ignorer la vérité ?
8. Vous souvenez-vous de ce qu'il vous a dit ?

EXERCICE IX (écrit)   *Remplacez les mots soulignés par une expression idiomatique contenant y ou en, au temps convenable.*

1. Il a eu un sentiment de rancune contre moi pendant trois mois parce que je lui avais pris sa bicyclette un jour qu'il en avait besoin.
2. Nous allons partir parce qu'il se fait tard.
3. Avez-vous fini l'exercice ? Non ? A quelle phrase êtes-vous maintenant ?
4. Elle s'inquiète constamment pour ses enfants ; c'est une maladie chez elle !
5. C'est fait ! J'ai fini mon projet ! Quel soulagement !
6. Après une semaine d'examens où il a dû travailler jour et nuit, il est à bout de force.
7. Elle aime la vie universitaire ; elle s'y est habituée facilement.
8. Regardez, vous prenez d'abord cet outil ; vous faites un trou ; puis vous... Voilà comment il faut que vous procédiez.
9. Nous sommes au milieu du désert ; nous n'avons pas d'eau ni de nourriture ; comment allons-nous nous sortir de cette situation difficile ?
10. Vous pouvez avoir confiance en son jugement ; il est un expert en tableaux.

EXERCICE X (écrit)   *Vous venez de trouver un travail pour l'été. Il vous permettra de gagner un peu d'argent mais il n'est pas facile ni agréable. Expliquez en quelques lignes de quoi il s'agit. Employez des expressions idiomatiques avec y et en : s'y prendre, s'y faire, s'en tirer, ne plus en pouvoir, s'y connaître en, en avoir assez, s'en aller, etc.*

EXERCICE XI   *Ecrivez le verbe au temps indiqué et à la personne correcte. Quel est le sujet du verbe ?*

1. Le chien nous _____. (présent)
   (voir)

2. Je lui _____ une question. (passé composé)
   (poser)

3. Il vous _____ demain. (futur)
   (parler)

4. Voilà les explications que vous nous _____. (passé composé)
   (demander)

5. Achetez la robe qui vous _____ le mieux. (présent)
   (aller)

6. Peut-être nous _____-vous un jour. (futur)
   (comprendre)

EXERCICE XII (écrit)   *Finissez les phrases suivantes, selon votre imagination.*

1. A peine _____.
2. Peut-être _____.
3. « Je suis très content que vous soyez venue, » _____.
4. Voilà un cadeau qui vous _____.
5. Cette personne est impossible car _____.
6. Ça y est ! _____.
7. Allez-vous-en ! _____.
8. Je t'en veux _____.

II. Les Pronoms disjoints   (toniques)

A. Formes (voir tableau 4-1)

On remarque que **lui, elle, nous, vous, elles,** sont des formes *atones* ou *toniques*. **Soi** correspond à un mot indéfini : **on, chacun,** etc. (en anglais "oneself, himself")
   Ex. On pense trop à **soi.**

B. Emplois

Ils sont surtout employés *pour des personnes*, quelquefois pour des choses. Voici les cas :

1. avec *les prépositions*
   — avec *de + nom de personne bien défini* (avec un nom de personne indéfini ou collectif on emploie **en**) :
      Ex. Avez-vous parlé **de Robert** ?—Oui, nous avons beaucoup parlé **de lui.**
      Elle s'est moquée **de moi.**

   — avec *à + nom de personne, dans les expressions suivantes* avec lesquelles il faut garder *à* :

Verbes de mouvement	Autres expressions	
aller à (quelqu'un)	avoir affaire à quelqu'un	penser à quelqu'un
courir à »	être à (possession) »	songer à »
venir à »	faire attention à »	renoncer à »
	prendre garde à »	rêver à »
		tenir à »

Ex. Les enfants courent **à lui** quand il arrive à la maison.

Il pense **à elle**.   Ce livre est **à moi**.

Je tiens beaucoup **à vous**.   Faites attention **à eux**.

— et *dans le cas suivant* : quand *l'objet direct* du verbe est un des pronoms [**me, te, nous, vous, se**], on ne peut pas employer comme *objet indirect* un des pronoms [**me, te, nous, vous, se, lui, leur**]. Il faut employer *à + pronom disjoint*.

Ex. on ne peut pas dire : Il va vous ~~lui~~ présenter.

on dit : Il va **vous** présenter **à eux**.
                                direct   indirect

Remarque

C'est un cas fréquent avec *les verbes pronominaux* qui sont toujours accompagnés de **me, te, se, nous**, ou **vous** :

Ex. Nous **nous** intéressons **à lui**.   Il s'est adressé **à toi**.

Application immédiate   Remplacez les mots soulignés par le pronom nécessaire.

1. Vous me recommanderez à M. Lenoir.

2. Rappelez-moi à votre femme.

3. Nous nous sommes confiés à nos amis.   *(Réponses p. 87)*

— avec *les autres prépositions + nom de personne ou de chose* :

Ex. J'irai au cinéma **avec lui**.   Il ne peut pas faire ce travail **sans moi**.

Il a écrit ces vers **pour vous**.   Nous étions assis **en face d'elles**.

Vous passerez **chez moi** à trois heures, n'est-ce pas ?

2. après *c'est, ce sont*, pour mettre le pronom en relief. Il y a souvent un pronom relatif après le pronom disjoint (voir leçon 9, p. 181) :

Ex. Qui a fait ça ? **C'est lui**.

C'est moi qui suis arrivé le premier.

Ce sont eux que je veux voir, pas vous.

Ce n'est pas toi qui diras ça, **c'est elle.**

Application immédiate   Mettez le pronom disjoint qui convient.

1. Est-ce _____ qui avez ma feuille ?
2. Ce n'est pas _____ qui suis responsable.   (*Réponses p. 87*)

---

3. *seul dans la réponse*, sans verbe :

   Ex. Qui lui a répondu ? —**Moi.**

   Qui veut y aller ? —Pas **moi**, **lui** peut-être.

   Il a soif, et **toi** aussi.   Vous n'avez pas faim et **lui** non plus.

4. pour *accentuer* un pronom personnel atone sujet ou objet du verbe :

   Ex. Vous, vous irez, mais **eux**, ils resteront.   (sujets)

   Vas-tu te taire, **toi** ?   Tu le verras plus tard, **lui**. (objets)

5. avec le mot *seul* :

   Ex. Lui seul peut le faire.

6. dans le cas de *pronoms sujets* (*ou objets*) *multiples* :

   Ex. Lui, vous et **moi** (nous) serons chargés de ce projet.

   (le pronom atone sujet **nous** est facultatif)

   Vous et **lui** (vous) irez le voir.

   (le pronom atone sujet **vous** est facultatif)

   Elle et **lui** ont eu une longue discussion.

   (le pronom atone sujet **ils** n'est pas employé)

   — ou *noms* + *pronoms multiples* :

   Ex. Le président et **vous** (vous) avez pris une décision. (sujets)

   J'ai vu Robert et **toi** au match de football. (objets)

7. avec *ni… ni…* :

   Ex. Ni vous ni moi ne serons chargés de ce projet.

   Nous n'avons recommandé **ni toi ni lui** pour ce projet.

Remarque

pronoms de 1ère + 2ème + 3ème personnes = **nous.** (la 1ère personne l'emporte)

pronoms de 2ème + 3ème personnes = **vous.** (la 2ème personne l'emporte)

pronoms de 3ème personne = **ils, elles.**

8. après *que* dans une comparaison et *que* dans [ne... que] :

    Ex. Il est **plus** grand **qu'elle.**   Vous êtes **plus** jeune **qu'eux.**

    Il **n'a que moi** sur qui compter.

9. avec le mot *même* pour renforcer le pronom personnel :

moi-même	nous-mêmes
toi-même	vous-même(s)
lui-même, elle-même, soi-même	eux-mêmes, elles-mêmes

    Ex. Pourriez-vous lui dire cela **vous-même** ?

ATTENTION

lui-même correspond à **il** personnel seulement. Employez **soi-même** avec : **il** impersonnel, **on, chacun, tout le monde.**

    Ex. On fait ça **soi-même. (on,** indéfini)

      Il est possible de faire ça **soi-même. (il,** impersonnel)

mais : Paul est adroit ; **il** peut faire ça **lui-même. (il,** personnel)

Remarque

Entre un nombre ou une expression de quantité et *un pronom disjoint,* ajoutez **d'entre** :

    Ex. La plupart des étudiants ont un B mais **trois d'entre eux** ont un A.   (Il y en a trois qui ont un A.)

    Il y avait beaucoup de gens sur la plage et il faisait si chaud que **beaucoup d'entre eux** ont attrapé des coups de soleil.

    Il n'y a pas assez de place pour nous tous ; alors **quelques-uns d'entre nous** ne pourront pas y aller.

Exercices

EXERCICE I (écrit)   *Complétez avec le pronom disjoint qui convient.*

1. Nous avons décidé ceci : _____, tu partiras à deux heures mais _____, nous partirons un peu plus tard.
2. _____, j'ai déjà répondu ; mais maintenant c'est à _____, Robert.
3. Quand on est satisfait de _____, on se sent heureux.
4. Il n'y a que _____ qui puisse vous aider parce qu'il connaît beaucoup de monde.
5. Partez, _____ deux ; mais _____, je reste.
6. Le professeur est en colère ; il était important que tous ses étudiants viennent en classe aujourd'hui et pourtant quatre _____ sont absents.

7. Il y a des personnes qui flattent toujours les autres ; prenez garde à _____.

8. Lui et _____ nous irons au cinéma ce soir.

9. Chacun pour _____, Dieu pour tous.

10. N'oublie pas la générosité de ton amie ; c'est grâce à _____ que tu as pu t'en tirer.

11. Je sais que c'est _____ qui l'ai voulu.

12. Le professeur demande à ses étudiants : « Quand vous vous adressez à _____, employez le pronom vous. Avec vos camarades c'est différent, employez le pronom tu quand vous parlez avec _____. »

EXERCICE II (oral)   *Remplacez les mots soulignés par les pronoms personnels ou disjoints qui conviennent.*

1. Jean est plus grand que Robert.

2. J'ai un rendez-vous avec le dentiste.

3. C'est Marc qui a l'argent.

4. Marie pense à ses parents.

5. J'ai entendu parler de votre professeur.

6. Il a de la famille dans cette ville.

7. J'ai raté mon examen à cause de Louise.

8. Mes amis et moi nous assistons à cette classe.

EXERCICE III (écrit)   *Choisissez dix questions et répondez-y en remplaçant les mots soulignés par des pronoms ; puis finissez la phrase de façon à rendre la réponse intéressante et naturelle. Employez beaucoup de pronoms.*

Ex. *Question* : Quand tu as rencontré Anne, lui as-tu dit que je voudrais avoir son numéro de téléphone ?

Réponse : Oui, quand je l'ai rencontrée, je lui ai dit que tu voudrais l'avoir, mais j'ai bien l'impression qu'elle ne veut pas te le donner !

1. Dans votre dictée, avez-vous fait attention aux accents ?

2. Iras-tu en France l'été prochain ?

3. Vous intéressez-vous à la « libération des femmes » ?

4. Tu vas parler de mon projet à ton copain, n'est-ce pas ?

5. Est-ce que tu te souviens de ce voyage formidable que nous avons fait ensemble ?

6. Vas-tu me dire la vérité ?

7. Avez-vous confiance en vos amis ?

8. Est-ce que je t'ai fait voir cette photo ?

9. Pourquoi veux-tu qu'il s'excuse auprès de toi ?

10. As-tu pensé à apporter de l'argent ?

11. Est-ce à cause de Mme Léonard que tu es si en colère ?

12. As-tu rendu à Robert le livre que tu lui avais emprunté ?

13. Avez-vous eu affaire à ce terrible M. Dupont quand vous avez été interviewé à l'université ? Etait-il vraiment terrible ?

14. Ne sentez-vous pas la fraîcheur arriver ?

15. Allez-vous acheter une voiture neuve ou d'occasion ?

EXERCICE IV (oral) *Renforcez le pronom souligné avec* : c'est... qui... *ou* c'est... que...

Ex. Je vous ai vu.   Je veux vous voir.

C'est moi qui vous ai vu.   C'est vous que je veux voir.

1. Vous y êtes allé, n'est-ce pas ?

2. Elle a répondu.

3. Il va nous choisir.

4. Il me l'a dit.

5. Ils seront responsables.

6. Je le vois là-bas.

EXERCICE V (oral) *Répondez rapidement aux questions suivantes, affirmativement ou négativement, en remplaçant les noms, adjectifs ou propositions par des pronoms personnels.*

1. Est-ce que votre fille est à la maison ?

2. Savez-vous jouer aux cartes ?

3. Aimes-tu la quiche lorraine ?

4. As-tu vu ces tableaux ?

5. Crois-tu son histoire ?

6. Sont-ils aimables avec tout le monde ?

7. Etes-vous paresseux pour écrire ?

8. Iras-tu en ville avec tes amis ?

9. Vois-tu souvent ta tante ?

10. Ecrit-elle de temps en temps à ses parents ?

11. Combien de dollars avez-vous sur vous ?

12. Donnez-vous de l'argent aux pauvres ?

13. As-tu besoin de Robert pour t'aider ?

14. Etes-vous sûr(e) que vous avez les billets ?

15. Est-ce que ton vêtement est usé ?

16. Combien de cousins et de cousines as-tu ?

17. Est-ce que Jean est prudent quand il conduit ?

18. Voulez-vous un bonbon au miel ?

19. Est-ce que tu nous présenteras ton ami ?

20. Est-ce que tu te présenteras au directeur ?

21. Vous attendiez-vous à ce qui allait arriver ?

22. Saviez-vous que le parc était fermé aujourd'hui ?

23. Pensez-vous aux vacances ?

24. Tenez-vous à partir tout de suite ?

25. Est-ce qu'il y a du courrier dans ma boîte ?

26. As-tu parlé de ton projet à ton ami(e) ?

27. Avez-vous un timbre, s'il vous plaît ?

28. Allez-vous parler à votre chef ?

29. Y a-t-il quelques étudiants dans la classe ?

30. Etes-vous fatigué maintenant ?

Réponses aux applications immédiates

p. 66
1. a-t-il ajouté
2. vous pourrez
3. aurait-elle dû
4. As-tu pris

p. 67
1. Je le veux.
2. Lui as-tu parlé ?
3. Il va leur dire.
4. Mettez-en
5. Je ne les prends pas.
6. Nous la regardons arriver.
7. Ils n'y ont pas déjeuné.

p. 69
1. direct
2. indirect
3. indirect
4. direct
5. direct

p. 70
1. Je le vois...
2. Je le crois.
3. Voulez-vous la rencontrer ?
4. Il l'est...
5. ... de les poser.

p. 72
1. il lui obéit...
2. ... je vais leur demander...
3. ... il faut l'aider.
4. ... je ne la regarde jamais.
5. ... vous l'attendez.

p. 73
1. Vous y pensez trop.
2. Il ira... (pas de y)
3. Vous vous y attendez.
4. Il faut y répondre.
5. Je l'y ai trouvé.
6. Jean y est assis.

p. 74
1. ...y compris celle-ci.
2. Il s'y connaît en musique.
3. ...on s'y fait.
4. Vous y êtes ?
5. Comment allez-vous vous y prendre... ?

p. 76
1. Elle en a à la Nouvelle-Orléans.
2. (impossible)
3. il y en a 25.
4. J'en ai envie.
5. J'en suis revenu hier.
6. Tu en as besoin.

p. 77
1. ...où j'en suis.
2. Vous vous en faites trop...
3. ... elle m'en veut.
4. Comment va-t-il s'en tirer ?

p. 82
1. à lui.
2. à elle.
3. à eux.

p. 83
1. vous
2. moi

5 Le Passé

Le Passé composé
L'Imparfait
Le Plus-que parfait
Le Passé surcomposé

On se sert du passé composé et de l'imparfait pour exprimer une action ou un état qui ont eu lieu dans le passé, c'est-à-dire avant le moment où l'on parle. Il faut constamment faire un choix entre ces deux temps.

I. *Le Passé composé.* C'est un temps composé : deux mots.

A. Formes

Il est formé de :
*le présent de l'auxiliaire **avoir** ou **être** + le participe passé du verbe en question* (voir la liste des participes passés dans la leçon 15).

1. *Verbes conjugués avec* **avoir** :

    a. les verbes **avoir** et **être** (Ajoutez **eu** à la forme simple de **avoir** pour obtenir la forme composée de ce verbe car il est conjugué avec lui-même :

        Ex. j'ai → j'ai **eu**

        nous avons → nous avons **eu**)

    b. les verbes *transitifs* (ces verbes ont un objet direct ou indirect ; l'action faite par le sujet passe sur l'objet directement ou indirectement)

    c. les verbes *intransitifs* (ces verbes n'ont pas d'objet), *excepté* la liste de verbes conjugués avec **être** (voir 2a).

Voici le passé composé du verbe **aimer** :

j'ai	aimé	nous	avons aimé
tu as	aimé	vous	avez aimé
il, elle, on a aimé		ils, elles ont aimé	

Accord du participe passé. Il s'accorde (excepté **été** de : **être**, qui est invariable) avec *l'objet direct du verbe* si cet objet direct précède le verbe. L'objet direct précède le verbe dans les trois cas suivants :

— si *c'est un pronom personnel objet direct* ; il n'y a cependant *pas d'accord* avec **en**.

    Ex. Il **nous** a vus.

    J'ai lu la leçon et puis je l'ai relue.

    mais : Elle aime les fleurs alors il lui **en** a **offert**.

— si *c'est le pronom relatif* **que** (il est toujours objet direct et précède toujours le verbe).

    Ex. Voilà les feuilles **que** vous m'avez demandées.

    Regardez la revue **qu'**il a reçue.

Remarque

Si l'antécédent de **que** est *un mot collectif + un nom pluriel*, le participe passé s'accorde selon le sens :

    Ex. le groupe d'étudiants **que** j'ai **vu** (**vus**)

— si *c'est l'adjectif interrogatif* **quel** ou *le pronom interrogatif* **lequel** (toujours placés devant le verbe dans une interrogation directe).

    Ex. Quelle robe a-t-elle choisie ?

    Quelles difficultés avez-vous eues ?

    Lesquels a-t-il achetés ?

EXCEPTIONS

Le participe passé est invariable :

— si le verbe est *directement suivi d'un infinitif* (c'est-à-dire s'il n'y a pas de préposition entre le verbe et l'infinitif ; voir aussi leçon 19).
    Ex. Il **les** a **fait** réparer.
        Nous **les** avons **entendu** chanter.   (les chansons)

— s'il appartient *à un verbe impersonnel* (un verbe est impersonnel quand son sujet est **il** impersonnel).
    Ex. Quelle tempête il a **fait** hier !
        Savez-vous les mois **qu'**il a **fallu** pour construire ce pont ?

Application immédiate   Ecrivez le participe passé du verbe correctement.

1. Aimez-vous la machine à coudre que vous avez _____ (acheter) récemment ?
2. La chaleur qu'il a _____ (faire) cet été était insupportable.
3. Le fleuve a _____ (inonder) la ville et l'a _____ (couvrir) de boue.
4. Lesquels a-t-il _____ (finir) d'abord ?
5. Voilà les photos que j'ai _____ (faire) tirer. Je les ai _____ (montrer) à ma mère.
6. Je pense que mes peintures seront finies demain. Je me rappelle que je vous en ai _____ (promettre) une.   (*Réponses p. 106*)

    2. *Verbes conjugués avec* **être** :

        a. *les verbes intransitifs* de la liste suivante (et seulement ces verbes). Ce sont des verbes de mouvement ou de changement d'état. Apprenez-les par cœur ; ils sont groupés de façon à aider la mémoire :

            aller
            arriver ≠ partir
            entrer ≠ sortir
            monter ≠ descendre
            naître ≠ mourir
            passer
            rentrer
            rester

retourner

tomber

venir ; revenir ; devenir ; parvenir ; intervenir ; survenir

Ex. Passé composé du verbe **aller** :

je suis allé(e)*	nous sommes allés(es)
tu es allé(e)	vous êtes allé(e, s, es)
il, elle, on est allé(e)	ils, elles sont allés(es)

* **J'ai été** peut signifier **je suis allé** :
  Ex. Hier, **j'ai été** à Los Angeles.

Accord du participe passé. Il s'accorde avec *le sujet du verbe.*

  Ex. Elle est allée en ville cet après-midi.

  Ils sont morts dans un accident d'auto.

  Nous sommes partis **(es)** très tôt.

EXCEPTION

Le participe passé des verbes impersonnels est *invariable.*

  Ex. Toute la pluie qu'il est **tombé** a fait du bien aux récoltes.

Distinctions de sens entre **rentrer, retourner, revenir**

rentrer = retourner à la maison

  Ex. Nous **sommes rentrés** tôt parce que nous étions fatigués.

retourner = aller à un endroit de nouveau, "to go back"

  Ex. Elle a beaucoup aimé l'Espagne et elle y **retournera** bientôt.

revenir = venir de nouveau, "to come back"

  Ex. Je **reviendrai** vous voir bientôt pour vous parler davantage.

Remarque

Les verbes suivants peuvent avoir *un objet direct* :

  monter ; descendre ; sortir ; passer ; rentrer ; retourner.

Ils sont alors conjugués avec **avoir**, et suivent les règles des verbes transitifs :

  Ex. Elle **a monté sa valise** dans sa chambre.

  J'ai descendu les escaliers quatre à quatre.

  Elle a lu la lettre **qu'elle a sortie** de son sac.

  Quelles bonnes vacances nous **avons passées** à la montagne !

  Elle **a retourné le tapis** pour qu'il sèche de l'autre côté.

  J'ai rentré ta bicyclette dans le garage.

Application immédiate   Ecrivez le participe passé correctement.

1. Nous sommes _____ (passer) vous voir mais vous n'étiez pas là.
2. Elle a _____ (retourner) les crêpes très habilement.
3. Ils sont _____ (rester) à la maison.
4. Elles sont _____ (revenir) à trois heures.
5. Les fauteuils étaient dehors ; nous les avons _____ (rentrer) avant la pluie.

(*Réponses p. 106*)

b. *tous les verbes pronominaux*
   Ils se conjuguent avec un pronom réfléchi (voir leçon 6).

B. Emplois

Le passé composé indique qu'une action (ou un état) est **finie**. Il est employé :

1. pour *une action* (*ou un état*) *accomplie* (*faite et terminée*) :

   a. *à un moment indéterminé* du passé :
      Ex. Il **a disparu**. On ne sait pas où il est.
      J'**ai étudié** l'allemand mais je n'**ai** jamais **appris** le latin.
      Je **suis allé** le voir la semaine dernière.

   b. *à un moment précis*, très court ou soudain, du passé. Le moment précis est indiqué :

      — quand l'heure est donnée.
         Ex. Hier j'**ai vu** Robert à trois heures.

      — avec les adverbes **tout à coup**, **soudain**, **immédiatement**, **tout de suite**.
         Ex. Tout à coup, il m'**a frappé**.

      —avec certains mots dans la phrase.
         Ex. Quand je suis arrivé, j'**ai vu**... (à ce moment précis)

      — en réaction à une autre action *ou* à la conclusion d'une situation.
         Ex. Quand il est entré dans la salle, je **suis parti**.
            Qu'avez-vous fait quand elle a dit ça ? —J'**ai éclaté** de rire.
            Voyant cela, j'**ai décidé** de partir.

   c. *dans un espace de temps pas encore écoulé.*
      Ex. Aujourd'hui, j'**ai écrit** deux lettres.
         (la journée n'est pas finie)
      Cette semaine je ne l'**ai** pas **vu**.
         (la semaine n'est pas écoulée)

Ce soir je **me suis** bien **amusé**.
(la soirée n'est pas encore terminée)

2. pour *une série d'actions accomplies* qui font progresser la narration (et après ?) :
   Ex. Il **s'est levé** tôt, il **a pris** son petit déjeuner et puis il **est parti** à sa première classe.
   (Il s'est levé tôt. Et après, qu'est-ce qu'il a fait ? Il a pris son petit déjeuner. Et après ? Il est parti à sa première classe.)

3. pour *une action (ou un état) accomplie dans une durée de temps précise* ou *dans des limites de temps précises* :

   a. la durée précise est *exprimée* :
      Ex. J'ai voyagé pendant deux mois.
      Tu lui **as parlé** (pendant) quelques minutes.

   b. la durée précise est *impliquée* dans la phrase :
      Ex. L'enfant **a été** sage pendant la messe. (L'action a duré depuis le commencement de la messe jusqu'à la fin.)
      Pendant que tu lui parlais, elle **a préparé** le repas.

   c. *le commencement* de l'action (ou de l'état) est indiqué précisément, ou *la fin* :
      Ex. Aussitôt après avoir fini son projet, elle en **a commencé** un autre. (aussitôt après = début précis)
      Il **a cherché** la vérité jusqu'à sa mort. (fin précise)

   d. il est aussi employé *pour indiquer un changement de situation*, pour faire comprendre que l'action (ou l'état) s'est arrêtée à un certain moment du passé.
      Ex. Comment allez-vous ? —Bien, mais j'**ai eu** des ennuis de santé. (J'ai été malade mais maintenant c'est fini, je vais bien.)
      Elle **a été** riche, vous savez. (mais la situation a changé)

4. pour *une action (ou un état) répétée* dans le passé :

   a. *un nombre de fois déterminé* :
      Ex. Je le lui **ai demandé** trois fois.

   b. *régulièrement* (une habitude) *dans un espace de temps défini* :
      Ex. Je l'**ai vu** tous les jours la semaine dernière. (7 fois)

Remarques

Il est quelquefois difficile de déterminer si l'espace de temps est défini. Certaines expressions ne sont pas précises :
Ex. quelquefois ; de temps en temps ; à cette époque-là ; pendant les vacances.

Dans ces cas, l'emploi du passé composé ou de l'imparfait dépend de ce que l'on veut exprimer :

> **Ex.** Je **jouais** au tennis tous les matins pendant les vacances.
>
> J'**ai joué** au tennis tous les matins pendant les vacances.

— On emploie *l'imparfait* si on veut *se replacer dans le passé*, au moment des vacances ; alors c'est seulement la répétition (donc le déroulement) de l'action qui est importante : **tous les matins**.

— On emploie *le passé composé* si l'action est *vue du présent* ; on voit alors la durée totale (donc la fin) de la répétition de l'action dans le passé : **pendant les vacances**.

Application immédiate   Faites le même raisonnement avec la phrase suivante :

Pendant la guerre, les avions _____ (venir) bombarder la ville à la même heure chaque jour.   (*Réponses p. 106*)

---

5. *à la place d'un futur antérieur :*

   a. *après un si de condition,* dans une phrase conditionnelle au futur (voir aussi leçon 8) :

   > **Ex.** Si vous n'**êtes** pas **arrivé** à six heures, je partirai.
   >
   > Je répéterai l'explication si tu n'**as** pas **compris**.

   b. *dans un sens futur :*

   > **Ex.** Attendez-moi, j'**ai fini** dans une minute.   (j'aurai fini)

Remarques

— Le passé composé des verbes suivants a un sens spécial :

devoir → **J'ai dû** = j'ai été obligé de

pouvoir → **J'ai pu** = j'ai réussi à, j'ai eu la possibilité de

savoir → **J'ai su** = j'ai appris, j'ai découvert

— A la fin d'un examen, dites : « **J'ai fini** », à votre professeur. Ne dites pas : « Je suis fini(e) ». Un travail est fini, pas une personne.

Application immédiate   Mettez le verbe au passé composé quand ce temps convient.

1. Quand je lui ai donné votre réponse, il _____ (sourire).
2. Chaque jour, il _____ (se promener) dans le bois.
3. Hier, je _____ (prendre) une décision importante.
4. Soudain, il me _____ (demander) de l'accompagner.
5. Si tu _____ (ne pas finir) bientôt, je vais m'en aller.
6. Je _____ (naître) en mai 1958.
7. Je lui _____ (parler) pendant une demi-heure.

(*Réponses p. 106*)

II. *L'Imparfait.*   C'est un temps simple : un mot.

A. Formes

nous travaillons   →   je travaillais
nous finissons   →   je finissais

La terminaison **ons** de la 1ère personne du pluriel (nous) du présent de l'indicatif est remplacée par les terminaisons :

ais	ions
ais	iez
ait	aient

La formation de l'imparfait est régulière pour tous les verbes, réguliers et irréguliers, excepté le verbe **être** qui a un radical irrégulier : j'**étais**.
Voici l'imparfait des trois conjugaisons régulières :

aimer	finir
(nous aimons) → j'aim**ais**	(nous finissons) → je finiss**ais**
tu aim**ais**	tu finiss**ais**
il, elle, on aim**ait**	il, elle, on finiss**ait**
nous aim**ions**	nous finiss**ions**
vous aim**iez**	vous finiss**iez**
ils, elles aim**aient**	ils, elles finiss**aient**

vendre

(nous vendons) → je vend**ais**	nous vend**ions**
tu vend**ais**	vous vend**iez**
il, elle, on vend**ait**	ils, elles vend**aient**

Voici aussi l'imparfait de quelques verbes *irréguliers* courants :

boire	(nous buvons)	→	je buvais
craindre	(nous craignons)	→	je craignais
croire	(nous croyons)	→	je croyais
faire	(nous faisons)	→	je faisais
prendre	(nous prenons)	→	je prenais
venir	(nous venons)	→	je venais
voir	(nous voyons)	→	je voyais

Remarques

— Aux 1ère et 2ème personnes du pluriel **nous** et **vous**, il suffit généralement d'ajouter un **i** à la forme du présent pour avoir la forme de l'imparfait :

Ex. présent : nous parl**ons**   imparfait : nous parl**ions**

Si le radical du verbe se termine par **i**, il y a *deux* **i** à l'imparfait :

Ex. présent : nous étud**ions**   imparfait : nous étud**iions**

— Les trois terminaisons : **ais, ait, aient** ont la même prononciation :

Ex. je voy**ais**, tu voy**ais**, il voy**ait**, ils voy**aient**

ATTENTION

Il y a souvent des confusions dans l'écriture des terminaisons **ais** et **ait**. Rappelez-vous qu'un verbe ne se termine jamais par un **t** à la 1ère personne du singulier **je**.

Ex. Je voulais.

Application immédiate Ecrivez l'imparfait des verbes à la personne indiquée.

1. être ; nous _____
2. répondre ; il _____
3. comprendre ; je _____
4. pâlir ; elle _____

5. rire ; on _____
6. écrire ; tu _____
7. connaître ; ils _____
8. travailler ; vous _____

(*Réponses p. 106*)

B. Emplois

L'imparfait exprime qu'une action (ou un état) n'est **pas finie**. On se replace dans le passé pour voir l'action dans son déroulement, sa continuité, ou sa répétition, "flashback". Il est employé :

1. pour *une action* (*ou un état*) *non finie* :

a. *à un moment indéterminé* du passé.

   Ex. Ce matin, ma voiture ne **marchait** pas.

   Il ne **souriait** jamais quand il **était** petit.

   L'enfant **pleurait** parce qu'il **avait** faim.

— c'est souvent le cas des verbes d'état d'esprit qui expriment des actions généralement vues dans leur continuité :

avoir	penser	aimer	espérer	pouvoir
être	croire	désirer	regretter	vouloir
	trouver	préférer		
	songer	détester		
	savoir			

   Ex. Autrefois, on **croyait** qu'il **était** impossible d'aller à la lune.

   Il **pensait** que tu **voulais** rester à la maison.

   Nous **savions** qu'il **était** malade, mais nous ne **pensions** pas que c'**était** si grave.

   Je **croyais** que tu le **trouvais** sympathique.

Mais ces verbes sont au passé composé quand leur action a lieu à un instant précis, ou avec des limites précises (voir emplois du passé composé) :

   Ex. Quand il m'a dit ça, j'**ai cru** mourir. (à ce moment précis)

   J'**ai** bien **pensé** à vous pendant votre absence. (durée définie)

b. *à un moment précis* du passé.

   Ex. Ce matin, à neuf heures, il **faisait** déjà chaud et humide.

   Hier soir, quand je suis sorti, le ciel **était** plein d'étoiles. (moment précis : quand je suis sorti)

   Quand je me suis réveillé, j'**avais** un gros mal de tête.

   A la fin de la course, son cœur **battait** très fort et il **suait** à grosses gouttes.

2. pour *décrire les circonstances, le décor, les personnages d'une scène, l'aspect physique et mental, le temps qu'il fait,* dans le passé. Ces imparfaits ne font pas progresser la narration.

   Ex. Madame la baronne, qui **pesait** trois cent cinquante livres, **s'attirait** par là une très grande considération, et **faisait** les honneurs de la maison avec une dignité qui la **rendait** encore plus respectable. Sa fille Cunégonde, âgée de dix-sept ans, **était** haute en couleur, fraîche, grasse, appétissante. Le fils du baron **paraissait** en tout digne de son père. Le précepteur

Pangloss **était** l'oracle de la maison, et le petit Candide **écoutait** ses leçons avec toute la bonne foi de son âge et de son caractère.

Voltaire, *Candide*

Autre exemple :
Comme la nuit **arrivait** et qu'il **commençait** à faire frais, nous avons décidé de partir.

3. *quand deux actions sont simultanées* :

   a. pour une action *en cours* (forme progressive anglaise "was, were (do)ing", toujours traduite par l'imparfait) quand une autre action a eu lieu (passé composé) :
      Ex. Quand tu as téléphoné, j'**écoutais** les nouvelles à la radio.
        Qu'est-ce que vous **faisiez** lorsque je suis arrivé ? —J'**étais en train** de me reposer.

   b. pour deux actions *simultanément en cours* dans le passé :
      Ex. Il **lisait** pendant que j'**écrivais**.
        Je le **connaissais** bien quand il **habitait** à côté de chez moi.

4. avec *depuis* pour *une action commencée dans le passé* et *qui continue à un certain moment du passé*. C'est la forme progressive anglaise "had been (do)ing . . . for, since . . .". (Comparez avec "have been (do)ing . . . for, since . . ." et le présent ; voir leçon 3).
Expressions équivalentes à **depuis** "for" : **il y avait**... **que**... , **cela (ça) faisait**... **que**... , **voilà**... **que**... :
      Ex. Il **attendait depuis** un quart d'heure quand je suis arrivée.
      Depuis sa chute, il ne **se sentait** plus aussi bien qu'avant.
      Il **pleuvait depuis** quelques jours ; alors la terre était boueuse.
      Ça faisait longtemps **qu'il avait** envie d'y aller.

Quand le verbe est *au négatif*, on a généralement *le plus-que-parfait* :
      Ex. Je **n'avais pas dormi depuis** deux jours quand vous m'avez vu.

5. pour *une action (ou un état) répétée un nombre indéterminé de fois* ou *à intervalles réguliers dans un espace de temps indéterminé* (formes anglaises "used to" et "would" indiquant la répétition dans le passé, et toujours traduites par l'imparfait. Ne confondez pas avec "would" conditionnel).
      Ex. Chaque fois qu'elle **pleurait**, j'**essayais** de la consoler.
      Quand il **allait** à la bibliothèque, il la **rencontrait** de temps en temps.
      A cette époque-là il **fréquentait** les bars régulièrement.
      Quand j'**étais** en France, je **prenais** un café au lait et un croissant tous les matins.

6. après *si* :

    a. *à la place du conditionnel présent*, après le **si** de condition (voir leçon 8, tableau 8-2) :
        Ex. Si tu **venais** maintenant, ça m'arrangerait bien.

    b. *pour un souhait, un désir* :
        Ex. Si seulement on **était** en vacances !
        Je suis si inquiète ; **si seulement** il **arrivait** !

7. pour *un verbe qui dépend directement d'un autre verbe au passé* ; il y a **que** entre les deux verbes (voir style indirect au passé, leçon 14, pour la concordance des temps).
    Ex. Il **a dit** qu'il **fallait** partir. (au présent : Il **dit** qu'il **faut** partir.)
    Je **pensais** que vous **étiez** malade.
    Elle **a remarqué** qu'il y **avait** beaucoup de fumée dans la salle.

Application immédiate   Mettez les phrases suivantes à l'imparfait, quand ce temps convient.

1. Vous ne m'avez pas compris ; je _____ (ne pas vouloir) dire ça.
2. Quand il m'a attaqué, je _____ (vouloir) m'enfuir.
3. Il _____ (pleuvoir) quand nous sommes partis.
4. Si vous _____ (être) gentil, vous m'aideriez.
5. A cette époque-là, nous _____ (jouer) souvent aux cartes.
6. Chaque fois qu'elle venait, nous _____ (se disputer).   *(Réponses p. 106)*

Remarques

— Les constructions *aller* + *infinitif* du futur proche et *venir de* + *infinitif* du passé récent sont *toujours à l'imparfait* dans le passé.
    Ex. J'allais vous dire quelque chose et puis j'ai oublié.
    Quand la cloche a sonné, le professeur **venait** juste **de finir** son explication.

— Les verbes qui indiquent *une action* (*ou un état*) *toujours vraie* ou *une généralité* restent *au présent* dans un texte au passé.

— Pour une action *antérieure* à une action passée (le passé du passé) employez *le plus-que-parfait* (voir partie III, A et B1, p. 107).

— Pour une action *postérieure* à une action passée (le futur du passé) employez *le conditionnel* (voir leçon 8, p. 167).

TABLEAU 5-1

PASSÉ COMPOSÉ	IMPARFAIT
Formes anglaises équivalentes (verbe "to finish")	
I finished, I have finished, I did finish	I finished, I was finishing, I used to finish, I would finish, how about finishing, if only I finished
La forme commune "I finished" demande un choix entre les deux temps.	

Exercices

EXERCICE I   *Revoyez la liste des participes passés de la leçon 15, puis écrivez le participe passé du verbe entre parenthèses. Y a-t-il un accord ?*

1. Je sais que tu lui as (rendre) _____ son disque.
2. Il n'est pas satisfait de la part qu'il a (avoir) _____.
3. Il regrette la ville qu'il a (quitter) _____.
4. Ils sont (tomber) _es____ dans l'eau.
5. Quels cours avez-vous (suivre) _____ le trimestre (le semestre) dernier ?
6. Tu as (acheter) _____ des provisions et tu les as (mettre) _mises_ dans le réfrigérateur.
7. Est-ce que vous les avez (faire) _fait___ partir ?
8. Nous avons (croire) _____ l'histoire et nous l'avons (répéter) _répété_.
9. Il y a des musées intéressants dans cette ville ; j'en ai (visiter) _____ plusieurs.
10. Lesquelles avez-vous (prendre) _____, les vertes ou les noires ?
11. Il est victime de la situation qu'il a (créer) _créée_.
12. Son alcoolisme a (nuire) _____ à sa réputation.

EXERCICE II   *Ecrivez trois phrases contenant le pronom relatif* **que** *et un verbe transitif au passé composé.*

Ex. J'aime la fleur **que** vous m'**avez donnée**.

EXERCICE III *Ecrivez les phrases suivantes au passé composé. Attention à la place des pronoms objets, négations, et adverbes, dans les temps composés.*

1. Il travaille bien.
2. Comprends-tu ma question ?
3. Je ne le veux pas.
4. Vous n'avez pas encore votre note.
5. Robert et moi nous y entrons.
6. Ils passent la voir tous les jours. *sont passés*

EXERCICE IV (oral)   *Donnez l'imparfait et le passé composé des formes suivantes à la personne indiquée.*

1. nous commençons	6. vous appelez	11. il atteint
2. vous nagez	7. tu es	12. ils font
3. j'entre	8. elle reste	13. je connais
4. nous voyons	9. vous buvez	14. tu finis
5. ils s'arrêtent	10. j'envoie	15. je souris

EXERCICE V (écrit)   *Qu'est-ce que vous avez fait aujourd'hui ? Donnez une série de petites phrases avec des verbes au passé composé.*

EXERCICE VI (écrit)   *Replacez-vous dans un certain moment du passé et faites en quatre ou cinq lignes la description d'une famille que vous avez connue. Employez seulement* l'imparfait, *comme dans l'exemple de* Candide (voir IIB2). *Il n'est pas nécessaire de rendre votre description aussi amusante…*

EXERCICE VII (écrit)   *Mettez les phrases suivantes au passé : passé composé ou imparfait. Expliquez les différents cas oralement en classe.*

1. Aujourd'hui le professeur _____ (faire) un cours intéressant. Si seulement ça _____ (pouvoir) toujours être le cas !
2. La semaine dernière, il _____ (pleuvoir) chaque jour.
3. Je le _____ (voir) de temps en temps quand il _____ (travailler) à la cafétéria. Mais il _____ (quitter) son emploi hier parce que les nombreuses heures de travail le _____ (empêcher) d'étudier suffisamment.
4. Je _____ (vouloir) lui tenir compagnie pendant quelques instants mais quand il _____ (exprimer) le désir d'être seul, je _____ (comprendre) qu'il _____ (falloir) que je m'en aille.
5. Robert _____ (être) absent deux semaines quand il _____ (avoir) la grippe.

6. Comme le film _____ (manquer) d'intérêt, ils _____ (s'ennuyer) jusqu'à la fin de la représentation.

7. Elle _____ (sortir) les fruits du réfrigérateur pour en faire une salade.

8. Ils arriveront dans une heure environ ; en attendant, si nous _____ (faire) une petite promenade !

9. Il _____ (attendre) un donneur depuis un an quand on lui _____ (faire) une greffe du cœur.

10. Je _____ (venir de) rentrer et puis je _____ (aller) me reposer quand vous _____ (sonner).

EXERCICE VIII (écrit)   *Mettez au passé les phrases suivantes contenant les mots temporels* **fois, moment, heure, temps.**

1. Il me _____ (falloir) une heure pour achever ce travail que je _____ (croire) presque terminé.

2. La première fois que je le _____ (voir), il me _____ (sembler) normal.

3. Au moment où il _____ (entrer) dans la salle, elle _____ (s'évanouir).

4. Vous _____ (venir) à quatre heures et votre rendez-vous _____ (être) à trois heures. Qu'est-ce qui _____ (causer) cette erreur ?

5. Nous _____ (prendre) le thé ensemble cet après-midi et nous _____ (passer) un moment très agréable. Nous _____ (décider) que nous _____ (se revoir) bientôt.

6. Pendant les vacances je _____ (se baigner) trois fois seulement mais je _____ (aller) souvent à la plage.

7. Si vous me _____ (accorder) plus de temps, je pourrais faire un meilleur travail.

8. Je _____ (avoir) un *C* pour ce devoir et pourtant je _____ (mettre) beaucoup de temps à le faire. Mon professeur me _____ (dire) que je _____ (pouvoir) le voir demain à ce sujet.

EXERCICE IX (oral)   *Dans les phrases suivantes tirées de* l'Etranger *de Camus, les temps du passé sont soulignés. Justifiez l'emploi de chaque temps.*

1. J'<u>ai voulu</u> voir maman tout de suite.

2. Maman <u>passait</u> son temps à me suivre des yeux en silence.

3. Cela me <u>prenait</u> mon dimanche.

4. Je <u>suis resté</u> longtemps à regarder le ciel.

5. A cinq heures, des tramways <u>sont arrivés</u> dans le bruit.

6. Ils <u>hurlaient</u> et <u>chantaient</u> à pleins poumons que leur club ne <u>périrait</u> pas.

7. J'<u>ai pris</u> appui le premier et j'<u>ai sauté</u> au vol. Puis j'<u>ai aidé</u> Emmanuel à s'asseoir.

8. Pour la première fois depuis bien longtemps, j'ai pensé à maman. Il m'a semblé que je comprenais pourquoi à la fin d'une vie elle avait pris un « fiancé ».

EXERCICE X (écrit) *Complétez avec* **rentrer**, **retourner**, *ou* **revenir**, *au temps correct* (voir IA2a).

1. Chaque fois que nous _____ à notre ancienne demeure, nous avions le cafard.
2. Je _____ très tard hier soir parce que nous avons dansé après le dîner.
3. Elle se sentait mieux dès que le printemps _____.

EXERCICE XI *Ecrivez une phrase avec chaque verbe.*

1. retourner   2. revenir

EXERCICE XII (écrit) *Mettez au passé. (Il est bon de lire le texte en entier auparavant.)*

Un Changement d'humeur

« Pourquoi as-tu l'air si maussade aujourd'hui, hein ? Quand je te _____ (voir) hier tu _____ (sembler) si heureux ; tu _____ (venir de) passer une très bonne journée avec tes amis. Est-ce que quelque chose _____ (arriver) depuis que je te _____ (parler) ? _____ (tu, recevoir) de mauvaises nouvelles de quelqu'un ? L'événement qui _____ (se produire) _____ (devoir) être important pour t'avoir mis dans un état pareil. Allons, explique-moi ! »

EXERCICE XIII (écrit) *Mettez ce passage au passé.*

Un Séjour à l'étranger

Une fois arrivé dans ce nouveau pays, il _____ (se rendre compte) que la situation _____ (être) tout à fait différente de celle à laquelle il _____ (s'attendre) ; au lieu de trouver les gens désagréables, la plupart lui _____ (faire) un signe de bonjour quand ils _____ (passer) à côté de lui, et même lui _____ (sourire) et lui _____ (dire) quelques mots dans leur langue qu'il ne _____ (comprendre) pas. Peut-être _____ (ils, savoir) qu'ils _____ (avoir) affaire à un étranger.

Voyant cela, il _____ (décider) de ne pas suivre les conseils que ses amis lui _____ (donner) avant son départ. Il _____ (essayer) de rendre à ces gens la gentillesse qu'ils lui _____ (démontrer). Il _____ (accepter) leurs invitations et _____ (apprendre) quelques mots de leur langue.

Il _____ (rester) un an dans ce pays ; puis il _____ (revenir) dans le sien. Il _____ (garder) un très bon souvenir de son séjour à l'étranger, disant même souvent qu'il _____ (aimer) y retourner un jour.

EXERCICE XIV (écrit)   *Mettez au passé.*

Un Orage d'été

En deux minutes le temps _____ (changer). Le ciel qui _____ (être) si bleu _____ (devenir) soudainement noir comme de l'encre à cause de l'orage qui _____ (approcher). Bientôt une grosse pluie _____ (commencer) à tomber. Le vent _____ (se lever). Le tonnerre et les éclairs _____ (se joindre) à la scène. Dans la rue la circulation _____ (se mettre) à aller plus vite car chacun _____ (vouloir) rentrer chez soi rapidement.

L'orage _____ (passer) juste au-dessus de la petite ville ; un éclair _____ (tomber) sur un des clochers de l'église et le _____ (endommager). Heureusement, un orage d'été _____ (ne pas durer) généralement. Le soleil _____ (revenir) donc et sa chaleur _____ (sécher) rapidement les flaques d'eau. Les enfants _____ (pouvoir) retourner dehors aux jeux qu'ils _____ (abandonner).

EXERCICE XV (écrit)   *Mettez ce passage au passé.*

Scène à un restaurant

Nous _____ (être) assises depuis quelques minutes à une petite table de restaurant quand nous _____ (remarquer) un homme qui _____ (dîner) seul à une autre petite table non loin de nous. En le voyant, nous le _____ (trouver) tout de suite singulier ; mais nous _____ (comprendre) pourquoi seulement plus tard.

Il _____ (être) assez jeune, très gras pour son âge, et _____ (sembler) très préoccupé de lui-même au point de ne pas voir les gens autour de lui. Surtout il _____ (appeler) constamment le garçon et à chaque fois lui _____ (commander) un autre vin ou un autre plat, lui _____ (poser) des questions concernant des détails culinaires ou le _____ (complimenter) sur son service. Quand le garçon _____ (venir) lui demander son choix de dessert, nous _____ (penser) qu'il _____ (aller) en prendre un léger en raison de la quantité de nourriture qu'il _____ (ingurgiter) déjà. Mais nous _____ (être) ébahies quand il _____ (demander) une omelette norvégienne pour deux qu'il _____ (avaler) ensuite sans difficulté.

Des glaces _____ (couvrir) les murs du restaurant. Après le dessert il _____ (se tourner) vers celle qui _____ (se trouver) à sa droite et _____ (se sourire), visiblement très satisfait de son repas et de lui-même.

EXERCICE XVI (écrit)   *Complétez avec le passé composé d'un des verbes **devoir**, **pouvoir**, ou **savoir**.*

1. Sa voiture est tombée en panne au milieu de la campagne, alors il _____ faire deux kilomètres à pied pour trouver une station d'essence.
2. Nous n'avions pas de leurs nouvelles depuis longtemps ; et puis hier nous _____ qu'ils avaient déménagé.

3. Pendant que les autres invités étaient occupés à parler ensemble, j'_____ prendre Robert à part un instant pour lui demander comment allaient ses parents.

EXERCICE XVII (écrit)　*Complétez les phrases suivantes avec le passé composé ou l'imparfait du verbe donné, selon le cas.*

1. venir
    a. D'habitude, elle _____ me voir à trois heures.
    b. Elle _____ me voir à trois heures.
2. aller
    a. Je _____ au cinéma deux fois la semaine dernière.
    b. Je _____ quelquefois lui dire bonjour quand je passais près de chez elle.
3. falloir
    a. Autrefois, il _____ beaucoup de temps pour aller en Europe.
    b. Il _____ travailler toute la journée pour finir ce projet.
4. faire
    a. Aujourd'hui Jeanne _____ la cuisine.
    b. Il _____ froid quand nous sommes partis.
5. répondre
    a. Voyant cela, il _____ qu'il n'avait pas le temps de s'en occuper.
    b. Chaque fois qu'on l'appelait, il _____ gentiment.

EXERCICE XVIII (écrit)　*Finissez les phrases en expliquant les circonstances qui ont causé les actions suivantes.*

1. Suzanne s'est mise à pleurer _____.
2. Le facteur m'a rapporté une lettre que j'avais déjà envoyée _____.
3. J'ai changé de place pendant la conférence _____.
4. Vous n'avez pas compris ce texte _____.
5. Le chien a aboyé _____.

EXERCICE XIX (écrit)　*Finissez les phrases suivantes en employant des temps du passé.*

1. Je résoudrais ce problème si _____.
2. En dépit de tous mes efforts, _____.
3. Quand il m'a vu(e), _____.
4. Il se rendait compte que _____.
5. Voyant son attitude, _____.
6. Lorsque j'étais petit(e) _____.
7. Vous étiez en train de _____.
8. Si seulement _____.

9. Tout à coup _____.

10. Un soir d'automne, _____.

11. Il (Elle) avait échoué bien des fois et pourtant _____.

12. Les deux amis sentaient que _____.

13. Il l'a appelé(e) au téléphone, lui a dit bonjour, lui a posé une question, _____
_____.

14. Il faisait un temps superbe. C'était le matin. L'air était embaumé. Les oiseaux
chantaient déjà _____.

15. J'ai parlé au conférencier à la fin de sa conférence et il m'a dit que _____
_____.

EXERCICE XX   *Ecrivez cinq ou six lignes sur :*

Le jour où vous avez reçu votre lettre d'admission à l'université de votre choix. (Employez
différents temps du passé.)

EXERCICE XXI   *Ecrivez cinq ou six lignes sur :*

La plus grande peur que vous vous souvenez avoir jamais eue. (Employez différents
temps du passé.)

Réponses aux applications immédiates

p. 90   1. achetée
2. fait
3. inondé, couverte
4. finis
5. fait, montrées
6. promis

p. 92   1. passés(ées)
2. retourné
3. restés
4. revenues
5. rentrés

p. 94   imparfait : <u>venaient</u>, on se replace dans
le passé pendant la guerre ;
répétition de l'action.

passé composé : <u>sont venus</u>, on pense à
la durée totale de la
répétition de l'action.

p. 95   1. a souri
2. (impossible)
3. j'ai pris

4. m'a demandé
5. n'as pas fini
6. suis né(e)
7. ai parlé

p. 96   1. étions
2. répondait
3. comprenais
4. pâlissait
5. riait
6. écrivais
7. connaissaient
8. travailliez

p. 99   1. ne voulais pas
2. (impossible)
3. pleuvait
4. étiez
5. jouions
6. nous disputions

III. Le Plus-que-parfait.   C'est un temps composé : deux mots.

A. Formes.   Le plus-que-parfait est le temps composé de l'imparfait (voir le tableau des modes et temps).

Il est formé de : *l'imparfait de l'auxiliaire **avoir** ou **être** + le participe passé du verbe en question.*

Ex. aimer (transitif)   arriver (intransitif)   se reposer (pronominal)
    J'avais aimé   **J'étais arrivé**   **Je m'étais reposé**

Le participe passé suit les mêmes règles d'accord que celles du passé composé.

Application immédiate   Ecrivez le plus-que-parfait des verbes suivants à la personne indiquée.

1. finir ; j'_____   3. partir ; nous _____
2. vivre ; il _____   4. se lever ; vous _____   (*Réponses p. 111*)

B. Emplois

1. Le plus-que-parfait exprime *une action (ou un état) antérieure à une autre action passée.* L'antériorité peut être introduite par une conjonction temporelle. L'action passée est quelquefois sous-entendue.
   Ex. Après que tu **étais partie**, il a téléphoné pour s'excuser.
       Vous **aviez terminé** votre travail quand nous sommes arrivés.
       J'**avais** toujours **eu** confiance en lui.

2. Il exprime aussi *une action (ou un état) habituelle, antérieure à une autre action habituelle à l'imparfait :*
   Ex. Quand il **avait fini** de lire, il dormait un peu.

3. Il est employé *après **si** :*
   — *à la place du conditionnel passé,* après le **si** de condition dans une phrase conditionnelle (voir leçon 8).
       Ex. Si j'**avais su** la vérité, j'aurais agi différemment.

   — pour exprimer *un regret.* (Comparez avec *si + imparfait* pour un désir) :
       Ex. Si j'**avais su** !
       Si seulement vous **aviez pu** lui parler !

4. On le trouve *au style indirect au passé*, à la place du passé composé du style direct (voir leçon 14) :

    Ex. Il m'a dit : « Vous avez menti. »

    Il m'a dit que j'**avais menti**.

5. Il est employé avec *depuis* pour une action *négative* commencée dans le passé et qui continue à un certain moment du passé (voir aussi IIB4, p. 98) :

    Ex. Je n'**avais** pas **vu** Robert **depuis** deux mois quand je l'ai rencontré.

Application immédiate   Justifiez l'emploi des plus-que-parfaits suivants.

1. Généralement quand il avait expliqué quelque chose, c'était clair.
2. Il a ajouté que j'avais fait de mon mieux.
3. Quand j'ai reçu ta lettre, il y avait quelques mois que je n'avais pas eu de tes nouvelles.
4. J'aurais déjà fini si j'avais commencé à temps.
5. Elle vous a renvoyé la feuille que vous lui aviez donnée.   (*Réponses p. 111*)

ATTENTION

En anglais :

— une action antérieure à une action passée n'est pas toujours au plus-que-parfait ; en français elle doit l'être.

— le-plus-que-parfait n'est pas employé pour un état :

    Ex. Vous **étiez sorti** quand j'ai appelé. "you **were** out"

Exercices

EXERCICE I (oral ou écrit)   *Mettez les verbes des propositions principales au passé et faites les changements nécessaires.*

Ex. Je pense que vous avez menti. → Je **pensais** que vous **aviez menti**.

1. Tu dis qu'il a fini son exercice.

2. Savez-vous qu'elle est arrivée ?
3. Vous parlez beaucoup lorsque vous avez trop bu.
4. La faute que tu as faite n'est pas grave.
5. Tu oublies ce que je t'ai dit.

EXERCICE II   *Ecrivez trois regrets.*

1. Si seulement _____ !
2. Si _____ !
3. Si seulement _____ !

EXERCICE III (écrit)   *Finissez les phrases suivantes en utilisant des plus-que-parfaits.*

1. Vous auriez été satisfait(e) si _____.
2. L'herbe était très sèche parce que _____.
3. Généralement elle se reposait quand _____.
4. Nous avons acheté la voiture que _____.

EXERCICE IV   *Ecrivez une phrase exprimant une action habituelle antérieure à une autre action habituelle à l'imparfait.*

IV. *Le Passé surcomposé.*   C'est un temps composé deux fois : trois mots.

A. Formes.   Le passé surcomposé est le temps composé du passé composé (voir tableau des modes et temps).

Il est formé de : *le passé composé de l'auxiliaire **avoir** ou **être** + le participe passé du verbe en question* :

Ex. J'ai eu fini.   **J'ai été sorti.** (pas employé avec les verbes pronominaux)

Le participe passé a les mêmes règles d'accord que celles du passé composé.

Application immédiate   Ecrivez le passé surcomposé des verbes suivants.

1. manger ; nous _____   2. partir ; elle _____

(Réponses p. 111)

B. Emploi.   Son seul emploi (dans la langue parlée seulement car il n'est pas élégant) est après les conjonctions temporelles d'antériorité **quand, lorsque ; dès que, aussitôt que ; après que ; une fois que ; à peine… que**, pour exprimer une action *immédiatement antérieure* à une action *au passé composé* (pas à l'imparfait).

> Ex. Dès que j'**ai eu écrit** la lettre, je l'ai envoyée.
>
> A peine **a**-t-elle **été rentrée** qu'elle a commencé à pleurer.

Remarques

— Le passé surcomposé correspond au passé antérieur du style littéraire, employé avec le passé simple (voir le tableau suivant).

— Pour une antériorité moins immédiate (avec ou sans conjonction temporelle d'antériorité) et dans la langue écrite, on emploie le plus-que-parfait.

TABLEAU 5-2   Passé surcomposé et Passé antérieur

action antérieure	action immédiatement antérieure	le passé	le présent
Plus-que-parfait	Passé surcomposé	Passé composé	
	Passé antérieur (littéraire)	Passé simple (littéraire)	

Exercices

EXERCICE I (écrit)   *Mettez les verbes suivants au passé surcomposé quand il convient ou au plus-que-parfait.*

1. Aussitôt que vous _____ (prononcer) ces mots, il a eu une réaction bizarre.
2. Une fois que tu _____ (finir) d'expliquer ton projet, ils ont eu l'air perplexe.
3. Après qu'il _____ (trouver) la solution au problème, il a pu se reposer.
4. A peine le professeur _____ (sortir) de la classe que les étudiants se sont mis à rire.
5. Comme il _____ (ne pas comprendre) la question, il a donné une mauvaise réponse.

EXERCICE II (écrit)   *Changez le passé simple en passé composé et le passé antérieur en passé surcomposé.*

   1. Après qu'il **eut fini** de manger, il **se remit** à travailler.

   2. A peine **fut**-elle **rentrée** qu'elle **enleva** ses souliers.

   3. Dès que j'**eus trouvé** une place, je la **pris**.

Réponses aux applications immédiates

p. 107 1. j'avais fini

        2. il avait vécu

        3. nous étions partis(es)

        4. vous vous étiez levé(s, e, es)

p. 108 1. habitude

        2. style indirect au passé

        3. verbe négatif avec : il y avait... que
           (synonyme de depuis)

        4. après **si** de condition

        5. action antérieure à l'action passée

p. 109 1. nous avons eu mangé

        2. elle a été partie

6 Les Verbes pronominaux

I. Formes

Un verbe pronominal à l'infinitif contient le pronom réfléchi **se** (ou **s'**) :
    Ex. se lever, **s'**habituer
Le pronom réfléchi est un pronom personnel objet *direct* ou *indirect*.

A. **Dans la conjugaison** d'un verbe pronominal, le pronom réfléchi **se** change aux différentes personnes ; il est toujours à la même personne que le sujet :

TABLEAU 6-1   Les Pronoms réfléchis

personne	*pronom réfléchi*
je	me (m')
tu	te (t')
il, elle, on	se (s')
nous	nous
vous	vous
ils, elles	se (s')

Voici le présent du verbe pronominal **se lever** :

je me lève	nous nous levons
tu te lèves	vous vous levez
il, elle, on se lève	ils, elles se lèvent

ATTENTION

Quand le pronom objet n'est pas à la même personne que le sujet, il n'est pas réfléchi ; le verbe n'est pas pronominal :

Ex. **Tu te** promènes.   (verbe pronominal : **se promener**)

Tu nous promènes.   (verbe *non* pronominal : **promener**)

Ma sœur nous regarde.   (verbe *non* pronominal : **regarder**)

Ma sœur se regarde.   (verbe pronominal : **se regarder**)

B. **A l'infinitif et au participe présent**, le pronom **se** change aussi avec le sujet de l'infinitif ou du participe présent :

Ex. **Je** vais **me** promener. (Qui se promène ? **Je**)

Vous allez **vous** ennuyer.

Vous **les** forcez à **se** plaindre. (Qui se plaint ? **Les**)

Me rendant compte qu'il était tard, **je** suis parti.

Application immédiate   Ecrivez le verbe pronominal à la forme correcte de l'infinitif ou du participe présent.

1. Nous allons _____ aujourd'hui. (se reposer)
2. Tu vas _____ les mains. (se laver)
3. En _____, vous vous êtes dit bonjour. (se rencontrer)
4. Ils veulent _____ tôt demain. (se lever)
5. Je les encourage à _____. (s'exprimer)
6. _____ perdu, je lui ai demandé de m'aider. (se voir)

(*Réponses p. 128*)

C. **Aux temps composés**, tous les verbes pronominaux sont conjugués avec **être**. Voici le passé composé du verbe **se lever** :

Je me suis levé(e)	Nous nous sommes levés(es)
Tu t'es levé(e)	Vous vous êtes levé(s, e, es)
Il, elle, on s'est levé(e)	Ils, elles se sont levés(es)

Voici *l'infinitif passé* : **s'être levé**

et *le participe passé composé* : **s'étant levé**

(Pour l'accord du participe passé, voir partie III.)

D. Place du pronom réfléchi. Le pronom réfléchi suit les mêmes règles que les autres pronoms personnels objets directs et indirects (voir leçon 4, p. 68 et leçon 3, p. 55) :

> **Ex.** Tu ne **te** reposes pas.   (verbe à la forme négative)
>
> **Se** rappelle-t-il ?   (verbe à la forme interrogative)
>
> Nous **nous** sommes bien amusés.   (verbe à un temps composé)
>
> Vous **vous** y plairez.   (ordre des pronoms quand il y en a plusieurs)
>
> Lève-**toi**.   (impératif affirmatif)

Application immédiate   Placez les mots entre parenthèses avec les verbes pronominaux.

1. Ils ne s'inquiéteront pas.   (en)
2. Elles se sont perdues.   (ne... pas)
3. Vous êtes-vous amusé ?   (y)
4. Rappelez-vous.   (le)

(Réponses p. 128)

II. *Catégories*

Il y a trois catégories principales de verbes pronominaux :
— les verbes pronominaux *réfléchis et réciproques*
— les verbes pronominaux *non réfléchis* (à sens idiomatique)
— les verbes pronominaux *de sens passif*

A. Les verbes pronominaux réfléchis et réciproques. Un verbe pronominal réfléchi ou réciproque se forme en ajoutant le pronom réfléchi **se** à *un verbe actif dont le sens reste le même quand il passe à la forme pronominale.*

> **Ex.** Le verbe **regarder** est un verbe *actif.*
>
> Le verbe **se regarder** est le verbe *pronominal* correspondant.
>
> Le sens du verbe **regarder** ne change pas à la forme pronominale.

1. On distingue :

— *les verbes pronominaux réfléchis.* Le verbe pronominal est réfléchi quand l'action faite par le sujet est *renvoyée* par le pronom réfléchi *sur le même sujet,* directement ou indirectement :

> **Ex.** Je **me** lèverai à sept heures.   (**me** renvoie *directement* à **je**)
>
> Elle ne **se** demande pas pourquoi.   (**se** renvoie *indirectement* à **elle**)

— *les verbes pronominaux réciproques.* L'action est faite par *au moins deux personnes* (ou *choses*) qui exercent cette action *l'une sur l'autre* (ou *les unes sur les autres*). L'action est à la fois faite et reçue par chacune d'elles. Le verbe est *toujours au pluriel*, excepté avec **on** :

> **Ex.** Ils **se battaient** souvent.
>
> Vous **vous téléphonez** constamment.
>
> On **se voyait** de temps en temps.

Remarque

Pour insister sur la réciprocité ou pour la rendre plus claire, on ajoute : **l'un l'autre, les uns les autres**, au verbe pronominal. Si le verbe est suivi d'une préposition, on la place entre **l'un** et **l'autre** (ou entre **les uns** et **les autres**), avec une contraction si c'est nécessaire :

> **Ex.** Ils se cherchent **les uns les autres**.   (se chercher)
>
> Ils vont se remarier **l'un à l'autre**.   (se remarier à)
>
> Nous nous sommes approchés **les uns des autres**.   (s'approcher de)

Application immédiate   Ajoutez une forme de **l'un l'autre** dans les phrases suivantes.

1. Nous nous plaisons _____. (deux personnes)
2. Vous vous accusez _____. (plus de deux personnes)
3. Ils se nuisent _____. (deux personnes)   (*Réponses p. 128*)

Remarque

Un verbe pronominal *au pluriel* peut avoir à la fois *le sens réfléchi* et *le sens réciproque* :

> **Ex.** Ils **se regardent**.   (**dans un miroir** : sens *réfléchi*)
>
> (**l'un l'autre** : sens *réciproque*)

Le contexte indique si c'est l'un ou l'autre sens.

2. *Le pronom réfléchi.* Comme le verbe actif garde son sens à la forme pronominale, le pronom réfléchi *peut être analysé*. Il est objet direct ou indirect, d'après son rôle dans la construction active :

> **Ex. s'aider**   Dans la construction active on dit : **aider quelqu'un** ; **se** est donc objet *direct*.
>
> **se téléphoner**   Dans la construction active, on dit : **téléphoner à quelqu'un**. **Se** est donc objet *indirect*.

Exemples de verbes :

à pronom réfléchi objet direct	*à pronom réfléchi objet indirect*
s'accuser	se demander
s'aider	se dire
s'aimer	s'écrire
s'arrêter	se faire mal
se battre	(**mal** est l'objet direct)
se blesser	s'en vouloir
se cacher	se nuire
se chercher	se parler
se comprendre	se plaire
se fiancer	se promettre
se laver	se ressembler
se lever	se sourire
se marier	se succéder
se perdre	se téléphoner
se regarder	
se rencontrer	
se voir	

Remarque

Quand le verbe pronominal a un objet direct *autre que le pronom réfléchi*, le pronom réfléchi est alors indirect :

Ex. Tu **te** laves.   (objet direct : **te**)

Tu te laves **les mains**.   (objet direct : les mains ; **te** est objet indirect)

ou : Tu te **les** laves.   (objet direct : les ; **te** est objet indirect)

Application immédiate   Le pronom réfléchi est-il direct ou indirect ? Considérez la construction active du verbe pour le déterminer.

1. Je **me** suis fait mal à la main.
2. Ils **se** posent des questions.
3. Nous **nous** cherchions depuis longtemps.
4. Vous **vous** ressemblez beaucoup.
5. Ils **se** sont imposés à nous.

(*Réponses p. 128*)

ATTENTION

Ne confondez pas :

s'asseoir   et   **être assis**

se lever   et   **être levé** (être debout)

s'allonger   et   **être allongé**

se coucher   et   **être couché** (être au lit)

Le verbe pronominal **s'asseoir** indique *l'action* de s'asseoir ; mais **être assis** indique *un état*, le résultat de cette action.

> **Ex.** Je **me suis levé** tôt ce matin.   (action)
>
> Quand je l'ai vu, il **était** confortablement **assis** dans son fauteuil.   (état)
>
> Je **me couche** à onze heures du soir généralement.   (action)
>
> Vous **étiez allongé** sur le sable et vous aviez l'air heureux. (état)

Quelquefois c'est le contraire ; le verbe pronominal indique le résultat de l'état :

> **Ex.** Quand on **est pressé**, on **se presse**. (**se presser** est le résultat d'**être pressé**)

B.   Les verbes pronominaux non réfléchis (à sens idiomatique)

1. On distingue :

— les verbes qui se forment en ajoutant le pronom réfléchi **se** à *un verbe actif dont le sens change un peu ou complètement en passant à la forme pronominale* :

> **Ex.** agir "to act" → s'agir "to be about" (sujet : **il** impersonnel)
>
> aller "to go" → s'en aller "to leave"
>
> apercevoir "to perceive" → s'apercevoir "to realize"
>
> attendre "to wait" → s'attendre à "to expect"
>
> douter "to doubt" → se douter "to suspect"
>
> ennuyer "to annoy" → s'ennuyer "to be bored"
>
> entendre "to hear" → s'entendre "to get along"
>
> faire "to do" → se faire à "to get used to"
>
> imaginer "to imagine" → s'imaginer "to fancy"
>
> mettre "to put" → se mettre à "to begin"
>
> passer "to pass" → se passer (de) "to do without"
>
> plaindre "to pity" → se plaindre "to complain"
>
> plaire "to please" → se plaire à "to enjoy"

prendre "to take" → s'y prendre "to go about"

rendre compte "to give an account" → se rendre compte "to realize"

servir "to serve" → se servir "to use"

tromper "to deceive" → se tromper "to be mistaken"

trouver "to find" → se trouver "to be"

Ex. Nous **nous rappelons** bien ce voyage.

Il **s'attendait à** la voir.

Dans ce poème il **s'agit d'**un oiseau. ("This poem is about . . .")

Je **m'entendrai** bien avec vous.

Allez-vous-en tout de suite.

— les verbes qui *existent seulement à la forme pronominale* :

Ex. s'écrier	s'envoler	se repentir
s'écrouler	s'évanouir	se soucier
s'efforcer	se lamenter	se souvenir
s'empresser	se méfier	se suicider
s'enfuir	se moquer	se taire

2. *Le pronom réfléchi.* Le pronom réfléchi de ces verbes *ne peut pas être analysé* parce que le verbe actif change de sens quand il passe à la forme pronominale, ou il n'existe pas. Le pronom fait corps avec le verbe ; il n'a pas de rôle grammatical.

3. *Etude de quelques verbes pronominaux non réfléchis*

se mettre à = commencer à

    Ex. Il **se met à** rire. (Il commence à rire.)

s'en aller = partir

    Ex. Au revoir ! Je **m'en vais**. (Je pars.)

        Allez-vous-en. (Partez.)

se souvenir de = se rappeler

    Ex. Je **me souviens de** tout. (Je me rappelle tout.)

ATTENTION

se rappeler est suivi de **de** seulement avec *l'infinitif présent* (ne pas oublier de).

    Ex. Il faut que je me rappelle **de l'appeler**.

se rendre* = aller

    Ex. Maintenant je vais **me rendre** à la conférence.

* L'impératif de ce verbe est employé comme nom : **un rendez-vous** est un endroit où il faut aller à une certaine heure.

se trouver = être

    Ex. La Tour Eiffel **se trouve** à Paris.

se faire à = s'habituer à

    Ex. Il est facile de **se faire au** confort.

se passer de = vivre sans   **se passer** = arriver

    Ex. Je ne peux pas **me passer de** musique.   Ce qui **se passe** est troublant.

Application immédiate   Complétez avec un verbe pronominal au temps convenable.

1. La Maison Blanche _____ à Washington.
2. Mes amis vont _____ ; il faut que je leur dise au revoir.
3. Il est temps que je _____ à travailler. Il est déjà neuf heures.
4. J'ai entendu une sirène. Qu'est-ce qui _____ ?
5. Il faut qu'il _____ à l'étranger le mois prochain.   (*Réponses p. 128*)

---

    4. *Différence de sens et de construction* d'un même verbe selon sa catégorie :

       — se mettre (**mettre** ne change pas de sens : catégorie A)

           Ex. Ils **se sont mis** là.

       — se mettre à (**mettre** change de sens : catégorie B)

           Ex. Elles **se sont mises à** chanter (Elles ont commencé à)

Autre exemple :

       — se faire (**faire** ne change pas de sens : catégorie A)

           Ex. Ils **se sont faits** prêtres.

       — se faire à (**faire** change de sens : catégorie B)

           Ex. Ils **se sont faits** à l'idée. (Ils se sont habitués à)

C. Les verbes pronominaux de sens passif (voir aussi leçon 15, p. 322, sur le passif).

1. Ils sont employés à la place d'un verbe au passif (**être** + participe passé d'un verbe transitif) *dont l'agent n'est pas exprimé.* Ces verbes expriment *une action habituelle ou ordinaire.* Le sujet du verbe *est une chose* ; le verbe est donc toujours à la troisième personne. Le temps du verbe pronominal est le même que le temps du verbe **être** de la forme passive :

    Ex. Le français **est parlé** dans beaucoup de pays.   (verbe au passif)

    Le français **se parle** dans beaucoup de pays.   (verbe pronominal de sens passif)

    Ce mot **s'emploie** souvent. ⎱

    Ça **se faisait** dans le temps. ⎰   (verbes pronominaux de sens passif)

2. *Le pronom réfléchi.* Il est incorporé au verbe ; il *ne peut donc pas être analysé.*

III. *Accord du participe passé*

Les verbes pronominaux sont tous conjugués avec **être** (il n'y a pas d'exceptions). L'accord du participe passé aux temps composés dépend de la catégorie du verbe.

A. Les verbes pronominaux réfléchis et réciproques

Ils ont toujours un objet direct ou indirect, comme les verbes transitifs (voir IIA2). L'auxiliaire **être** a donc la même valeur que l'auxiliaire **avoir** des verbes transitifs ; *le participe passé s'accorde avec l'objet direct s'il précède le verbe.*

Pour trouver l'objet direct, substituez *le verbe actif conjugué avec* **avoir** au verbe pronominal :

    Ex. Elle **s'est** maquillée.   (On dit : maquiller quelqu'un)

    Question : Elle a maquillé **qui** ?   *Réponse* : **se**.

    se est l'objet direct.   Il y a un accord.

    Elle s'est maquillé **les yeux**.

    Question : Elle a maquillé **quoi** ?   *Réponse* : **les yeux**.

    s' est maintenant indirect. Il n'y a pas d'accord.

    Ils se sont écrit.   (On dit : écrire à quelqu'un)

    Question : Ils ont écrit **à qui** ?   *Réponse* : **se**.

    se est objet indirect. Il n'y a pas d'accord.

Application immédiate   Substituez *le verbe actif conjugué avec **avoir*** au verbe pronominal pour déterminer s'il y a un accord du participe passé.

1. Hélène s'est _____ (coucher).
2. Hélène s'est _____ (couper) le doigt.
3. Elles se sont _____ (promettre) de se revoir.
4. Je (fém.) me suis _____ (asseoir) au premier rang.   *(Réponses p. 128)*

B. Les verbes pronominaux non réfléchis

Le pronom réfléchi ne pouvant pas être analysé (voir IIB2), l'auxiliaire **être** a la même valeur que l'auxiliaire **être** des verbes intransitifs (qui n'ont pas d'objet). *Le participe passé s'accorde avec le sujet du verbe.*

Exceptions : s'imaginer
se plaire   } dont le participe passé est *invariable.*
se rendre compte

Ex. Nous nous en sommes allés.   (s'en aller)
Elle s'est évanouie.   (s'évanouir)
Elles se sont aperçues de leur erreur.   (s'apercevoir de)
Je (fém.) ne me suis pas souvenue de la réponse.   (se souvenir de)
Ils se sont trompés de route.   (se tromper de)
Elle s'y est mal prise.   (s'y prendre)
Vous vous êtes tus.   (se taire)

mais : Nous nous étions imagin**é** que c'était facile à faire.   (s'imaginer)
Elle s'était pl**u** à le taquiner.   (se plaire)
Ils se sont rend**u** compte de l'importance de la tâche.   (se rendre compte)

Application immédiate   Ecrivez les participes passés des verbes entre parenthèses.

1. Elle s'est _____ (souvenir) qu'il fallait partir.
2. Ils se sont bien _____ (entendre) pendant le voyage.
3. Elles se sont _____ (imaginer) être dans un pays de rêve.
4. Les étudiants se sont _____ (ennuyer) dans cette classe.

(Réponses p. 128)

C. Les verbes pronominaux de sens passif

Le pronom réfléchi ne pouvant pas être analysé (voir IIC2) (comme pour les verbes pronominaux non réfléchis), *le participe passé s'accorde avec le sujet du verbe* :

Ex. Quelques objets d'art se sont vendus tout de suite.

Une route s'est ouverte ici récemment.

Application immédiate   Remplacez le verbe passif par le verbe pronominal de sens passif.

1. Les tableaux _____ à un bon prix.   (ont été vendus)
2. La question _____ facilement.   (a été résolue)
3. Le changement _____ sans obstacles.   (avait été fait)

(Réponses p. 128)

En résumé

Le participe passé des verbes pronominaux s'accorde avec :

— *l'objet direct du verbe s'il précède le verbe* pour les verbes pronominaux *réfléchis et réciproques.*

— *le sujet du verbe* pour les verbes pronominaux *non réfléchis* et *de sens passif.*
    Exceptions : s'imaginer, se plaire, se rendre compte (dont le participe passé est invariable).

IV. *Emplois*

Les verbes pronominaux sont *plus employés en français qu'en anglais.*

A. Un verbe pronominal anglais correspond généralement à un verbe pronominal français :

Ex. Il s'est blessé hier. "He *hurt himself . . .*"   (réfléchi)

Ils **s'aiment**. "They *love each other.*"   (réciproque)

B. Le pronom réfléchi du verbe anglais est quelquefois sous-entendu ; mais il est exprimé en français : le verbe est pronominal.

Ex. Je me fatigue facilement. "I *tire . . .*"

Elle **s'est noyée**. "She *drowned.*"

C. Quand le sujet fait l'action sur une partie de son corps, on emploie un verbe pronominal en français (voir aussi leçon 11 sur la possession) :

> **Ex.** Je **me brosse** les dents. "I *brush my* teeth."

D. La construction *"get"* + *participe passé* est souvent traduite par un verbe pronominal :

> **Ex.** Il **s'est perdu** dans la forêt. "He *got lost* . . ."
> Nous allons **nous marier**. "We're going to *get married*."

— et aussi la construction *"get"* + *adjectif* :
> **Ex.** Je **me fâche** souvent. "I *get angry* . . ."
> Il faut **vous préparer**. "You must *get ready*."

E. Le passif anglais est souvent traduit par un verbe pronominal français (voir IIC) :

> **Ex.** Ce mot **s'employait** autrefois. ". . . *was used* . . ."
> Ma maison **s'aperçoit** de loin. ". . . *can be seen* . . ."

Exercices

EXERCICE I (écrit)   *Changez la phrase de façon à ce que l'action soit faite sur le sujet.*

Ex. Elle lave son bébé. → **Elle se lave.**
1. Vous brossez les cheveux de l'enfant.
2. J'interroge l'élève.
3. L'homme posera des questions à cette personne.
4. Nous demandions la réponse au candidat.
5. Elle a lavé les mains de sa mère.

EXERCICE II (écrit)   *Traduisez les verbes entre parenthèses.*

1. _____ à ma place. ("Put yourself")
2. Vous _____ vite. ("dressed")
3. Mon vase _____ en tombant. ("got broken")
4. Cette coutume _____ de génération en génération. ("is transmitted")
5. Je _____ la main. ("burned")

EXERCICE III (oral)   *Répondez aux questions suivantes par des phrases complètes.*

1. Comment vous appelez-vous ? Comment s'appelle votre camarade de chambre ? Se trouvait-il (ou elle) déjà dans la chambre quand vous êtes arrivé(e) le premier jour ? Vous entendez-vous bien avec lui (ou elle)? Vous disputez-vous quelquefois ? De quoi vous plaignez-vous à son sujet ?

2. Quand vous êtes-vous inscrit(e) à cette université ?

3. Vous êtes-vous facilement habitué(e) à la vie universitaire ? Vous ennuyez-vous dans certaines classes ? Pourquoi ?

4. Avez-vous le temps de vous reposer ? Que vous dépêchez-vous de faire quand vous avez un moment de libre ?

5. Que préférez-vous, vous coucher tard et vous lever tard ou vous coucher tôt et vous lever tôt ?

6. Comment vous distrayez-vous pendant le week-end ?

EXERCICE IV   *Ecrivez une phrase avec chacune des expressions :*

se coucher   s'asseoir
être couché   être assis

EXERCICE V

a. *Ecrivez le participe passé des verbes pronominaux réfléchis et réciproques suivants. Substituez le verbe actif avec* **avoir** *quand c'est nécessaire pour trouver l'objet direct.*

1. Marie était en retard parce qu'elle s'était _____ (lever) trop tard.

2. Ils se sont _____ (frotter) les mains dans la neige pour se réchauffer.

3. Avez-vous vu la robe qu'elle s'est _____ (acheter) ?

4. Ils se sont _____ (rencontrer), ils se sont _____ (parler), ils se sont _____ (revoir), ils se sont _____ (fréquenter) pendant un an, ils se sont _____ (fiancer) mais ils se sont _____ (lasser) l'un de l'autre et ils ne se sont jamais _____ (marier).

5. Il voulait avoir les bandes de la méthode Assimil pour apprendre l'anglais ; alors il se les est _____ (procurer).

6. Ta camarade de chambre s'est _____ (demander) si tu étais vraiment une gentille fille.

b. *Ecrivez le participe passé des verbes pronominaux non réfléchis et de sens passif suivants. Attention aux exceptions.*

1. Elle s'est _____ (rendre compte) de son erreur, mais il était trop tard.

2. Je ne voulais pas lui dire que je n'allais pas bien, mais elle s'en est _____ (apercevoir).

3. Nous pensons l'avoir fait mais nous nous le sommes _____ (imaginer), sans doute.

4. Des usines se sont _____ (établir) dans cette jolie région, malheureusement.

5. Elle s'est _____ (mettre) à pleurer quand elle s'est _____ (trouver) seule.

6. L'assistance s'est _____ (taire) quand le conférencier est arrivé.

c. *Ecrivez le participe passé des verbes pronominaux suivants.* (*cas mélangés*)

1. Les militaires se sont _____ (emparer) du pouvoir par un coup d'état.

2. Les enfants se sont _____ (cacher) pour jouer à cache-cache.

3. Nous nous sommes _____ (dire) des mots doux dans la classe de français (en français, naturellement !).

4. Robert et sa soeur se sont beaucoup _____ (ressembler) pendant quelques années.

5. Elles se sont _____ (poser) des tas de questions à son sujet.

6. Ils se sont _____ (plaire) dès qu'ils se sont _____ (regarder).

7. Nous nous en sommes _____ (vouloir) de vous avoir fait de la peine.

8. De nombreux bâtiments se sont _____ (écrouler) pendant le tremblement de terre.

9. Deux criminels se sont _____ (enfuir) de la prison. Comment s'y sont-ils _____ (prendre) ? Personne ne sait comment ils se sont _____ (échapper) mais ils se sont probablement _____ (jouer) des gardes.

10. Les étudiants se sont _____ (souvenir) de l'explication du professeur.

EXERCICE VI (écrit)   *Complétez avec le temps convenable du verbe pronominal entre parenthèses.*

1. Pour qui _____-vous (se prendre) ? Vous avez l'air si fier.

2. Dès que je serai rentré, je _____ (se mettre) au travail.

3. Le vin rouge _____ (se boire) chambré.

4. En jouant au football, il _____ (se faire mal) quand lui et un autre joueur _____ (se heurter).

5. _____ (ne pas se fâcher), voyons ! Pourquoi es-tu de mauvaise humeur ?

6. D'un côté vous avez tort de _____ (se blâmer) pour cet accident, mais d'un autre côté je vois pourquoi vous _____ (s'en vouloir).

7. Si nous avions eu assez de temps, nous _____ (se promener) un peu.

8. Ils _____ (se rencontrer) il y a six mois.

9. Elle _____ (se faire) à l'idée qu'elle allait partir pour trois mois.

10. Quand elle était petite, elle _____ (s'obstiner) à penser qu'elle serait une étoile de cinéma un jour. Mais cela _____ (ne pas se concrétiser).

11. Nous allons _____ (se renvoyer) les lettres que nous _____ (s'écrire).

12. Je _____ (s'en aller) quand je serai sûr que tu _____ (se sentir) mieux.

13. J'ai fait ma toilette. Je _____ (se laver) la figure et les mains, je _____ (se brosser) les dents et les cheveux et je _____ (se mettre) du fond de teint et du rouge à lèvres. Puis je _____ (s'habiller) rapidement parce qu'il faut toujours que je _____ (se dépêcher) le matin. En _____ (se regarder) dans la glace je _____ (se rendre compte) que j'étais satisfaite de moi-même, alors je _____ (s'écrier) : « La journée commence bien ! »

14. La situation n'a jamais été comme vous la décrivez ; vous _____ (se faire) des idées quand vous avez pensé ça.

15. Le soleil _____ (se coucher) dans quelques instants.

16. Autrefois la France _____ (s'appeler) la Gaule.

17. Les classes de première année de français _____ (se réunir) cinq fois par semaine.

18. Le maître dit à ses élèves : « _____ (se taire) quand je parle. Vous _____ (se livrer) à la joie de la récréation plus tard. »

19. Après la leçon sur les verbes pronominaux, ils _____ (se quitter) rapidement.

EXERCICE VII (oral)   *Dans les phrases suivantes indiquez :*
   a. *si le verbe est pronominal ou non, en donnant son infinitif.*
   b. *à quelle catégorie il appartient s'il est pronominal.*
       — réfléchi ou réciproque
       — non réfléchi
       — de sens passif

1. Aide-moi à m'enfuir.
2. Ils ne se sont pas vus depuis très longtemps.
3. Je te laverai la figure et les mains.
4. Je me suis plainte au directeur.
5. Ne vous en allez pas tout de suite.
6. Avez-vous rendu compte de votre visite à votre chef ?
7. Les billets s'obtiendront au guichet du théâtre.
8. Voilà le résultat ; nous nous en doutions.
9. Cette serveuse nous servira pendant le dîner.
10. Je me demande pourquoi vous vous efforcez de me nuire.
11. Le piano ne s'apprend pas en un jour.
12. Ils se sont cherchés pendant une heure.

EXERCICE VIII (écrit)   *Finissez les phrases suivantes en employant les verbes pronominaux suggérés entre parenthèses ou d'autres... selon votre imagination.*

Ex. (se rendre compte, se tromper) Comme nous ne reconnaissions pas notre chemin, nous nous sommes rendu compte que nous nous étions trompés de route.

1. (se faire mal, se casser quelque chose) Quand je suis tombé(e) _____
2. (s'aimer, se comprendre, s'écrire, se téléphoner) Je me demandais s'ils _____
3. (s'efforcer, se changer les idées) Il (Elle) était un peu déprimé(e), alors _____
4. (s'occuper, se mettre à) Pour ne plus vous ennuyer, _____
5. (s'enfuir, s'empresser) Après s'être emparés du sac de la vieille dame, ils _____
6. (se plaindre, s'inquiéter) _____
   parce qu'ils s'ennuyaient dans sa classe.
7. (se servir de, s'en vouloir) Comme j'avais oublié ma clé, _____
8. (s'attendre à, se douter) L'enfant n'avait pas été obéissant, alors _____

EXERCICE IX (écrit)   *Répondez aux questions suivantes par des phrases longues et complètes.*

1. A quoi vous intéressez-vous ? A quoi ne vous intéressez-vous pas ?
2. Vous demandez-vous quelquefois ce que vous ferez plus tard ? Vers quoi allez-vous vous diriger ?
3. Quand vous vous trompez, vous excusez-vous ? Vous conduisez-vous bien généralement ?
4. Si on se moquait de vous, réagiriez-vous ou vous tairiez-vous ?
5. Vous imaginez-vous quelquefois dans un autre monde ?
6. Vous dépêchez-vous quand vous êtes pressé(e) ?
7. Quand votre avion s'envole, vous apercevez-vous quand les roues quittent le sol ? Comment vous sentez-vous à ce moment-là ? Que vous mettez-vous à faire ?
8. A quelle heure vous êtes-vous levé(e) ce matin ? A quelle heure vous coucherez-vous ce soir ? Vous reposez-vous en ce moment ?
9. Où se trouve votre dortoir ? Où se trouve votre chambre dans le dortoir ? Où vous trouviez-vous hier soir à neuf heures ?
10. S'est-il passé quelque chose d'intéressant ou d'amusant hier ?

EXERCICE X (oral)   *Mettez les impératifs à la forme affirmative.*

1. Ne vous levez pas.
2. Ne te lave pas les cheveux.
3. Ne nous méfions pas des autres.
4. Ne vous dites pas bonjour.
5. Ne t'arrête pas de parler.
6. Ne vous en allez pas.

EXERCICE XI (écrit)   *Expliquez en quelques lignes comment vous vous comportez générale-ment. Employez des verbes comme : **se sentir**, **s'énerver**, **se fâcher**, **se calmer**, **s'entendre**, **se plaire à**, **se passer de**, **se plaindre**, **se lamenter**, etc.*

EXERCICE XII (écrit)   *Racontez en quatre ou cinq lignes une rencontre imprévue que vous avez faite récemment* ou *une dispute que vous avez eue avec quelqu'un. (Employez un grand nombre de verbes pronominaux.)*

EXERCICE XIII (écrit)   *Quand vous rencontrerez la personne de votre vie, que vous promettrez-vous ? (Répondez en employant le plus de verbes pronominaux possible.)*

Réponses aux applications immédiates

p. 113   1. nous reposer
2. te laver
3. vous rencontrant
4. se lever
5. s'exprimer
6. Me voyant

p. 114   1. Ils ne s'en inquiéteront pas.
2. Elles ne se sont pas perdues.
3. Vous y êtes-vous amusé ?
4. Rappelez-le-vous.

p. 115   1. l'un à l'autre
2. les uns les autres
3. l'un à l'autre

p. 116   1. indirect
2. indirect
3. direct
4. indirect
5. direct

p. 119   1. se trouve
2. s'en aller
3. me mette à
4. se passe
5. se rende

p. 121   1. couchée
2. coupé
3. promis
4. assise

p. 121   1. souvenue
2. entendus
3. imaginé
4. ennuyés

p. 122   1. se sont vendus
2. s'est résolue
3. s'était fait

7 Les Articles
Les Démonstratifs

I. *Les Articles*

Un article est un mot qui précède un nom ; son rôle est d'indiquer le genre (masculin, féminin) et le nombre (singulier, pluriel) de ce nom.

Il y a trois sortes d'articles : *l'article défini, l'article indéfini, l'article partitif.*

TABLEAU 7-1   Les Articles

	Singulier		Pluriel
	masculin	*féminin*	*masculin et féminin*
L'article défini	le (l')	la (l')	les
L'article indéfini	un	une	des
L'article partitif	du (de l')	de la (de l')	

A. L'article défini

1. *Formes* (voir tableau ci-dessus)
   a. **le** et **la** se changent en **l'** devant un mot commençant par **une voyelle** ou un **h** muet :
      Ex. l'omelette, l'**h**onneur

Remarques

— **l'** n'indique pas le genre d'un nom.

— **l'** devant un mot qui commence par un **h** indique que ce **h** est *muet* :

Ex. l'homme ⎫   la haine ⎫
     l'hôpital ⎬ **h** muets   la hauteur ⎬ **h** aspirés
     l'heure ⎪   la honte ⎪
     l'héroïne ⎭   le héros ⎭

Application immédiate   Indiquez si le **h** est muet ou aspiré.

1. l'habit _____   2. la harpe _____   3. l'herbe _____   4. l'histoire _____

(Réponses p. 143)

    b. **le** et **les** se contractent avec les prépositions **à** et **de** :
      avec **à** : à + le = **au**   à + les = **aux**
      avec **de** : de + le = **du**   de + les = **des**
      l' et **la** n'ont pas de formes contractées : **à l'**, **à la** ; **de l'**, **de la**.
        Ex. Je vais **au** cinéma.   Nous sommes **aux** Etats-Unis.
        Je vois le livre **du** professeur.   Voilà les tables **des** étudiants.

      mais : Nous sommes **à la** bibliothèque.   Nous profitons **de l'**expérience.

Remarque

Les pronoms objets directs **le**, **les**, *ne se contractent pas*, seulement les articles.
    Ex. J'ai oublié **de les** apporter.
    Tu as hésité **à le** dire.

2. *Emplois.* L'article défini est employé :
   a. devant *une personne ou une chose déterminées.*
      (En général il y a un article défini en français quand il y en a un en anglais.)
      On le répète dans une série de noms.

Ex. Voici **le** livre que nous employons.

Le docteur m'a dit que j'étais très malade.

La lecture **des** romans est intéressante.

Elle a acheté **la** robe, **le** manteau et **le** chapeau qu'elle aimait.

b. devant *un nom pris dans un sens général* (l'article est omis en anglais dans ce cas) :

Ex. **Les** jours se suivent et ne se ressemblent pas. (proverbe)

La vie est courte.

Le dîner est servi.

L'argent est nécessaire pour vivre.

Il est employé en particulier avec les verbes **aimer, adorer, préférer, détester** :

Ex. J'aime **la** musique mais je déteste **la** peinture.

Elle n'aime pas **le** café, elle préfère **le** thé.

c. devant *les noms abstraits* :

Ex. **Le** silence est d'or. (proverbe)

La patience est utile dans la vie.

d. devant *les titres* :

Ex. **Le** gouverneur de la Californie vit à Sacramento.

J'aime la classe **du** professeur Smith.

Le président des Etats-Unis est à Washington.

L'excellent docteur Dupont est à son bureau.

Bonjour, monsieur **le** directeur.

mais : On ne l'emploie pas devant : monsieur, madame, mademoiselle, suivis du nom de la personne :

Ex. Monsieur Lancelot est de bonne humeur.

J'ai vu madame Lenoir hier matin.

e. devant *les saisons* :

Ex. **Le** printemps est agréable mais **l'**hiver est froid.

On dit : **au** printemps   mais : **en** été, **en** automne, **en** hiver.

f. devant *les noms de langues ou de disciplines* :

Ex. J'étudie **le** français, **la** biologie et **les** mathématiques.

mais : Quand un nom de langue non modifié suit immédiatement le verbe **parler**, l'article n'est pas nécessaire :

Ex. Je parle français mais je ne parle ni russe ni italien.

g. devant *les noms de peuples* et *les noms géographiques* de pays, de provinces, de grandes îles, de montagnes, de fleuves, de rivières, de bâtiments célèbres :

Ex. **Les** Français aiment le bifteck aux frites.

La France n'est pas très grande. (voir leçon 16 pour *préposition + nom de pays*)

La Normandie est une province connue.

La Corse est une grande île.

Les Pyrénées sont entre la France et l'Espagne.

La Loire est le plus long fleuve de France.

Le Louvre est un musée célèbre.

L'article est quelquefois inclus dans un nom de ville :

Ex. Le Mans est une ville connue pour ses courses d'autos.

Nous sommes arrivés **au Havre** hier soir.

h. pour indiquer le prix d'un objet *par unité de mesure ou de poids* :

Ex. Le lait coûte cinq francs **le** litre.

Les œufs coûtent dix francs **la** douzaine.

Les cerises coûtent six francs cinquante **la** livre.

Note: Pour *l'unité de temps* on emploie généralement **par** :

Ex. Il gagne 500 dollars **par** mois.

i. pour *remplacer l'adjectif possessif* quand le possesseur est évident (voir leçon 11) :

Ex. Je me lave **les** mains.

Vous haussez **les** épaules.

Vous lui soignez **les** yeux.

j. dans *les dates* (voir leçon 20) :

Ex. Aujourd'hui, c'est **le** 28 août.

k. devant les noms *des jours* de la semaine *quand l'action est habituelle* :

Ex. Je me promène toujours **le** dimanche.

J'ai des classes **le** lundi, **le** mercredi et **le** vendredi, mais pas **le** mardi ni **le** jeudi.

Pour un jour particulier, on omet généralement l'article :

Ex. J'irai vous voir mardi. (mardi prochain)

Je pars mardi en huit.

mais : J'irai vous voir **le** mardi avant mon départ.

l. devant *le superlatif* :

Ex. Voilà **la** plus belle fille du monde.

Voilà l'élève **le** plus brillant de la classe.

Application immédiate Complétez avec une forme de l'article défini, quand il est nécessaire.

1. _____ notes de _____ étudiant sont bonnes.
2. _____ remarque _____ professeur est intéressante.
3. J'aime _____ soupe, _____ salade, _____ légumes, _____ pain et _____ café.
4. _____ honnêteté devient-elle rare ?
5. Il pense que _____ docteur Lebrun est sympathique.
6. _____ cigarettes ne sont pas bonnes pour _____ santé.
7. _____ Mississippi est _____ plus long fleuve d'Amérique.
8. Parlez-vous _____ espagnol ?
9. Qu'allez-vous étudier l'année prochaine, _____ mathématiques ou _____ économie ?
10. Combien coûte ce ruban ? Deux francs _____ mètre.
11. Viendrez-vous _____ lundi prochain ?
12. Elle habite _____ Mexique.   (*Réponses p. 143*)

B. L'article indéfini

1. *Formes* (voir tableau 7-1)

    Ex. un cahier   des cahiers
    une serviette   des serviettes

2. *Emplois*

    a. L'article indéfini s'emploie pour *des personnes ou des choses indéterminées.* On le répète dans une série de noms.

       Ex. Il y a **un** tapis sur le plancher.

       Une fourmi se promène par terre.

       Je vois **des** enfants qui courent.

       Nous avons **un** chien, **un** chat et **un** cheval.

Remarque

— **un**, **une** peuvent aussi être des adjectifs numéraux : un(une), deux, trois, etc.

    b. **des** se change en **de** (ou **d'**) *devant un nom précédé d'un adjectif* (remarquez bien que **de** est l'article indéfini dans ce cas, pas une préposition) :

       Ex. Voici **des** roses.   Voici **de** belles roses.

       J'ai fait **des** erreurs.   J'ai fait **d'**autres erreurs.

Remarque

Quand l'adjectif *fait partie d'un nom*, on garde **des** :

Ex. **des** jeunes gens ; **des** grands magasins ; **des** petits pois ; **des** petits pains

c. Après une négation absolue, **un**, **une**, **des** se changent en **de** (ou **d'**) *avec tous les verbes* excepté **être** (il n'y a pas de changement avec **être**) :

Ex. J'ai **un** stylo. → Je **n'**ai **pas de** stylo.

Vous avez **une** voiture. → Vous **n'**avez **pas de** voiture.

Nous avons fait **des** fautes. → Nous **n'**avons **pas** fait **de** fautes.

Vous allez lire **un** roman. → Vous **n'**allez **pas** lire **de** roman.

mais : C'est **un** livre. → Ce **n'**est **pas un** livre.

C'étaient **des** excuses. → Ce **n'**étaient **pas des** excuses.

Application immédiate   Complétez avec l'article indéfini.

1. Ils ont _____ garçon et _____ fille.
2. Il y a _____ enfants dans le parc.
3. J'ai _____ autres idées.
4. Nous n'avons pas écrit _____ composition.

Ecrivez la forme du singulier :

5. Elle a des plantes.

   Il a des stylos.

   Il a de petites difficultés.   *(Réponses p. 143)*

Note :

Dans la pratique, il y a des confusions entre **les** et **des**, et aussi **aux** et **à des**. Pour les éviter, mettez au singulier. Il sera alors facile de voir si c'est l'article défini ou indéfini qui convient.

C. L'article partitif

1. *Formes* (voir tableau 7-1)

   Il est formé de : ***de*** + *l'article défini.*

   de + **le** = **du**

   de + **la** = **de la**

   de + **l'** = **de l'**

2. *Emplois*

    a. L'article partitif est employé pour désigner *une partie d'un tout* ou *une quantité indéterminée d'une chose*, en particulier avec les verbes : boire, manger, prendre, vouloir, acheter, avoir, etc. Il s'agit de choses qu'on ne peut pas compter.

        Ex. J'ai **du** travail à faire pour demain.

            Vous voulez **de la** soupe, n'est-ce pas ?

            Un article de cette revue montre **de la** discrimination.

            Avez-vous **de la** chance aux examens ?

            Il faut que j'achète **du** pain, **de la** viande, et **de l'**huile.

Remarques

— On peut considérer **des** comme un partitif aussi, mais il est plus simple de le considérer seulement comme le pluriel de **un**, **une** (voir l'article indéfini).

— Le partitif anglais "some, any" n'est pas toujours exprimé ; il est toujours exprimé en français.

    b. Après une négation absolue, **du**, **de la**, **de l'** se changent en **de** (ou **d'**) *avec tous les verbes*, excepté le verbe **être** (comme pour l'article indéfini) :

        Ex. J'ai **de la** chance. → Je **n'**ai **pas de** chance.

            Il a **de l'**argent. → Il **n'**a **pas d'**argent.

            Elle veut faire **du** bateau. → Elle **ne** veut **pas** faire **de** bateau.

            Apportez **du** vin. → N'apportez **pas de** vin.

    mais : **C'**est **du** pain. → Ce **n'**est **pas du** pain.

ATTENTION

L'article défini **le**, **la**, **les** ne change pas au négatif ; seulement le partitif et l'article indéfini changent :

    Ex. J'ai **la** clé de ma voiture. → Je **n'**ai **pas la** clé de ma voiture.

Remarques

— Si la négation n'est pas absolue mais *limitée, il faut employer l'article défini* :

    Ex. Il **ne** veut **pas d'**argent. (= aucune quantité d'argent)

    mais : Il **ne** veut **pas de l'**argent qui est sur la table.

— *A l'interrogatif négatif*, on emploie *de* ou *de + article* selon le sens :

    Ex. **Ne** mangez-vous **pas de** légumes ? (Ne mangez-vous **aucun** légume ?)

        Ne mangez-vous **pas des** légumes quelquefois ? (Ne mangez-vous pas **quelques** légumes quelquefois ?)

Application immédiate   Complétez avec une forme du partitif.

1. Vous avez _____ patience et _____ ambition.
2. Y a-t-il _____ espoir ?
3. J'ai renversé _____ encre sur mon papier.
4. Tu as acheté _____ viande mais pas _____ poisson.
5. Ce n'est pas _____ bruit qu'il faut ; c'est _____ silence.
6. N'as-tu pas mangé _____ gâteau que je t'ai apporté ?   *(Réponses p. 143)*

Remarque

Ne confondez pas le partitif **du, de la,** et l'indéfini **des** avec les formes **du, de la, des** de l'article défini contracté (préposition **de** + **le, la, les**) :

Ex. Le professeur corrige les devoirs **des** étudiants.   (article défini contracté ; prép. **de** + **les**)

Aujourd'hui **des** étudiants sont absents.   (article indéfini ; pluriel de **un**)

Nous avons parlé **du** passé.   (prép. **de** + **le**)

Vous aurez **du** beau temps.   (article partitif)

Important ! Notez la différence entre : Les exercices **des** autres étudiants sont bons.
(prép. **de** + **les**)
et : J'ai vu **d'**autres étudiants.   (pluriel de **un** autre)

Application immédiate   Indiquez s'il s'agit de l'article indéfini, partitif, ou de l'article défini contracté.

1. Il y a des fruits dans le panier.
2. Je m'occupe de la maison.
3. Vous avez du courage pour entreprendre le tour du monde.
4. Voilà le résultat des examens.
5. Il faut de l'amour dans le monde.

(Réponses p. 143)

D. L'article n'est pas employé

1. *après tous les mots de quantité :*

adverbes : beaucoup de, trop de, assez de, un peu de, peu de, combien de, autant de, pas mal de, etc.

noms : une tasse de, une boîte de, une bouteille de, un bouquet de, une douzaine de, un tas de, etc.

adjectifs : couvert de, plein de, etc.

>Ex. Nous avons fait **beaucoup d'**efforts pour y arriver.
>
>Nous n'avons pas **assez de** temps.
>
>**Combien d'**argent as-tu ?
>
>Il y a **pas mal de** travail à faire.   (une assez grande quantité de)
>
>Voulez-vous **une tasse de** thé ?
>
>La boîte est **pleine de** bonbons.

EXCEPTION

On garde l'article avec les expressions : **bien des**, **la plupart des**, et **encore du (de la, des)** :

>Ex. **Bien des** gens ne comprennent pas cela.   (beaucoup de)
>
>**La plupart des** signatures sont illisibles.
>
>Il me faut **encore du** papier ; je n'en ai pas assez.

Remarques

— Employez **la plupart** avec *un nom pluriel* :

>Ex. **La plupart des** étudiants sont présents.   (le verbe est pluriel)
>
>(exception : *la plupart du temps*)

— Employez **la plus grande partie de** avec *un nom singulier* :

>Ex. **La plus grande partie de** la classe est présente.

Application immédiate   Ajoutez **la plus grande partie de** ou **la plupart des**.

1. J'ai fini _____ la leçon.
2. _____ gens se sont bien amusés.   (*Réponses p. 143*)

— L'adjectif **plein** est souvent employé comme *adverbe* dans la langue parlée :

>Ex. Il gagne **plein d'**argent.   (beaucoup de)
>
>Il y a **plein de** taches sur ta robe.

— L'adverbe de quantité n'est pas suivi de **de** quand il modifie *un verbe* :

>Ex. J'ai **beaucoup de patience.**
>
>mais : **J'aime beaucoup** les langues.

2. *dans certaines expressions suivies d'un nom pris dans le sens général* (il faut l'article quand le nom est limité) :

    Ex. J'ai besoin **d'**argent   *mais* : J'ai besoin **de l'**argent qui est sur la table.

    Il a envie **de** coca-cola.   *mais* : Il a envie **du** café que vous lui offrez.

    ou : Il n'a pas envie **du** café que vous lui offrez.

— et après la préposition **sans** et quelquefois **avec** :

    Ex. Vous êtes **sans** cœur.   Il faut agir **avec** patience.

3. *dans les énumérations* : **Ex.** Hommes, femmes, enfants, tous voulaient me voir.

                                                Montesquieu

4. *dans des proverbes* : **Ex.** Œil pour œil, dent pour dent.

5. *dans des appositions* : **Ex.** Paris, capitale de la France.

6. *devant un nom objet d'un autre nom* (complément déterminatif) :

    Ex. le laboratoire **de** français   le livre **de** français

    notre salle **de** lecture   sa table **de** travail

Application immédiate   Complétez par les mots qui manquent.

1. Ils ont beaucoup _____ ennuis avec leurs enfants.
2. Nous avons besoin _____ machine qui se trouve là-bas.
3. J'ai compris la plupart _____ explications.
4. Passez-moi la boîte _____ allumettes, s'il vous plaît.
5. Le professeur a un carnet _____ notes.
6. Il me faut encore _____ patience.   (*Réponses p. 143*)

E. **Distinctions de sens entre :** *peuple, habitant, gens, personne, quelqu'un*

un peuple : s'emploie seulement pour l'ensemble des gens qui forment une nation.
    Ex. un peuple primitif, un peuple civilisé, le peuple américain.

un habitant : une personne qui réside en un lieu déterminé : une ville, un village, un pays.

des gens (toujours pluriel) s'emploie dans le sens général de "people", et désigne un nombre indéterminé de personnes. (Ne l'employez pas avec *quelques, plusieurs*.)

une personne (toujours féminin) désigne un nombre déterminé (trois, cent, un millier de, etc.). Employez ce mot avec *quelques, plusieurs*.

quelqu'un "someone" (Ne confondez pas avec : **une personne**.)
      Ex. Trouvez **quelqu'un** pour m'aider.

Application immédiate   Complétez avec un des mots : **peuple, habitant, gens, personne, quelqu'un.**

1. Il y a des avions qui transportent trois cent cinquante _____.
2. C'est une grande ville ; il y a un grand nombre de _____.
3. _____ m'a dit que vous aviez été malade.
4. Le Président a fait appel à la coopération du _____ français.
5. Il y a des _____ qui n'auraient jamais été amoureux s'ils n'avaient jamais entendu parler de l'amour.   (La Rochefoucauld)
6. J'aime les _____ qui parlent franchement.   (*Réponses p. 143*)

Exercices

EXERCICE I (écrit)   *Complétez par l'article défini (ou contracté avec **à** ou **de**) quand il est nécessaire.*

1. Tous _____ jours, il se plaint _____ temps qu'il fait.
2. Aujourd'hui c'est _____ 5 octobre.
3. _____ restaurants sont souvent fermés _____ lundi.
4. J'ai besoin _____ livre que je vous ai prêté.
5. Pourquoi hausses-tu _____ épaules ?
6. Vous avez écrit _____ gouverneur de votre état ?
7. _____ Ecosse est verte et _____ Irlande aussi. (pays au nord et à l'ouest de l'Angleterre)
8. J'adore _____ chocolat.
9. _____ bonheur existe-t-il ?
10 _____ pain coûte trois francs _____ baguette.
11. Voici _____ meilleurs renseignements possibles.
12. Je vous téléphonerai _____ mercredi prochain.
13. _____ heures, _____ jours, _____ semaines, _____ mois passent rapidement.
14. Avez-vous vu _____ madame Legrand ?
15. _____ sommets _____ Alpes sont très hauts.

EXERCICE II (écrit)   *Mettez l', le ou la devant le nom, suivant qu'il commence par une voyelle ou un h (muet ou aspiré).*

_____autobus   _____Hollande   _____hâte
_____hausse   _____hasard   _____humour
_____espérance   _____héros   _____humeur

EXERCICE III (oral)   *Dites si des est un article indéfini ou l'article défini contracté (prép. de + les).*

1. Le long *des* quais, il y a *des* bouquinistes.
2. Quand on va *des* Etats-Unis en France, on prend l'avion.
3. *Des* vagues se brisaient sur les rochers.
4. Avez-vous besoin *des* clous qui sont là ?

EXERCICE IV (oral)   *Dites si de est un article indéfini ou une préposition.*

1. *De* nombreux avions s'envolaient *de* la piste.
2. Au bord *de* l'eau, *de* petits crabes s'agitaient.
3. Au fond *de* votre verre, je vois *de* nombreuses particules noires.
4. Il avait mis *de* gros souliers sales.

EXERCICE V (écrit)   *Mettez au singulier.*

1. J'entends des bruits suspects.
2. Il y a des personnes endormies dans cette audience.
3. Tu portes de belles bagues aujourd'hui.
4. Vous avez de jolies photos.

EXERCICE VI (écrit)   *Mettez au pluriel (aux ou à des) les mots en caractère gras.*

1. Nous avons parlé **à la** personne que nous connaissions.
2. Il est allé **à une** réunion du club.
3. Vous vous êtes adressé **à un** étudiant brillant.
4. Il faut penser **à l'**enfant non privilégié.

EXERCICE VII (écrit)   *Complétez par de (d') ou des.*

1. _____ jeunes filles chantaient en chœur.
2. Nous avons vu _____ autres personnes.

3. Bien _____ jours ont passé avant que nous ne l'apprenions.
4. Vous avez _____ mauvaises idées en tête.
5. _____ nuages noirs montaient rapidement dans le ciel.
6. Je n'ai pas _____ instructions à vous donner.
7. Beaucoup _____ gens se posent cette question.

EXERCICE VIII (écrit)   *Placez l'adjectif dans la phrase et faites les changements nécessaires.*

1. Venez voir ; j'ai des cartes à vous montrer. (jolies)
2. Nous avons entendu des concerts meilleurs que celui-ci. (autres)
3. On raconte des histoires à son sujet. (bizarres)
4. « Voilà des compositions », a dit le professeur. (très bonnes)

EXERCICE IX (écrit)   *Complétez par la forme de l'article qui convient : défini, indéfini, partitif, quand il est nécessaire.*

1. _____ poésie est intéressante à étudier. Dans ce recueil, il y a _____ poème que j'aime bien.
2. Il n'y a plus _____ espoir de retrouver _____ deux alpinistes qui se sont perdus récemment.
3. Vous avez montré beaucoup _____ patience et bien _____ gens n'en auraient pas eu autant.
4. Nous avons tous besoin _____ compréhension envers _____ autres.
5. Il manque _____ importants détails à votre travail. Ce ne sont pas _____ choses à négliger, pourtant.
6. N'avez-vous pas _____ papier collant spécial pour cela ?
7. Je n'ai jamais _____ argent liquide sur moi. Je paie toujours avec _____ chèques.
8. Il n'y a plus _____ lait ni _____ œufs dans le réfrigérateur ; il faudrait en acheter, et aussi _____ fromage et _____ bouteille _____ vin.
9. Voulez-vous encore _____ café ? — Oui, volontiers, il est très bon.
10. La plupart _____ temps, je suis heureux.
11. Nous avons plein _____ travail pour lundi prochain.
12. Avez-vous _____ allumette ? Il faut que je mette _____ feu à ce tas _____ papiers.
13. Vous n'avez pas mis _____ peinture _____ endroits difficiles à atteindre.
14. Il ne peut pas vivre sans _____ livres. _____ lecture est essentielle pour lui.
15. J'aime étudier _____ français mais je ne suis pas _____ étudiant _____ plus studieux.

EXERCICE X (écrit)   *Mettez des articles entre les mots donnés, où il en faut, pour faire des phrases correctes. (Les mots sont dans l'ordre correct.)*

Ex. nous / avons / dictées / tous / jours / dans / classe de français.
Nous avons des dictées tous les jours dans la classe de français.

1. êtres humains / ont / qualités / et / défauts.
2. je / bois / thé / parce que / je / n'aime / pas / café. J'y / ajoute / citron / et / sucre.
3. vendredi / je / participe / à / discussions / sur / sujets / intéressants.
4. elle / fait / belles / peintures. C'est / artiste incomparable.
5. je / prends / médicaments / avec / moi / au cas où / j'aurais mal / à / tête.
6. voilà / étudiant / plus / sympathique / de / classe.
7. il / ne / veut / pas / vacances. Il / dit / qu'il / préfère / travail / sans / repos.
8. il / nous / donne / autres / exercices / à / faire / pour / semaine / prochaine.
9. il / faut / patience / dans / vie. / professeur / dit / toujours / ça / étudiants.

EXERCICE XI (écrit)   *Faites une phrase avec chacun des mots suivants.*

1. une personne
2. des gens
3. un peuple

EXERCICE XII   *Ecrivez une phrase avec chacune des expressions suivantes.*

1. la plupart des
2. beaucoup de
3. à des
4. des (article défini contracté)
5. du *ou* de la (partitif)

EXERCICE XIII   *Ecrivez quelques phrases sur vos goûts. Employez les verbes **aimer**, **aimer mieux**, **préférer**, **détester**, etc. à l'affirmatif et au négatif.*

EXERCICE XIV (écrit)   *Vous avez très faim et vous allez commander le repas dont vous avez envie. Employez les verbes **vouloir**, **boire**, **manger**, **prendre**, **demander**, etc.*

EXERCICE XV (écrit)   *Expliquez comment vous vous y prenez pour préparer votre boisson favorite. Employez des verbes comme **prendre**, **ajouter**, **mélanger**, **battre**, **mettre**, etc.*

EXERCICE XVI (écrit)   *Dites en quelques lignes ce que vous possédez et ce que vous aimeriez posséder : animaux ou choses. Employez les verbes **avoir**, **posséder**, **acheter**, **avoir envie ou besoin de**, **je voudrais**, etc.*

EXERCICE XVII   *Dans le texte suivant, soulignez d'un trait les articles définis et contractés et de deux traits les articles indéfinis. Lisez le texte à haute voix : attention aux liaisons.*

Femmes

Dans l'après-midi, elles sortaient ensemble, menaient la vie des femmes. Ah cette vie était extraordinaire !...

Elles allaient dans des thés. Elles restaient là, assises pendant des heures, pendant que des après-midi entières s'écoulaient.

Elles parlaient : « Il y a entre eux des scènes lamentables, des disputes à propos de rien. Je dois dire que c'est lui que je plains dans tout cela quand même. Combien ? Mais au moins deux millions. Et rien que l'héritage de la tante Joséphine... Non... comment voulez-vous ? Il ne l'épousera pas. C'est une femme d'intérieur qu'il lui faut, il ne s'en rend pas compte lui-même. Mais non, je vous le dis. C'est une femme d'intérieur qu'il lui faut... D'intérieur qu'il lui faut... D'intérieur... D'intérieur... » On le leur avait toujours dit. Cela, elles l'avaient bien toujours entendu dire, elles le savaient : les sentiments, l'amour, la vie, c'était là leur domaine... Il leur appartenait.

Et elles parlaient, parlaient toujours, répétant les mêmes choses, les retournant, puis les retournant encore, d'un côté puis de l'autre.

Nathalie Sarraute, *Tropisme*

Réponses aux applications immédiates

p. 130 1. muet
2. aspiré
3. muet
4. muet

p. 133 1. Les, l'
2. La, du
3. la, la, les, le, le
4. L'
5. le
6. Les, la
7. Le, le
8. (rien)
9. les, l'
10. le
11. (rien)
12. le

p. 134 1. un, une
2. des
3. d'
4. de
5. Elle a une plante.
     Il a un stylo.
     Il a une petite difficulté.

p. 136 1. de la, de l'
2. de l'
3. de l'
4. de la, de
5. du, du
6. du

p. 136 1. article indéfini
2. préposition **de** + article
3. partitif, article contracté

4. article contracté
5. partitif

p. 137 1. la plus grande partie de
2. la plupart des

p. 138 1. d'
2. de la
3. des
4. d'
5. de
6. de la

p. 139 1. personnes
2. d'habitants
3. Quelqu'un
4. peuple
5. gens
6. gens

II. Les Démonstratifs

On distingue *les adjectifs* et *les pronoms variables et invariables* (voir le tableau ci-dessous).

TABLEAU 7-2 Les Démonstratifs

			singulier		pluriel		
			masculin	*féminin*	*masculin*	*féminin*	*neutre*
ADJECTIFS	formes	simples	ce, cet	cette	ces		
		composées	ce (cet)...-ci ce (cet)...-là	cette...-ci cette...-là	ces...-ci ces...-là		
PRONOMS VARIABLES	formes	simples	celui	celle	ceux	celles	
		composées	celui-ci celui-là	celle-ci celle-là	ceux-ci ceux-là	celles-ci celles-là	
PRONOMS INVARIABLES	formes	simples					ce (c', ç')
		composées					ceci cela (ça)

A. Les adjectifs démonstratifs

1. *Formes simples*

   L'adjectif démonstratif (voir le tableau ci-dessus) s'accorde en genre et en nombre avec le nom qu'il modifie et sur lequel *il attire l'attention* :
   Ex. **ce** professeur, **cette** classe, **ces** étudiants

   — La deuxième forme du masculin singulier **cet** s'emploie devant un nom qui commence par *une voyelle* ou un **h** *muet* :
   Ex. **cet** oiseau ; **cet** honneur (on entend le **t** dans la liaison)

   — Il n'y a qu'une forme au pluriel : **ces.**

2. *Formes composées*

   Quand on veut faire la distinction entre deux noms (pour les séparer ou les opposer) on ajoute **ci** après un des noms et **là** après l'autre : **ci** et **là** sont réunis aux noms par un trait d'union.

Ex. Je voudrais essayer **cette robe-ci** mais pas **ce manteau-là**.

En principe **ci** indique l'objet le plus proche et **là** indique l'objet le plus éloigné.

Application immédiate   Ecrivez l'adjectif démonstratif qui convient.

1. _____ travail est mal fait.
2. Donnez-lui _____ feuille _____ et _____ crayon _____.
3. Regardez _____ arbre magnifique !
4. _____ idées sont très intéressantes.
5. A qui appartient tout _____ or ?
6. _____ onzième enfant n'est pas le bienvenu dans la famille.

(*Réponses p. 152*)

Remarque

L'adjectif démonstratif peut avoir *un sens temporel* :

ce soir (dans le futur proche) :
> **Ex.** Je vous appellerai **ce soir**.

cette nuit (la nuit dernière ou la nuit prochaine) :
> **Ex.** J'ai bien dormi **cette nuit**.   J'espère dormir mieux **cette nuit**.

en ce temps-là (pour un temps passé) :
> **Ex. En ce temps-là**, les choses étaient différentes.

ces jours-ci (pour un temps non fini ou récent) :
> **Ex. Ces jours-ci** il ne se sent pas bien.

B. Les pronoms démonstratifs variables (voir tableau 7-2)

Ils s'accordent en genre et en nombre avec le nom qu'ils remplacent.

1. *Formes simples* : **celui, celle, ceux, celles**.

Ils ne s'emploient généralement *pas seuls* ; ils sont modifiés par :

— *la préposition* **de** pour marquer la possession (cas possessif anglais) :
> **Ex.** Je préfère mon jardin à **celui de** mes voisins. ("my neighbors")

— *un pronom relatif* : **qui, que, dont, où, auquel** (en anglais "the one, the ones") :
> **Ex.** Il nommera **ceux qui** auront le mieux réussi.
>
> J'ai vu **celui auquel** vous vous êtes adressé.

Note : Ne traduisez *jamais* "the one" devant un pronom relatif par **l'un**.

2. *Formes composées avec* **ci, là**

   a. Pour faire la distinction entre deux pronoms démonstratifs on ajoute **ci** après un des pronoms et **là** après l'autre ; **ci** et **là** sont réunis aux pronoms par un trait d'union. Cette forme composée remplace *un adjectif démonstratif et un nom* :

      Ex. Je vais m'occuper de **cette affaire-ci** et vous vous occuperez de **celle-là**.
      (de cette affaire-là)

   b. **celui-ci** et **celui-là** sont employés dans une même phrase pour signifier respectivement "the latter" et "the former" parce que **ci** représente le mot le plus proche du pronom démonstratif dans la phrase et **là** le mot le plus éloigné :

      Ex. L'Elysée et la Maison-Blanche sont des demeures présidentielles ; **celle-ci** est à Washington, **celle-là** est à Paris.

   c. **celui-ci** sert à préciser une possession, à la place d'un adjectif possessif (voir leçon 11).

   d. Le pronom démonstratif a quelquefois un sens péjoratif :

      Ex. Oh ! **celui-là**, il me fatigue !   **Celle-là**, elle exagère toujours !

Application immédiate   Complétez en utilisant un pronom démonstratif et un autre mot nécessaire.

1. La Porsche et la Triumph sont des voitures de sport ; _____ est anglaise et _____ est allemande.
2. Apportez-moi les légumes, je veux dire _____ sont sur la table.
3. De ces deux tableaux, préférez-vous _____ ou _____ ?
4. Ce n'est pas ma voiture, c'est _____ mon père.   *(Réponses p. 152)*

C. Les pronoms démonstratifs invariables (voir tableau 7-2)

   1. *Forme simple* : le pronom **ce** (**c'** devant **e**, **ç'** devant **a**).
     C'est un pronom *neutre*.

   a. On le trouve *comme antécédent du pronom relatif* : **ce** qui, **ce** que, **ce** dont, **ce** à quoi (**ce** = la chose). Il est quelquefois répété devant le verbe **être** qui suit :

      Ex. Ce qu'il veut, **c'est** pouvoir vous parler.

— Quand **tout** précède le pronom relatif, on garde **ce** : tout **ce** qui, tout **ce** que, tout **ce** dont, etc.

> **Ex.** Je n'ai pas compris tout **ce** qu'il a dit, mais presque.

b. **ce** est employé comme *sujet du verbe* **être** (ou du verbe **être** précédé du semi-auxiliaire **devoir** ou **pouvoir**) *quand ce verbe est suivi* :

— *d'un nom* (ou *nom* + adjectif)

> **Ex.** **C'**est un mur haut.
>
> **Ce** doit être mon manteau.
>
> **Ce** sont (ou **C'**est) des gens sympathiques.

EXCEPTIONS

Avec un nom de *profession* ou de *nationalité* sans article, on emploie **il, elle** (le nom est alors équivalent à un adjectif) :

Ex. **Elle** est secrétaire.   mais : **C'**est une bonne secrétaire.

      Il est Français.   mais : **C'**est un Français sympathique.

Note: Quand il y a un pronom objet devant le verbe *être*, employez **ça** à la place de **ce**.

> **Ex.** **Ça** m'est égal.

— *d'un nom propre*

> **Ex.** **C'**est Mme Durand.

— *d'un pronom* (quand il n'y a pas de préposition entre **être** et *le pronom*)

> **Ex.** Est-**ce** vous, Jean ? —Oui, **c'**est moi.
>
> **C'**est le mien, **ce** n'est pas le vôtre.
>
> **C'**est celui-là que je veux.
>
> Qui est-**ce** ?
>
> **C'**est vous qui me le direz.

— *d'un superlatif* (excepté quand on insiste sur le sujet)

> **Ex.** **Ce** sont les moins chères.
>
> **C'**est la plus intéressante de toutes.
>
> mais : **Il** est le meilleur de tous.

et dans les deux cas suivants :

— pour reprendre *une idée déjà exprimée* (*un nom pas très spécifique*, **ceci**, **cela**, **ça**, ou *une proposition*).

> **Ex.** Son problème, **c'**est qu'elle ne peut pas s'exprimer facilement.
>
> L'argent qu'il m'a donné, **ce** n'est pas suffisant pour acheter un cadeau.

Ces couchers de soleil, **c'était** splendide !

Prenez ceci, **c'est** pour vous.

Ça, **c'est** vraiment dommage.

Si tu avais pu venir, **ç'aurait** été épatant !

Il a bon cœur ; la preuve, **c'est** qu'il vous a aidé.

Vous êtes fatigué, **c'est** facile à voir.

— pour désigner *une idée pas encore exprimée.* Le verbe **être** est suivi d'un adjectif, d'un adverbe ou d'une construction prépositive :

Ex. Ecoutez. **C'est** beau, cette musique !

Ce serait bizarre, ça.

C'est intéressant de visiter des musées.

C'est utile que vous soyez venu.

Ç'aurait été bien si vous aviez pu y aller.

C'est mal de dire ce mensonge.

C'est à vous de décider.

C'est en forgeant qu'on devient forgeron. (proverbe)

2. *Formes composées* : **ceci, cela (ça)**

Ce sont des pronoms *neutres.* Ils n'ont pas d'antécédent. Ils sont formés de **ce + ci** et **ce + là** (sans l'accent). Dans la langue familière, **cela** est souvent remplacé par **ça.**

Remarque

çà (avec accent) est un adverbe de lieu, employé dans l'expression : **çà** *et* **là.** Ne le confondez pas avec le pronom **ça.**

a. En principe, **ceci** s'applique *à une chose plus proche* et **cela** *à une chose plus éloignée.* En réalité ils sont employés (en particulier à la place de **ce**) pour contraster **deux** choses :

Ex. Ceci est bien, mais **cela** ne l'est pas.

Mais quand il s'agit d'*une* chose seulement, ils sont interchangeables et **cela** est employé *plus souvent* que **ceci.**

b. **ceci** *introduit les mots qui suivent* :

Ex. Dites-lui **ceci** : il est toujours facile de donner des conseils.

cela (ça) *reprend ce qui a été dit avant* :

Ex. Il est toujours facile de donner des conseils ; dites-lui **cela (ça).**

c. **cela (ça)** est employé comme *sujet* d'un verbe *autre que* **être** (on emploie **ce** avec **être**), ou comme *objet d'un verbe*, ou *d'une préposition* :

— pour reprendre *une idée déjà exprimée* (*un nom pas très spécifique*, **ceci**, **cela** (ou **ça**), ou *une proposition*).

> **Ex.** Les nouvelles, **ça** intéresse tout le monde.
>
> L'argent qu'il m'a donné, **ça** ne suffira pas pour acheter un cadeau.
>
> Ceci, **ça** va mais cela, **ça** ne va pas.
>
> Etes-vous toujours heureux ? **Ça** dépend.
>
> Ne riez pas sans arrêt, je n'aime pas **ça**.
>
> Nous devrions d'abord aller le voir ; il faut commencer par **ça**.

— pour désigner *une idée pas encore exprimée*.

> **Ex. Cela** me plaît que nous soyons d'accord sur ce point.
>
> **Ça** ne fait rien qu'il pleuve.
>
> **Ça** vaudra la peine d'y aller.
>
> **Ça** m'ennuie de te voir dans un état pareil.
>
> Est-ce que **ça** vous dérangerait de m'emmener chez moi ?

d. Le pronom **ça** peut avoir *un sens péjoratif* (en parlant d'une personne) :

> **Ex. Ça** veut faire croire que **ça** sait tout !

Application immédiate   Complétez par **ce, ceci, cela (ça)**.

1. _____ qui m'étonne, _____ est que je ne puisse pas trouver ce papier.
2. _____ commence bien !
3. _____ est surtout pour vous qu'il a fait _____.
4. Mettez _____ dans ma serviette.
5. Expliquez-moi _____ que _____ veut dire.
6. Une gifle, _____ ne fait pas de bien.
7. _____ le dérange d'aller chez le dentiste.

(*Réponses p. 152*)

Exercices

EXERCICE I (écrit)   *Ajoutez l'adjectif démonstratif qui convient.*

1. _____ jour heureux restera longtemps dans ma mémoire.
2. _____ petite rivière, _____ arbres touffus, _____ herbe épaisse, rendaient _____ petit coin de la vallée très pittoresque.
3. _____ rose-_____ va s'épanouir mais _____ œillet-_____ est déjà fané.
4. Depuis _____ soir-_____, il se couchait toujours tôt.
5. Nous n'aimons pas _____ gens-_____.

EXERCICE II (écrit)   *Mettez les phrases au pluriel.*

1. Cette cathédrale est magnifique.
2. Ce jeune homme a amené cette jeune fille à la soirée.
3. Cet honneur a été accordé à cet homme.

EXERCICE III (écrit)   *Traduisez les mots entre parenthèses pour compléter les phrases suivantes.*

1. Je devais choisir entre le film américain et le film français ; je suis allé voir _____ ("the latter") pour améliorer mon français.
2. Je ne veux pas cette feuille ; donnez-moi _____ est là-bas. ("the one which")
3. J'ai perdu mon stylo ; alors j'ai emprunté _____ ("my brother's")
4. Il y avait de nombreuses personnes à la réunion ; j'ai parlé à _____ je connaissais. ("the ones whom")

EXERCICE IV   *Ecrivez une phrase avec chacune des expressions suivantes.*

1. ceux de
2. celui qui (que, dont, où)
3. ça
4. ce + être + nom
5. en ce temps-là
6. ces jours-ci

EXERCICE V   *Ecrivez une phrase avec **ceci** pour introduire les mots qui suivent* (voir C2b).

EXERCICE VI (écrit)   *Complétez en utilisant un adjectif démonstratif ou un pronom démonstratif accompagné d'un autre mot si c'est nécessaire.*

1. Le temps, _____ est de l'argent.
2. _____ est lui qui m'en a parlé et _____ pourrait être grave.
3. Quand on est toujours malade, est-_____ une vie ?
4. Nous avons fait tirer les photos et je t'envoie _____ nous sommes pris ensemble.
5. Tout le monde se plaint ; _____ dit qu'il voudrait plus de liberté, _____ dit qu'il voudrait vivre ailleurs. _____ n'en finit pas.
6. Sa pelouse n'est pas très verte ; alors il envie _____ son voisin.
7. Le Canada et le Brésil sont deux pays d'Amérique. _____ est en Amérique du Sud et _____ est en Amérique du Nord.
8. La Marseillaise, _____ est l'hymne national français.
9. Avec _____, madame, vous faut-il autre chose ? (dans un magasin)

10. _____ qui est dommage, _____ est que _____ ne vous intéresse pas.

11. Annoncez-lui _____ : je ne pourrai pas venir avant dix heures demain.

12. Je ne sais pas exactement _____ il faut faire.

13. Je vous présenterai à _____ seront présents.

14. _____ exercices-_____ sont faciles mais _____ sont très durs.

15. Le pis, _____ est quand on ne peut pas faire _____ on veut.

16. Vous avez besoin d'argent ? —Non, je n'ai pas dit _____.

17. _____ n'est pas la peine d'essayer ; _____ ne marchera pas.

18. Tout _____ que je vois, _____ est que _____ empire. (verbe : empirer)

19. _____ après-midi-_____, il avait eu une dispute avec son ami.

20. Je prendrai _____ boîte-_____ mais pas _____.

EXERCICE VII (écrit)   *Finissez les phrases suivantes en employant des pronoms démonstratifs.*

Ex. Quand je ne vous téléphone pas, **ça veut dire que j'ai le cafard.**

1. Ce journal-ci est bon _____.
2. Venez me voir, _____.
3. Quand vous n'êtes pas gentil avec moi, _____.
4. Ce qui est ennuyeux, _____.
5. Si vous me le disiez _____.

EXERCICE VIII (écrit)   *Complétez avec ce ou ça.*

1. Liberté, égalité, fraternité, _____ est la devise de la France.
2. Si tu avais pu venir, _____ m'aurait fait plaisir.
3. _____ n'a l'air de rien mais _____ n'est pas si facile à faire.
4. Comment _____ va ? —_____ dépend des jours.
5. _____ m'occupe, ce travail. _____ est bien de ne pas s'ennuyer.
6. Est-ce que ton projet s'avance ? —Oui, _____ marche bien mais _____ a été dur.

EXERCICE IX (écrit)   *Vous avez une photo (photo de famille ou photo prise dans un endroit que vous avez visité) et vous la montrez à un(e) ami(e) en lui indiquant les différentes personnes ou choses qui s'y trouvent et en expliquant les circonstances. « Cet été, je suis allé à... et nous avons pris cette photo. Regarde... (Ecrivez cinq à six lignes et employez beaucoup de démonstratifs.)*

EXERCICE X (écrit)   *Vous faites visiter un bâtiment neuf à quelqu'un et vous lui expliquez à quoi servent les différentes salles. (Employez beaucoup de démonstratifs.)*

EXERCICE XI (oral)   *Soulignez les pronoms démonstratifs qui se trouvent dans ces maximes de la Rochefoucauld et expliquez leurs emplois.*

1. Ceux qui s'appliquent trop aux petites choses deviennent ordinairement incapables des grandes.
2. Qui vit sans folie n'est pas si sage qu'il croit. (pronom sous-entendu)
3. La parfaite valeur est de faire sans témoins ce qu'on serait capable de faire devant tout le monde.
4. La véritable éloquence consiste à dire tout ce qu'il faut et à ne dire que ce qu'il faut.
5. Nous pardonnons souvent à ceux qui nous ennuient, mais nous ne pouvons pardonner à ceux que nous ennuyons.
6. Le plus grand effort de l'amitié n'est pas de montrer nos défauts à un ami, c'est de lui faire voir les siens.
7. En amour, celui qui est guéri le premier est toujours le mieux guéri.

Réponses aux applications immédiates

p. 145   1. Ce
      2. cette feuille-ci, et ce crayon-là
      3. cet
      4. Ces
      5. cet
      6. Ce (le **o** de onze est traité comme une consonne)

p. 146   1. celle-ci, celle-là
      2. ceux qui
      3. celui-ci ou celui-là?
      4. celle de

p. 149   1. Ce, c'
      2. Ça
      3. C', ça
      4. ça
      5. ce ; cela
      6. ça
      7. Ça

8 *Le Futur*
Le Conditionnel

I. Le Futur   a deux temps : le futur (simple) et le futur antérieur. Il n'existe qu'à l'indicatif.

A. Le futur (simple). C'est un temps simple : un mot.

1. *Formes*
   a. *Verbes réguliers. A l'infinitif du verbe* on ajoute *les terminaisons du présent* du verbe **avoir**. On laisse tomber le **e** des verbes en **re**. Voici le futur des trois conjugaisons :

terminaisons du présent du verbe avoir	aimer	finir	vendre
ai →	j'aimer**ai**	je finir**ai**	je vendr**ai**
as →	tu aimer**as**	tu finir**as**	tu vendr**as**
a →	il, elle, on aimer**a**	il, elle, on finir**a**	il, elle, on vendr**a**
ons →	nous aimer**ons**	nous finir**ons**	nous vendr**ons**
ez →	vous aimer**ez**	vous finir**ez**	vous vendr**ez**
ont →	ils, elles aimer**ont**	ils, elles finir**ont**	ils, elles vendr**ont**

Remarques

— La terminaison **ai** de la première personne du singulier (**je**) du futur se prononce é ⒠. Il faut la distinguer de la terminaison **ais** du conditionnel présent qui se prononce è ⒠. Prononcez :

j'aime**rai**, j'aime**rais** ; je fini**rai**, je fini**rais**, etc.

(important dans une dictée)

— *La lettre caractéristique du futur* est la lettre **r**, qui vient de la terminaison de l'infinitif. On la trouve *immédiatement avant la terminaison du futur* de tous les verbes, réguliers et irréguliers, à toutes les personnes. Elle n'est pas présente dans les autres temps de l'indicatif :

Ex. **finir** : je finis, je finissais, j'ai fini, etc.

mais : je fini**r**ai

vendre : je vends, je vendais, j'ai vendu, etc.

mais : je vend**r**ai

— Quand il y a déjà un **r** *avant* la terminaison de l'infinitif, il y a alors *deux r* dans les deux dernières syllabes du futur :

Ex. préparer : je prépare, je préparais, etc.

mais : je prépa**r**e**r**ai

périr : je péris, je périssais, etc.

mais : je pé**r**i**r**ai

— *Prononciation* du futur des verbes en **ier**, **uer**, **éer**, **ouer** : **i**, **u**, **é**, **ou**, se prononcent *seuls* car le **e** de la terminaison **er** est maintenant muet dans la syllabe. Prononcez-les clairement :

Ex. remerci**er** ; je remercie/rai   cré**er** ; je crée/rai

continu**er** ; je continue/rai   avou**er** ; j'avoue/rai

Application immédiate   Ecrivez le futur des verbes suivants et prononcez-le.

1. obéir ; nous _____

2. répondre ; vous _____

3. aimer ; ils _____

4. rencontrer ; tu _____

5. étudier ; il _____

6. louer ; je _____

(Réponses p. 165)

Particularités du futur de certains verbes réguliers

— A cause de sa formation sur l'infinitif, le verbe **haïr** a *un tréma à toutes les personnes du futur* :

je haïrai	nous haïrons
tu haïras	vous haïrez
il, elle, on haïra	ils, elles haïront

— Verbes en **er** à changements orthographiques

Les verbes qui ont un **e** à la fin de l'avant-dernière syllabe de l'infinitif (**Ex** : lever, appeler) changent cet **e** en **è** ou *doublent la consonne* qui suit (comme avec les terminaisons muettes du présent) *à toutes les personnes du futur* :

Ex. lever   je lève   je lèverai   nous lèverons
                       tu lèveras   vous lèverez
                       il lèvera   ils lèveront

       appeler   j'appelle   j'appellerai   nous appellerons
                         tu appelleras   vous appellerez
                         il appellera   ils appelleront

mais il n'y a *pas de changement* avec un **é** :

Ex. répéter   je répéterai   nous répéterons
                tu répéteras   vous répéterez
                il répétera   ils répéteront

Les verbes en **ayer**, **oyer**, **uyer**, changent **y** en **i** (comme avec les terminaisons muettes du présent) *à toutes les personnes du futur*. Il y a deux possibilités avec les verbes en **ayer** :

Ex.

	payer		nettoyer	essuyer
je payerai	*ou*	je paierai	je nettoierai	j'essuierai
tu payeras	*ou*	tu paieras	etc.	etc.
il payera	*ou*	il paiera		
nous payerons	*ou*	nous paierons		
vous payerez	*ou*	vous paierez		
ils payeront	*ou*	ils paieront		

Application immédiate   Ecrivez le futur des verbes suivants à la personne indiquée.

1. jeter ; je _____
2. espérer ; on _____
3. mener ; elle _____
4. se promener ; nous _____
5. rappeler ; je _____
6. s'ennuyer ; tu _____

                                       (*Réponses p. 165*)

---

     b. *Verbes irréguliers.* Certains verbes irréguliers forment leur futur *régulièrement*, par exemple les verbes irréguliers en **re** (excepté **être** et **faire**) :

         Ex. boire ; je boirai   naître ; je naîtrai   écrire ; j'écrirai

     et quelques verbes irréguliers en **ir** :

         Ex. ouvrir ; j'ouvrirai   fuir ; je fuirai

D'autres ont *un radical irrégulier* qu'il faut savoir par coeur. *Les terminaisons sont toujours celles du présent du verbe* **avoir**.

Futur irrégulier de verbes courants

aller → j'irai	mourir → je mourrai
avoir → j'aurai	il pleut → il pleuvra
courir → je courrai	pouvoir → je pourrai
cueillir → je cueillerai	recevoir → je recevrai
devoir → je devrai	s'asseoir → je m'assiérai
envoyer → j'enverrai	ou je m'assoirai
être → je serai ⎫ à ne pas	tenir → je tiendrai
savoir → je saurai ⎭ confondre	valoir → je vaudrai ⎫ à ne pas
faire → je ferai	vouloir → je voudrai ⎭ confondre
il faut → il faudra	venir → je viendrai
	voir → je verrai

(**aller** et **envoyer** sont les deux seuls verbes en **er** qui sont irréguliers)

Application immédiate   Donnez le futur des verbes suivants, à la personne indiquée.

1. comprendre ; il _____
2. faire ; nous _____
3. devenir ; je _____
4. vivre ; tu _____

5. aller ; vous _____
6. voir ; elle _____
7. accueillir ; j' _____
8. connaître ; ils _____

(*Réponses p. 165*)

---

2. *Emplois.* Le futur est employé :

a. pour exprimer une action ou un état *futurs par rapport au présent* ("shall", "will") :

    Ex. Il lui **écrira** bientôt.   (action)

        Ce soir, je **serai** fatigué après ma longue journée.   (état)

— mais on exprime *le futur proche* avec le *présent de* **aller** + *l'infinitif* du verbe :

    Ex. Je **vais parler** dans un instant.

        Elle **va étudier** le français le trimestre prochain.

        Je **vais** vous **raconter** cette anecdote.

        Cher ami, (dans une lettre)

        Je **vais** te **donner** des nouvelles de nous tous....

b. *après les conjonctions temporelles :*

quand, lorsque ; **aussitôt que, dès que** ; **pendant que, tandis que** ; **tant que** pour une action ou un état futurs (en anglais le verbe reste au présent).

Ces conjonctions sont toujours *suivies de l'indicatif.*

Le verbe de la proposition principale est *au futur* ou *à l'impératif* :

> **Ex. Quand (Lorsque)** vous **voudrez** me parler, je vous écouterai. ("When you want . . .")
>
> Téléphonez-moi **dès que (aussitôt que)** vous **arriverez.**
>
> **Pendant que (Tandis que)** je **me reposerai,** tu pourras lire un peu.
>
> **Tant que** vous n'**aurez** pas tous les éléments de la situation, vous ne pourrez pas tirer de conclusion.
>
> (tant que = aussi longtemps que)

c. *pour donner des ordres oraux atténués* (au lieu de l'impératif) :

> **Ex.** Vous me **direz** combien je vous dois.
>
> Pour demain, vous **étudierez** la leçon numéro 3 et vous **écrirez** les deux premiers exercices. (au lieu de : étudiez... et écrivez...)

d. après le *si d'interrogation indirecte,* généralement employé après **ne pas savoir,** (se) **demander.** (Voir aussi leçon 14, p. 304, style indirect au présent.)

> **Ex.** Je ne sais pas **si** je **pourrai** aller vous voir.
>
> (*style direct* : « Pourrai-je aller vous voir ? »)
>
> Il se demande **s'il saura** jamais la raison de son départ.
>
> (*style direct* : « Saura-t-il jamais la raison de son départ ? »)

— mais **pas** après le *si de condition,* dans une phrase conditionnelle. On remplace le futur par le *présent* après le *si de condition.*

ATTENTION

Il est très important de faire la distinction entre un *si d'interrogation indirecte* avec lequel *on peut employer tous les temps,* et un *si de condition* que l'on trouve dans une phrase conditionnelle.

Une phrase conditionnelle comprend deux propositions : *la proposition conditionnelle* qui commence par **si** et qui exprime la condition ou l'hypothèse et *la proposition principale* qui exprime le résultat ou la conséquence. *Il n'y a jamais de futurs ni de conditionnels après un si de condition.*

Voici les trois cas courants (voir le tableau suivant) :

TABLEAU 8-1   Phrase conditionnelle courante
avec *si* + *présent*

proposition avec **si** (condition, hypothèse)	proposition principale (conséquence, résultat)
PRÉSENT	PRÉSENT, IMPÉRATIF, FUTUR

Rappelons que :

si + il = s'il   si + elle = si elle

si + ils = s'ils   si + elles = si elles

si + on = si on

Ex. **Si** je **dis** oui, il **dit** non.   (présent)

Si vous ne **pouvez** pas venir, **faites**-le moi savoir.   (impératif)

S'il fait beau demain, nous **pourrons** sortir.   (futur)

(voir tableau 8-5 pour autre possibilité de phrase avec *si* + *présent*)

Notes : L'anglais "will" se traduit par **vouloir** quand il indique une volonté :

Ex. **Voulez**-vous m'aider ? ("Will you help me ?")

— *Au subjonctif*, le temps futur n'existe pas. Il est remplacé par *le présent du subjonctif* (voir aussi leçon 10) :

Ex. Je pense qu'il **viendra**.   (futur de l'indicatif)

mais : Je doute qu'il **vienne**.   (subjonctif présent)

Application immédiate   Mettez les verbes au futur, ou à un autre temps ou mode si le futur ne convient pas.

1. Tant que je ne le _____ (voir) pas, je ne le croirai pas.

2. Si vous _____ (se dépêcher), vous ne manquerez pas votre avion.

3. S'il se jette à tes genoux, lui _____ (pardonner)-tu ?

4. Je me demande s'ils _____ (arriver) à le convaincre.

5. Donnez-moi de vos nouvelles dès que vous le _____ (pouvoir).

6. Comme tu as peur de te perdre, que vas-tu faire ?

Je _____ (te suivre).

7. Je ne crois pas qu'il _____ (pouvoir) venir demain.   *(Réponses p. 165)*

B. Le futur antérieur. C'est un temps composé : deux mots.

1. *Formes.* Le futur antérieur est la forme composée du futur (voir aussi le tableau des modes et temps). Il est formé de : *le futur de l'auxiliaire **avoir** ou **être** + le participe passé du verbe en question.*

   Ex.

aimer (transitif)	aller (intransitif)
j'aurai aimé	je serai allé(e)
tu auras aimé	tu seras allé(e)
il, elle, on aura aimé	il, elle, on sera allé(e)
nous aurons aimé	nous serons allés(ées)
vous aurez aimé	vous serez allé(e, s, es)
ils, elles auront aimé	ils, elles seront allés(ées)

se lever (pronominal)

je   me serai levé(e)
tu   te seras levé(e)
il, elle, on   se sera levé(e)
nous nous serons levés(ées)
vous vous serez levé(e, s, es)
ils, elles   se seront levés(ées)

Application immédiate   Ecrivez le futur antérieur des verbes suivants.

1. finir ; j'_____
2. partir ; vous _____
3. se tromper ; ils _____
4. comprendre ; tu _____

(*Réponses p. 165*)

---

2. *Emplois*

   a. Comme son nom l'indique, le futur antérieur exprime une action future *antérieure à une autre action future.* Pour montrer cette séquence, on utilise généralement *une conjonction temporelle qui montre l'antériorité* : ***quand, lorsque** ; **après que** ; **tant que** ; **aussitôt que, dès que** ; **à peine... que*** (en anglais le verbe est au "present perfect").

   Ex. Quand (Lorsque) tu **auras fini** ton travail, tu pourras jouer. ("When you have finished . . .")

   Après que vous **aurez écrit** la phrase au tableau, vous pourrez vous asseoir.

Tant qu'il n'**aura** pas **répondu**, ils attendront.

Aussitôt que (Dès que) tu lui **auras téléphoné**, elle se sentira mieux.

A peine serez-vous **arrivé que** vous devrez déjà penser à repartir.

Remarque

dès que, aussitôt que ; à peine… que indiquent des actions *immédiatement antérieures* à l'action principale. Si les deux actions ne peuvent pratiquement pas être distinguées l'une de l'autre, les deux verbes sont *au futur* (simple) :

Ex. Dès que (Aussitôt que) le départ **sera** donné, les chevaux **se mettront** à courir.

A peine sera-t-il sur la route **qu'**il **se rendra** compte de son oubli.

b. Le futur antérieur peut aussi indiquer qu'*une action sera accomplie à un certain moment à venir*. Ce moment est généralement indiqué.

Ex. J'aurai certainement **fini** ça quand tu partiras.

Demain à cette heure-ci il **sera arrivé** à Paris.

A ce moment-là il **aura eu** le temps de se reposer.

c. Il peut indiquer *un fait passé imaginé* (une supposition, une probabilité) :

Ex. Elle est en retard ; elle **aura eu** un accident !

Il n'est pas dans le train ; il l'**aura manqué**.

Espérons qu'ils **se seront** bien **amusés** à la fête.

Elle a l'air contente ; elle **aura réussi** à son examen.

d. Il est employé après un *si d'interrogation indirecte* :

Ex. Je me demande **s'**il **aura pu** y aller.

(style direct : « Aura-t-il pu y aller ? »)

Il ne sait pas **si** elle **aura réussi** à le convaincre.

(style direct : « Aura-t-elle réussi à le convaincre ? »)

— mais après un *si de condition*, on remplace le futur antérieur par *le passé composé* :

Ex. Si l'étudiant n'**a** pas **compris** quelque chose, il demandera à son professeur.

Si vous **avez fini** avant moi, attendez-moi.

(Voir tableau 8-5 pour autre possibilité de phrase avec *si + passé composé*.)

Application immédiate Complétez avec le futur antérieur, ou un autre temps si le futur antérieur ne convient pas.

1. Il _____ (lire) tout le livre avant que j'arrive.
2. Vous recopierez votre dictée quand vous en _____ (corriger) les fautes.
3. Le coquin, il _____ (encore faire) des siennes !
4. On ne sait pas si l'été _____ (être) assez chaud pour avoir une bonne récolte.
5. Si tu _____ (bien suivre) la recette, ton gâteau doit être délicieux.

(*Réponses p. 165*)

Exercices

EXERCICE I (oral)   *Donnez le futur des verbes suivants à la 1ère personne du singulier (je).*

servir	venir	s'asseoir	envoyer	prouver	haïr
voir	avoir	dire	répondre	ouvrir	vouloir
faire	savoir	mourir	offrir	prendre	recevoir
pouvoir	courir	mener	céder	serrer	étudier
saluer	créer	nouer			

EXERCICE II (oral)   *Mettez les phrases suivantes au futur. (Un présent devient un futur, et un passé composé devient un futur antérieur, quand c'est possible.)*

Ex. Quand il **part** en voyage, il **prépare** ses valises.
    Quand il **partira** en voyage, il **préparera** ses valises.

1. Il se sent bien quand il est en vacances.
2. Tu es fatigué lorsque tu arrives.
3. Le conférencier commence son discours dès que l'audience s'est tue.
4. Le professeur s'en va aussitôt qu'il a fini sa classe.
5. Je peux le prouver, si vous le voulez.
6. Dis-tu bonjour à mon frère quand tu le rencontres ?
7. A peine entendent-ils la cloche qu'ils se précipitent dehors.
8. Vous finissez votre travail après que j'ai fini le mien.
9. Elle plante des fleurs dès que la saison le permet et puis elle les cueille quand elles sont épanouies.
10. Ils viennent dîner après qu'ils se sont lavé les mains.

11. Tant qu'il fait beau, il faut en profiter.
12. La marée démolit le château de sable dès que les enfants l'ont bâti.
13. Les étudiants font attention en classe tant qu'ils ne sont pas trop fatigués.
14. Nous voyons beaucoup de choses intéressantes pendant que nous voyageons.
15. S'il ne vient pas, c'est qu'il a eu un empêchement.

EXERCICE III (écrit)   *Complétez avec le futur ou le futur antérieur après la conjonction temporelle.*

1. Lorsque vous _____ (ne plus avoir) besoin de ce papier, jetez-le.
2. Tu lui liras une histoire pendant qu'elle _____ (s'endormir).
3. Quand vous _____ (finir) d'écouter ce programme, il sera temps de vous coucher.
4. Je me coucherai dès que j'_____ (avoir) envie de dormir.
5. Je te dirai mon secret après que tu me _____ (dire) le tien.
6. Tant que tu y _____ (penser), tu en souffriras.
7. A peine _____ (ils, monter) dans le bateau qu'ils auront le mal de mer.

EXERCICE IV (oral)   *Changez le futur en futur proche dans les phrases suivantes.*

1. Je vous dirai cela dans un instant.
2. Il racontera l'histoire aux membres du groupe.
3. Je pense que vous serez content de le savoir.

EXERCICE V (oral)   *Dans les phrases suivantes, employez le futur avec **dans** ; puis substituez le passé composé avec **il y a**.*

Ex. (aller) J'irai le voir dans quelques jours.

Je suis allé le voir il y a quelques jours.

1. (partir) Ils _____ à la campagne _____ un mois.
2. (parler) Nous leur _____ quelques minutes.
3. (se voir) Des progrès _____ deux ou trois semaines.

EXERCICE VI (écrit)   *Finissez les phrases suivantes en employant des futurs ou futurs antérieurs quand c'est possible.*

Ex. Je serai très fatigué quand j'aurai tapé à la machine pendant plusieurs heures.

Elle vous verra dès qu'elle ira mieux.

1. Tu écouteras bien pendant que _____.
2. Vous vous fâcherez lorsque _____.
3. Nous irons déjeuner quand _____.

4. Il se demande si ___.
5. Je continuerai à le dire tant que ___.
6. Il faudra faire de l'exercice physique si ___.
7. Faites-le aussitôt que ___.
8. A six heures ce soir ___.
9. Vous visiterez Paris après que ___.
10. Mon Dieu ! Avec deux heures de retard, ___.

EXERCICE VII *Ecrivez un paragraphe de quatre ou cinq lignes expliquant ce que vous ferez demain. Employez des futurs et futurs antérieurs, des phrases avec des* **si** *d'interrogation indirecte et de condition, et des conjonctions temporelles.*

EXERCICE VIII (écrit) *Finissez les phrases suivantes en employant un futur quand c'est possible.*

1. J'irai à Paris quand ___.
2. J'irai à Paris si ___.
3. Je vous verrai quand ___.
4. Je vous verrai si ___.
5. Je ne sais pas quand ___.
6. Je ne sais pas si ___.

EXERCICE IX (oral) *Atténuez les ordres à l'impératif en les mettant au futur.*

Ex. Prenez cette feuille et rapportez-la-moi demain.
Vous **prendrez** cette feuille et vous me la **rapporterez** demain.
1. Dessine-moi un mouton.
2. Fais-moi plaisir. Admire-moi quand même.
3. Soyez mes amis, je suis seul, dit-il.
4. Va revoir les roses.
5. Laisse-moi faire, lui dis-je, c'est trop lourd pour toi.
6. Regardez le ciel. Demandez-vous : le mouton oui ou non a-t-il mangé la fleur ?
7. Regardez attentivement ce paysage afin d'être sûrs de le reconnaître, si vous voyagez un jour en Afrique, dans le désert. Et, s'il vous arrive de passer par là, je vous en supplie, ne vous pressez pas, attendez un peu juste sous l'étoile ! Si alors un enfant vient à vous, s'il rit, s'il a des cheveux d'or, s'il ne répond pas quand on l'interroge, vous devinerez bien qui il est. Alors soyez gentils ! Ne me laissez pas tellement triste : écrivez-moi vite qu'il est revenu.

Saint-Exupéry, *Le Petit Prince* (extraits)

EXERCICE X   *Ecrivez une phrase au futur avec chacune des conjonctions temporelles suivantes.*

1. après que
2. à peine... que...
3. tant que

EXERCICE XI (écrit)   *Finissez les phrases avec un fait passé imaginé : supposition, probabilité.*

Ex. Elle a mal à l'estomac ; elle aura encore mangé trop vite.

1. Son chien est à nouveau perdu ; _____.
2. La boîte de gâteaux secs est vide ; _____.
3. Ils devaient me donner un coup de fil ; _____.
4. Le paquet n'est jamais arrivé à destination ; _____.

EXERCICE XII (oral)   *Répondez aux questions directes suivantes en employant l'expression donnée.*

Ex. Auront-ils le temps de dîner ?   On ne sait pas s'ils en auront le temps.

1. Irez-vous au cinéma ce soir ?   Je ne sais pas encore si _____.
2. Aura-t-elle pu se reposer un peu ?   Je me demande si _____.
3. Pourra-t-il venir avec nous à la plage ?   Nous ne savons pas si _____.

EXERCICE XIII   *Ecrivez un paragraphe de cinq ou six lignes pour donner une idée de ce que vous ferez plus tard (votre carrière et votre vie). Employez beaucoup de futurs.*

EXERCICE XIV   *Ecrivez une phrase avec un **si** d'interrogation indirecte et une avec un **si** de condition.*

EXERCICE XV   *Ecrivez quelques lignes sur le sujet suivant :* Comment sera ce monde dans vingt ans ? *Employez beaucoup de futurs.*

EXERCICE XVI (écrit)   *Décrivez en quelques lignes une visite à une cartomancienne qui prédit tout votre avenir. Employez le style direct. (N'oubliez pas le futur proche.)*

Réponses aux applications immédiates

p. 154
1. obéirons
2. répondrez
3. aimeront
4. rencontreras
5. étudiera
6. louerai

p. 155
1. jetterai
2. espérera
3. mènera
4. nous promènerons
5. rappellerai
6. t'ennuieras

p. 156
1. comprendra
2. ferons
3. deviendrai
4. vivras
5. irez
6. verra
7. accueillerai
8. connaîtront

p. 158
1. verrai
2. vous dépêchez
3. pardonneras
4. arriveront

5. pourrez
6. vais te suivre
7. puisse

p. 159
1. aurai fini
2. serez parti (s, e, es)
3. se seront trompés
4. auras compris

p. 161
1. aura lu
2. aurez corrigé
3. aura encore fait
4. aura été
5. as bien suivi

II. Le Conditionnel. C'est le mode de l'action éventuelle dépendant d'une condition. Le conditionnel a deux temps : le présent et le passé.

A. Le conditionnel présent. C'est un temps simple : un mot.

1. *Formes*

   a. *Verbes réguliers.* Il est formé sur *l'infinitif*, comme le futur, mais avec *les terminaisons de l'imparfait*. On laisse tomber le **e** des verbes en **re**. Voici le conditionnel présent des trois conjugaisons :

terminaisons de l'imparfait	aimer	finir
ais	j'aimer**ais**	je finir**ais**
ais	tu aimer**ais**	tu finir**ais**
ait	il, elle, on aimer**ait**	il, elle, on finir**ait**
ions	nous aimer**ions**	nous finir**ions**
iez	vous aimer**iez**	vous finir**iez**
aient	ils, elles aimer**aient**	ils, elles finir**aient**

vendre

je vendr**ais**

tu vendr**ais**

il, elle, on vendr**ait**

nous vendr**ions**

vous vendr**iez**

ils, elles vendr**aient**

Remarque

Comme pour le futur, la lettre caractéristique du conditionnel est la lettre **r**, pour la même raison.

   Particularités du conditionnel présent de certains verbes réguliers. Ce sont les mêmes que celles du futur (voir IA1a).

   b. *Verbes irréguliers.* Le conditionnel présent des verbes irréguliers est formé de : *le radical du futur + les terminaisons de l'imparfait.*

   Ex. je voudrais, j'irais, je ferais, je viendrais, je serais.

Application immédiate   Ecrivez le conditionnel présent des verbes réguliers et irréguliers suivants.

1. révéler ; je _____
2. craindre ; nous _____
3. revenir ; il _____
4. rendre ; tu _____

5. savoir ; tu _____
6. ouvrir ; vous _____
7. envoyer ; ils _____
8. se lever ; elle _____

(Réponses p. 177)

---

   2. *Emplois*

   a. Le conditionnel présent traduit généralement les formes anglaises "should", "would", pour exprimer, comme en anglais, *une possibilité* ou *une éventualité* :

   Ex. Il **pourrait** encore venir.

   Comment **saurais**-je la vérité ?

   Ce **serait** une folie de le faire.

   Je lui **expliquerais** le poème avec plaisir.

   En particulier, la locution *au cas où* (ou *pour le cas où*) est *toujours suivie du conditionnel* puisqu'elle exprime une éventualité :

   Ex. Au cas où vous **voudriez** lui écrire, parlez-moi d'abord.

   J'ai pris mes lunettes **au cas où** il **faudrait** lire des sous-titres pendant ce film.

   Au cas où il **arriverait** pendant que je suis parti, vous lui donnerez ce message.

   b. Il est employé quand *un fait rapporté semble douteux* :

   Ex. D'après ce qu'on vient de me dire, le conférencier **serait** malade.

   Selon vous, il y **aurait** moins de travail pour certains cours de cinq unités que pour des cours de trois unités ?

   Avez-vous entendu dire que votre professeur de français ne **viendrait** pas faire sa classe aujourd'hui ?

c. Il est employé pour *une atténuation*, ou *une façon plus polie* de demander quelque chose (en particulier à la place de l'indicatif présent des verbes **devoir**, **pouvoir**, **vouloir** qui a un sens plus fort) :

    Ex. **Pourriez**-vous m'indiquer la rue Lepic ?

       Auriez-vous la bonté de me passer le sel ?

       Vous **devriez** peut-être vous excuser.

       Je **voudrais** bien pouvoir y aller.

d. L'expression anglaise "I wish you would (do) it" se traduit par : *le conditionnel présent du verbe* ***vouloir*** (ou ***aimer***) + ***que*** + *le subjonctif* (littéralement, "I would wish that you (do) it.").

    Ex. Je **voudrais** que vous veniez avec moi. ("I wish you would come with me.")

— Avec le même sujet, "I wish I could (do) it" se traduit par : *Je* ***voudrais*** *(ou j'****aimerais***) + *l'infinitif.*

    Ex. Je **voudrais** (*ou* J'**aimerais**) aller avec vous.

       ("I wish I could go with you.")

Application immédiate   Traduisez les phrases suivantes.

1. "He wishes you would come."
2. "I wish I could understand."   (*Réponses p. 177*)

---

e. Le conditionnel présent sert à exprimer une action future par rapport au passé : c'est *le futur du passé*. (Nous avons vu que le futur exprime une action future par rapport au présent.)

    Ex. Elle sait qu'il **viendra**.   (le futur du présent)

       Elle savait qu'il **viendrait**.   (le futur du passé)

       Il dit que ce travail **sera** facile.

       Il a dit que ce travail **serait** facile.

       Personne ne pense qu'il **acceptera** l'offre.

       Personne ne pensait qu'il **accepterait** l'offre.

— Pour exprimer *le futur proche du passé*, on emploie *l'imparfait de* ***aller*** + *l'infinitif* du verbe.

    Ex. Elle sait qu'il **va venir**.   (dans le présent)

       Elle savait qu'il **allait venir**.   (dans le passé)

Application immédiate   Mettez les phrases au passé.

1. Tout le monde est sûr que vous serez d'accord.
2. Tout le monde est sûr que vous allez être d'accord.   (*Réponses p. 177*)

f. Il peut être employé après le *si d'interrogation indirecte*. (Pour la distinction entre le **si** d'interrogation indirecte et le **si** de condition, voir IA2d, p. 127.)

    Ex. Je ne savais pas **si** je **pourrais** aller vous voir.

        Il se demandait **s'il saurait** jamais la raison de son départ.

        Je me demande **s'il hésiterait** à l'accuser.

— mais **pas** après le *si de condition*, dans une phrase conditionnelle.

Après un **si** *de condition*, on remplace le conditionnel présent par *l'imparfait*. (Il n'y a jamais de futurs ni de conditionnels après un **si** de condition.) Voici le cas le plus courant :

TABLEAU 8-2   Phrase conditionnelle courante
avec *si* + *imparfait*

proposition avec **si** (condition, hypothèse)	proposition principale (conséquence, résultat)
IMPARFAIT (temps simple)	CONDITIONNEL PRÉSENT (temps simple)

    Ex. Si j'**avais** envie de dormir, j'**irais** me coucher.

        Que **feriez**-vous **si** vous **étiez** riche ?

        Si vous **tourniez** la page, vous **trouveriez** la suite de l'exercice.

        Si nous **savions** mieux le français, nous **saurions** la différence entre un saut, un seau, un sceau et un sot.

        (Voir tableau 8-5 pour autre possibilité de phrase avec *si* + *imparfait*.)

Application immédiate Complétez avec le conditionnel présent, ou avec un autre temps s'il ne convient pas.

1. J'emporte un tricot au cas où j'_____ (avoir) froid.
2. Il ferait un temps formidable si le vent _____ (être) moins fort.
3. Nous savions qu'ils _____ (déménager) bientôt.
4. _____ (Pouvoir)-vous me dire où se trouve l'Arc de Triomphe ?
5. Nous lui avons demandé s'il _____ (aller) au match de football ce jour-là.
6. Ça lui _____ (plaire) de voyager beaucoup.

Remarques

— "Would" ; quand ce mot indique une action répétée dans le passé il faut le traduire par *un imparfait* (voir leçon 5, p. 98) :

    Ex. L'été dernier, il me **parlait** souvent.

Quelquefois "would" indique une volonté et se traduit par *l'imparfait de* **vouloir** :

    Ex. Il ne **voulait** pas bouger. ("He would not move.")

— "Should" se traduit par le conditionnel présent de **devoir** quand il indique *l'obligation* (voir aussi leçon 19) :

    Ex. Vous **devriez** voyager davantage.

— "Could" ; selon le sens de la phrase, ce mot peut se traduire par le verbe **pouvoir** *au conditionnel présent* :

    Ex. Faites attention, il **pourrait** devenir méchant. (il serait capable de)
ou *au passé composé* ou *imparfait* (d'après le contexte) :
    Ex. Je voulais venir mais je n'**ai** pas **pu**. (j'ai eu un empêchement)
        Je voulais venir mais je ne **pouvais** pas le laisser seul. (description de la situation)

B. Le conditionnel passé. C'est un temps composé : deux mots.

1. *Formes*. Le conditionnel passé est la forme composée du conditionnel présent. Il a deux formes.

a. *Première forme*. Le conditionnel passé est formé de : *le conditionnel présent de l'auxiliaire **avoir** ou **être** + le participe passé du verbe* en question.

Ex.

aimer (transitif)	aller (intransitif)
j'aurais aimé	je serais allé(e)
tu aurais aimé	tu serais allé(e)
il, elle, on aurait aimé	il, elle, on serait allé(e)
nous aurions aimé	nous serions allés(es)
vous auriez aimé	vous seriez allé(e, s, es)
ils, elles auraient aimé	ils, elles seraient allés(es)

se lever (pronominal)

je me serais levé(e)

tu te serais levé(e)

il, elle, on se serait levé(e)

nous nous serions levés(es)

vous vous seriez levé(e, s, es)

ils, elles se seraient levés(es)

b. *Deuxième forme*. C'est *la forme littéraire*, exprimée avec *le plus-que-parfait du subjonctif* (voir leçon 18, p. 375).

Ex. aimer	aller	se lever
j'eusse aimé	je fusse allé	je me fusse levé

Application immédiate

Ecrivez le conditionnel passé (1ère forme) des verbes suivants :

1. emmener ; j'_____   3. mourir ; il _____

2. créer ; nous _____   4. se rendre compte ; ils _____

(Réponses p. 177)

---

2. *Emplois*

On trouve le conditionnel passé dans des constructions analogues à celles du conditionnel présent :

a. pour *une éventualité, une possibilité* :

Ex. Il **aurait été** content de le voir.

— avec la locution *au cas où* (*ou pour le cas où*) :

Ex. Au cas où vous **auriez vu** mon sac, dites-le moi.

b. pour *un fait rapporté qui semble douteux* :
>   **Ex.** Il paraît qu'il **se serait enfui.**

c. *pour une forme polie* :
>   **Ex.** J'aurais bien **aimé** vous parler.

d. pour traduire l'expression anglaise "I wish (you) would have (done it)"
   j'aurais voulu (*ou j'aurais aimé*) + *que* + *le subjonctif*,
   et "I wish I would have (done it)" : *j'aurais* (*bien*) *voulu* (*ou j'aurais aimé*) +
   infinitif.
>   **Ex.** **J'aurais bien voulu** que Robert vienne avec moi.
>   **J'aurais voulu** vous aider.

e. comme *futur antérieur du passé* (voir tableau 8-3) :
>   **Ex.** Il pense que vous **aurez fini** bientôt. (futur antérieur du présent)
>   Il pensait que vous **auriez fini** bientôt. (futur antérieur du passé)

TABLEAU 8-3   Les futurs du présent et du passé

PASSÉ			PRÉSENT	FUTUR	
le passé	le futur antérieur du passé	le futur *ou* le futur proche du passé		le futur antérieur	le futur *ou* le futur proche
Imparfait (je finissais) *ou* *Passé composé* (j'ai fini)	*Conditionnel passé* (j'aurais fini)	*Conditionnel présent* (je finirais) *ou* *Futur proche du passé* (j'allais finir)	(je finis)	*Futur antérieur* (j'aurai fini)	*Futur* (je finirai) *ou* *Futur proche* (je vais finir)

f. après le *si d'interrogation indirecte* :
>   **Ex.** On se demandait s'il **aurait pu** le deviner.

— mais dans une phrase conditionnelle, après un *si de condition*, on remplace
le conditionnel passé par *le plus-que-parfait*. Voici le cas le plus courant.

TABLEAU 8-4   Phrase conditionnelle courante
avec *si* + *plus-que-parfait*

proposition avec **si** (condition, hypothèse)	proposition principale (conséquence, résultat)
PLUS-QUE-PARFAIT (temps composé)	CONDITIONNEL PASSÉ (temps composé)

Ex. Vous **auriez entendu** le bruit **si** vous **aviez écouté**.

Vous **auriez vu** l'accident **si** vous **aviez regardé**.

Vous **auriez dit** des choses intéressantes **si** vous **aviez parlé**.

(voir tableau 8-5 pour autre possibilité de phrase avec *si* + *plus-que-parfait*)

Application immédiate   Complétez avec le conditionnel passé, ou un autre temps s'il ne convient pas.

1. Je vous _____ (parler) si je vous avais vu.
2. Il _____ (vouloir) que vous l'écoutiez attentivement.
3. On se demande si elle y _____ (aller) toute seule.
4. Vous seriez maintenant chez eux si vous l'_____ (vouloir).
5. On dit qu'il _____ (prendre) sa décision il y a longtemps.

(*Réponses p. 177*)

Le conditionnel littéraire (cas fréquent dans les textes littéraires)

Quand un subjonctif plus-que-parfait se trouve dans une phrase où l'emploi du subjonctif n'est pas justifié, c'est un conditionnel passé littéraire. Pour comprendre la phrase, il faut substituer *un conditionnel passé* au subjonctif plus-que-parfait (ou un *plus-que-parfait* après un **si** de condition) :

Ex. Elle **eût été** heureuse, la femme qui l'**eût aimé**. (Musset)

(Elle **aurait été** heureuse, la femme qui l'**aurait aimé**.)

Si elle **eût prévu** ce malheur, elle ne **fût** pas **partie**. (Flaubert)

(Si elle **avait prévu** ce malheur, elle ne **serait** pas **partie**.)

Application immédiate   Substituez les temps non littéraires aux conditionnels littéraires suivants.

La dispute n'**eût** jamais **fini**, si par bonheur Micromégas, en s'échauffant à parler, n'**eût cassé** le fil de son collier de diamants.

Voltaire
(*Réponses p. 177*)

TABLEAU 8-5 Tableau complet des phrases conditionnelles
(les cas les plus courants sont indiqués par un astérisque)

PROPOSITION CONDITIONNELLE AVEC SI (condition, hypothèse)	PROPOSITION PRINCIPALE (conséquence, résultat)	Exemples
présent	*présent	**Si** vous **voulez** jouer au tennis, vous **pouvez** le faire.
	*impératif	**Si** vous **avez** une question, **venez** me voir à mon bureau.
	*futur	**Si** nous **partons** maintenant, nous **arriverons** tôt.
	futur antérieur	**Si** vous **travaillez** bien, vous **aurez fini** ce soir.
passé composé	présent	**Si** vous **avez** trop **bu**, il ne **faut** pas conduire votre voiture.
	impératif	**Si** vous **avez écrit** un poème, **lisez**-le.
	futur	**Si** le brouillard **a commencé** à se dissiper, il y **aura** du soleil tout à l'heure.
	futur antérieur	**S'il a fait** une promenade, ça lui **aura fait** du bien.
	imparfait	**S'il** vous **a révélé** cela, c'**était** pour vous troubler.
	passé composé	**Si** vous **êtes parti**, vous **avez eu** raison.
imparfait	*conditionnel présent conditionnel passé	**Si** elle **avait** froid, elle **mettrait** un manteau. **Si** tu **étais** gentil, tu n'**aurais** pas **prononcé** ces paroles.
plus-que-parfait	*conditionnel passé conditionnel présent	**Si** vous lui **aviez écrit**, il **aurait répondu**. **Si** vous **aviez dit** ça, il le **saurait**.
PAS DE FUTURS NI DE CONDITIONNELS		

Exercices

EXERCICE I (oral)   *Donnez : a) le futur, b) le conditionnel présent, c) le futur antérieur, d) le conditionnel passé des verbes suivants à la personne indiquée. (Prononcez bien la lettre **r** et insistez sur la différence de prononciation des terminaisons **ai** et **ais** du futur et du conditionnel à la 1ère personne du singulier **je**.)*

1. tu es	8. elle travaille	14. j'envoie	20. ils connaissent
2. vous buvez	9. j'ai	15. vous courez	21. je remercie
3. ils savent	10. vous haïssez	16. nous partons	22. ils appellent
4. on voit	11. il veut	17. tu viens	23. nous descendons
5. nous faisons	12. elles vont	18. je me lave	24. vous écrivez
6. on peut	13. il espère	19. tu tombes	25. je crois
7. il perd			

EXERCICE II (oral ou écrit)   *Mettez les phrases suivantes au passé pour obtenir des futurs, ou futurs proches ou antérieurs, du passé.*

Ex. Je pense que vous **viendrez**.

Je pensais que vous **viendriez**.

1. Je suis certain que vous pourrez lui parler.
2. Ils disent que l'incident aura beaucoup de répercussions.
3. Il affirme qu'il va venir.
4. Vous pensez qu'il faudra lui téléphoner.
5. Nous déclarons qu'elle aura fini à 4 heures.

EXERCICE III (oral ou écrit)   *Remplacez le futur du passé* (conditionnel présent) *par le futur proche du passé* (imparfait de **aller** + infinitif).

Ex. Il a dit qu'il **pourrait** le faire.

Il a dit qu'il **allait pouvoir** le faire.

1. Nous avons vu qu'il **pleuvrait** bientôt.
2. Je savais que tu lui **écrirais**.
3. Tu avais dit qu'il **arriverait** à 3 heures.
4. En entendant la musique, j'ai réalisé que nous **danserions**.

EXERCICE IV (travail oral en classe)   *Faites le tableau 8-3 au tableau et composez de petites phrases qui illustrent toutes les possibilités du futur du présent et du futur du passé ; employez des verbes suivis de **que** : **dire que**, **penser que**, etc. Montrez les temps sur le tableau avec le doigt.*

Ex. Nous **pensons** qu'il **sera** satisfait.

Tu **crois** qu'il **va** te le **dire.** }futurs du présent

Je **pense** qu'il **aura compris.**

J'ai compris qu'il **allait venir.**

Il **avait dit** qu'il **aurait fini** à 3 heures. }futurs du passé

Elle **avait déclaré** qu'elle **viendrait.**

EXERCICE V (écrit) *Complétez les phrases suivantes avec les temps qui conviennent.*

1. J'aimerais écrire un livre si j'en _____ (avoir) le temps.
2. Au cas où vous ne _____ (pouvoir) pas venir, prévenez-moi.
3. S'il avait compris l'explication, il _____ (ne pas demander) au professeur de la répéter.
4. Si vous _____ (s'asseoir) ici, vous verriez très bien l'écran.
5. Elle a expliqué qu'elle lui _____ (envoyer) bientôt un cadeau.
6. Tu ne te serais pas trompé si tu _____ (réfléchir).
7. S'ils _____ (être) riches, ils auraient acheté cette maison.
8. Il prend son parapluie pour le cas où il _____ (pleuvoir).

EXERCICE VI *Ecrivez des phrases conditionnelles avec les mots suivants en vous servant du tableau 8-5.*

Ex. être prêt — partir.

Si tu es prêt, partons.

1. avoir du talent — connaître le succès
2. avoir un meilleur professeur — travailler davantage
3. arriver en retard — manquer l'avion
4. avoir un rendez-vous avec elle (lui) — avoir de la chance
5. se dépêcher — finir avant le déjeuner
6. aller en France — dépenser beaucoup d'argent
7. s'entendre avec tout le monde — être heureux
8. donner un renseignement — être au courant

EXERCICE VII (écrit) *Finissez les phrases suivantes en employant des conditionnels quand c'est possible. Distinguez le* **si** *d'interrogation indirecte du* **si** *de condition.*

1. J'aurais été content(e) si _____.
2. On se demandait bien si _____.
3. Si j'enviais mes amis, _____.
4. Vous ne savez pas si _____.
5. Si tu nous avais prévenu, _____.
6. Je t'inviterais si _____.

EXERCICE VIII (écrit)   *Traduisez les mots anglais des phrases suivantes.*

1. _____. "I wish it would rain"
2. Je sais que je _____ lui écrire mais je n'en ai pas le courage. "should"
3. _____-vous m'aider, s'il vous plaît ? "could"
4. Chaque fois que je le rencontrais, il _____ la tête de l'autre côté. "would turn"
5. J'ai fait tout ce que je _____ pour elle. "could"

EXERCICE IX   *Ecrivez une phrase où le conditionnel est employé pour la politesse et une phrase où il est employé pour un fait rapporté douteux.*

EXERCICE X   *Ecrivez cinq phrases illustrant chacune un des cas courants de phrases conditionnelles avec **si** de condition.* (voir tableau 8-5)

EXERCICE XI   *Ecrivez deux phrases avec l'expression **au cas où** (ou **pour le cas où**).*

EXERCICE XII   *Ecrivez trois phrases qui montrent qu'on peut avoir n'importe quel temps après un **si** d'interrogation indirecte.*

EXERCICE XIII   *Ecrivez un paragraphe de cinq lignes sur le sujet suivant :* Que feriez-vous si on vous donnait immédiatement quinze jours de vacances ?

EXERCICE XIV (écrit)   *Lisez le texte suivant (à haute voix en classe). Puis écrivez un paragraphe du même titre où vous définirez, comme Rousseau, l'existence dont vous rêvez.*

Si j'étais riche...

Je n'irais pas me bâtir une ville en campagne, et mettre au fond d'une province les Tuileries devant mon appartement. Sur le penchant de quelque agréable colline bien ombragée, j'aurais une petite maison rustique, une maison blanche avec des contrevents verts ; et quoique une couverture de chaume soit en toute saison la meilleure, je préférerais magnifiquement, non la triste ardoise, mais la tuile, parce qu'elle a l'air plus propre et plus gai que le chaume, qu'on ne couvre pas autrement les maisons dans mon pays, et que cela me rappellerait un peu l'heureux temps de ma jeunesse. J'aurais pour cour une basse-cour, et pour écurie une étable avec des vaches, pour avoir du laitage que j'aime beaucoup. J'aurais un potager pour jardin, et pour parc un joli verger semblable à celui dont il sera parlé ci-après. Les fruits, à la discrétion des promeneurs, ne seraient ni comptés ni cueillis par mon jardinier ; et mon avare magnificence n'étalerait point aux yeux des espaliers superbes auxquels à peine on osât toucher. Or, cette petite prodigalité serait peu coûteuse, parce que j'aurais choisi mon asile dans quelque province éloignée où l'on voit peu d'argent et beaucoup de denrées, et où règnent l'abondance et la pauvreté.

Jean-Jacques Rousseau, Emile

EXERCICE XV (écrit) *Formes littéraires du conditionnel. Substituez aux conditionnels littéraires les temps non littéraires qui conviennent.*

1. Au retentissement de ce pas, l'être le plus inattentif *eût été* assailli de pensées, car il était impossible de l'écouter froidement.
2. ... au bruit démesuré de ces pieds d'où la vie semblait absente, et qui faisaient craquer les planchers comme si deux poids en fer les *eussent frappés* alternativement.
3. Vous *eussiez reconnu* le pas indécis et lourd d'un vieillard ou la majestueuse démarche d'un penseur qui entraîne des mondes avec lui.

Balzac

Réponses aux applications immédiates

p. 166 1. révélerais
2. craindrions
3. reviendrait
4. rendrais
5. saurais
6. ouvririez
7. enverraient
8. se lèverait

p. 167 1. Il voudrait que vous veniez.
2. J'aimerais (*ou* Je voudrais) comprendre (*ou* pouvoir comprendre).

p. 168 1. Tout le monde était sûr que vous seriez d'accord.
2. Tout le monde était sûr que vous alliez être d'accord.

p. 169 1. aurais
2. était
3. déménageraient
4. Pourriez
5. irait
6. plairait

p. 170 1. aurais emmené
2. aurions créé
3. serait mort
4. se seraient rendu compte

p. 172 1. aurais parlé
2. aurait voulu
3. serait allée
4. aviez voulu
5. aurait pris

p. 172 La dispute n'*aurait* jamais *fini*, si... Micromégas... n'*avait cassé* le fil...

9 Les Pronoms relatifs

I. Fonction du pronom relatif

A. Regardons la phrase : J'ai besoin du livre **qui** est sur le bureau.

1. Il y a deux propositions (une phrase est composée de propositions) : *la proposition principale* **j'ai besoin du livre** et *la proposition relative* **qui est sur le bureau,** ainsi appelée parce qu'elle est introduite par un pronom relatif.

2. **qui** est le sujet du verbe **est** dans la proposition relative ; le verbe de cette proposition se trouve toujours *après* le pronom relatif puisque celui-ci introduit la proposition relative.

3. Le mot **livre** est *l'antécédent* du pronom relatif **qui**.

4. Le pronom relatif **qui** sert à relier les deux phrases indépendantes : J'ai besoin d'un livre. —Il est sur le bureau. → J'ai besoin du livre **qui** est sur le bureau.

Application immédiate   Faites le même raisonnement avec la phrase suivante : **Il connaît le chien qui court dans la rue.**

1.＿＿＿＿＿＿ 2.＿＿＿＿＿＿ 3.＿＿＿＿＿＿ 4.＿＿＿＿＿＿

(Réponses p. 194)

B. Pour trouver le pronom relatif qui convient, il faut donc savoir:

— quelle est *sa fonction* dans la proposition relative qu'il introduit (sujet du verbe, objet direct du verbe, ou objet d'une préposition).

— quel est *son antécédent*: un nom de personne, un nom de chose, ou une proposition; quelquefois il n'y a pas d'antécédent exprimé.

C. Position de la proposition relative

La proposition relative peut être placée

— après la proposition principale (voir exemple dans IA).

— à l'intérieur de la proposition principale:

Ex. L'histoire **que vous me racontez** est très intéressante.

— au commencement de la phrase:

Ex. Ce que vous voulez n'est pas raisonnable.

II. Formes. On distingue les pronoms relatifs :

— *avec antécédent* nom de personne ou nom de chose (ou un pronom).

— *avec antécédent* proposition, ou *sans antécédent*.

TABLEAU 9-1   Les Pronoms relatifs

	A. *Avec antécédent*		B. *Avec antécédent Sans antécédent*	
	un nom de PERSONNE *(ou un pronom)*	*un nom de* CHOSE *(ou un pronom)*	*une* PROPOSITION *(idée, fait)*	
sujet du verbe	qui ①	qui	⑤	ce qui
objet direct du verbe	que, qu' ②	que, qu'	⑥	ce que, ce qu'
objet de la préposition **de**	dont de qui (duquel, de laquelle, ③ desquels, desquelles)	dont duquel, de laquelle, desquels, desquelles	⑦	ce dont
objet d'une préposition (autre que **de**)	qui (lequel, laquelle, ④ lesquels, lesquelles)	lequel, laquelle, lesquels lesquelles (où)	⑧	(ce) + préposition + **quoi**

Exemples

(Les numéros renvoient à ceux du tableau. Le pronom relatif et l'antécédent sont soulignés.)

		Fonction du pronom relatif	*Antécédent*
A.	1. Je connais le monsieur qui est debout.	sujet du verbe	personne
	J'entends le téléphone qui sonne.	sujet du verbe	chose
	2. J'aime les amis que je viens de voir.	objet direct du verbe	personne
	Gardez la boîte que vous voulez.	objet direct du verbe	chose
	3. Appelez la personne dont voici le numéro.	objet de **de**	personne
	Regardez le stylo dont je me sers.	objet de **de**	chose
	4. Les gens pour qui (lesquels) il travaille sont gentils.	objet d'une préposition (autre que **de**)	personne
	Le crayon avec lequel je dessine n'est pas assez pointu.	objet d'une préposition (autre que **de**)	chose
B.	5. J'ai froid, ce qui est désagréable.	sujet du verbe	proposition
	Je ne sais pas ce qui m'arrive.	sujet du verbe	*sans*
	6. Ce que je n'admets pas, c'est que tu sois paresseux.	objet direct du verbe	proposition
	Il se demande ce que vous voulez.	objet direct du verbe	*sans*
	7. Il a eu une bonne note, ce dont il est très heureux.	objet de **de**	proposition
	Tu comprends ce dont ils ont besoin.	objet de **de**	*sans*
	8. Ils m'ont insulté, ce à quoi je ne m'attendais pas.	objet d'une préposition (autre que **de**)	proposition
	Je vois à quoi il s'oppose.	objet d'une préposition (autre que **de**)	*sans*

III. Emplois. (Les numéros renvoient à ceux du tableau.)

A. Avec antécédent *personne* **ou** *chose* (numéros ①, ②, ③, ④ du tableau)

1.

	avec antécédent	
	PERSONNE	CHOSE
sujet du verbe	qui	qui

a. *qui* est sujet du verbe qui suit :

> Ex. Apportez-moi le livre **qui est** sur la table.
>
> On m'a donné celui **qui se trouvait** sur l'étagère.

b. *qui* est employé pour une personne ou pour une chose :

> Ex. **La jeune fille qui** est là-bas est très jolie.   (personne)
>
> **Le livre qui** est sur la table est à elle.   (chose)

c. *qui* ne change jamais, même devant une voyelle ou un **h** muet :

> Ex. Je vois le livre **qui** se trouve là.
>
> Je vois le livre **qui** est là.
>
> J'ai lu l'ouvrage **qui h**onore cet homme.

d. C'est **moi** qui **suis** là. C'est **toi** qui **es** là.

> Continuez: C'est **lui** qui _____ là.
>
> C'est **nous** qui _____ là.
>
> C'est **vous** qui _____ là.
>
> C'est (Ce sont) **eux** qui _____ là.

Le verbe de la proposition relative *prend la personne de l'antécédent de* **qui**.

2.

	avec antécédent	
	PERSONNE	CHOSE
objet direct du verbe	que, qu'	que, qu'

a. *que* est objet direct du verbe qui suit :

> Ex. C'est le sujet **que** nous **discutons.**   Ce sont ceux **que** je **connais.**

b. *que* est employé pour une personne ou pour une chose :

> Ex. Comment s'appelle **la personne que** vous avez rencontrée ?   (personne)
>
> J'aime **la maison que** vous avez construite.   (chose)

c. *que* devient *qu'* devant une voyelle ou un **h** muet :

> Ex. J'ai lu le roman **qu'**il est en train de lire.
>
> Je connais la maison **qu'**habite votre mère.

Remarque

Pour savoir s'il faut **qui** ou **que**, regardez si le verbe de la proposition relative a déjà un sujet :

> Ex. Voilà le livre _____ vous plaît.   (le verbe **plaît** n'a pas de sujet ; il faut **qui**)
>
> Voilà le livre _____ vous voulez.   (le verbe **voulez** a déjà un sujet, il faut **que**)

Application immédiate   Complétez avec **qui** ou **que, qu'**. Le verbe de la proposition relative a-t-il déjà un sujet ?

1. Voilà une question _____ intéresse tout le monde.
2. L'exercice _____ il fait est dur.
3. Vous avez acheté une robe _____ vous va bien.
4. La dictée _____ le professeur vous a donnée est courte.
5. Je connais la personne _____ se regarde dans la glace.   (*Réponses p. 194*)

d. En français le pronom objet direct *que* est toujours exprimé. En anglais il est souvent omis :

    Ex. la classe **que** tu aimes   "the class (that)you like"

e. *Le participe passé* d'un temps composé s'accorde avec *que*, objet direct qui précède toujours le verbe.   (Important !) :

    Ex. J'ai raconté une histoire **qu'**il a aimée.

    J'ai aimé les histoires **que** nous nous sommes racontées.

Application immédiate   Ecrivez le participe passé correctement.

1. Voilà la voiture qu'ils ont _____. (abandonner)
2. Les fautes que vous avez _____ (faire) ne sont pas graves.
3. Les mots que vous vous êtes _____ (dire) étaient romantiques.

                                                             (*Réponses p. 194*)

f. Attention à *que* : *que* n'est pas toujours un pronom relatif.

    Ex. Je sais **que** vous êtes gentil.

        Il a pensé **qu'**il était tard.   (conjonctions)

    Que faites-vous ?   (pronom interrogatif)

    Que vous êtes beau !   (adverbe = **comme**)

Dans ces cas, *que* n'a pas d'antécédent.

Ne confondez pas les pronoms relatifs **qui**, **que** avec les pronoms interrogatifs **qui**, **que**.

3.

	avec antécédent	
	PERSONNE	CHOSE
objet de la *préposition* **de**	dont de qui (duquel, de laquelle, desquels, desquelles)	dont duquel, de laquelle, desquels, desquelles

a. *dont* remplace *que* quand le verbe de la proposition relative est construit avec **de** ; *dont* est invariable et s'emploie pour une personne ou pour une chose :

  Ex. Voilà l'homme **dont** je vous ai parlé.   (parler de)

  Voilà le livre **dont** je me sers.   (se servir de)

— une expression verbale, un adjectif, un adverbe, un nom peuvent aussi être construits avec **de** :

  Ex. Il y a des animaux **dont** j'ai peur.   (*objet d'une expression* : avoir peur de)

  Il a un fils **dont** il est très fier.   (*objet d'un adjectif* : être fier de)

  J'ai reçu des fleurs **dont** très peu sont fanées.   (*objet d'un adverbe* : peu de)

  Voilà une personne **dont** je connais la fille.   (*objet d'un nom* : la fille de)

Remarque

Quand **dont** est l'objet d'un nom (voir dernier exemple ci-dessus), l'ordre des mots est normal dans la proposition relative en français :

dont + *sujet* + *verbe*   + *objet direct*

  ↓   ↓   ↓   ↓

dont   je   **connais**   **la fille**   = "whose daughter I know"

  (littéralement : "of whom I know the daughter")

Remarquez que le nom est accompagné de *l'article défini*.

b. *dont* n'est pas employé:

— avec *les prépositions composées de* **de** : au sujet de, en face de, près de, à côté de, au cours de, à l'ombre de, au-dessus de, le long de, etc.

Employez **qui** (ou **lequel**) pour une personne, **lequel** pour une chose. [**Lequel** est un pronom relatif composé (**le** + **quel**) qui s'accorde en genre et en nombre avec son antécédent et qui se contracte avec **à** et **de** parce que

le est l'article défini. Il en résulte : avec **à** : **auquel, auxquels, auxquelles** ; avec **de** : **duquel, desquels, desquelles**. Il n'y a pas de contraction avec **laquelle : à laquelle, de laquelle.**]

> **Ex.** La jeune fille **à côté de qui (laquelle)** il est assis est sa fiancée.
> Le mur **le long duquel** il marche est en pierre.

— après *une préposition + nom + de*. Employez **qui** (ou **lequel**) pour une personne, **lequel** pour une chose.

> **Ex.** C'est une dame **avec la fille de qui (laquelle)** il est souvent sorti.
> Voilà un problème **pour la solution duquel** j'ai passé deux heures.

Remarques

Cette tournure est compliquée et on l'exprime généralement d'une façon plus simple :
> Il est souvent sorti avec la fille de cette dame.
> J'ai passé deux heures à résoudre ce problème.

Application immédiate   Complétez avec le pronom relatif qui convient.

1. C'est une blouse _____ elle avait envie depuis longtemps.
2. Le lac près _____ ils se trouvent est calme.
3. Ce monsieur dans le jardin de _____ je me trouvais est mon ancien voisin.
4. Présentez-moi à la personne _____ vous m'avez parlé.

Traduisez :

5. Votre essai _____ sera publié.
   "whose quality everyone admires"

(Réponses p. 194)

4.

	avec antécédent	
	PERSONNE	CHOSE
objet d'une *préposition* *(autre que* **de***)*	qui (lequel, laquelle, lesquels, lesquelles)	lequel, laquelle, lesquels, lesquelles, (où)

a. *qui* est employé après toutes les prépositions (excepté **de**) quand son antécédent est une personne. On peut aussi employer *lequel* mais *qui* est préférable.

> **Ex.** Je connais le monsieur **à qui (auquel)** vous avez parlé.
> Voilà le professeur **avec qui (avec lequel)** j'ai discuté ma thèse.

b. On emploie une forme de *lequel* :

    — après toutes les prépositions (excepté **de**) quand l'antécédent est une chose.

      Ex. C'est l'exemple **auquel** je pensais.   (penser à)

           Voici la raison **pour laquelle** je suis venu.   (on ne dit pas : la raison pourquoi)

    — avec *entre*, *parmi*. Employez toujours une forme de *lequel* avec ces prépositions (n'employez pas **qui**, même pour une personne) ; *parmi* est employé pour plus de deux groupes.

      Ex. Je regardais les deux gendarmes **entre lesquels** il marchait, l'air peu fier.

           Les gens **parmi lesquels** je me trouvais étaient aimables.

c. *où*. Quand l'antécédent du pronom relatif est un lieu ou un temps, il faut généralement employer *où* à la place de *la préposition* + *lequel* :

      Ex. La ville **où** (**dans laquelle**) je suis né.

           Le parc **où** (**dans lequel**) je vous ai vu.

           Le pays **d'où** (**duquel**) je viens.   } *un lieu*

           L'endroit **par où** (**par lequel**) je suis passé.

           Le banc **où** (**sur lequel**) je suis assis.

           Le jour **où** (**auquel**) il est arrivé.

           La semaine **où** (**pendant laquelle**) il était   } *un temps* (n'employez pas
             si fatigué.   *quand*, qui n'a jamais

           Il est sorti **au moment où** j'entrais.   d'antécédent. Important!)

Application immédiate   Complétez avec le pronom relatif qui convient.

1. La jeune fille avec _____ j'ai parlé était charmante.
2. L'année _____ j'ai été malade m'a semblé longue.
3. La réponse numéro 3 est celle pour _____ j'ai des doutes.
4. Il y a quatre personnes entre _____ il faut partager la somme d'argent.

                                                         (*Réponses p. 194*)

ATTENTION

Pour éviter une confusion entre deux antécédents, on doit quelquefois employer une forme de **lequel** à la place de **qui** (sujet) :

    Ex. Elle était avec son mari et sa fille, **laquelle** semblait s'ennuyer.

B. Avec antécédent proposition (idée, fait) ou **sans antécédent** (numéros ⑤, ⑥, ⑦, ⑧ du tableau)

1.

	avec antécédent PROPOSITION	sans antécédent
sujet du verbe	ce qui	

a. Le pronom neutre *ce*, placé devant le pronom relatif *qui*, représente la proposition antécédente. *Qui* est sujet du verbe qui suit:

> **Ex. Il a raté son examen, ce qui** est très surprenant.
>
> **Ce qui** l'étonne, **c'est que vous n'ayez pas appelé.** (Remarquez la répétition de **ce** devant **est** quand la proposition antécédente suit la proposition relative. = Il est étonné que vous n'ayez pas appelé.)

b. Quand le pronom relatif n'a pas d'antécédent, on ajoute *ce*.   (**ce** = la chose, les choses)

Les pronoms sont donc les mêmes qu'avec l'antécédent proposition :

> **Ex.** Je n'aime pas faire **ce qui** est désagréable.   (les choses qui)

2.

	avec antécédent PROPOSITION	sans antécédent
objet direct du verbe	ce que, ce qu'	

a. *ce* représente la proposition antécédente et **que (qu')** est objet direct du verbe qui suit :

> **Ex. J'ai mal à la tête, ce que** je redoute toujours.
>
> **Ce que** je ne comprends pas, **c'est que notre discussion n'ait servi à rien.**
> (=Je ne comprends pas que notre discussion n'ait servi à rien.)

b. sans antécédent :

> **Ex. Ce que** vous voulez n'est pas raisonnable.   (les choses que)

3.

	avec antécédent PROPOSITION	sans antécédent
objet de la préposition **de**	ce dont	

a. *dont* remplace **que** dans **ce que**, quand le verbe de la proposition relative est construit avec **de** :

    Ex. Il est passé la voir, ce dont je m'étonne. (s'étonner de)
    Il fallait qu'il fasse 1 km. de course, ce dont il n'était pas capable. (être capable de)

b. sans antécédent :

    Ex. J'ai oublié **ce dont** vous m'avez parlé.

Remarques

— **tout ce qui, tout ce que, tout ce dont.** N'oubliez pas **ce** entre **tout** et le pronom relatif :

    Ex. Tout ce qui brille n'est pas or. (proverbe)
    J'ai oublié **tout ce qu'**il m'a dit.
    Il a déjà vu **tout ce dont** tu parles.

— Ne confondez pas **tout ce qui (que, dont)** et **tous ceux qui (que, dont)** :

    Ex. Tout ce qui est là doit être emporté.
    Tous ceux qui seront en retard ne seront pas admis.

4.

	avec antécédent PROPOSITION	sans antécédent
objet d'une préposition (autre que **de**)	(**ce**) + préposition + **quoi**	

a. Dans ce cas, le pronom neutre *ce*, qui représente la proposition antécédente, *est toujours exprimé au commencement d'une phrase* ; dans les autres positions, il est exprimé ou non, mais il n'y a pas de règle précise. Remarquez que *quoi* est employé comme objet d'une préposition, seulement avec l'antécédent proposition ou sans antécédent, jamais avec l'antécédent nom de personne ou de chose. (Important !)

    Ex. Vous avez apporté une caméra, ce à **quoi** je n'avais pas pensé. (penser à)
    Il m'a fait ses excuses, sans **quoi** je n'aurais pas pu lui pardonner.
    Je vais finir mon travail, après **quoi** j'irai au cinéma.
    Ce contre **quoi** il proteste, **c'est que vous ayez agi ainsi.**

b. sans antécédent :

    Ex. Ce à **quoi** elle voulait arriver était très clair. (la chose à laquelle)

Application immédiate   Complétez avec **ce qui, ce que (qu'), ce dont,** ou **(ce)** + prép. + **quoi.**

1. _____ je vois, c'est que vous n'avez pas compris cette leçon.
2. Il faut que j'aille au marché, _____ je n'ai pas du tout envie.
3. Il est arrivé seul, _____ est bizarre.
4. Je pensais que c'était clair, sans _____ je l'aurais expliqué.
5. _____ vous devez penser, c'est qu'il a besoin de tranquillité d'esprit.
6. J'apporterai tout _____ vous voulez.

(Réponses p. 194)

Remarque

L'antécédent du pronom relatif est quelquefois sous-entendu dans des phrases spéciales.

Ex. Qui dort dîne.   (celui qui)
    Qui vivra verra.   (proverbes)
    Qui s'y frotte s'y pique.
    Il parlera **à qui** sera le plus aimable.   (à celui qui)
    Voilà **qui** est gênant.   (quelque chose qui)
    J'ai **de quoi** vivre.   (assez pour)

Exercices

EXERCICE I   *Divisez les phrases suivantes en propositions, puis soulignez le pronom relatif et son antécédent.*

    Ex. C'est une personne / que j'aime beaucoup.

1. L'étudiant qui est absent est malade.
2. Je l'ai vu hier, ce qui m'a permis de lui parler longuement.
3. Aimez-vous le vêtement que je porte ?
4. Voilà une réponse dont elle n'est pas sûre.

EXERCICE II   *Ecrivez le verbe au temps indiqué et à la personne correcte d'après l'antécédent du pronom relatif **qui**.*

1. C'est toi qui _____ ce travail.
              (faire, futur)
2. C'est Robert et toi qui _____ cela.
                     (dire, passé composé)

3. Ce n'est pas moi qui _____ tort.
(avoir, présent)

4. C'est toi et moi qui _____ les deux seuls en retard.
(être, imparfait)

EXERCICE III (oral) *Identifiez les **que** des phrases suivantes.*

1. Que c'est donc compliqué !
2. Je me suis rendu compte que c'était la fin du film.
3. Avez-vous la feuille que je cherche ?
4. Que désirez-vous ?

EXERCICE IV (oral) *Remplacez les mots soulignés de la proposition relative par les mots donnés et changez le pronom relatif d'après la construction.*

Ex. Voilà un tableau qui <u>est cher</u>. a. j'ai peint.
Voilà un tableau que j'ai peint.

1. Voilà le livre que <u>je veux</u>.
   a. j'ai envie.
   b. j'ai besoin.
   c. je suis en train de lire.
   d. me plaît.
   e. je pense.
   f. il a écrit.

2. Je fais un devoir qui <u>est dur</u>.
   a. je déteste.
   b. est trop long.
   c. je suis satisfait.
   d. est pour demain.
   e. le professeur a donné hier.
   f. m'intéresse.

3. C'est une note qui <u>est bonne</u>.
   a. j'ai honte.
   b. je ne peux pas expliquer.
   c. je m'attendais.
   d. je suis heureux.
   e. je mérite.
   f. m'étonne.

4. C'est l'endroit que <u>je connais bien</u>.
   a. nous fait peur.
   b. je suis né(e).
   c. vous avez parlé.

   d. je dois aller.
   e. j'aime le calme.
   f. elle l'a rencontré.

5. Vous avez fait une erreur qui <u>n'est pas grave</u>.
   a. me dérange.
   b. je n'avais pas vue.
   c. je n'avais pas fait attention.
   d. je ne m'inquiète pas.
   e. vous vouliez absolument éviter.
   f. lui cause du chagrin.

6. Je suis parti, ce qui <u>était normal</u>.
   a. tout le monde a été étonné.
   b. d'autres ont fait aussi.
   c. je pouvais faire si je voulais.
   d. a semblé bizarre.
   e. il comptait (compter sur).
   f. a fait parler les gens.

7. Je voudrais bien savoir ce qui <u>se passe</u>.
   a. il lui a dit.
   b. ils se souviendront.
   c. vous voulez.
   d. tu as fait allusion.
   e. il s'agit.
   f. il faut pour le dîner.

EXERCICE V   *Ecrivez le participe passé du verbe entre parenthèses à la forme correcte.*

1. Voulez-vous la composition que j'ai _____ (écrire) ?
2. Vous n'avez pas répondu à la question qu'il vous a _____ (poser).
3. Je n'ai pas parlé à celles que vous avez _____ (choisir).
4. Regarde les vêtements qu'elle a _____ (acheter) aujourd'hui.

EXERCICE VI (oral)   *Etudiez les pronoms relatifs et les participes passés du poème suivant.*

le message

La porte que quelqu'un a ouverte
La porte que quelqu'un a refermée
La chaise où quelqu'un s'est assis
Le chat que quelqu'un a caressé
Le fruit que quelqu'un a mordu
La lettre que quelqu'un a lue
La chaise que quelqu'un a renversée
La porte que quelqu'un a ouverte
La route où quelqu'un court encore
Le bois que quelqu'un traverse
La rivière où quelqu'un se jette
L'hôpital où quelqu'un est mort

Jacques Prévert

EXERCICE VII (écrit)   *Complétez avec le pronom relatif qui convient. L'antécédent est un nom de personne ou de chose.*

1. J'ai hâte de recevoir le magazine _que_ j'ai commandé.
2. Voilà la ligne au-dessus de _ce qu'_ il faut écrire.
3. Il vit avec des gens parmi _lesquels_ il se sent heureux.
4. C'est une chose _à laquel_ je ne pensais plus. Heureusement que vous me l'avez rappelée !
5. J'ai eu une nouvelle _____ je suis très contente.
6. Vous m'avez donné un livre, mais ce n'est pas celui _que_ je voulais.
7. J'ai oublié le nom du magasin _où_ je dois aller cet après-midi.
8. La tour en face de _laquel_ je me trouve est impressionnante.
9. La raison pour _qu'_ ils se sont disputés n'est pas claire.   (on ne dit jamais : la raison pourquoi)
10. Le professeur _auquel_ vous parlez est ennuyeux.
11. La dame avec la soeur de _laquel_ il se promène est ma voisine.
12. Pierre _qui_ roule n'amasse pas mousse. (proverbe)
13. Voilà une jeune fille _que_ j'envie ; elle va passer quatre semaines en Europe pendant _lequel_ elle voyagera beaucoup. Elle a des parents chez _lesquels_ elle s'arrêtera pendant quelques jours.

14. Il a des lunettes _auquel_ il ne s'habitue pas.
15. Malheur à ceux _qui_ n'obéiront pas !

EXERCICE VIII (écrit)   *Complétez avec **où**, **d'où**, ou **par où**.*

1. C'est le village _____ je viens.
2. Je serai très étonné le jour _____ vous ne serez pas en retard.
3. Voilà le restaurant _____ nous allons dîner.
4. Je dîne à l'heure _où_ tu sors du travail.
5. Je reconnais la rue _par où_ on est passés hier.

EXERCICE IX (écrit)   *Complétez avec le pronom relatif qui convient. L'antécédent est une proposition.*

1. Ils vont aller faire du ski, _dont_ j'ai aussi envie.
2. L'ambulance est arrivée rapidement, sans _quoi_ il serait mort.
3. _Ce qu'_ il faudrait, c'est que vous soyez un peu plus gentille avec elle.
4. Ils étaient en colère, _ce à quoi_ je m'attendais.
5. _Ce que_ me surprend, c'est votre incrédulité excessive.
6. Il a plu toute la journée hier, _ce qui_ a empêché le match d'avoir lieu.
7. Ils sont allés en ville, après _quoi_ ils sont revenus regarder un programme de télévision.

EXERCICE X (écrit)   *Complétez avec un pronom relatif. Il n'y a pas d'antécédent.*

1. Devinez _ce que_ j'ai fait hier.
2. Il ne comprend pas _dont_ vous êtes inquiet.
3. Vous déciderez _ce que_ vous voulez ; moi, je sais _ce que_ je veux.
4. Je vais vous expliquer _____ est arrivé.
5. Pensez à _____ je vous ai dit.
6. Je ne sais pas _à quoi_ elle passe son temps.

EXERCICE XI (écrit ou oral)   *Reliez les deux phrases par un pronom relatif. Les mots soulignés dans la deuxième phrase seront remplacés par le pronom relatif. Est-ce que l'antécédent est un nom ou une proposition ? Il faudra changer certains mots ou leur place.*

Ex. C'est mon frère. / <u>Il</u> vous dit bonjour.
C'est mon frère qui vous dit bonjour.
1. Je reçois un magazine. / <u>Il</u> est hebdomadaire.
2. Vous lui avez prêté les 10 dollars. / Il <u>en</u> avait besoin.
3. Vous aimerez ces gens. / Nous allons chez <u>eux</u> cet après-midi.
4. Il y avait un trait de crayon. / Il <u>l'</u>a gommé.

5. J'ai pris un abonnement à une revue. / <u>Cet abonnement</u> coûte cher. (attention à l'ambiguïté)
6. Le crayon n'est pas pointu. / Vous écrivez avec <u>ce crayon.</u>
7. Vous vous souvenez certainement de l'endroit. / Nous nous <u>y</u> sommes arrêtés.
8. Nous avons été pris de vertige en haut de la tour Eiffel. / <u>C'</u>était très désagréable.
9. Il faut que j'aille chez le coiffeur. / Je déteste faire <u>ça.</u>
10. Je jouerai au tennis. / Après <u>ça</u> je sortirai avec des camarades.

quoi.

EXERCICE XII   *Ecrivez une phrase avec chacun des pronoms relatifs suivants.*

1. qui (sujet)
2. que
3. dont
4. auxquelles
5. où
6. ce à quoi
7. avec qui

EXERCICE XIII (écrit)   *Complétez les phrases suivantes en employant des propositions relatives.*

1. Avez-vous vu le costume _____?
2. Je vois une personne là-bas _____.
3. Soyez gentils envers ceux _____.
4. Méfiez-vous de ce_____.
5. C'est encore nous _____, vous verrez.
6. _____, c'est que vous ayez pris froid chez moi.
7. Voilà une question difficile _____.
8. _____ vient d'entrer dans la salle.
9. Ce qui m'étonne, _____.
10. J'ai parlé à un de mes amis _____.
11. Je voudrais savoir tout _____.
12. Nous avons bu un vin excellent_____.
13. Ces roses, _____, sont déjà fanées.
14. Je me demande quelquefois _____.
15. Au moment _____, le mur s'est écroulé.
16. Elle est toujours d'accord sur_____.
17. Il faudra penser à tout _____.

18. Ce qu'il faut surtout, _____.
19. Nous avons traversé une rue _____.
20. Il ne comprend pas _____.

EXERCICE XIV (oral)   *Trouvez les propositions relatives contenues dans ce texte et étudiez les pronoms relatifs (fonction et antécédent).*

> Bercé dans ma civière, je pense à cette aventure qui se termine, à cette victoire, inespérée. On parle toujours de l'idéal comme d'un but vers lequel on tend sans jamais l'atteindre. L'Annapurna, pour chacun de nous, est un idéal accompli : dans notre jeunesse, nous n'étions pas égarés dans des récits imaginaires ou dans les sanglants combats que les guerres modernes offrent en pâture à l'imagination des enfants. La montagne a été pour nous une arène naturelle, où, jouant aux frontières de la vie et de la mort, nous avons trouvé notre liberté qu'obscurément nous recherchions et dont nous avions besoin comme de pain.
>
> La montagne nous a dispensé ses beautés que nous admirons comme des enfants naïfs et que nous respectons comme un moine l'idée divine.
>
> L'Annapurna, vers laquelle nous serions tous allés sans un sou vaillant, est un trésor sur lequel nous vivrons. Avec cette réalisation c'est une page qui tourne…C'est une nouvelle vie qui commence.
>
> Il y a d'autres Annapurna dans la vie des hommes.
>
> Maurice Herzog, *Annapurna*

EXERCICE XV   *Ecrivez une phrase avec chacune des expressions données en utilisant après la préposition un pronom relatif qui s'applique à une personne.*

Ex. téléphoner (à)   La personne **à qui** j'ai téléphoné n'était pas chez elle.
1. aller (chez)
2. se disputer (avec)
3. parler (à, avec)
4. dire (à)
5. se marier (à, avec)

EXERCICE XVI (écrit)   *Décrivez l'endroit où vous habitez : la rue où se trouve votre maison, ou un lieu spécial de votre ville. (Ecrivez cinq lignes environ en employant un grand nombre de pronoms relatifs.)*

Réponses aux applications immédiates

p. 178   1. propos. principale: **Il connaît le chien**
           propos. relative: **qui court dans la rue**
        2. **qui** est le sujet de **court**
        3. **chien** est l'antécédent de **qui**
        4. **qui** relie les deux propositions:
           Il connaît un chien.
           Le chien court dans la rue.

p. 182   1. qui
        2. qu'
        3. qui
        4. que
        5. qui

p. 182   1. abandonnée
        2. faites
        3. dits

p. 184   1. dont
        2. duquel
        3. qui (duquel)
        4. dont
        5. dont tout le monde admire la qualité

p. 185   1. qui (laquelle)
        2. où
        3. laquelle
        4. lesquelles

p. 188   1. Ce que
        2. ce dont
        3. ce qui
        4. quoi
        5. Ce à quoi
        6. ce que

IO Le Subjonctif

présent et passé

Remarques générales

Le subjonctif est un mode, le mode de l'idée. Ses emplois peu fréquents en anglais et très fréquents en français ne sont pas comparables.

Le mot *subjonctif* signifie *subordonné*. Ce mode est surtout employé pour un verbe dont l'action (ou l'état) *dépend* d'un verbe principal exprimant un doute, une volonté, une possibilité, une nécessité, un jugement, un but ou un sentiment. L'attitude est *subjective*.

Au contraire *l'indicatif* dans une proposition subordonnée s'emploie quand le verbe dépend d'un verbe principal exprimant une réalité, une certitude, une déclaration, une probabilité, une pensée, ou un fait réalisable. L'attitude est *objective*.

Comparez : Est-ce tout ce que tu **as** à faire ?   (*indicatif*)
                  Est-ce tout ce que tu **aies** à faire ?   (*subjonctif*)

Dans la première phrase, la question est directe et objective. La réponse est oui, ou non. Dans la seconde phrase, la personne qui pose la question exprime une surprise ou un doute. L'attitude est subjective et le subjonctif permet d'exprimer ces sentiments.

Temps du subjonctif

Le subjonctif a quatre temps : *le présent, l'imparfait, le passé* et *le plus-que-parfait* (voir le tableau des modes et temps).

Dans cette leçon nous étudierons le *subjonctif présent* et le *subjonctif passé*. Les deux autres temps sont littéraires (voir leçon 18).

I. *Formes*

A. Le Subjonctif présent. C'est un temps simple : un mot.

1. *Verbes réguliers*

La terminaison **ent** de la troisième personne du pluriel (ils) du présent de l'indicatif est remplacée par **e**   **es**   **e**   **ions**   **iez**   **ent**

Voici le présent du subjonctif des trois groupes de verbes réguliers en **er**, en **ir**, en **re** :

aimer (ils aim/ent)

que j'	aim**e**
que tu	aim**es**
qu'il, elle, on	aim**e**
que nous	aim**ions**
que vous	aim**iez**
qu'ils, elles	aim**ent**

finir (ils finiss/ent)

que je	finiss**e**
que tu	finiss**es**
qu'il, elle, on	finiss**e**
que nous	finiss**ions**
que vous	finiss**iez**
qu'ils, elles	finiss**ent**

vendre (ils vend/ent)

que je	vend**e**
que tu	vend**es**
qu'il, elle, on	vend**e**
que nous	vend**ions**
que vous	vend**iez**
qu'ils, elles	vend**ent**

Remarques

— On donne une forme du subjonctif avec la conjonction **que** car un subjonctif est généralement introduit par **que**. Mais l'inverse n'est pas vrai ; **que** n'introduit pas toujours un subjonctif :

Ex. Je suis content **que** vous **soyez** là.   (subjonctif)

Je vois **que** vous **allez** bien.   (indicatif)

— Les formes **nous** et **vous** du présent du subjonctif sont identiques à celles de l'imparfait de l'indicatif. (Les terminaisons **ions** et **iez** sont les mêmes aux deux temps et le radical du verbe est le même aux 1ère et 3ème personnes du pluriel (nous, ils) du présent de l'indicatif qui forment ces deux temps.)

Ex. finir

présent indic. { nous finiss**ons** → *imparfait* : nous finiss**ions**,
                                                             vous finiss**iez**
                   ils finiss**ent** → *présent du subj.* : que nous finiss**ions**,
                                                             que vous finiss**iez**

— Les verbes en **er** qui ont des changements orthographiques aux terminaisons muettes **e, es, ent**, du présent de l'indicatif (voir leçon 3) ont les mêmes changements orthographiques aux terminaisons muettes du subjonctif présent :

Ex.

lever (ils lèv/ent)

que je	**lève**
que tu	**lèves**
qu'il, elle, on	**lève**
que nous	levions
que vous	leviez
qu'ils, elles	**lèvent**

appeler (ils appell/ent)

que j'	appe**lle**
que tu	appe**lles**
qu'il, elle, on	appe**lle**
que nous	appelions
que vous	appeliez
qu'ils, elles	appe**llent**

nettoyer (ils nettoi/ent)

que je	nettoie
que tu	nettoies
qu'il, elle, on	nettoie
que nous	nettoyions
que vous	nettoyiez
qu'ils, elles	nettoient

espérer (ils espèr/ent)

que j'	espère
que tu	espères
qu'il, elle, on	espère
que nous	espérions
que vous	espériez
qu'ils, elles	espèrent

2. *Verbes irréguliers.* Il faut distinguer deux catégories : les verbes irréguliers à formation régulière du subjonctif et ceux à formation irrégulière.

a. *à formation régulière* :

— les verbes irréguliers qui ont le même radical aux trois personnes du pluriel du présent de l'indicatif.
Ex.

craindre (nous craignons, ils craignent)

que je craigne
que tu craignes
qu'il, elle, on craigne
que nous craignions
que vous craigniez
qu'ils, elles craignent

— les verbes irréguliers qui ont *des radicaux différents* aux personnes du pluriel du présent de l'indicatif (subjonctif régulier excepté les formes **nous**, **vous**, qui sont celles de l'imparfait).
Ex.

boire (nous buvons, ils boivent)

que je boive
que tu boives
qu'il, elle, on boive
que nous **buvions**
que vous **buviez**
qu'ils, elles boivent

b. *à formation irrégulière* (il y en a neuf) :

— cinq verbes *avec un seul radical irrégulier à toutes les personnes du subjonctif* :

faire (ils font)	falloir (il faut)
que je **fasse**	qu'il **faille**
pouvoir (ils peuvent)	pleuvoir (il pleut)
que je **puisse**	qu'il **pleuve**

savoir (ils savent)
que je **sache**

— deux verbes *à radical irrégulier* (excepté les formes **nous**, **vous**, qui sont celles de l'imparfait) :

aller (ils vont)

que j' **aille**
que tu **ailles**
qu'il, elle, on **aille**
que nous allions
que vous alliez
qu'ils, elles **aillent**

vouloir (ils veulent)

que je v**euille**
que tu v**euilles**
qu'il, elle, on v**euille**
que nous voulions
que vous vouliez
qu'ils, elles v**euillent**

— les verbes **avoir** et **être** : *radical irrégulier + terminaisons irrégulières.*

avoir (ils ont)

que j' **aie**
que tu **aies**
qu'il, elle, on **ait**
que nous **ayons**
que vous **ayez**
qu'ils, elles **aient**

être (ils sont)

que je **sois**
que tu **sois**
qu'il, elle, on **soit**
que nous **soyons**
que vous **soyez**
qu'ils, elles **soient**

En résumé

Au subjonctif présent des verbes réguliers et irréguliers :

— toutes les terminaisons sont régulières, excepté celles de **être** et **avoir**.
— toutes les formes **nous** et **vous** sont les formes de l'imparfait de l'indicatif excepté celles de **faire, pouvoir, savoir, avoir** et **être**.

Application immédiate   Ecrivez le subjonctif présent des verbes réguliers et irréguliers suivants à la personne indiquée.

1. donner ; que je _____
2. réfléchir ; que tu _____
3. vendre ; que nous _____
4. se rappeler ; qu'ils _____
5. comprendre ; que vous _____
6. croire ; que je _____
7. craindre ; qu'on _____
8. savoir ; qu'elles _____

(*Réponses p. 216*)

B. Le Subjonctif passé. C'est un temps composé : deux mots.

Il est formé *du présent du subjonctif de l'auxiliaire **avoir** ou **être** + le participe passé du verbe en question* :

Ex.

faire (transitif)	aller (intransitif)
que j' aie fait	que je sois allé(e)
que tu aies fait	que tu sois allé(e)
qu'il, elle, on ait fait	qu'il, elle, on soit allé(e)
que nous ayons fait	que nous soyons allés(es)
que vous ayez fait	que vous soyez allé(s, e, es)
qu'ils, elles aient fait	qu'ils, elles soient allés(es)

se souvenir (pronominal)

que je me sois souvenu(e)

que tu te sois souvenu(e)

qu'il, elle, on se soit souvenu(e)

que nous nous soyons souvenus(es)

que vous vous soyez souvenu(s, e, es)

qu'ils, elles se soient souvenus(es)

Application immédiate Ecrivez le subjonctif passé des verbes suivants à la personne indiquée.

1. étudier ; que j' _____ 3. recevoir ; qu'il _____
2. aller ; qu'il _____ 4. se rendre compte ; que vous _____

(*Réponses p. 216*)

II. *Emplois*

A. On trouve le subjonctif **dans des propositions indépendantes** :

1. *comme impératif*, aux personnes qui n'existent pas au mode impératif (voir aussi leçon 3 sur l'impératif) :

   Ex. Qu'il parte tout de suite !
   Qu'ils y **aillent** s'ils le veulent !

2. *pour un souhait :*

   Ex. Vive la France ! (Je désire que la France vive.)
   Que Dieu vous **bénisse** ! (Je prie que Dieu vous bénisse.)
   Honni **soit** qui mal y pense ! (Je souhaite que celui qui mal y pense soit honni.)
   Ainsi **soit**-il ! (à la fin d'une prière)

B. Le subjonctif se trouve surtout **dans des propositions subordonnées complétives** introduites par la conjonction **que** et soumises à un verbe principal ; ces propositions sont aussi appelées substantives parce qu'elles équivalent à un nom objet du verbe principal. En anglais elles sont souvent à l'infinitif ; en français elles sont à l'infinitif seulement quand le sujet des deux verbes est identique (voir IV, plus loin).

   Ex. "I want her to come."
   Je veux qu'elle vienne. (Je veux sa venue.)

1. *Le subjonctif est employé après les verbes ou expressions suivants.*

Verbes ou expressions	Exemples	mais il faut l'indicatif après
de doute, improbabilité : douter, il est douteux	Je doute que vous **sachiez** cette nouvelle.	se douter Je me doute que vous **savez** cette nouvelle.
il semble	Il semble que la situation **ait empiré**.	il me semble (à l'affirmatif) Il me semble que la situation **a empiré**.
il est peu probable il est improbable	Il est peu probable que je **puisse** venir.	il est probable (à l'affirmatif) Il est probable que je **pourrai** venir.
de volonté, désir, défense : vouloir	Elle veut que vous **écoutiez**.	
vouloir bien, consentir à	Ils veulent bien que tu **ailles** avec eux.	
commander, demander, ordonner, exiger, compter	Il ordonne que le travail **soit** fait.	
dire ⎫ écrire ⎬ (pour un ordre seulement)	Dites-lui qu'il **vienne**.	
attendre	J'attends que vous **répondiez**.	
s'attendre à	T'attends-tu à ce que je te le **dise** ?	
souhaiter, désirer	Nous souhaitons que tu **réussisses**.	
permettre, proposer, recommander	Je vais lui proposer que vous **fassiez** le voyage.	
s'opposer à, empêcher, refuser	Elle s'oppose à ce qu'on **boive** ici.	
défendre, interdire	Il défend qu'on **marche** sur l'herbe.	
tenir à	Il tient à ce que vous **veniez**.	

de sentiments, émotions :	
être triste, content, heureux, désolé, ravi, furieux, fâché, en colère, étonné, surpris, honteux, etc.	Comme je suis contente que vous **soyez venu** !
s'étonner	Les gens s'étonnent qu'il **veuille** continuer.
craindre (+ ne), avoir peur (+ ne)	On craint que vous **ne refusiez.**
regretter	Je regrette que vous **ayez** mal **compris.**
aimer, aimer mieux, préférer	J'aime mieux que vous lui **disiez** vous-même.
Expressions impersonnelles	
de nécessité :	
il faut, il ne faut pas, il est nécessaire, obligatoire, essentiel	Il ne faut pas que tu **partes.**
ce n'est pas la peine	Ce n'est pas la peine que vous **téléphoniez.**
il suffit	Il suffit que tu **remplisses** cette feuille.
de possibilité :	
il est possible, il se peut, il n'est pas possible, il est impossible	Il se peut (Il est possible) qu'elle **ait oublié** la date.
de jugement :	
il est regrettable, il (c') est dommage	Il est dommage que vous n'**alliez** pas en vacances cet été.
il convient	Il convient que tu l'**appelles.**
il vaut mieux, il est préférable	Il vaut mieux que nous **restions** à la maison.
il est bon, juste, utile, rare, etc.	Il serait bon que tu la **revoies.**
il est temps	Il est temps que vous **preniez** une décision.
il est important, il importe	Il importe (Il est important) que tu t'en **souviennes.**

Remarques

a. *Le* **ne** *explétif* (*ou pléonastique*)

C'est un **ne** qui est ajouté devant le verbe au subjonctif ou à l'indicatif après certaines constructions ; il n'a pas de valeur négative et il n'est pas traduit. On le rencontre :

— dans une phrase affirmative d'*inégalité* avec **plus**... **que**, **moins**... **que**. (Ne l'employez pas avec **aussi**... **que**.)

Ex. Elle est **moins** jolie **que** je **ne** pensais.

— avec les verbes **craindre, avoir peur** et les conjonctions **de peur que, de crainte que** (voir C plus loin) :

Ex. Nous **avons peur** qu'il **ne** soit trop tard.

— avec les conjonctions **à moins que, avant que** (voir C, plus loin) :

Ex. **A moins que** vous **ne** veniez avec moi, je resterai à la maison.

Le **ne** explétif est de moins en moins employé en conversation. Il n'est jamais employé avec un verbe à l'infinitif.

b. *Quand un verbe construit avec* **à** *est suivi du subjonctif*, on ajoute **ce que** :

Ex. tenir **à** : Est-ce que vous tenez **à ce que** j'aille vous voir ?

s'attendre **à** : Nous nous attendons **à ce qu'**il fasse beau.

la conjonction **jusqu'à** : Je vais rester ici **jusqu'à ce que** tu reviennes. (voir C)

c. **il faut que** est plus simple à employer et plus courant que **il est nécessaire que**.

il ne faut pas que : quand la phrase est négative, la négation porte sur **il faut**.

Ex. Aujourd'hui **il faut que** j'étudie quelques pages de psychologie ; **il faut** aussi **que** j'aille à la bibliothèque xéroxer des feuilles. **Il ne faut pas** que je travaille très tard ce soir parce que je suis fatigué.

Application immédiate   Ajoutez l'expression entre parenthèses devant la phrase donnée, oralement, et employez *le subjonctif* ou *l'indicatif* selon le cas.

Ex. Tu réponds à la question.   (Je veux...)
Je veux que tu répondes à la question.

1. Nous partons.   (Il faut...) ; (Vous voulez...) ; (Il est temps...) ; (Tu attends...)

2. Vous allez au laboratoire.   (Je souhaite...) ; (Il est nécessaire...) ; (Il est bon...) ; (Il me semble...) ; (Il tient à...)

3. Elle fait la sieste.   (Nous désirons...) ; (Il est probable...) ; (Je doute...) ; (Il s'oppose à...)

4. Je crains l'orage.   (Il ne faut pas...) ; (Il est dommage...) ; (Vous vous doutez...) ; (Tu t'étonnes...)   (*Réponses p. 216*)

2. *Le subjonctif est employé après :*

les verbes de pensée et de déclaration, à la forme **négative** ou **interrogative**, *si l'attitude est subjective*. Le fait est alors considéré dans la pensée. Quand l'attitude n'est pas subjective, on emploie l'indicatif. C'est alors la réalité du fait qui domine. (A l'affirmatif, ces verbes sont suivis de l'indicatif, excepté le verbe **nier**.)

> **Ex.** Il **ne pense pas** que j'en **sois** capable. (subjonctif)
>
> > (A son avis je n'en suis pas capable. C'est l'opinion qui est considérée.)
>
> Il **ne pense pas** que j'en **suis** capable. (indicatif)
>
> > (J'en suis capable mais il pense que non. La certitude du fait est marquée.)

> **Autres ex. :** Je **ne trouve pas** que ce travail **soit** mauvais. (A mon avis ce travail n'est pas mauvais.)
>
> **Penses-tu** qu'il **aurait été** préférable de lui dire ? (Il est probable qu'il aurait été préférable de lui dire. Le penses-tu aussi ?)
>
> **Vous souvenez-vous** qu'il **a parlé** ? (le fait certain : il a parlé. Est-ce que vous vous en souvenez ?)

Verbes de pensée	**A l'affirmatif** (+ indicatif)	**Au négatif ou à l'interrogatif** (+ subjonctif ou indicatif, selon l'attitude)
penser, croire, trouver	Je crois qu'il **a** raison.	Je ne crois pas qu'il **ait** raison.
être sûr, certain	Vous êtes sûr qu'il vous **a vu**.	Etes-vous sûr qu'il vous **a vu** ?
espérer	Tu espères qu'il **obtiendra** ce poste.	Espères-tu qu'il **obtienne** ce poste ?
il me semble	Il me semble que tu **as grossi**.	Il ne me semble pas que tu **aies grossi**.
voir	Je vois que c'**est** possible.	Je ne vois pas que ce **soit** possible.
se souvenir	Je me souviens qu'il l'**a apporté**.	Te souviens-tu qu'il l'**ait apporté** ?

Verbes de déclaration

dire, affirmer, déclarer, annoncer, il paraît que	Je dis que tu **es** fou de le penser.	Je ne dis pas que tu **sois** fou de le penser.
nier	Il nie que vous **ayez** dit ça. (+ subjonctif)	Il ne nie pas que vous **ayez dit** ça.
		Il ne nie pas que vous **avez dit** ça.

Remarque

En conversation on dit souvent : je ne crois pas que..., je ne pense pas que...
Comme ces mots expriment une opinion, ils doivent être suivis du subjonctif :

Ex. Je ne crois pas que l'auteur **ait voulu** dire cela.

Application immédiate   Mettez le verbe principal à la forme négative.
Employez le subjonctif ou l'indicatif et expliquez
le sens de la phrase oralement dans chaque cas.

1. Il croit que vous êtes malade.
2. Nous pensons qu'il pourra se débrouiller tout seul.   (*Réponses p. 216*)

C. Le subjonctif est employé **après les conjonctions suivantes**.

Conjonctions	Exemples	mais il faut l'indicatif après
de but :		
pour que, afin que	Il fait tout **pour qu'**elle **soit** heureuse.	
⌈de peur que (+ne)	Il s'est caché **de peur qu'**elle **ne le voie**.	
⌊de crainte que (+ne)		
⌈de façon que		⌈de façon que
de manière que	Dites-le-leur **de sorte qu'**ils **soient**	de manière que
⌊de sorte que	avertis.	⌊de sorte que
		(résultat, conséquence,
		fait réel)
		Il est venu **de sorte que**
		j'**ai pu** lui parler.
de restriction :		
à moins que (+ne)	Nous allons partir **à moins qu'**il	
	n'arrive tout de suite.	
sans que	Il est parti **sans qu'**on s'en **aperçoive**.	
de condition :		
⌈à condition que		
à supposer que		
⌊pourvu que	Vous y arriverez **pourvu que** vous	
	travailliez.	
pourvu que (souhait)	**Pourvu qu'il arrive** bientôt !	
(si...) et que...	**Si** vous êtes malade et **que** vous ne	
	puissiez pas venir, téléphonez-moi.	

de temps :		après que
avant que (+ ne facultatif)	**Avant qu'**elle n'**aille** à l'université, il était déjà inquiet.	Il a plu **après que** vous **êtes parti.**
jusqu'à ce que	Je poserai la question **jusqu'à ce que** vous **répondiez.**	
en attendant que	**En attendant que** tu **arrives**, je préparerai le repas.	
de concession :		
⌈bien que, quoique ⌊malgré que	**Quoiqu'**il **ait fait** de son mieux, il n'a pas réussi.	
soit que... soit que...	Il n'a pas voté, **soit qu'**il **ait oublié** de le faire, **soit qu'**il n'**ait** pas **pu** choisir de candidat.	

Remarque

Quand deux propositions conditionnelles se suivent, on ne répète pas **si** dans la deuxième ; on emploie **que** avec le subjonctif :

Ex. Si j'étais riche et **que** j'**aie** le temps, je voyagerais beaucoup.

Application immédiate Complétez avec la conjonction nécessaire d'après le sens.

1. _____ je sois content, il faudrait qu'il fasse beau.
2. Je n'en ai pas parlé _____ il ne me dispute.
3. Vous n'êtes pas passé me voir _____ je vous l'aie demandé.
4. Mettez-le dans ma boîte _____ ça ne vous dérange.
5. Elle veut bien s'en occuper _____ vous la laissiez libre de faire son choix. *(Réponses p. 216)*

ATTENTION

— **Jusqu'à (ce que), avant (que)** ("until")

Le mot anglais "until" se traduit par **jusqu'à (ce que)**, *excepté* s'il a le sens de "before" *dans une phrase négative* ; il se traduit alors par **avant (que)** :

Ex. Je resterai ici **jusqu'à ce que** tu arrives.

Ce soir tu **ne** travailleras **pas jusqu'à** minuit, n'est-ce pas ?

mais : Je **ne** prendrai **pas** de décision **avant que** nous en ayons parlé.

Application immédiate Employez **jusqu'à(ce que)** ou **avant (que)** selon le sens de "until".

1. Restez ici _____ je revienne.
2. Ne commencez pas _____ je vous fasse signe.
3. Il ne reviendra pas _____ demain.
4. Je ne veux pas rester ici _____ lundi.   (*Réponses p. 216*)

ATTENTION

— **bien que**, **quoique** ("even though")

L'expression anglaise "even though" a généralement le sens de "although" et se traduit par **bien que**, ou **quoique** (ne confondez pas avec **même que** qui se traduit par "same as") :

Ex. Je vais t'emmener au cinéma **bien que** tu n'aies pas été gentil.

Quand "even though" a le sens de "even if", on traduit par **même si** + indicatif :

Ex. Je n'aurai pas peur de lui **même s**'il me menace.

Application immédiate Complétez avec **bien que, quoique**, ou **même si** selon le sens de "even though".

1. _____ cette question ne m'intéresse pas, je vais essayer d'y répondre.
2. Vous buvez du vin _____ vous ne soyez pas majeur.
3. Je l'aimerais toujours _____ il échouait.

(*Réponses p. 216*)

III. *Emplois du présent et du passé du subjonctif*

A. Comme il n'y a pas **de temps futur** au subjonctif, on le remplace par **le présent du subjonctif** :

Ex. Je pense qu'il **viendra.**   (indicatif)

Je ne pense pas qu'il **vienne.**   (subjonctif)

Le futur antérieur est remplacé par **le passé du subjonctif** :

    Ex. Je crois qu'il **aura fini.** (indicatif)

        Je ne crois pas qu'il **ait fini.** (subjonctif)

B. On emploie **le présent du subjonctif** quand l'action du verbe subordonné est simultanée ou **postérieure** à celle du verbe principal.

On emploie **le passé du subjonctif** quand l'action du verbe subordonné est **antérieure** à celle du verbe principal. Le temps du verbe principal (présent, futur, passé composé, imparfait, conditionnel) n'importe pas pour le choix du temps du subjonctif ; *seule la chronologie des actions importe* (voir le tableau ci-dessous) :

TABLEAU 10-1   Emploi des temps du subjonctif

Verbe Principal (à l'indicatif ou au conditionnel)	Verbe subordonné au subjonctif	
	Action **simultanée** ou **postérieure** à l'action principale	Action **antérieure** à l'action principale
présent futur passé composé imparfait conditionnel	Présent du subjonctif	Passé du subjonctif

— Action simultanée ou postérieure à l'action principale : *présent du subjonctif.*

    Ex. Je **veux** que tu **saches** l'histoire.

         Tu **as insisté** pour qu'elle **réponde.**

         Vous **proposerez** qu'elle **vienne.**

         Le professeur **voudrait** que vous **réfléchissiez.**

— Action antérieure à l'action principale : *passé du subjonctif.*

    Ex. Je **doute** qu'ils **aient compris** la leçon.

         Il **regrettera** que vous ne **soyez pas venue.**

         Il **niait** que vous **soyez allé** avec lui.

Application immédiate   Complétez avec le présent ou le passé du subjonctif.

1. Il faudrait que vous _____ (apprendre) à épeler correctement. Vous faites trop de fautes.
2. Je suis content que vous _____ (apprécier) ma plaisanterie tout à l'heure.
3. Penses-tu qu'il y _____ (avoir) une grande différence d'âge entre eux ?
4. Il est dommage que tu _____ (être) obligé de travailler hier soir.
5. Pour qu'elle _____ (recevoir) cette lettre rapidement, il faudrait que je _____ (se dépêcher) de l'envoyer.
6. Il aurait voulu que tout le monde _____ (pouvoir) participer à la dernière discussion.

(*Réponses p. 216*)

IV. *La Proposition infinitive*

Quand le sujet du verbe subordonné est le même que celui du verbe principal on emploie l'infinitif à la place du subjonctif.

A. Dans le cas de **la subordonnée complétive**, on emploie l'infinitif avec **à**, **de**, ou *sans préposition* (voir leçon 2, p. 18) :

> **Ex. Il** craint que **vous** ne preniez froid ici.   (deux sujets)
> **Il** craint **de prendre** froid ici.   (même sujet)

B. Dans le cas de **la subordonnée introduite par une conjonction,** on remplace la conjonction par **la préposition correspondante,** suivie de l'infinitif (voir tableau 10-2 ci-dessous) :

> **Ex. Je** vous appellerai **avant que vous** ne partiez.   (deux sujets)
> **Je** vous appellerai **avant de** partir.   (même sujet)

Quand une conjonction n'a pas de préposition correspondante (Ex. **bien que, quoique**), on garde la conjonction avec le subjonctif et on répète le sujet :

> **Ex. Tu** veux sortir bien que **tu** aies mal à la tête.
> Quoiqu'**elle** aime la ville, **elle** vit à la campagne.

TABLEAU 10-2   Conjonctions et prépositions correspondantes

Conjonctions (+ subjonctif)	Prépositions (+ infinitif)
pour que	pour
afin que	afin de
de peur que (+ ne)	de peur de
de crainte que (+ ne)	de crainte de
bien que, quoique	
malgré que	
jusqu'à ce que, en attendant que	jusqu'à, en attendant de
(but) ⎰ de façon que, de manière que ⎱ de sorte que, en sorte que	de façon à, de manière à en sorte de
à moins que (+ ne)	à moins de
sans que	sans
à condition que, pourvu que	à condition de
avant que (+ ne facultatif)	avant de

Application immédiate   Gardez le même sujet dans les deux propositions pour changer la proposition subordonnée au subjonctif en une proposition infinitive. Faites les autres changements nécessaires.

1. Il préfère que vous y alliez.
2. Le professeur a peur qu'ils ne se trompent.
3. J'ai écrit cette lettre pour que tu puisses expliquer la situation.
4. Je veux bien y aller à condition que nous ne restions pas tard.

(Réponses p. 216)

Exercices

EXERCICE I   *Ecrivez le subjonctif présent des verbes suivants aux personnes indiquées.*

Verbes réguliers :

1. travailler	que je	que nous	
2. mener	qu'il	qu'ils	
3. appeler	que tu	que nous	
4. jeter	qu'elle	que vous	
5. rougir	qu'il	que nous	
6. attendre	que j'	que vous	

Verbes irréguliers :

7. venir   qu'il
8. faire   que je
9. être   que tu
10. pouvoir   qu'elle
11. savoir   que nous
12. avoir   qu'il

Verbes réguliers ou irréguliers :

13. rire   que vous
14. décevoir   qu'on
15. aller   que tu
16. répondre   qu'ils
17. répéter   que je
18. vouloir   que nous
19. courir   que je
20. haïr   qu'elle

EXERCICE II   *Ecrivez le subjonctif passé des verbes suivants aux personnes indiquées.*

1. mettre   que vous
2. s'asseoir   que tu
3. sortir   qu'elle
4. s'apercevoir que nous
5. répondre   qu'il
6. revenir   qu'ils

EXERCICE III (écrit)   *Remplacez la proposition subordonnée complétive par une substantive.*

   Ex. Nous voulons qu'il meure. → Nous voulons sa mort.

1. Il a attendu que nous partions.
2. Je ne veux pas qu'on me complimente.
3. Elle souhaite que je sois sincère.
4. Nous demandons que tu viennes tout de suite.
5. Je ne m'attendais pas à ce que vous arriviez si vite.

EXERCICE IV   *Ecrivez une phrase contenant le subjonctif employé comme impératif et une autre où il est employé pour un souhait.*

EXERCICE V (oral) *Substituez les mots donnés aux mots soulignés dans la phrase et faites les changements nécessaires selon le cas : subjonctif, indicatif, ou infinitif dans la subordonnée.*

Ex. Il demande que vous veniez. Il convient. → Il convient que vous veniez.

1. Il faut que vous sachiez cela.
   a. Nous doutons
   b. Je veux
   c. Il espère
   d. Vous désirez

2. Elle souhaite que tu écrives.
   a. Elle s'oppose à
   b. Ce n'est pas la peine
   c. Il est improbable
   d. Tu veux

3. Je préfère que vous partiez.
   a. Il est regrettable
   b. Il défend
   c. Il est temps
   d. Vous voulez bien

4. Il est bon que tu fasses tes comptes.
   a. J'aimerais mieux
   b. Nous recommandons
   c. Il tient à
   d. Je suis content

5. Il est possible qu'elle soit malade.
   a. Il se peut
   b. Il est probable

   c. Elle craint
   d. Il est dommage

6. Je permets qu'on remplisse cette feuille.
   a. Il s'attend à
   b. Il suffit
   c. J'attends
   d. Il est obligatoire

7. Je ne pense pas qu'il ait fini son travail.
   a. Il semble
   b. Nous sommes surpris
   c. Il importe
   d. Il est important

8. Je suis étonné qu'il ne soit pas arrivé.
   a. Il me semble
   b. Il est possible
   c. Nous pensons
   d. Nous sommes sûrs

EXERCICE VI (écrit) *Mettez les deux phrases ensemble. Faut-il le subjonctif ou l'infinitif dans la proposition subordonnée ?*

Ex. Je partirai bientôt. / Il le faut. → Il faut que je parte bientôt.

1. Ils ont oublié de venir. / Ils le regrettent.
2. Je sors avec lui. / Il le veut.
3. Nous irons au parc. / Nous en sommes contents.
4. Est-ce absolument nécessaire ? / Je ne le pense pas.
5. Je vous appellerai. / Attendez.
6. Vous avez perdu vos clés. / C'est dommage.

EXERCICE VII (écrit) *Complétez la phrase avec une proposition subordonnée au subjonctif ou à l'indicatif, selon le mode nécessaire.*

> **Ex.** Ils sont contents que...
> Ils sont contents que **leur fils ait obtenu une bourse pour continuer ses études.**

1. Le professeur n'est pas certain que...
2. J'espère que...
3. Il paraît que...
4. Il aurait fallu que...
5. Je ne crois pas que...
6. Il a interdit que...
7. Je voudrais bien que...
8. Il se peut que...
9. Il me semble que...
10. Pour avoir sa permission il suffit que...
11. Nous sommes heureux que...
12. Il est probable que...

EXERCICE VIII (écrit ou oral) *Mettez les deux phrases ensemble en employant la conjonction ou la préposition selon le cas.*

> **Ex.** Venez. Je pourrai vous parler.   (afin que, afin de)
> Venez **afin que** je puisse vous parler.

1. J'ai fini mon travail. Je suis allé au cinéma.   (avant que, avant de)
2. Il faut travailler dur. Les résultats seront bons.   (pour que, pour)
3. Il est sorti. Il n'a pas fait de bruit.   (sans que, sans)
4. Nous ferons du ski. La neige sera bonne.   (à condition que, à condition de)

EXERCICE IX (écrit) *Mettez les deux phrases ensemble, après avoir trouvé la conjonction de subordination qui convient d'après le sens.*

> **Ex.** Je vais vous attendre ; et puis vous arriverez.
> Je vais vous attendre **jusqu'à ce que** vous arriviez.

1. Il est parti ; et après Jean est arrivé.
2. Nous nous sommes mis en route ; pourtant il faisait mauvais temps.
3. Tu m'as tout dit ; maintenant je sais la vérité.
4. Le travail sera fait ce soir ; excepté s'il a été malade.
5. Je passe souvent dans le couloir ; mais il ne s'en aperçoit pas.

EXERCICE X (écrit) *Faites une phrase avec chacune des conjonctions suivantes.*

1. pourvu que (condition)
   pourvu que (souhait)
2. avant que (dans le sens de "until")
3. quoique ("even though")
4. si... et que...

EXERCICE XI (écrit)   *Complétez les phrases suivantes avec le subjonctif présent ou passé, selon le sens.*

1. Le professeur a demandé que je _____ (aller) le voir à son bureau.
2. Quel dommage que vous _____ (ne pas pouvoir) vous sortir de cette situation à temps.
3. Il serait utile que nous _____ (ne pas oublier) ses conseils à l'avenir.
4. Je regrette que tout _____ (se passer mal) ; nous avions tellement d'espoir.
5. Vous voulez qu'on _____ (faire) une promenade avec vous ?
6. Nous sommes heureux que vous _____ (recevoir) enfin de leurs nouvelles.

EXERCICE XII   *Ecrivez trois phrases qui contiennent des subjonctifs.*

1. un subjonctif présent (employé à la place d'un futur)
2. un subjonctif présent (action simultanée ou postérieure)
3. un subjonctif passé (action antérieure)

EXERCICE XIII (écrit)   *Finissez les phrases suivantes en employant le subjonctif.*

1. Je ne crois pas que...
2. Nous ne sommes pas sûrs que...
3. Il nie que...
4. Ils ne se souviennent pas que...

EXERCICE XIV (écrit)   *Finissez les phrases suivantes avec une proposition subordonnée au subjonctif expliquant la circonstance ou le souhait qui est la cause de l'état en question.*

Ex. Mes notes ne sont pas très bonnes ce trimestre ; <u>je m'attendais à ce qu'elles soient meilleures. Pourvu que je puisse faire des progrès</u> !

1. Je ne suis jamais satisfait(e) ; _____.
2. Le pêcheur n'a pris aucun poisson _____.
3. Le voleur a réussi à s'évader de la prison_____.
4. Il pleut à torrents et elle n'a pas pris son parapluie ;_____.
5. J'espère que vous allez m'attendre ; _____.
6. Vous avez fait exprès de crier_____.

EXERCICE XV (écrit)   *Vous avez peur de ne pas réussir dans un projet. Expliquez en quelques lignes quel est ce projet et la raison de vos craintes. Employez beaucoup de subjonctifs et les verbes* **craindre, avoir peur, espérer, souhaiter,** *etc.*

EXERCICE XVI (écrit)   *Faites un rêve d'avenir. Employez* **je veux** (**je voudrais bien**) **que...**, **je désire que...**, **je souhaite que...**, *etc.*

Réponses aux applications immédiates

p. 200   1. donne   5. compreniez
           2. réfléchisses 6. croie
           3. vendions   7. craigne
           4. se rappellent 8. sachent

p. 201   1. aie étudié
           2. soit allé
           3. ait reçu
           4. vous soyez rendu compte

p. 204   1. Il faut que nous partions.
              Vous voulez que nous partions.
              Il est temps que nous partions.
              Tu attends que nous partions.
           2. Je souhaite que vous alliez...
              Il est nécessaire que vous alliez
              Il est bon que vous alliez
              Il me semble que vous allez
              Il tient à ce que vous alliez
           3. Nous désirons qu'elle fasse la sieste.
              Il est probable qu'elle fait la sieste.
              Je doute qu'elle fasse la sieste.
              Il s'oppose à ce qu'elle fasse la sieste.
           4. Il ne faut pas que je craigne l'orage.
              Il est dommage que je craigne l'orage.
              Vous vous doutez que je crains l'orage.
              Tu t'étonnes que je craigne l'orage.

p. 206   1. Indic. : Vous êtes malade mais il ne le croit pas.
              Subj. : A son avis vous n'êtes pas malade.
           2. Indic. : réalité du fait.
              Subj. : doute sur le fait.

p. 207   1. Pour que (Afin que)
           2. de peur qu' (de crainte qu')
           3. bien que (quoique)
           4. à moins que
           5. à condition que (pourvu que)

p. 208   1. jusqu'à ce que
           2. avant que
           3. avant
           4. jusqu'à

p. 208   1. Bien que (Quoique)
           2. bien que (quoique)
           3. même s'

p. 210   1. appreniez
           2. ayez apprécié
           3. ait
           4. aies été
           5. reçoive, me dépêche
           6. ait pu

p. 211   1. Il préfère y aller.
           2. Le professeur a peur de se tromper.
           3. J'ai écrit cette lettre pour pouvoir expliquer la situation.
           4. Je veux bien y aller à condition de ne pas rester tard.

II La Possession

les adjectifs et les pronoms possessifs

I. L'Adjectif possessif

A. Formes (voir le tableau ci-dessous)

TABLEAU 11-1 Les Adjectifs possessifs

		un seul OBJET POSSÉDÉ		plusieurs OBJETS POSSÉDÉS
	personnes	*masculin*	*féminin*	*masculin et féminin*
un seul possesseur	je	mon	ma	mes
	tu	ton	ta	tes
	il, elle	son	sa	ses
plusieurs possesseurs		*masculin et féminin*		*masculin et féminin*
	nous	notre		nos
	vous	votre		vos
	ils, elles	leur		leurs

B. Accord

Regardons la phrase : Robert a apporté **sa** composition.   (*f.*)

On constate que l'adjectif possessif s'accorde *en personne avec le possesseur*, **Robert** (3ème personne du singulier) et *en genre et en nombre avec l'objet possédé*, **composition** (féminin singulier).

L'objet possédé se trouvant *après* (*à droite de*) *l'adjectif possessif*, il faut toujours savoir *le genre du nom* qui est à cet endroit pour le donner à l'adjectif possessif. Est-il masculin ou féminin ?

En français, le genre du possesseur n'est pas indiqué par un adjectif possessif. Au contraire, il l'est en anglais.

Autre ex. Elle aime **son** mari.   (*m.*)

ATTENTION

Par raison d'euphonie, **mon**, **ton**, **son** sont utilisés devant *un mot féminin* (nom ou adjectif) qui commence par *une voyelle* ou *un* **h** *muet* :

Ex. mon auto	mais : ta **h**ache
ton énorme maison	ta **m**aison
son heureuse destinée	sa **h**aute estime
son amie	sa **c**hère amie
son histoire	

Note : Vous savez déjà sans doute que le **o** de **onze** est traité comme une consonne, dans une date par exemple : le **o**nze mai. C'est le même cas pour **onzième** :

   Ex. J'en suis à m**a o**nzième semaine à l'université.

Application immédiate   Donnez l'adjectif possessif qui convient, à la personne indiquée. Le genre du nom est indiqué.

1. (mon) _____ cravate (*fém.*)
2. (son) _____ poème (*masc.*)
3. (ton) _____ bonne histoire (*fém.*)
4. (son) _____ autre chemise (*fém.*)
5. (son) _____ opinion (*fém.*)
6. (son) _____ mauvaise attitude (*fém.*)
7. (mon) _____ haute voix (*fém.*)
8. (mon) _____ onzième page (*fém.*)

(*Réponses p. 233*)

C. Emplois

L'adjectif possessif indique quel est *le possesseur* de la chose (ou de la personne) désignée par le nom qu'il accompagne.

1. *Avec le pronom indéfini* **on** (ou un autre mot indéfini ou impersonnel sujet du verbe) on emploie généralement **son, sa, ses**, quelquefois **notre, nos** ou **votre, vos** :

    Ex. On n'est pas toujours satisfait de **son** sort.
    Chacun a **ses** défauts.
    Il faut emporter **son** parapluie quand il pleut.
    Il est évident qu'une bonne odeur dans la cuisine excite **notre** appétit.
    Quand **quelqu'un** frappe à **votre** porte, il est quelquefois imprudent d'ouvrir.

2. *L'ambiguïté de* **son, sa, ses**, *pour trouver le possesseur*
    Considérons la phrase : Paul est content parce que Suzanne n'a pas oublié **son** livre.
    Comme le possessif n'indique pas le genre du possesseur, on ne sait pas si **son** indique le livre de **Paul** ou celui de **Suzanne**. Il y a une ambiguïté. Pour la faire disparaître, on peut :

    — ajouter **à lui, à elle** (en gardant l'adjectif possessif).
        Ex. Paul est content parce que Suzanne n'a pas oublié **son** livre **à lui (à elle)**.

    Ou dans d'autres cas :
    — renforcer le possessif avec l'adjectif **propre** : son propre livre.

    — utiliser le pronom démonstratif **celui-ci, celle-ci** : le livre de celui-ci (celle-ci).

    — répéter le nom du possesseur : le livre de Paul (de Suzanne).

3. **son, sa, ses** *ou* **leur, leurs** ?
    A la 3ème personne, quand il n'y a qu'**un** possesseur, pensez immédiatement à **son, sa, ses** :

    Ex. son livre   sa serviette   ses affaires

    leur, leurs, s'emploient pour **deux** possesseurs au moins :

    Ex. Elle voit **son** problème.   (un possesseur)
        Il se rend compte de **ses** responsabilités.   (un possesseur)
    mais : **M. et Mme Dupont** sont allés voir **leurs** enfants.   (deux possesseurs)
        Les enfants sont en train de promener **leur** chien.   (plusieurs possesseurs)

Application immédiate Complétez avec **leur(s)**, ou **son, sa, ses**.

1. Ils rient de _____ propres fautes.
2. Cet étudiant veut savoir _____ notes.
3. Le professeur a apporté _____ serviette et _____ papiers.
4. Elle a vu _____ amies et celles-ci ont vu _____ amie aussi.

(*Réponses p. 233*)

4. *Particularité de leur* (singulier) et *leurs* (pluriel)

    a. Dans la phrase : **M. et Mme Dupont** sont dans **leur** maison, **leur** est singulier parce que les deux possesseurs n'ont qu'une maison.

    b. Dans la phrase : **Les oiseaux** font **leur(s)** nid(s), **leur** est singulier si on insiste sur le fait que **chaque** oiseau a **un** nid : **Les oiseaux** font (**chacun**) **leur** nid.
Mais si on veut insister sur *la pluralité*, on dira **Les oiseaux** font **leurs** nids.
Il y a les deux possibilités en français dans ce cas.
Autre ex. Les professeurs ont leur(s) façon(s) d'enseigner.

Remarque

L'adjectif possessif pluriel **leurs** a un **s**, mais le pronom personnel objet indirect pluriel **leur** n'en a jamais :

    Ex. J'ai vu **leurs** amis et je **leur** ai dit bonjour.

    Robert a des amis ; il m'a donné **leurs** numéros de téléphone et je **leur** ai téléphoné.

Application immédiate Complétez avec **leurs** (*adjectif possessif*) ou **leur** (*pronom*).

Ils sont avec _____ amis et ils _____ parlent.   (*Réponses p. 233*)

5. *Répétez l'adjectif possessif devant chaque nom*, excepté si ces noms représentent *le même* objet possédé (en français on répète les mots généralement, qu'il s'agisse d'adjectifs, de prépositions, d'articles) :

    Ex. J'ai apporté **mon** livre, **mon** cahier et **mon** crayon.   (trois objets différents)
mais : Je vous présente **mon** collègue et cher ami Edouard Delon.   (une personne)

6. L'adjectif possessif *fait partie du nom* dans des mots comme :

            madame   mademoiselle   monsieur
pluriel : mesdames   mesdemoiselles   messieurs

D. L'article à la place du possessif

On emploie l'article à la place du possessif quand le possesseur est évident dans la phrase.

1. L'objet possédé est *une partie du corps* ou *un vêtement* (*ou un autre objet*).

   a. *Parties du corps.* (Les parties du corps ne sont pas seulement la tête, le bras, la jambe, les cheveux, etc., mais aussi l'air, la mine, la mémoire, la vie d'une personne.)

      — Quand la partie du corps *n'est pas qualifiée* par un adjectif (excepté **droit** ou **gauche**), on emploie l'article défini

         dans des expressions courantes : hausser les épaules, baisser (tourner) la tête, serrer la main, lever (baisser, fermer) les yeux, tirer la langue, ouvrir la bouche, perdre la tête (la mémoire, la vie, la vue, la voix), dresser les oreilles (pour un animal), retrouver la mémoire, recouvrer la vue, froncer les sourcils, etc.

         dans des expressions idiomatiques : avoir mal (à la gorge, à la tête, aux dents, etc.) et avoir chaud ou froid (aux pieds, aux mains, à la figure, dans le dos, etc.).

         Ex. Il a haussé **les** épaules.

         Il n'est pas poli de montrer quelqu'un **du** doigt.

         Levez **la** main droite si vous savez la réponse.

         Avancez **le** pied gauche.

         Il a recouvré **la** vue après son opération. (recouvrer = retrouver)

         Le cheval a dressé **les** oreilles en entendant le bruit.

         J'ai mal dans **le** dos.

         Elle a froid **aux** pieds.

      mais : J'ai mis **mes** mains sur **mes** genoux. (le possesseur n'est pas évident)

Remarque

Si la partie du corps est qualifiée par un adjectif (autre que **droit** ou **gauche**) ou par une préposition + nom, employez l'adjectif possessif :

   Ex. Il a levé **ses grands** bras.

   Elle a baissé **ses** yeux **aux longs cils**.

         avec un verbe accompagné d'un objet indirect, qui indique le possesseur.

            Ex. Il a tiré **les** cheveux à **Lucie**. (Lucie est le possesseur.)

            Elle **m'**a essuyé **le** visage.

            Le docteur **lui** a soigné **le** bras et **lui** a sauvé **la** vie.

avec un verbe pronominal. Le pronom réfléchi, toujours *indirect* dans ce cas, représente le possesseur :

Ex. Elle **se** lave **les** mains.   (se laver)

Il **s'**est cassé **la** jambe gauche en faisant du ski.   (se casser)

Tu **t'**es coupé **le** doigt.   (se couper)

Je **me** suis mordu **la** langue.   (se mordre)

J'espère ne plus **me** tordre **la** cheville.   (se tordre)

— Dans une description physique ou mentale avec le verbe **avoir**, on emploie l'article défini ou indéfini ; la partie du corps *est qualifiée* par un adjectif. (Cette construction est différente de **avoir chaud**, **avoir froid**, **avoir mal**, expressions vues plus haut) :

Ex. J'**ai les** yeux noirs et **les** cheveux bruns et frisés.

Nous riions parce qu'elle **avait** du blanc sur **le** front et autour **des** yeux.

Elle **avait la** mine fatiguée quand elle est arrivée.

Jean **a des** épaules larges et musclées.

Vous **avez un** long cou.

Il **a l'**esprit étroit et compliqué.

Remarque

On dit : J'ai **le** nez rouge.   Mais : **Mon** nez est rouge.

— Quand la partie du corps *est* ou *n'est pas qualifiée* par un adjectif, *dans des phrases adverbiales de manière* qui décrivent l'aspect ou l'attitude physiques, on emploie l'article défini :

Ex. Il est arrivé, **la** mine pâle et **la** démarche hésitante.   (Comment était-il quand il est arrivé ?)

Elle était assise, **l'**oeil fixé sur lui.

Tu te tenais debout, **les** mains sur **les** hanches.

b. *Vêtements ou autres objets possédés*

Avec un vêtement ou un autre objet, on emploie l'article défini *dans des phrases adverbiales de manière* qui décrivent l'aspect ou l'attitude physiques (comme dans le paragraphe précédent) :

Ex. Il est entré, **le** manteau déchiré et **le** chapeau sale.

Il marchait dans l'eau, **le** pantalon retroussé.

Il est arrivé, **le** chapeau sur la tête et **la** canne au bras.   (partie du corps, vêtement et objet possédé ensemble)

mais : dans tous les autres cas, il faut employer *l'adjectif possessif* car le possesseur n'est pas évident.   (Important !)

Ex. J'ai enlevé **mon** manteau parce que j'avais trop chaud.

Elle a mis **ses** affaires sur la table.

2. On emploie aussi l'article défini (+ **en**) à la place du possessif quand *le possesseur est un objet ou une abstraction* ; **en** indique le possesseur.

Ex. Je voudrais bien acheter cette machine à écrire, mais **le** prix **en** est trop élevé.   (mais son prix est trop élevé)

Ce tableau est très beau mais **les** couleurs **en** sont trop vives.   (mais ses couleurs sont trop vives)

3. Après *dont*, il n'y a pas de possessif parce que *dont* indique le possesseur :

Ex. Voilà un monsieur **dont** je connais **la** femme.

J'ai lu une composition **dont la** longueur est insuffisante.

Application immédiate   Complétez avec l'adjectif possessif ou l'article, selon le cas.

1. Le petit garçon a tiré _____ langue au photographe.
2. En rentrant à la maison, il a enlevé _____ souliers et il s'est allongé sur _____ dos pour se reposer.
3. Le cheval a dressé _____ oreilles pointues.
4. Elle m'a parlé durement, _____ regard méchant et _____ doigt menaçant.
5. Voici votre devoir. Vous allez en corriger toutes _____ fautes.
6. Vous avez _____ mains froides.
7. Je vais lui mettre des gouttes dans _____ yeux.   (*Réponses p. 233*)

E.   Autres façons d'exprimer la possession

1. avec *être à* (dans cette expression ne remplacez pas l'objet indirect par: lui, leur ; gardez toujours à, suivi d'un pronom disjoint : **moi, toi, lui, elle, nous, vous, eux, elles**).

Ex. A qui **est** ce manteau ? —Il **est à** moi.

Est-ce que ces lunettes **sont à** vous ? —Non, elles **ne sont pas à** moi ; elles **sont à** elle.

Est-ce que cette serviette **est à** Robert ? —Non, elle **n'est pas à** lui ; elle **est à** son voisin.

Est-ce à vous ? —Oui, c'est à moi.   Et ça ? —C'est à lui.

2. avec *appartenir à* :

> **Ex.** **J'appartiens** à un club de tennis.
>
> Est-ce que ce livre **appartient à** Robert ? —Oui, il **lui appartient**.
>
> La clé qui est sur la table **m'appartient**.
>
> A qui **appartiennent** ces balles ? —Elles **leur appartiennent**.

3. avec *de + nom* :

> **Ex.** C'est le livre **de mon camarade**.
>
> Ce n'est pas mon chapeau, c'est celui **de Robert**.

Remarques

— Voici la traduction de "He is a friend of mine." :

C'est un de mes amis. ou **C'est un ami à moi.**

— Voici les trois façons d'exprimer la possession :

> **Ex.** C'est le manteau de Paul.   Ce manteau est à Paul.   Ce manteau appartient à Paul.
>
> ou : C'est son manteau.   Ce manteau est à lui.   Ce manteau lui appartient.

Application immédiate   Donnez les deux expressions équivalentes à la phrase donnée.

1. C'est l'argent de Sylvie.
2. C'est son argent.   *(Réponses p. 233)*

F. Distinction de sens entre : *avoir mal* et *faire mal* ; *avoir chaud*, *froid* et *être chaud*, *froid*.

1. *avoir mal* et *faire mal*

avoir mal = avoir de la douleur	**faire mal** = causer de la douleur
Ex. **J'ai mal** aux pieds.	Mes pieds me **font mal**.
J'ai mal à une dent.	J'ai une dent qui me **fait mal**.
J'ai mal au coeur. (J'ai la nausée.)	

2. *avoir (très, trop) chaud*, *froid* et *être (très, trop) chaud*, *froid*

> On emploie : **avoir chaud** ou **froid** quand une personne a *une sensation* de chaleur ou de froid.
>
> et : **être chaud** ou **froid** pour parler de *la qualité* d'une chose ou d'une personne.
>
> **Ex.** **J'ai chaud** en ce moment.   (J'ai une sensation de chaleur ; je ressens de la chaleur.)

La soupe **est** trop **chaude** pour être mangée maintenant.   (c'est la qualité de la soupe)

J'avais froid dans le dos ; alors j'ai mis un sweater.

Ce n'est pas étonnant que j'**aie froid** ; le radiateur **est froid.**

Tu n'**as** pas trop **chaud** avec une couverture électrique la nuit ?

Le directeur **est** très **froid** avec ses employés ; personne ne l'aime.

Application immédiate   Complétez avec les expressions nécessaires, à la forme correcte : **avoir mal, faire mal, avoir chaud, avoir froid, être chaud,** ou **être froid.**

1. Voulez-vous fermer la fenêtre, s'il vous plaît, parce que j'_____.
2. Ça _____ de se pincer le doigt.
3. Je me suis brûlé la langue avec le soufflé ; il _____.
4. Il n'a pas pu dormir la nuit dernière car il _____ à l'oreille.
5. N'attends pas que ta soupe _____ pour venir la manger.
6. Vous _____ ? Vous n'êtes pas comme moi, j'ai la chair de poule.

(*Réponses p. 233*)

Exercices

EXERCICE I (écrit)   *Complétez avec l'adjectif possessif qui convient. Regardez bien le genre du nom qui est après le possessif.*

1. L'étudiant a posé _____ affaires sur _____ bureau, c'est-à-dire _____ serviette, _____ livre, _____ stylo, _____ crayon, et _____ feuilles de papier.
2. A l'université, vous prenez _____ propres décisions.
3. Ce bâtiment est impressionnant ; regardez _____ hauteur vertigineuse !
4. Tout le monde fait de _____ mieux dans cette classe.
5. Elle va essayer de parler à _____ impossible mère.
6. Nous avons oublié d'apporter _____ exercices écrits.
7. Les différentes saisons ont _____ particularités ; chacune a _____ avantages et _____ inconvénients.
8. Tu n'as rien dit et pourtant _____ opinion était importante.
9. On se querelle quelquefois avec _____ amis.
10. Le petite fille joue avec _____ poupée.
11. Je vais vous donner _____ propre impression du voyage.

12. Il a du vocabulaire mais _____ accent est assez fort et _____ articulation n'est pas très bonne.

13. Parle-moi de _____ déplacement hier avec _____ amis.

14. Odette est bien habillée aujourd'hui ; j'aime _____ manteau, _____ robe et _____ chaussures.

15. En voyant cela, nous n'avions pas pu cacher _____ étonnement.

16. J'ai des voisins bizarres ; _____ garage est toujours ouvert et _____ enfants jouent toujours dans la rue.

17. J'avais besoin de toute _____ énergie.

18. Elle a eu dix ans le mois dernier ; elle est maintenant dans _____ onzième année.

19. Est-ce que c'est _____ photo qui est sur le buffet ? —Oui, et je suis avec _____ sœur.

20. Mes amis sont intéressants ; j'aime _____ idées.

21. Vous êtes arrivés chacun à _____ tour.

22. Passez-moi _____ lunettes qui sont là-bas, s'il vous plaît.

EXERCICE II (oral)   *Remplacez les mots soulignés par un adjectif possessif de la 3ème personne :* **son, sa, ses** *ou* **leur(s)**. *Combien de possesseurs y a-t-il ?*

1. La chambre de mon frère est petite.
2. Les voitures de Robert sont rapides.
3. La gentillesse de mes amis me touche.
4. Les enfants de nos voisins sont insupportables.
5. Le livre du professeur est fermé.
6. Le manteau de Suzanne coûte très cher.

EXERCICE III (écrit)   *Complétez avec l'adjectif possessif qui convient, ou l'article si le possessif n'est pas nécessaire. Faites bien la distinction entre parties du corps et vêtements ou autres objets possédés.*

1. La bouteille m'a échappé parce que j'avais de l'huile sur _____ mains.
2. Le docteur lui a soigné _____ foie.
3. Elle est arrivée _____ coeur battant et _____ air effrayé.
4. Pour notre sortie à la plage, emportez _____ lunettes de soleil et _____ maillot de bain.
5. Je vais mettre _____ gants parce que j'ai froid _____ mains.
6. J'ai heurté _____ front contre la porte.
7. Mon neveu a _____ cheveux roux de _____ père et _____ nez retroussé de _____ mère.
8. Voilà un poète célèbre dont _____ oeuvres sont très connues.

9. Monsieur Durand était présent au banquet ; à _____ droite se trouvait _____ femme et à _____ gauche était assis _____ fils.

10. Avant de mettre l'enfant au lit, je lui ai lavé _____ figure et _____ mains et puis je lui ai mis _____ pyjama ; j'ai aussi rangé _____ jouets.

11. Après être entrés, ils se sont essuyé _____ pieds et ont enlevé _____ manteau.

12. En vieillissant, elle commence à perdre _____ mémoire.

13. Regardez cette robe ; _____ style en est très intéressant.

14. La jeune fille dont _____ robe est trop longue est mon amie.

15. Quand il ne sait pas quelque chose, il hausse toujours _____ épaules puissantes.

16. L'avaleur de sabres a enfoncé un sabre dans _____ gorge.

17. Il a chaud à _____ tête ; il a certainement de la fièvre.

18. Ils se sont brûlé _____ doigts en touchant au feu.

19. Le chien s'enfuit, _____ queue entre _____ pattes.

20. Vous vous êtes fait raccourcir _____ long nez.

EXERCICE IV (oral ou écrit)   *Utilisez **être à** et **appartenir à** dans les phrases suivantes en faisant les changements nécessaires.*

Ex. C'est mon livre. → Ce livre est à moi.   Ce livre m'appartient.

1. C'est le passeport de Jean.
2. Ce n'était pas ma valise.
3. Est-ce que c'est votre imperméable ?
4. Ce sont leurs lettres.
5. Ce sera ton bijou un jour.

EXERCICE V (écrit ou oral)   *Répondez en incorporant dans votre phrase les mots entre parenthèses, et un adjectif possessif ou un article d'après le cas.*

Ex. Que vous êtes-vous lavé ?   (figure) → Je me suis lavé la figure.

1. Que se maquille-t-elle ? (yeux)
2. Où vous êtes-vous fait mal ? (cou)
3. Qu'est-ce qu'elle lui a essuyé ? (menton)
4. Qu'est-ce qu'elle a retrouvé ? (sac)
5. Qu'est-ce que sa mère lui a lavé ? (pieds sales)
6. Où avez-vous froid ?   (mains)
7. Que vous êtes-vous abîmé en lisant de trop près ? (vue)
8. Qu'est-ce qu'elle s'est fait soigner ? (jambe cassée)
9. Qu'est-ce qu'il a enlevé en arrivant ? (veste)
10. Comment s'est-il présenté pour son interview ? (cheveux longs, costume défraîchi)
11. Comment êtes-vous revenu de Las Vegas ? (portefeuille vide)
12. Connaissez-vous ce parc ? (jolis coins)

EXERCICE VI   *Ecrivez une phrase avec chacune des expressions suivantes.*

1. avoir chaud
2. être chaud
3. faire mal

EXERCICE VII (oral)   *Dans le texte suivant expliquez l'emploi du possessif ou de l'article.*

Giton et Phédon

Giton a le teint frais, le visage plein et les joues pendantes, l'oeil fixe et assuré, les épaules larges, l'estomac haut, la démarche ferme et délibérée... S'il s'assied, vous le voyez... croiser les jambes l'une sur l'autre, froncer le sourcil, abaisser son chapeau sur ses yeux pour ne voir personne, ou... découvrir son front par fierté et par audace.

Phédon a les yeux creux, le teint échauffé, le corps sec et le visage maigre... Il est mystérieux sur ses affaires... Il marche les yeux baissés... Il va les épaules serrées, le chapeau abaissé sur les yeux pour n'être point vu ; il se replie et se renferme dans son manteau... Il n'ouvre la bouche que pour répondre ; ... il se mouche sous son chapeau.

La Bruyère

EXERCICE VIII (écrit)   *Parlez d'une chose spéciale que vous possédez. Décrivez ses qualités et dites pourquoi vous l'aimez. Employez beaucoup de possessifs. (quatre lignes)*

EXERCICE IX (écrit)   *Faites votre propre description en utilisant le verbe avoir. (cinq lignes) (Attention à la différence entre les constructions :* **J'ai un** long nez pointu *et* **Mon** nez **est** long et pointu.*)*

EXERCICE X (écrit)   *Un jour vous avez porté un costume spécial pour une certaine occasion : pour jouer dans une pièce, pour une fête, ou simplement pour faire rire vos amis. Décrivez votre accoutrement et votre maquillage. (cinq ou six lignes)*

II. *Le Pronom possessif*

A. Formes (voir le tableau ci-dessous)

TABLEAU 11-2   Les Pronoms possessifs

		un seul OBJET POSSÉDÉ		*plusieurs* OBJETS POSSÉDÉS	
	personnes	*masculin*	*féminin*	*masculin*	*féminin*
un seul	je	le mien	la mienne	les miens	les miennes
possesseur	tu	le tien	la tienne	les tiens	les tiennes
	il, elle	le sien	la sienne	les siens	les siennes
		masculin	*féminin*	*masculin et féminin*	
plusieurs	nous	le nôtre	la nôtre	les nôtres	
possesseurs	vous	le vôtre	la vôtre	les vôtres	
	ils, elles	le leur	la leur	les leurs	

1. Le pronom possessif est formé de *deux mots* :
   Ex. le mien
   Le premier mot est *l'article défini*, qui se contracte donc avec les prépositions **à** et **de**.
   singulier : **au mien, du mien, au nôtre, du leur**, etc.
   pluriel : **aux tiens, des miennes, aux vôtres**, etc.

2. Il y a *un accent circonflexe* sur le **o** des pronoms **le (la) nôtre, le (la) vôtre, les nôtres, les vôtres** ; il y a donc une différence de prononciation avec l'adjectif possessif **notre, votre**.
   Prononcez : notre, le nôtre
   votre, le vôtre

B. Accord

Considérons la phrase : Votre sac est bleu mais **le mien** est jaune.   (mon sac)
On constate que le pronom possessif s'accorde, comme l'adjectif possessif, *en personne avec le possesseur*, **mon** (1ère personne du sing.) et *en genre et en nombre avec l'objet possédé*, **sac** (masculin sing.). Le pronom possessif n'indique pas le genre du possesseur.

C. Emplois

1. Le pronom possessif remplace *un adjectif possessif + un nom* :

    Ex. J'ai trouvé mon billet ; avez-vous trouvé **le vôtre** ?   (votre billet)

    Vous avez reçu des nouvelles de vos parents, mais je n'en ai pas reçu **des miens.**   (de mes parents)

Application immédiate   Remplacez les adjectifs possessifs et les noms par des pronoms possessifs. Attention aux contractions avec les prépositions.

1. ma maison	4. son travail	7. de leur jardin
2. notre chien	5. ses impressions	8. à leurs parents
3. leur livre	6. ton opinion	9. à vos lettres (*Réponses p. 233*)

---

2. Quand le verbe *être* est directement suivi d'*un pronom possessif*, son sujet est *ce*, pas *il* (voir aussi leçon 7, p.147).

    Ex. c'est **le mien**   ce n'est pas **le mien**   est-ce **le mien** ?

    ce sont **les vôtres**   est-ce que **c'était le leur** ?

D. Expressions idiomatiques contenant le pronom possessif

Le pronom possessif a le sens d'un nom dans les expressions suivantes.

1. *y mettre du sien* : faire un effort, contribuer de sa peine.

    du sien remplace : de son effort, de son travail (masculin singulier).

    Ex. Pour que nous ayons de bons résultats, il faut que chacun **y mette du sien.**
    Il faudra **y mettre du vôtre.**

2. *les siens* : les parents (masculin pluriel), la famille, un groupe auquel on appartient.

    Ex. Il parle d'une façon bizarre et **les siens** ne le comprennent pas.   (sa famille)
    Serez-vous **des nôtres** demain soir ?   (Serez-vous avec nous demain soir ?)

3. *faire des siennes* : faire ses volontés, ses caprices.

    des siennes remplace : de ses bêtises, de ses mauvaises actions (féminin pluriel).

    Ex. Robert a été méchant ; il **a** encore **fait des siennes** cet après-midi.

4. *A la vôtre ! A la bonne vôtre ! A la tienne !* quand on boit à la santé (fém. sing.) de quelqu'un.   (A votre santé ! A ta santé !)

    Ex. A la vôtre, chers amis !

Application immédiate Complétez les phrases suivantes avec des expressions qui contiennent des pronoms possessifs.

1. La solitude ne lui va pas ; elle aime vivre au milieu _____ .
2. Nous allons goûter ce champagne ; _____ !
3. Il n'y a pas d'autre façon d'y arriver ; il faut _____ .
4. Quand il aura fini de _____ , nous pourrons peut-être partir !

(Réponses p. 233)

Exercices

EXERCICE XI (oral)   *Donnez le pronom possessif qui remplace les mots suivants. Attention aux contractions avec les prépositions.*

1. mes amis	9. ses parents	17. de mes difficultés
2. leur composition	10. leurs travaux	18. à mon tour
3. notre situation	11. nos intentions	19. celui de ma sœur
4. vos livres	12. son courage	20. celles de mon frère
5. ton imagination	13. à votre place	21. ceux de mon père
6. son erreur	14. de mon côté	22. celles de ma mère
7. votre groupe	15. de leurs opinions	
8. mon problème	16. à ses souhaits	

EXERCICE XII (écrit)   *Complétez les phrases avec les adjectifs possessifs et les pronoms possessifs qui conviennent.*

1. Tout le monde a _____ idées ; vous avez _____ , j'ai _____ et mes amis ont _____ .

2. Parlez-nous de _____ professeur et nous vous parlerons _____ .

3. Il faut que vous alliez à _____ classe et il faut que j'aille à _____ .

4. J'ai _____ parapluie ; as-tu _____ ?

5. Les Français parlent toujours de _____ foie ; les Américains ne mentionnent pas _____ .

6. Vous vous plaignez souvent de _____ difficultés mais il ne se plaint jamais de _____ .

7. J'ai parlé à mon père. Avez-vous parlé _____ ?

EXERCICE XIII (oral)   *Répondez rapidement à la question.*

1. A qui est ce manteau ?
2. Est-ce ta ceinture ? Non, ... A qui est-elle alors ?
3. Est-ce que c'est ton professeur ?
4. A qui est cette feuille ? Et ça ?
5. Est-ce le sac de votre amie ?
6. A qui sont ces affaires par terre dans votre chambre ?
7. Est-ce ta faute si c'est arrivé ? Non, ...
8. A qui est l'auto qui est devant la maison de tes voisins ?
9. Est-ce que ce sont tes notes ?
10. Cette bicyclette est-elle à ton ami ?

EXERCICE XIV (écrit)   *Complétez les phrases suivantes par le pronom possessif, ou le pronom démonstratif : celui (celle, ceux, celles) de, qui convient.*

1. J'aime bien cette maison mais je préfère _____ Lucie.
2. Vous promenez votre petite chienne pendant que je promène _____ aussi.
3. Avez-vous vu le chapeau de notre voisin et _____ son fils ?
4. Il y a des compositions sur le bureau ; _____ Jean y est mais Robert a oublié _____. Il n'est pas le seul car d'autres étudiants ont aussi oublié _____.
5. Mes notes sont bonnes ce trimestre ; et _____, Guy ?

EXERCICE XV (écrit)   *Faites une phrase avec chacune des expressions de IID, p. 230.*

EXERCICE XVI (écrit)   *Vous avez eu un accident et vous avez été blessé(e). Décrivez les circonstances. Employez des possessifs ou des articles.*

Ex. « Je suis tombé et je me suis fait mal à... »

EXERCICE XVII (écrit)   *Décrivez succinctement la maison où vous habitez et les personnes ou choses qui s'y trouvent. Employez beaucoup de possessifs. (six lignes)*

EXERCICE XVIII (écrit)   *Décrivez une personne intéressante que vous connaissez : aspect physique, habitudes, etc. Employez beaucoup de possessifs. (cinq lignes)*

Réponses aux applications immédiates

p. 218
1. ma
2. son
3. ta
4. son
5. son
6. sa
7. ma
8. ma

p. 220
1. leurs
2. ses
3. sa, ses
4. ses, leur

p. 220 leurs, leur

p. 223
1. la
2. ses, le
3. ses
4. le, le
5. les
6. les
7. les

p. 224
1. Cet argent est à Sylvie   Cet argent appartient à Sylvie.
2. Cet argent est à elle.   Cet argent lui appartient.

p. 225
1. j'ai froid
2. fait mal
3. était très chaud
4. avait mal
5. soit froide
6. avez chaud ?

p. 230
1. la mienne
2. le nôtre
3. le leur
4. le sien
5. les siennes
6. la tienne
7. du leur
8. aux leurs
9. aux vôtres

p. 231
1. des siens
2. à la vôtre
3. y mettre du sien
4. faire des siennes

12 L'Adjectif qualificatif Le Nom L'Adverbe La Comparaison

I. L'Adjectif qualificatif

Un adjectif qualificatif est *variable* : il a le genre *masculin* ou *féminin* et le nombre *singulier* ou *pluriel*. Il qualifie *un nom* ou *un pronom*.

A. Formes

1. *Le féminin de l'adjectif*

   a. On ajoute généralement un e au masculin pour avoir le féminin :

   Ex. grand → grande   fermé → fermée
         court → courte   intelligent → intelligente
         courtois → courtoise   vrai → vraie

Remarque

Il faut mettre *un tréma* sur le **e** du féminin des adjectifs en **gu** pour conserver le son **u** du masculin :

aigu → aiguë ; contigu → contiguë

(voir aussi leçon 1, p. 8)

b. Quand l'adjectif se termine déjà par un **e** au masculin, il ne change pas au féminin :

> **Ex.** riche → riche   calme → calme
> utile → utile   tranquille → tranquille
> étrange → étrange   moderne → moderne

c. Les adjectifs *beau, nouveau, fou, mou, vieux* ont une autre forme au masculin singulier : **bel**, **nouvel**, **fol**, **mol**, **vieil**. Cette forme est employée devant un nom commençant par une voyelle ou un **h** muet :

> **Ex.** un bel **h**omme, le nouvel **a**n, un fol **a**mour, un vieil **a**rbre

Le féminin est formé sur cette deuxième forme du masculin :
> *belle, nouvelle, folle, molle, vieille*

Application immédiate   Ecrivez la forme correcte de l'adjectif.

1. nouveau   un _____ espoir   4. beau   une _____ femme
2. vieux   un _____ homme   un _____ âge
3. fou   une _____ passion   *(Réponses p. 248)*

---

d. La terminaison **er** devient **ère** :

> **Ex.** premier → première   cher → chère
> dernier → dernière   étranger → étrangère

e. La terminaison **f** devient **ve** :

> **Ex.** actif → active   neuf → neuve (le nombre *neuf* est invariable)
> vif → vive   bref → brève

f. La terminaison **x** devient **se** :

> **Ex.** heureux → heureuse   douloureux → douloureuse
> amoureux → amoureuse   jaloux → jalouse

g. La terminaison **eur** devient généralement **euse** :

> **Ex.** voleur → voleuse   trompeur → trompeuse   flatteur → flatteuse
>
> — Quelquefois la terminaison est **eresse** : pécheur → pécheresse
>   enchanteur → enchanteresse

— Les adjectifs en **eur** qui viennent du latin prennent un **e** (ce sont des comparatifs latins) :

antérieur(e) ; postérieur(e)   inférieur(e) ; supérieur(e)   meilleur(e)
majeur(e) ; mineur(e)   intérieur(e) ; extérieur(e)

— La terminaison **teur** peut aussi avoir la forme **trice** :

Ex. admirateur → admiratrice   créateur → créatrice
(il faut apprendre les différents cas)

h. Des adjectifs qui se terminent par *une consonne précédée d'une voyelle doublent la consonne* avant le **e** final :

Ex.

ancien → ancienne   épais → épaisse   muet → muette   cruel → cruelle
bon → bonne   gras → grasse   net → nette   gentil → gentille
                    gros → grosse   sot → sotte   naturel → naturelle
                    las → lasse   nul → nulle
                                                       pareil → pareille
                                                       vermeil → vermeille

Remarque

La consonne n'est pas toujours doublée avant le **e** final :

Ex. féminin → féminine   mauvais → mauvaise
fin → fine   ras → rase
opportun → opportune

complet → complète   final → finale
concret → concrète   général → générale
discret → discrète
inquiet → inquiète
replet → replète

i. Certains adjectifs ont *un féminin irrégulier* :

Ex. blanc → blanche   doux → douce   favori → favorite
grec → grecque   faux → fausse   frais → fraîche
public → publique roux → rousse   long → longue
sec → sèche   malin → maligne

j. Certains adjectifs sont *invariables* :
chic (pas de féminin), bon marché, marron et orange (les couleurs), etc.

Ex. Regardez comme cette robe est **chic**.
Tes souliers sont-ils **marron** ou noirs ?
Elle aime acheter des articles **bon marché**.

Application immédiate   Ecrivez le féminin des adjectifs suivants.

1. joli
2. vieux
3. exceptionnel
4. veuf
5. menteur
6. turc (comme public)
7. supérieur
8. portatif
9. joyeux
10. franc
11. rouge
12. familier
13. jumeau
14. satisfait
15. bénin (comme malin)
16. bas
17. chic
18. ambigu
19. oral
20. quotidien
21. conservateur

(*Réponses p. 248*)

2. *Le pluriel de l'adjectif*

a. On ajoute généralement un **s** au singulier (masculin ou féminin) pour avoir le pluriel :

Ex. *masc.*   large → larges
fém.

masc. bleu → bleus
fém. bleue → bleues

masc. content → contents
fém.   contente → contentes

b. Quand il y a déjà un **s** ou un **x** au singulier, l'adjectif ne change pas au masculin pluriel (mais le pluriel du féminin est régulier) :

Ex. *masc.* mauvais → mauvais   malheureux → malheureux
fém.   mauvaise → mauvaises   malheureuse → malheureuses

c. La terminaison **al** devient **aux** au masculin pluriel :

Ex. général → généraux   principal → principaux
Exceptions : final(s), fatal(s), glacial(s), naval(s),
natal(s), idéal → idéals ou idéaux

d. On ajoute **x** à la terminaison **eau** :

Ex. beau → beaux   nouveau → nouveaux

Application immédiate   Donnez les autres formes du singulier et du pluriel des adjectifs suivants.

1. bon   2. religieux   3. normal   4. nouveau

(*Réponses p. 248*)

B. Accord

1. L'adjectif s'accorde *en genre et en nombre* avec *le nom* ou *le pronom* qu'il qualifie :

     Ex. Le livre est **ouvert**.

        Il y a des feuilles **blanches** sur le bureau.

        Ils sont **satisfaits**.

        La page est **marquée**.

2. Quand un adjectif qualifie *plusieurs* noms ou pronoms, il est

    — *masculin pluriel* si les noms ou pronoms sont masculins :

        Ex. Le livre et le cahier sont **ouverts**.

        Pierre et lui sont **absents**.

    — *féminin pluriel* si les noms ou pronoms sont féminins :

        Ex. La poire et la pêche sont **bonnes**.

        Hélène et elle sont **gentilles**.

    — *masculin pluriel* si les noms ou pronoms sont de genres différents (le masculin l'emporte sur le féminin) :

        Ex. Robert et Marie étaient **contents** de vous avoir vu.

        Le vase et les fleurs sont **blancs**.

3. *L'adjectif est invariable* (toujours masculin singulier) dans les cas suivants :

    a. après **ce** + **être**, même si **ce** représente des noms féminins ou pluriels (Important !).

        Ex. Ecoutez cette musique qui vient de l'église ; **c'est** vraiment **beau** !

        Cette pièce critique la société d'une façon efficace parce que **c'est exagéré, humoristique**, et **absurde**.

        Je suis allé à une conférence ce soir. **Ce** n'était pas **intéressant**.

    b. quand il est employé *adverbialement* (parce qu'il qualifie le verbe) dans des expressions courantes : **coûter (valoir) cher** ; **parler fort, haut, bas** ; **voir clair** ; **chanter faux** ou **juste** ; **travailler dur**, etc.

        Ex. Votre robe coûte **cher**, n'est-ce pas ?

        Les étudiants travaillent **dur** au moment des examens.

        Elle parle toujours **fort**, ce qui est gênant.

Remarque

fort devant un adjectif signifie **très** :

   Ex. Vous êtes **fort** intelligente.   (Vous êtes très intelligente.)

c. avec les adjectifs **demi** et **nu** *quand ils précèdent le nom* (il y a un trait d'union entre l'adjectif et le nom) :

> **Ex.** Ecrivez un paragraphe d'une **demi**-page.
>
> > Il est **nu**-tête.
>
> mais on écrit : une page et **demie**, la tête **nue**.

— **mi** est aussi invariable et signifie *au milieu* :

> **Ex.** à la **mi**-août, à **mi**-jambe, au **mi**-trimestre.

— l'adjectif **possible** est invariable avec le superlatif **le plus, le moins** :

> **Ex.** Faites le plus d'efforts **possible**.
>
> mais : Vos prédictions sont **possibles**.

d. après **quelqu'un de, personne de, quelque chose de, rien de** :

> **Ex.** J'ai vu quelqu'un d'**important**.
>
> > Je n'ai vu personne d'**important**. (mais : J'ai vu une personne **importante**.)
> >
> > J'ai vu quelque chose de **joli**. (mais : J'ai vu une **jolie** chose.)
> >
> > Je n'ai rien vu de **joli**.

e. dans un adjectif de couleur composé (c'est-à-dire qualifié par : **foncé, clair** ou **pâle**) :

> **Ex.** Une veste **bleu foncé**. (d'un bleu foncé)
>
> > mais : une veste **bleue**
>
> Des souliers **beige clair**. (d'un beige clair)
>
> > mais : des souliers **beiges**

4. Deux adjectifs *au singulier* peuvent qualifier *un nom pluriel* :

> **Ex.** Les langues **française** et **espagnole** sont populaires dans les écoles.
>
> Les **première** et **deuxième** personnes du pluriel sont irrégulières.

5. L'adjectif s'accorde avec *un nom collectif* ou avec *son complément*, d'après le sens :

> **Ex.** Un groupe d'étudiants **bruyant** (ou **bruyants**).
>
> Un groupe d'étudiants **important**.

6. Avec l'expression **avoir l'air** (paraître), l'adjectif s'accorde

— avec le sujet s'il s'agit d'une chose :

> **Ex.** Votre machine a l'air **usée**.

— avec le sujet ou le mot **air** s'il s'agit d'une personne :

> **Ex.** Elle a l'air **gentille**. (Elle a l'air d'être gentille.)
>
> Elle a l'air **inquiet**. (Elle a un air inquiet.)

Application immédiate Ecrivez les adjectifs entre parenthèses correctement.

1. (intéressant) J'ai entendu des histoires _____.
2. (content) Robert et moi nous sommes _____.
3. (heureux) Voilà un père et une mère _____.
4. (beau) Allez voir les montagnes de cette région.
   C'est si _____ !
5. (cher) Ses chaussures coûtent très _____.
6. (premier, dernier) Ne faites pas les _____ et _____ parties de l'exercice.
7. (demi) J'ai passé trois semaines et _____ à voyager.
8. (confus) Est-elle toujours aussi _____ ?   *(Réponses p. 248)*

C. Place de l'adjectif

La place de l'adjectif est une question complexe car il y a des exceptions aux règles. Généralement l'adjectif suit le nom. En anglais il le précède.

1. L'adjectif est placé *après le nom* :

   a. quand il donne au nom *une qualité distinctive* (de couleur, forme, nationalité, religion, goût, profession, classe sociale, groupe politique, etc.) qui place le nom *dans une catégorie*.

   Ex. une robe **jaune**   un prêtre **catholique**
   une table **ronde**   le cidre **doux**
   des écrivains **français**   une famille **bourgeoise**
   (les adjectifs de nationalité   le parti **socialiste**
   n'ont pas de lettre majuscule)

   b. quand *un participe présent* ou *un participe passé* est employé comme adjectif.

   Ex. une situation **inquiétante**   une porte **ouverte**
   un film **fascinant**   une personne bien **élevée**
   un parfum **enivrant**   un signe **peint**

   c. quand il est modifié par *un complément* ou par *un long adverbe*.

   Ex. un conférencier **intéressant à écouter**
   un travail **agréable à faire**
   un étudiant **très bon en mathématiques**
   un site **vraiment merveilleux**
   une femme **singulièrement belle**

2. L'adjectif est placé *devant le nom* :

a. quand il est *court* et *très usité* (voir le tableau suivant).

petit moindre (comparatif) grand	jeune vieux	joli, beau vilain	gros	bon meilleur (comparatif) mauvais pire (comparatif)	gentil	long	autre

Ex. une **longue** histoire   un **joli** bouquet   la **moindre** chose
une **vieille** église   une **mauvaise** note   mon **autre** frère

b. quand il forme *un mot composé* avec un nom ou est *souvent employé avec un nom.*

Ex. un **jeune** homme
des **jeunes** gens
(les **jeunes gens** peut aussi
désigner un groupe de
garçons et de filles)
des **petits** pois

un **grand** magasin
des **petits** pains
une **violente** tempête
faire la **grasse** matinée
(recevoir) les **sincères** condoléances
.dire un **bon** mot

c. quand il qualifie *un nom propre.*

Ex. le **sympathique** M. Durand   la **célèbre** Mme Curie
(excepté s'il fait partie du nom : Charles **le Chauve**, Louis **le Bien Aimé**, Ivan **le Terrible**)

d. quand il est *descriptif avec un sens affectif* (en opposition au sens strictement distinctif de 1a) ou pour le rendre *plus poétique*, en poésie et quelquefois en prose.

Ex. quelle **merveilleuse sensation** !   une **incroyable** histoire
cette **charmante** personne   une **magnifique** réception

Application immédiate   Placez l'adjectif entre parenthèses à la place et à la forme convenables.

1. C'est une place. (carré)
2. Je ne veux pas boire ce vin. (aigre)
3. Regardez la personne là-bas. (assis)
4. Voilà une fille. (gentil)
5. C'est un film. (particulièrement bon)
6. Je fais un travail. (énervant)
7. Vous connaissez M. Dubonnet. (extraordinaire)
8. De quelles actions vous êtes capable ! (merveilleux)

(Réponses p. 248)

3. *Adjectifs multiples*

a. Si un adjectif est placé devant le nom et l'autre après le nom, ils peuvent garder leur place habituelle *devant* et *après* le nom :

> **Ex.** une **grosse** pluie **pénétrante**
> une **belle** maison **rouge**

même quand le nom forme déjà une unité avec un autre adjectif :

> **Ex.** de **beaux** jeunes gens **sympathiques**

b. Quand les deux adjectifs sont placés ou devant le nom ou après le nom, ils gardent leur place et on ajoute **et** entre les deux adjectifs :

> **Ex.** C'est un **beau** garçon.   C'est un **grand** garçon.
> C'est un **beau et grand** garçon.
>
> C'est un garçon **intelligent**.   C'est un garçon **fort**.
> C'est un garçon **intelligent et fort**.

— Quand un des adjectifs est généralement à côté du nom, il n'y a pas de **et** entre les deux adjectifs :

> **Ex.** une petite fille → une **jolie** petite fille
> une jeune femme → une **belle** jeune femme

— Quand deux adjectifs précèdent normalement un nom et sont reliés par **et**, ils peuvent aussi le suivre :

> **Ex.** une **grande et belle** fille *ou* une fille **grande et belle**

— Avec deux adjectifs numéraux, l'adjectif cardinal précède l'adjectif ordinal :

> **Ex.** les **trois premiers** exercices
> les **cinq dernières** années

Application immédiate

Placez les adjectifs entre parenthèses à la place et à la forme convenables.

1. un jardin (fleuri, joli)
2. une pluie (bon, persistant)
3. un travail (long, mauvais)
4. mon frère (aîné, gentil)
5. un jeune homme (grand, mince, élégant)
6. vos enfants (premier, deux)

(Réponses p. 248)

---

4. *Changement de sens de l'adjectif d'après sa place*

Certains adjectifs ont *le sens propre* (objectif) quand ils sont placés *après le nom* et *le sens figuré* (affectif) quand ils sont placés *devant le nom*. (voir la liste suivante)

Adjectif	Sens propre (suit le nom)	Sens figuré (précède le nom)
ancien	l'histoire **ancienne** (d'une autre époque)	mon **ancien** professeur (que j'avais avant)
brave	un soldat **brave** (courageux)	un **brave** homme (gentil, bon, simple)
certain	un résultat **certain** (sûr, assuré)	un **certain** sourire (d'une sorte spéciale)
cher	un vêtement **cher** (dont le prix est élevé)	mon **cher** ami (tendrement aimé)
dernier	l'année **dernière** (qui précède cette année)	le **dernier** mois de l'année (dans une série)
différent	une question **différente** (non semblable, pas la même)	**différentes** personnes (quelques, diverses, variées)
drôle	une histoire **drôle** (amusante)	une **drôle** d'histoire (bizarre)
grand	un homme **grand** (grand ≠ petit)	un **grand** homme (important, célèbre)
même	la simplicité **même** (pure, exacte)	la **même** explication (identique)
nouveau	une façon **nouvelle** (pas connue depuis longtemps, récente)	une **nouvelle** robe (autre, supplémentaire, que nous ne connaissons pas)
pauvre	un homme **pauvre** (qui n'est pas riche)	un **pauvre** homme (malheureux, infortuné)
prochain	la semaine **prochaine** (qui suit cette semaine)	la **prochaine** fois (suivante dans une série)
propre	une maison **propre** *ou* le sens **propre** (qui n'est pas sale) (naturel, intrinsèque, réel)	ma **propre** maison (qui m'appartient)
sale	des mains **sales** (≠ propres)	une **sale** affaire (mauvaise)
seul	une personne **seule** (non accompagnée)	mon **seul** souci (seulement un)

(La liste n'est pas complète.)

Application immédiate

Placez l'adjectif entre parenthèses devant ou après le nom, d'après le sens des mots soulignés.

1. Il y a plusieurs façons de voir la chose. (différent)
2. L'été passé, nous étions au bord de la mer. (dernier)
3. Il a un air bizarre aujourd'hui. (drôle)
4. Vous vous êtes mis dans une mauvaise aventure. (sale)
5. Il a écrit ça de sa main à lui. (propre)

(*Réponses* p. 248)

5. *Distinctions de sens*

a. **rendre** + *adjectif* (Important !)

Le verbe anglais "to make" se traduit par **rendre** quand il est construit avec *un adjectif*. N'employez pas le verbe **faire** dans ce cas.

Ex. Si vous mangez trop, ça va vous **rendre malade**.

Cette situation le **rendra nerveux** à la longue.

Pour **rendre** votre long séjour **agréable**, il faudrait le préparer activement.

b. *avoir l'air* (**de**)

— **avoir l'air** + *adjectif* (voir B6)

— **avoir l'air de** + *nom* :

Ex. Il **avait l'air d'**un homme très bien.

— **avoir l'air de** + *infinitif* :

Ex. Vous **avez l'air de** ne pas me reconnaître.

c. *nouveau, neuf*

— **nouveau** signifie *récent, connu depuis peu*, ou *autre, supplémentaire* (voir aussi C4).

— **neuf** signifie *fait depuis peu, qui n'a pas ou presque pas servi*.

Ex. C'est une maison **neuve**.   (qui vient d'être finie)

Venez voir ma **nouvelle** maison.   (autre)

Voilà l'esprit **nouveau**.   (d'innovation)

d. *mauvais*

— **mauvais** est l'opposé de **bon** :

Ex. Votre dictée est **mauvaise** ; elle est pleine de fautes.

— **mauvais** est l'équivalent du mot anglais "wrong" :

Ex. Je ne peux pas ouvrir la porte ; j'ai pris la **mauvaise** clé.

e. *étranger, étrange*

Ne confondez pas **étranger** (qui est d'une autre nation)

et **étrange** (bizarre)

Ex. Pour vous, le français est une langue **étrangère**.

Voilà un phénomène **étrange**.   (bizarre, drôle de)

f. *différent*

Quand cet adjectif est placé devant le nom dans le sens de *quelques* ou *divers*, il est pluriel.

Ex. **Différentes** personnes me l'ont dit.

Exercices

EXERCICE I (oral ou écrit)   *Remplacez le nom souligné par le nom donné entre parenthèses et faites les changements nécessaires.*

Ex. (une poire)   Voici un <u>fruit</u> vert et pas appétissant. Il a l'air véreux et il est petit.
Voici une poire verte et pas appétissante. Elle a l'air véreuse et elle est petite.

1. (cette tomate)   Ce <u>légume</u> doit être excellent parce qu'il est bien rouge et mûr à point ; il est assez gros et a l'air délicieux.

2. (mon oncle)   Ma <u>tante</u> favorite est grande, distinguée et très active. C'est une femme généreuse et aimée de tout le monde.

3. (la rue)   Le <u>boulevard</u> est long, large et bordé d'arbres. Il est toujours plein de monde.

4. (mon amie)   J'aime mon <u>ami</u> parce qu'il est discret, honnête et calme. Il est aussi ordonné, gentil et courageux. Il est franc et direct avec moi.

5. (cette colline)   Regardez ce <u>petit mont</u>. Il n'est pas haut, mais il est assez pointu. En ce moment il est sec, alors il est jaune foncé.

6. (la fille)   Le <u>garçon</u> peureux était tremblant, pâle, effrayé, silencieux et confus.

EXERCICE II   *Ecrivez l'adjectif correctement dans les phrases suivantes.*

1. (attentif, normal)   Les étudiants sont _____ en classe.
C'est _____.

2. (frais, mauvais)   Cette viande n'est pas _____.
Elle sent _____.

3. (aigu)   Ces notes _____ me font mal aux oreilles.

4. (favori)   Ce sont ses chansons _____.

5. (extérieur, blanc)   La partie _____ est _____.

6. (incorrect, vain)   Votre réponse est _____ et vos efforts sont _____.

7. (bénin, sûr)   La tumeur était _____, heureusement.
Nous en sommes _____.

8. (local)   Nous sommes arrivés à 8 heures du matin, heure _____.

9. (vrai, dur)   C'est la vérité _____, je vous assure.
Elle est _____ à accepter.

10. (libéral, conservateur)   Vos idées sont-elles _____ ou _____ ?

EXERCICE III (écrit)   *Placez les adjectifs correctement et accordez-les avec le nom.*

Ex. une cheminée (grand, noir) → une grande cheminée noire
1. une conférence (endormant, long)
2. une porte (grand, fermé)
3. une femme (seul, abandonné)
4. un homme (sympathique, brun)
5. une composition (clair, bien présenté)
6. un vin (rouge, petit, bon)
7. un bâtiment (solide, vieux)
8. un visage (ridé, vilain)
9. une femme (jeune, ivre de joie)
10. les exercices (premiers, deux)

EXERCICE IV (écrit)   *Placez l'adjectif avant ou après le nom d'après le sens donné par les mots d'explication.*

Ex. cher / ma tante **que j'aime beaucoup** → ma **chère** tante
1. dernière / la semaine **des examens finals**
2. même / la chose **identique**
3. ancienne / mon amie **que j'avais l'année dernière**
4. brave / ma soeur **si gentille**
5. propre / sa maison **impeccable**
6. prochaine / l'année **qui vient**
7. pauvre / son chien **malheureux**
8. drôle / un costume **bizarre**
9. nouveau / un **autre** manteau
10. seul / son fils **unique**

EXERCICE V (oral)   *Dans le texte suivant, substituez le mot **fait** au mot **chose** et faites les changements nécessaires.*

Je m'en vais vous mander <u>la chose</u> la plus étonnante, la plus surprenante, la plus merveilleuse, la plus miraculeuse, la plus triomphante, la plus étourdissante, la plus inouïe, la plus singulière, la plus extraordinaire, la plus incroyable, la plus imprévue, la plus grande, la plus petite, la plus rare, la plus commune, la plus éclatante, la plus secrète jusqu'aujourd'hui, la plus brillante, la plus digne d'envie....

Lettre de Madame de Sévigné

EXERCICE VI   *Ecrivez deux phrases contenant chacune la construction **rendre** + adjectif.*

EXERCICE VII *Soulignez tous les adjectifs dans le texte suivant et cherchez leur sens.*

L'Ours

Cet animal à la fourrure épaisse, aux pattes trop courtes malgré les longues griffes qui les prolongent, a l'aspect d'un lourdeau bourru ; mais son intelligence est vive, son odorat subtil, son flair exceptionnel. Ce solitaire, rusé et prudent, n'aime aucun séjour autant que les forêts profondes et les cavernes. Il est si indépendant qu'il n'habite pas le même domicile que son épouse à laquelle il se contente d'aller rendre visite. Quand cette dernière a des petits, elle interdit au père l'entrée de sa bauge car Monsieur Ours est tellement vorace, qu'avec la désinvolture d'un dégustateur chez le pâtissier, il lui est arrivé de croquer, comme un chou glacé, un de ses propres enfants... Très gourmand de sucre, il est avide de miel et n'est guère aimé des abeilles.

d'après Buffon

EXERCICE VIII (écrit) *Décrivez un animal que vous trouvez très curieux. Faites un bon choix d'adjectifs et employez-en le plus possible. (cinq lignes)*

EXERCICE IX (écrit) *Ajoutez **des** ou **de** (**d'**) selon le cas, si c'est nécessaire.*

1. Dans cette rue, il y a _____ magasins magnifiques.
2. Connaissez-vous _____ autres poèmes de cet auteur ?
3. Nous avons vu _____ différentes choses qui pourraient nous intéresser.
4. Elle a reçu _____ roses rouges, _____ superbes roses rouges.
5. Je n'ai pas _____ idées intéressantes en ce moment.
6. _____ jeunes gens vont le voir pour lui apporter _____ très bonnes revues.

EXERCICE X *Ecrivez une phrase en employant chacun des adjectifs suivants à la forme ou place indiquée.*

1. cher (employé adverbialement)
2. étrange
3. drôle (avant le nom)
4. dernier (après le nom)
5. différent (avant le nom)
6. mauvais ("wrong")
7. demi (après le nom)
8. beau (+ nom masc. commençant par une voyelle)
9. bleu foncé
10. neuf

EXERCICE XI   *Ecrivez une phrase avec chacune des expressions suivantes.*

1. quelqu'un de (+ adj.)
2. quelque chose de (+ adj.)
3. avoir l'air (+ adj.)
4. ce (+ adj.) (représente un nom fém. ou plur.)
5. un groupe de personnes (+ adj.)

Réponses aux applications immédiates

p. 235
1. nouvel
2. vieil
3. folle
4. belle
   bel

p. 237
1. jolie
2. vieille
3. exceptionnelle
4. veuve
5. menteuse
6. turque
7. supérieure
8. portative
9. joyeuse
10. franche
11. rouge
12. familière
13. jumelle
14. satisfaite
15. bénigne
16. basse
17. chic
18. ambiguë
19. orale
20. quotidienne
21. conservatrice

p. 237
1. bon   bonne
   bons   bonnes
2. religieux   religieuse
   religieux   religieuses
3. normal   normale
   normaux   normales
4. nouveau   nouvelle
   nouveaux   nouvelles

p. 240
1. intéressantes
2. contents
3. heureux
4. beau
5. cher
6. première, dernière
7. demie
8. confuse

p. 241
1. une place carrée
2. ce vin aigre
3. la personne assise là-bas
4. une gentille fille
5. un film particulièrement bon
6. un travail énervant
7. l'extraordinaire M. Dubonnet
8. De quelles merveilleuses actions

p. 242
1. un joli jardin fleuri
2. une bonne pluie persistante
3. un long et mauvais travail
   (*ou* un travail long et mauvais)
4. mon gentil frère aîné
5. un grand jeune homme mince et élégant
6. vos deux premiers enfants

p. 243
1. Il y a différentes façons
2. L'été dernier
3. Il a un drôle d'air
4. dans une sale aventure
5. de sa propre main

II. *Le Nom*

On l'appelle aussi un substantif.

Un nom est un mot qui sert à désigner un être animé (personne ou animal) ou une chose. Il est variable.

A. Le genre des noms

Les noms ont un genre : **masculin** ou **féminin**. (Le neutre n'existe pas en français ; il s'applique seulement à quelques pronoms.)

1. Il faut toujours savoir le genre d'un nom mais cette connaissance n'est pas immédiate. Quand vous rencontrez un nom, apprenez-le toujours avec son article :

   Ex. la table, **le** respect, **la** nation

2. **l'** n'indiquant pas le genre, employez alors l'article indéfini :

   Ex. une heure, **un** appareil

   Dans un texte, si l'article qui accompagne un nom n'indique pas son genre (**l', les, des**), il peut y avoir un autre mot qui l'indique : adjectif, participe passé, pronom.

3. Bien qu'il y ait des exceptions, une liste des terminaisons aidera à savoir le genre des noms. (voir la liste suivante)

Sont **masculins** les noms :	Sont **féminins** les noms :
de personnes ou d'animaux de sexe masculin : un homme, un garçon, un roi, un enfant, un élève, un truand, un coq, un âne, etc.	*de personnes ou d'animaux de sexe féminin :* une femme, une fille, une reine, une enfant, une élève, une poule, une lionne, etc.
en **age** : un garage, un langage, un camouflage, un coquillage, etc. *Exception* : image	
en **al** : un journal, le mal, un canal, etc.	
	en **ance** et **ence** : la chance, l'enfance, la confiance, la bienséance, l'excellence, la science, l'absence, la patience, etc.

Sont **masculins** les noms :	Sont **féminins** les noms :
en **asme** et **isme** : un pléonasme, le sarcasme, le romantisme, le communisme, l'alcool-isme, etc.	
avec *une consonne finale* : un banc, un vers, un outil, un fils, le but, l'amour, le cognac, un bar, un pied, un toit, un nez, le riz, un nom, un adjectif, un jour, un an, un mois le nord, le sud, l'est, l'ouest et *les noms de pays* : le Brésil, le Japon, le Portugal, le Danemark, le Vietnam, etc.	
en **e**, quand **e** est *précédé d'une consonne* : un problème, un groupe, un rire, un sourire, un magazine, le couvercle, etc. *Exception* : la chemise, une âme, etc.	en **e**, quand **e** est *précédé d'une voyelle* (**ie, ée, ue**) ou *d'une double consonne* : la poésie, la psychologie, la vie, la rue, la roue, la journée, la durée, une vallée, une bouteille, une serviette, la guerre, la famille, une gomme, etc. et *les noms de pays, continents et états* : la France, la Belgique, l'Italie, l'Afrique, la Normandie, la Champagne, etc. *Exception* : le génie, un musée, le Cambodge, le Mexique, etc.
en **eau** : un bureau, un tableau, un chapeau, un seau, etc. *Exception* : une eau	
en **et** : un objet, un sujet, un secret, un sommet, un sonnet, un ballet, un paquet, un para-pet, etc.	
en **euil** : un fauteuil, un accueil, un recueil, etc.	en **euille** : une feuille
en **eur** : les professions : un acteur, un ingénieur, un constructeur, un professeur, un doc-teur, etc. un honneur, un ordinateur, le bonheur, etc.	en **eur** : une fleur, la chaleur, la valeur, la couleur, la profondeur, la longueur, etc.

Sont **masculins** les noms :	Sont **féminins** les noms :
en **ier** : un papier, un cahier, un panier, etc.	en **ière** : une prière, une barrière, une civière, etc. *Exception* : un cimetière
	en **ion** et **tion** : la possession, la télévision, la réflexion, la conversation, l'option, la question, la notion. *Exception* : un avion, un pion, etc.
en **nt** : un appartement, un département, un agent, le néant, le présent, un élément, le vent, un changement, l'argent, etc. *Exception* : une dent	
en **oir** : le savoir, un trottoir, l'espoir, le soir, etc.	en **oire** : une histoire, une poire, une foire, une balançoire, etc. *Exception* : un interrogatoire
les participes passés masculins employés comme noms (voir aussi leçon 15) : un traité, un compromis, le passé, etc.	*les participes passés féminins* employés comme noms : une allée, une prise, une revue, etc.
les participes présents masculins employés comme noms (voir aussi leçon 15) : un commerçant, un fabricant, etc.	*les participes présents féminins* employés comme noms : une commerçante, une débutante, etc.
	en **son** : une chanson, la conjugaison, la raison, la saison, etc. *Exception* : le poisson, le son, etc.
	en **té, tié** : la santé, l'unité, la qualité, la beauté, une amitié, la pitié, etc. *Exceptions* : l'été, un côté, un comité, un pâté, etc.
	en **ture** : la nature, la ceinture, une peinture, l'architecture, etc.
avec *une voyelle finale* autre que **e** : le cinéma, un piano, un trou, un café, le lundi, le mardi, etc., un cou, un genou, etc.	

4. Observations sur quelques noms

a. Certains noms ont un double genre, *avec un sens différent* :

> **Ex.** un livre, une livre   un poste, une poste
> un manche, une manche   un vase, la vase
> un mode, une mode   un voile, une voile

b. Un nom est *concret* quand il désigne un être ou une chose qui existe :
> **Ex.** une table, un chien, un serviteur, une femme, un livre

Un nom est *abstrait* quand il désigne une qualité :
> **Ex.** la bonté, la force, la vieillesse, la misère, la douceur

c. On dit : **une** langue, *mais* **le** français, **le** russe, etc.
> **Le** français est **une** langue, **le** russe aussi.
> **Le** français est **joli** ; c'est **une jolie** langue.
>
> **une** saison, *mais* **le** printemps, **un** été, etc.
> L'été est **chaud**. L'été est une saison **chaude**.
> **une** couleur, *mais* **le** rouge, **le** bleu, etc.
> Le rouge est **brillant** ; c'est une couleur **brillante**.

d. *Les noms de nationalité* prennent une majuscule : les Français, les Américains, etc. (L'adjectif de nationalité ne prend pas de majuscule.)
> **Ex.** Un Français est un homme français.
> Une Française est une femme française.

mais : Il est Français. (C'est un homme français.)

e. *On vulgarise* des noms propres :
> **Ex.** le cognac

et *on personnifie* des mots communs :
> **Ex.** le Petit Prince

f. *Le féminin des noms* se forme généralement comme *le féminin de l'adjectif* :
> **Ex.** un fermier, une fermière ; un acteur, une actrice ; un cousin, une cousine

mais le féminin est *quelquefois irrégulier* :
> **Ex.** un maître, une maîtresse   un loup, une louve
> un héros, une héroïne   un boeuf, une vache
> un oncle, une tante   un coq, une poule

g. *Certains noms sont identiques* au masculin et au féminin :
> **Ex.** un élève, une élève
> un enfant, une enfant

Remarques

—Une tendance est de penser que les noms en **e** sont tous féminins. (Cette erreur de pensée vient sans doute de ce que les adjectifs forment leur féminin avec un **e**.) Ces noms sont masculins *ou* féminins (voir la liste) :

　　Ex. un groupe, un problème　(*masculins*)
　　　　une table, une lampe　(*féminins*)

—Dites **un homme**, **une femme** ; n'employez pas **mâle** ou **femelle** en parlant de personnes.

B.　Le pluriel des noms

　1.　Le pluriel des noms se forme généralement comme celui des adjectifs.

　　a.　Les noms qui ont déjà un **s**, **x**, ou **z** ne changent pas au pluriel :
　　　　Ex. un fils → des fils
　　　　　　une toux → des toux
　　　　　　un nez → des nez

　　b.　Les noms en **eu**, **au**, **eau**, **œu**, prennent un **x** :
　　　　Ex. un cheveu → des cheveux
　　　　　　l'eau → des eaux
　　　　　　un vœu → des vœux
　　　　Exception : un pneu, des pneus

　　c.　Sept noms en **ou** prennent un **x** :
　　　　　　bijou, caillou, chou, genou, hibou, joujou, pou

　　d.　Un nom en **al**, **ail**, se change en **aux** :
　　　　Ex. un canal → des canaux
　　　　　　un travail → des travaux

　　e.　En français, *les noms de famille ne prennent pas d'*s *au pluriel* :
　　　　Ex. les Dupont, les Renoir

　　f.　Certains noms sont *toujours pluriels* :
　　　　Ex. les gens, les vacances, les mathématiques

　　g.　Certains pluriels sont *complètement irréguliers* :
　　　　Ex. un œil → des yeux
　　　　　　un ciel → des ciels (ou cieux)
　　　　　　un jeune homme → des jeunes gens

2. Pluriel des *noms composés*

Les verbes et les prépositions qui se trouvent dans un nom composé ne changent pas au pluriel.

Les adjectifs et les noms se mettent au pluriel, excepté si le sens l'interdit (pour le nom) :

> **Ex.** un gratte-ciel → des gratte-ciel
> un grand-père → des grands-pères
> un hors-d'œuvre → des hors-d'œuvre

(Mais vérifiez dans un dictionnaire quand vous n'êtes pas sûrs.)

Exercices

EXERCICE I (oral)   *Remplacez rapidement chaque nom par le pronom **il** ou **elle**, ou si vous préférez, **un** ou **une**, d'après le genre du nom.*

chimie, équité, étudiant, voyage, musée, poulet, garantie, bouteille, saveur, firmament, probité, vendredi, ambiance, démolition, écueil, effet, hauteur, capitalisme, balle, pierre, utopie, feuille, bonté, présence, nation, fil, parc, gouvernement, Amérique, totalité, addition, opinion, toiture, absence, palefrenier, oiseau, château, enlèvement, douceur, armature, moitié, parti, partie, carreau, litière, analogie, maladie, menton, ferveur, caoutchouc, égalité, société, baignoire, pouvoir, existence, exception, connaissance, terminaison, ver, animal, dent, saccage, bouche, liberté, prix, présence, permission, maison, presse, intensité, été, pas, hérésie, appareil, pou, licence, différence, signification, dragon, cheval, développement, oreille, largeur, sentiment, limitation, tercet, dénouement, voiture.

EXERCICE II   *Ecrivez les phrases suivantes au féminin.*

1. Voilà un hôte hospitalier.
2. Le héros est courageux.
3. Son mari est aimable et riche.
4. Ce chien est rapide et doux.
5. Le jeune homme est sincère.

EXERCICE III *Ecrivez les phrases suivantes au pluriel.*

1. Regardez ce vitrail coloré.
2. Il a l'œil vif.
3. Un fil électrique est bleu.
4. C'est un animal rusé.
5. Mon bijou est cher et luxueux.
6. C'est un bel homme.
7. Le pneu est usé.
8. C'est un vieil ami.

EXERCICE IV (écrit) *Mettez les noms composés au pluriel.*

1. un arc-en-ciel
2. un timbre-poste
3. un ouvre-boîte
4. un après-midi
5. un haut-parleur
6. un chef-lieu
7. un chef-d'œuvre
8. un pique-nique

III. *L'Adverbe*

A. Rôle. Un adverbe est un mot invariable qui complète le sens du mot qu'il modifie. Un adverbe modifie *un verbe, un adjectif* ou *un autre adverbe* :

> **Ex.** Le professeur **est debout.** (modifie un verbe)
> Il est **très gentil.** (modifie un adjectif)
> Il n'est **pas souvent** en retard. (modifie un adverbe)

Un adverbe peut aussi modifier *une préposition* :

> **Ex.** Le mot se place **immédiatement après** le verbe.

B. Catégories. On distingue les adverbes :

de manière : **bien, mal, ensemble, constamment, convenablement, aisément**, etc.

de temps : **aujourd'hui, tôt, longtemps, quelquefois, souvent, toujours**, etc.

de lieu : **devant, derrière, où, près, loin, dehors, ici, là**, etc.

de quantité : **beaucoup, trop, aussi, assez, tout, très, moins**, etc. (voir aussi leçon 7, p. 136)

d'affirmation et *de doute :* **oui, si, naturellement, probablement, peut-être**, etc.

d'interrogation et *de négation* (voir ces leçons)

et *les locutions adverbiales* qui sont formées de plusieurs mots : **petit à petit, à la longue, à peu près, à propos, en même temps, quelque part, par hasard, bien sûr, tout de suite, sans doute, à moitié**, etc.

Remarque

A la place d'un adverbe, on peut aussi employer des expressions comme :
d'un air content, d'un ton méchant, d'une façon bizarre, d'une manière spéciale,
ou **avec joie, avec résolution, sans pitié,** etc.

C. Formation de l'adverbe

1. Un grand nombre d'adverbes de manière se terminent par *ment.*

   a. Ils se forment en ajoutant **ment** au féminin de l'adjectif :
      Ex. heureux, heureuse → **heureusement**   vif, vive → **vivement**
      naturel, naturelle → **naturellement**   facile, facile → **facilement**
      fou, folle → **follement**   premier, première →

      premièrement

   b. On ajoute **ment** au masculin de l'adjectif qui se termine par les voyelles **ai,**
      é, i, u (car le **e** du féminin a disparu dans l'orthographe au XVIIᵉ siècle) :
      Ex. vrai → **vraiment**   résolu → **résolument**   aisé → **aisément**
      Exception : gai → **gaiement** ou **gaîment**

   c. Quelquefois le **e** du féminin se change en **é** :
      Ex. profond, profonde → **profondément**   aveugle, aveugle → **aveuglément**
      précis, précise → **précisément**   énorme, énorme → **énormément**

Application immédiate

Ecrivez les adverbes formés sur les adjectifs suivants.

1. rare	6. poli
2. entier	7. profond
3. frais	8. chaleureux
4. réel	9. doux
5. relatif	10. mou

(Réponses p. 264)

---

   d. La terminaison **ant** se change en **amment** et **ent** en **emment.** (Les deux termi-
      naisons se prononcent **ament).**
      Ex. savant → **savamment**   prudent → **prudemment**
      Exception : lent, lente → **lentement**   (formation régulière)

Application immédiate   Ecrivez les adverbes formés sur les adjectifs
suivants et prononcez-les.

1. constant   3. évident
2. méchant   4. récent

(*Réponses p. 264*)

    e. Certains adverbes se forment *irrégulièrement* :
       Ex. gentil → **gentiment**   bref → **brièvement**

2. D'autres adverbes sont vaguement reliés à des adjectifs :
    Ex. bon → **bien**   meilleur → **mieux**   mauvais → **mal**   petit → **peu**

3. Beaucoup d'autres adverbes ne sont pas formés sur des adjectifs :
    Ex. ainsi, maintenant, tard, loin, d'abord, ensuite

D. Place de l'adverbe

1. Un adverbe qui modifie *un adjectif* ou *un autre adverbe* précède ce mot :
    Ex. Vous êtes **mal** habillée.   (*devant un adjectif*)
       Il va **probablement** mieux.   (*devant un adverbe*)

2. Un adverbe qui modifie *un verbe* a une place assez variable, mais il ne se trouve
jamais devant le verbe qu'il modifie.

    a. S'il modifie un verbe *à temps simple, il suit* le verbe :
       Ex. Je le crois **généralement**.
       Parlez-moi **franchement**.
       Croyant **bien** qu'il était chez lui, il était venu le voir.

    b. S'il modifie un verbe *à temps composé*, l'adverbe se place *entre l'auxiliaire et
le participe passé* quand il est court ou commun :
       Ex. Vous avez **mal** jugé la situation.
       J'ai **presque** fini.
       Ayant **rarement** vu sa cousine, il la connaissait à peine.

    c. Si l'adverbe est long (comme beaucoup d'adverbes en **ment**) et *non commun*,
on le place *après le participe passé* :
       Ex. Il vous a parlé **gentiment**.
       Elle a agi **généreusement**.
    mais le rythme de la phrase importe aussi pour placer l'adverbe dans ce cas.

d. Les adverbes *de temps* et *de lieu* se placent au commencement de la phrase, ou après le participe passé, ou à la fin de la phrase :

Ex. **Aujourd'hui** j'ai des courses à faire.

Je l'ai rencontré **là-bas**.

Je n'ai pas fait grand-chose **hier**.

Tu t'es levé **tard** ce matin.

EXCEPTION

Les adverbes communs **toujours**, **souvent**, **déjà** se placent avant le participe passé.

Ex. Vous avez **déjà** fini votre travail !

---

e. On place des adverbes au commencement ou à la fin de la phrase pour *les mettre en relief* :

Ex. **Très lentement** il a levé sa canne pour montrer quelque chose au loin.

f. L'adverbe se place *après* ou *avant l'infinitif.* L'adverbe **bien** se place devant l'infinitif :

Ex. Je vous demande de me parler **souvent** et de **bien** m'écouter aussi.

g. Certains adverbes placés au commencement de la phrase sont suivis de *l'inversion du verbe et du pronom sujet* : **peut-être**, **aussi**, **à peine**, etc. (voir E et leçon 4, p. 65)

h. Certains adjectifs sont employés adverbialement : parler **fort**, chanter **faux**, coûter **cher**, etc. (voir p. 238)

Application immédiate   Placez l'adverbe dans la phrase donnée.

1. Je pars. (immédiatement)
2. Il lui a répondu. (insolemment)
3. Vous avez compris. (bien)
4. Ils sont venus me voir. (avant-hier)
5. Vous essayez de faire. (trop)
6. Tu es fort. (extrêmement)
7. Nous avons parlé de vous. (souvent)
8. Tu parles français couramment. (très)   *(Réponses p. 264)*

E. Observations sur quelques adverbes

1. **aussi** se place après le verbe comme les autres adverbes (ne le placez pas au commencement de la phrase) :

   Ex. J'ai besoin de mon livre et j'ai **aussi** besoin d'un stylo.

EXCEPTIONS

— Si **aussi** modifie le sujet, il se place après le sujet :

   Ex. Robert **aussi** est parti.

— **aussi** se place au commencement de la phrase (suivi de l'inversion du verbe et du pronom sujet) seulement dans le sens de *en consé-quence*.

   Ex. Vous étiez en vacances, **aussi** ai-je été obligé de prendre la décision.

Note : Sa forme négative est **non plus**.

   Ex. Ceci ne se dit pas et cela ne se dit pas **non plus**.

2. **peut-être** se place au *commencement de la phrase* : **peut-être** (+ inversion du verbe et du pronom sujet),

   peut-être que (sans inversion)

   ou *après le verbe*.

   Ex. Peut-être es-tu fatigué.   **Peut-être que** tu es fatigué.   Tu es **peut-être** fatigué.

3. **auparavant** = avant :

   Ex. Je vais vous donner ceci mais **auparavant** je voudrais vous en parler.

4. **que** est un adverbe dans des exclamations :

   Ex. Que vous êtes gentil ! (Comme)

5. **tôt** = de bonne heure ; **très tôt** = de très bonne heure

6. **si oui** (deux mots) ; **sinon** (un mot)

7. **à la longue** (avec le temps qui passe ; "in the long run") :

   Ex. A la longue on s'en fatigue.

8. **vite** = rapidement (**vite** n'est pas un adjectif; **rapide** est l'adjectif correspondant) :

   Ex. Partez **vite**.

9. **par moments** (par intervalles) :
   Ex. **Par moments** il est assez découragé.

10. **surtout** = principalement (traduisez "more important" par **surtout** quand c'est
    un adverbe) :
    Ex. Il faut être naturel avec lui et **surtout** il ne faut pas l'irriter.

11. **souvent** = fréquemment, bien des fois ("many times") :
    Ex. Vous êtes **souvent** en retard.

12. **autrement** = d'une autre façon ou sinon ("otherwise") :
    Ex. Si vous n'y arrivez pas de cette façon, faites-le **autrement**.   (d'une autre
        façon)
    Aidez-moi, **autrement** je ne pourrai pas y arriver.   (sinon)

13. **beaucoup** + adjectif s'emploie seulement avec le comparatif de l'adjectif
    (excepté : *meilleur*) ; **bien** s'emploie dans tous les cas.
    Ex. Tu es **beaucoup** (**bien**) **plus** gentille qu'elle.

    mais : $\begin{cases} \text{Tu es } \textbf{bien} \text{ gentille.} \\ \text{Tu es } \textbf{bien} \text{ meilleure en grammaire.} \end{cases}$

14. **plutôt** = de préférence ; **plus tôt** (deux mots) = plus tard

15. **fort** bien = **très** bien

16. **comme il faut** = bien, convenablement :
    Ex. Allons ! Faites ça **comme il faut**.

17. **à plusieurs reprises** = plusieurs fois :
    Ex. Je l'ai vu **à plusieurs reprises**.

18. **en même temps** = ensemble, à la fois, au même moment
    en ce moment = maintenant

19. **volontiers** = avec plaisir, de bon gré
    Ex. Voulez-vous me rendre service ? —**Volontiers**.

20. **si** s'emploie seulement avec un adjectif ou un adverbe. **Tant** s'emploie avec un
    verbe. **Tellement** s'emploie dans tous les cas.
    Ex. Je suis **si** (**tellement**) content.   (+ *adjectif*)
        Vous travaillez **si** (**tellement**) bien.   (+ *adverbe*)
    mais : Il travaille **tant** (**tellement**). Il a **tant** (**tellement**) travaillé.   (+ *verbe*)

21. Dans une conclusion, traduisez "so" ("then") par **alors**.
    Ex. J'avais nagé tout l'après-midi ; **alors** j'étais fatigué.

22. **être bien** = être confortable ; **être mieux**.
    Ex. Mettez-vous là, vous **serez bien**.   Vous **serez mieux** dans ce fauteuil.

Exercices

EXERCICE I   *Ecrivez les adverbes de manière correspondant aux adjectifs suivants.*

1. long
2. sot
3. patient
4. docile
5. absolu
6. particulier
7. faux
8. gentil

9. sec
10. élégant
11. naïf
12. lent
13. extrême
14. courageux
15. franc
16. net

EXERCICE II (oral)   *Dites si le mot souligné est un adverbe, un adjectif, une préposition ou une conjonction.*

1. Allez-y avant moi. J'irai après.
2. Si je le savais si bien, je n'aurais pas besoin de le relire.
3. Il s'est présenté devant la classe ; il était fort courageux.
4. Faites-le avant qu'il ne vous le demande.
5. Parlez plus fort. On ne vous entend pas.
6. Ce mur est très haut.

EXERCICE III (oral)   *Dites quelles sortes de mots les adverbes soulignés modifient.*

1. On pensait qu'il était malade parce qu'il était tout pâle.
2. Cette fleur sent si bon !
3. Il raconte toujours des histoires extraordinaires.
4. Vous n'êtes même pas allé jusqu'en haut ?
5. Il est arrivé bien avant moi.
6. J'ai trop peu de temps pour y penser.

EXERCICE IV (oral)   *Placez l'adverbe dans la phrase.*

1. Vous lui avez donné du travail. (aussi)
2. N'oubliez pas de vérifier vos réponses. (bien)
3. Ils ont affirmé ça. (toujours)
4. Il parle trois langues. (très couramment)
5. Tu es revenue de ton voyage. (hier)
6. Ce n'est pas possible. (malheureusement)
7. La vie était-elle plus facile ? (autrefois)

8. Ils feront un voyage cet été. (probablement)
9. Il vient de sortir. (juste)
10. Le conférencier a parlé et il est fatigué. (beaucoup)

EXERCICE V (écrit)   *Placez les adverbes au commencement de la phrase et faites les changements nécessaires.*

1. Elle va **peut-être** subir une opération. (deux possibilités)
2. Vous avez **sans doute** reçu ma lettre.
3. Tu étais **à peine** parti **qu'**il a téléphoné.

EXERCICE VI (écrit)   *Complétez avec un synonyme de l'adverbe donné.*

1. Dites-moi _____ de quoi il s'agit. (rapidement)
2. Je suis _____ inquiète de son état de santé. (très)
3. Ils sont arrivés _____. (ensemble)
4. Je l'ai _____ rencontré. (fréquemment)
5. Elle vous le préparera _____. (de bon gré)
6. _____ tu es méchant ! (Comme)
7. Venez _____ à trois heures. (de préférence)
8. J'ai _____ marché que j'ai mal aux pieds. (tellement)
9. Il l'avait déjà dit quelques jours _____. (avant)
10. Etes-vous _____ plus heureux maintenant ? (beaucoup)
11. Nous partirons _____ demain matin. (tôt)
12. _____ vous comprendrez que c'était pour le mieux. (avec le temps)
13. Elle va un peu mieux physiquement ; mais _____, c'est son attitude mentale qui
    s'améliore. (principalement)
14. _____ elle est très indécise. (par intervalles)
15. Il faut montrer de la patience ; _____ ça va aller mal. (sinon)

EXERCICE VII (écrit)   *Traduisez les mots entre parenthèses.*

1. Vous arriverez à oublier _____. ("in the long run")
2. Je le rencontrais _____ quand il y travaillait. ("many times")
3. Il est nécessaire d'avoir de très bonnes notes, naturellement, mais _____ il faut
   avoir d'autres activités. ("more important")
4. Vous avez l'air très heureux ; _____ je pense que vous avez pu faire tout ce que
   vous vouliez. ("so")

EXERCICE VIII *Ecrivez une phrase avec chacun des adverbes suivants.*

1. par hasard
2. pas mal de
3. autrement (sinon)
4. peut-être

5. beaucoup (+ adjectif)
6. en même temps
7. tout de suite
8. beaucoup de

EXERCICE IX *Ecrivez une phrase contenant chacune les deux mots suivants.*

1. mauvais, mal
2. vite, rapide
3. bon, bien

EXERCICE X *Ecrivez l'adjectif sur lequel l'adverbe est formé.*

1. suffisamment
2. décemment
3. élégamment

4. apparemment
5. bruyamment
6. patiemment

EXERCICE XI (écrit) *Substituez à l'adverbe de manière donné des mots équivalents en utilisant **avec**, **sans**, **d'une façon**, **d'une manière**, **d'un air**, ou **d'un ton**.*

Ex. soigneusement → avec soin.

1. méchamment
2. brusquement
3. résolument

4. bizarrement
5. sciemment
6. impitoyablement

EXERCICE XII (écrit) *L'adverbe **doucement** peut signifier **lentement**. Faites une phrase avec ce sens de l'adverbe.*

Ex. Allez plus **doucement** ; il y a une limitation de vitesse sur cette route.

EXERCICE XIII *Ecrivez une phrase avec chacune des expressions suivantes pour montrer la différence de sens et de construction entre elles.*

1. un peu de (+ nom singulier)
2. quelques (+ nom pluriel)
3. peu de (+ nom singulier ou pluriel)

EXERCICE XIV (écrit) *Faites une phrase en choisissant un des deux adverbes de temps.*

1. autrefois, jadis

2. désormais, dorénavant

Réponses aux applications immédiates

p. 256   1. rarement
      2. entièrement
      3. fraîchement
      4. réellement
      5. relativement
      6. poliment
      7. profondément
      8. chaleureusement
      9. doucement
    10. mollement

p. 257   1. constamment
      2. méchamment
      3. évidemment
      4. récemment

p. 258   1. Je pars immédiatement.
      2. Il lui a répondu insolemment.
      3. Vous avez bien compris.
      4. Ils sont venus me voir avant-hier.
      5. Vous essayez de trop faire.
      6. Tu es extrêmement fort.
      7. Nous avons souvent parlé de vous.
      8. Tu parles français très couramment.

IV. La Comparaison   (adjectifs, noms, adverbes)

On compare les adjectifs, les noms, et les adverbes, à l'aide du comparatif et du superlatif.

A. La comparaison des adjectifs et des noms

   1. *Le Comparatif*
   Il est employé pour la comparaison de deux personnes, choses, ou groupes.

   a. *Formes*
   Il y a trois sortes de comparatif : de supériorité, d'infériorité, d'égalité.
   — *pour un adjectif* :

      supériorité : *plus* + adj. + *que*
      Ex. Une montagne est **plus** haute **qu'**une colline.

      infériorité : *moins* + adj. + *que*
      Ex. Une automobile est **moins** rapide **qu'**un avion.

      égalité : *aussi* + adj. + *que*
      Ex. Je suis **aussi** grand **que** mon père.

Comparatif irrégulier de quelques adjectifs

Comparatif de	**bon**	**mauvais**	**petit**
supériorité :	meilleur	plus mauvais (*ou* pire)	plus petit (*ou* moindre)

Les autres comparatifs de ces adjectifs sont réguliers

infériorité :	moins bon	moins mauvais	moins petit
égalité :	aussi bon	aussi mauvais	aussi petit

Remarques

plus mauvais et **pire** peuvent s'employer l'un pour l'autre, excepté dans le sens de « défectueux » où l'on emploie **plus mauvais**.

plus petit s'emploie dans un sens concret, et **moindre** dans un sens abstrait :

> **Ex.** Elle est **plus petite** que son frère.
>
> De deux maux, il faut choisir le **moindre**.   (Proverbe)

— *pour un nom* :

> *supériorité* : *plus de* + nom + *que*
>> **Ex.** J'ai eu **plus de** chance **que** vous.
>
> *infériorité* : *moins de* + nom + *que*
>> **Ex.** Robert a **moins d'**amis **que** Marc.
>
> *égalité* : *autant de* + nom + *que*
>> **Ex.** Elle a **autant de** travail **que** Régine.

Application immédiate   Complétez les comparaisons.

1. La confiture est _____ les fruits. (sucré)
2. Un âne est _____ un cheval. (rapide)
3. Une personne de trente ans n'est pas _____ une personne de quarante ans. (âgé)
4. Il y a _____ de gens. (opinions)
5. Il y a _____ dans une demi-douzaine que dans une douzaine. (œufs)
6. Un travail qui a un A est _____ un travail qui a un B. (bon)

(*Réponses p. 273*)

---

b. Quand la comparaison *n'a pas de deuxième partie*, il n'y a pas de *que* :

> **Ex.** Cette route est **plus** rapide.
>
> Il y a **moins de** soleil maintenant.

c. *Après un nombre*, employez *de plus que*, *de moins que* :

> **Ex.** J'ai trois dollars **de plus que** vous.
>
> Je gagne mille dollars **de moins que** lui par an.

d. Quand il y a *une grande différence* entre les deux personnes ou choses, on ajoute *bien, beaucoup, tellement, de loin, infiniment.*

> **Ex.** Odette est **bien plus** travailleuse qu'Hélène.
>
> Vous avez **beaucoup moins d'**ennuis que votre ami.
>
> Vous êtes **bien meilleur** que lui, **de loin.**   (*beaucoup* ne s'emploie pas avec *meilleur*)
>
> Elle est **tellement plus** jolie **que** la gagnante !
>
> Tu as **infiniment plus de** naturel qu'elle.

e. *Les adjectifs tirés des comparatifs latins* (supérieur, inférieur, antérieur et postérieur) sont suivis de *à*. *Exception* : *meilleur... que.*

> **Ex.** Ce travail est infiniment **supérieur à** celui-ci.
>
> Cette période de l'histoire est **antérieure à** celle-là.
>
> mais : Ce vin-ci est **meilleur que** celui-là.

f. *Répétez* le comparatif devant chaque adjectif :

> **Ex.** Tu es **plus sérieux** et **plus modeste** que Pierre.

g. Quand la deuxième partie d'une comparaison d'*inégalité* (supériorité ou infériorité) est *une proposition*, il faut employer un *ne* explétif (voir Leçon 10, p. 204, Remarques) ou *le*, ou *ne le*, devant le verbe de cette proposition. Avec la comparaison d'*égalité* on emploie seulement *le*.

> **Ex.** Il est *plus* (*moins*) méchant que je **ne** croyais.
>
> que je **le** croyais.
>
> que je **ne le** croyais.
>
> mais: Vous avez fait **autant d'**efforts que je **l'**espérais.

h. *même* + *nom* + *que* indique l'égalité :

> **Ex.** J'ai le **même** poids **que** vous.

2. *Le Superlatif*

Il sert à comparer plus de deux personnes, choses, ou groupes.

a. *Formes*

Il y a deux sortes de superlatif : de supériorité et d'infériorité.

— *pour un adjectif* :

supériorité : *le plus* + adj. + *de*

> **Ex.** Voilà **la plus** haute note **de** l'examen.

infériorité : *le moins* + adj. + *de*

> **Ex.** C'est l'histoire **la moins** fascinante **du** monde.

Remarque

Les superlatifs de supériorité irréguliers sont les mêmes que les comparatifs correspondants, *avec l'article* :

Ex. bon → le meilleur

mauvais → le plus mauvais (*ou* le pire)

petit → le plus petit (*ou* le moindre)

Les superlatifs d'infériorité de ces adjectifs sont aussi réguliers :

le moins bon, le moins mauvais, le moins petit

— *pour un nom* : (**le** est invariable)

supériorité : **le plus de** + nom + **de**

Ex. C'est lui qui a eu **le plus de** points **de** toute l'équipe.

infériorité : **le moins de** + nom + **de**

Ex. C'est ce trimestre-ci que j'ai **le moins de** travail.

b. Dans le superlatif d'adjectif, *le* est un article qui s'accorde avec le nom modifié par l'adjectif.

c. *de* correspond au mot anglais "in".

d. Le superlatif est *devant le nom* si l'adjectif est *devant le nom*, et inversement.

Quand il est *devant* le nom il y a *un* article :

Ex. C'est **la** plus belle pelouse du parc.

Quand il est *après* le nom il y a *deux* articles :

Ex. C'est **l'**étudiant **le** plus intelligent de la classe.

Application immédiate Complétez les comparaisons avec des superlatifs.

1. S'il pleut ou s'il fait beau, c'est _____ mes soucis. (petit)
2. Les programmes de sport à la télévision sont _____ tous pour ce jeune homme sportif. (intéressant)
3. Vous êtes la personne _____ groupe car vous ne vous plaignez jamais. (patient)
4. La Chine est le pays qui a _____ la terre. (habitant)   (*Réponses p. 273*)

---

e. Quand la comparaison n'a *pas de deuxième partie*, il n'y a pas de **de** :

Ex. C'est toi **la plus** gentille.

f. Quand l'adjectif est *précédé d'un adjectif possessif*, il n'y a pas d'article :

Ex. J'ai mis **ma plus jolie** robe.

g. *Répétez* le superlatif devant chaque adjectif :
   Ex. C'est la fleur **la plus** grosse et **la plus** rouge du jardin.

h. *Le superlatif absolu* est exprimé avec ***très, extrêmement*** :
   Ex. Vous êtes **très** gentil et **extrêmement** indulgent !

ATTENTION

N'employez pas **très** avec un adjectif qui a déjà un sens superlatif,
comme *merveilleux, formidable, extraordinaire, magnifique, épatant,
horrible, délicieux*, etc.
   Ex. magnifique = très très... beau.

---

i. *Distinction de sens*
   horrible = très laid, très mauvais :
      Ex. Il fait un temps **horrible**.
   terrible = inspire de la terreur, violent :
      Ex. Il fait un vent **terrible**.

B. La comparaison des adverbes

L'adverbe se compare comme l'adjectif.

1. *Le Comparatif*
   de supériorité   **Ex.** Je le vois **plus** souvent **que** vous.
   d'infériorité   **Ex.** Il agit **moins** sagement **que** son partenaire.
   d'égalité   **Ex.** Vous répondez **aussi** calmement **que** lui.

2. *Le Superlatif* (l'article le est *invariable*)
   de supériorité   **Ex. Le plus** souvent, je reste chez moi pendant le week-end.
   d'infériorité   **Ex.** Il court **le moins** vite **de** tous.

3. *Comparatifs et superlatifs irréguliers de certains adverbes* (voir le tableau suivant) :

adverbes	Comparatif de supériorité	Superlatif de supériorité
beaucoup	plus, davantage	le plus
bien	mieux	le mieux
mal	plus mal, pis	le plus mal, le pis
peu	moins	le moins

Remarques

— **plus mal** est employé plus souvent que **pis**.

pis est employé dans certaines expressions : **de mal en pis** et **tant mieux** ou **tant pis**.

> **Ex.** Ça va **de mal en pis**.
>
> > Si je peux l'obtenir, **tant mieux** ! Si je ne peux pas, **tant pis** !

— **davantage** = plus (employé surtout à la fin de la phrase).

> **Ex.** Il est aussi intelligent que son frère, et même **davantage**.

4. *Expressions utiles*

a. *valoir mieux* = être préférable :

> **Ex.** Il **vaudrait mieux** partir maintenant.

b. *plus... plus..., moins... moins..., plus... mieux, moins... plus*, etc. :

> **Ex. Plus** vous mangerez, **plus** vous grossirez.
>
> **Plus** on fait d'exercice, **mieux** on se porte.
>
> **Moins** tu feras cela, **plus** tu seras respecté.

Application immédiate   Ajoutez **plus, moins,** ou **mieux**.

1. _____ on est de fous, _____ on rit. (proverbe)
2. _____ on s'inquiète, _____ ça vaut.   (*Réponses p. 273*)

---

c. *de plus en plus*, *de moins en moins*, indiquent le progrès en bien ou en mal :

> **Ex.** Je suis **de plus en plus** convaincu qu'il fallait le lui dire.
>
> Elle parle **de moins en moins** bien.

d. *d'autant plus... que* exprime une proportion "all the more" ou une cause (surtout parce que) :

> **Ex.** Je suis **d'autant plus** contente que vous soyez venu **que** j'avais justement besoin de vous parler.
>
> Je n'aurai aucun regret, **d'autant plus qu'**il n'a fait aucun effort de son côté.

e. *encore plus*, *encore moins*, *encore mieux* ; en anglais "even more (less, better)".

> **Ex.** Quand on lui dit de ne pas se salir, il le fait **encore plus**.
>
> Vous avez peu de chance et j'en ai **encore moins**.

f. *faire de son mieux* = faire tout son possible :

> **Ex.** Etes-vous certain que vous **avez fait de votre mieux** ?

Exercices

EXERCICE I (écrit)   *Faites des comparaisons avec les adjectifs suivants. Y a-t-il une grande différence ?*

1. En juillet, les jours sont _____ les nuits. (long)
2. Le train est _____ l'avion. (rapide)
3. Un chat est _____ un chien. (utile)
4. La grammaire française est _____ la grammaire anglaise. (difficile)
5. Le climat de la Sibérie est _____ celui de la France. (dur)
6. L'huile est _____ l'eau. (lourd)
7. Une plume est _____ un rocher. (léger)
8. La note A est _____ un F. (bon)

EXERCICE II (écrit)   *Complétez les comparaisons suivantes.*

1. Si j'ai vingt dollars et que vous en ayez vingt-cinq, vous avez cinq dollars _____ moi.
2. Si elle pèse cent cinquante livres et que vous en pesiez cent soixante-cinq, elle pèse quinze livres _____ vous.

EXERCICE III (écrit)   *Faites des comparaisons avec les noms suivants. Y a-t-il une grande différence ?*

1. Il y a _____ dans une classe de français que dans une classe de biologie. (travail)
2. Il y a _____ en Floride qu'en Californie. (soleil)
3. On a _____ le matin qu'à minuit. (courage)
4. Le travail donne _____ que l'amusement. (satisfaction)
5. L'Amérique a _____ que la Russie. (habitants)

EXERCICE IV (écrit)

a) *Complétez avec le comparatif de supériorité de l'adjectif ou du nom donnés et ajoutez* **que** *ou* **à** *quand c'est nécessaire.*

1. J'aime cette soupe-ci, mais je trouve celle-là _____.
   (bon)
2. En Californie certains arbres sont _____ dans les autres états.
   (haut)
3. Il suit _____ moi ce trimestre.
   (des cours)
4. Cet enfant est _____ je ne pensais.
   (mauvais)
5. Vous avez une température _____ la normale.
   (haut)
   (2 possibilités)

b) *Même exercice avec le comparatif d'infériorité.*

1. Votre examen final était _____ votre travail habituel.
   (bon)

2. La dernière partie de votre composition est _____.
   (intéressant)

3. Vous avez _____ lui dans ce projet.
   (intérêt)

4. Je n'ai pas beaucoup de chance ; j'en ai _____ vous.

c) *Même exercice avec le comparatif d'égalité.*

1. Vos problèmes sont _____ les miens.
   (compliqué)

2. Cette jeune fille a _____ sa mère.
   (charme)

3. A la soirée Mme Durand portait la _____ Mme Dubois. Quelle mauvaise
   (robe)
   surprise !

4. Je ne suis pas _____ vous.
   (vulnérable)

EXERCICE V *Ecrivez deux phrases avec chacune une comparaison d'inégalité dont la deuxième partie est une proposition : une d'adjectif et une de nom.*

EXERCICE VI (écrit) *Comparez deux personnes qui vous semblent intéressantes à comparer. Employez des comparaisons d'adjectifs et de noms.*

EXERCICE VII

a) *Ecrivez la phrase avec un superlatif de supériorité.*

> **Ex.** un élève (bon) / la classe. C'est **le meilleur** élève **de** la classe.

1. une pièce (grand) / la maison.
2. des maisons (neuf) / le quartier.
3. un vêtement (cher) / le magasin.
4. une réunion (mauvais) / l'année.

b) *avec un superlatif d'infériorité.*

1. un enfant (doué) / la famille.
2. un film (bon) / la saison.
3. des poires (mûr) / la corbeille.
4. des biscuits (salé) / la boîte.

EXERCICE VIII (écrit) *Complétez avec le superlatif qui convient.*

1. Le gagnant est celui qui prend _____ pour la course. (temps)
2. Le meilleur élève est celui qui a _____. (notes A)
3. C'est juste avant les examens que les étudiants ont _____. (travail)

EXERCICE IX (écrit)   *Complétez en employant **que**, **de**, ou **à**, avec l'article s'il est nécessaire.*

    1. C'est la plus belle cathédrale _____ pays.
    2. C'est le moindre _____ mes soucis.
    3. Les habitants sont plus heureux _____ avant.
    4. Ton travail est meilleur _____ le mien.
    5. Votre total est-il supérieur _____ mien ?
    6. Elle n'a pas autant de talent _____ vous.
    7. Vous avez les mêmes goûts _____ moi.
    8. C'est la meilleure plaisanterie _____ la soirée.

EXERCICE X   *Ecrivez une phrase avec chaque adjectif.*

    1. magnifique
    2. délicieux
    3. extraordinaire

EXERCICE XI   *Ecrivez une phrase avec un superlatif de supériorité.*

    1. (pour un adjectif)   2. (pour un nom)

EXERCICE XII   *Ecrivez une phrase avec chacun des adjectifs suivants.*

    1. horrible   2. terrible

EXERCICE XIII (écrit)   *Quelle est l'occupation la plus intéressante pour vous ? Employez le plus de superlatifs possible. (quatre lignes)*

EXERCICE XIV   *Ecrivez une phrase avec chacune des expressions suivantes.*

    1. plus... moins...
    2. de plus en plus
    3. tant mieux
    4. d'autant plus que (surtout parce que)
    5. encore moins

EXERCICE XV (écrit)   *Complétez avec une forme de **plus**, **moins**, **bien**, **mieux**, **mal** ou **pis**.*

    1. _____ vous parlez, _____ vous vous fatiguez.
    2. La leçon est devenue de _____ en _____ claire quand le professeur l'a expliquée une autre fois.
    3. Ça va vraiment mal ; en fait ça va de _____ en _____.

4. J'ai _____ dormi, j'ai fait de mauvais rêves.

5. Il a _____ parlé ; tout le monde l'a applaudi.

6. Faites de votre _____ ; c'est tout ce que l'on vous demande.

7. Vous avez oublié mon livre ? Tant _____, je me débrouillerai autrement.

8. Asseyez-vous dans ce fauteuil ; vous serez _____ que dans cette chaise.

9. Comment va-t-il aujourd'hui ?   Il va _____ ; sa température a baissé.

10. Il vaut _____ que vous partiez tout de suite.

11. De toutes ces voitures, voici celle que j'aime _____.

12. Ce n'est pas la peine que je vous l'explique. Vous le savez _____ que moi.

13. Je ne comprends pas ! Ma nouvelle montre marche _____ que mon ancienne.

14. Son manque d'action est _____ grave qu'il savait que c'était urgent.

15. C'est sa faute si elle a raté son examen. _____ pour elle !

EXERCICE XVI (écrit)   *Traduisez avec les mots qui conviennent.*

1. Il parle _____.
   Vous avez une _____ fille. } "little"

2. J'ai eu une _____ note.
   Vous vous conduisez _____. } "bad"

3. Il a une _____ idée.
   Vous allez _____. } "better"

4. Quelle est la _____ situation ?
   Vous travaillez _____ que lui. } "worse"

EXERCICE XVII (écrit)   *Expliquez en quelques lignes vos frustrations quand vous ne faites pas de progrès malgré vos efforts. Employez le plus d'expressions possible avec des comparaisons d'adverbes.*

Réponses aux applications immédiates

p. 265   1. plus sucrée que
       2. moins rapide qu'
       3. aussi âgée qu'
       4. autant d'opinions que
       5. moins d'œufs
       6. meilleur qu'

p. 267   1. le moindre de
       2. les plus intéressants de
       3. la plus patiente du
       4. le plus d'habitants de

p. 269   1. Plus, plus
       2. Moins, mieux

I3 La Négation

I. Formes. On distingue les mots négatifs suivants : les adverbes, les adjectifs, les pronoms et les conjonctions (voir le tableau suivant).

TABLEAU 13-1 Les mots négatifs

adverbes	*adjectifs*	*pronoms*	*conjonctions*
ne... pas ne... point ne... aucunement ne... nullement ne... pas du tout	aucun... ne (sujet) ne... aucun (objet) nul... ne (sujet) ne... nul (objet) pas un... ne (sujet) ne... pas un (objet)	aucun... ne (sujet) ne... en... aucun (objet) nul... ne (sujet) pas un... ne (sujet) ne... en... pas un (objet)	
ne... pas encore ne... toujours pas ne... plus ne... jamais ne... guère ne... nulle part ne... pas... non plus ne... que			
		personne... ne (sujet) ne... personne (objet) rien... ne (sujet) ne... rien (objet) pas grand-chose... ne (sujet) ne... pas grand-chose (objet)	
			ni... ni... ne... (sujet) ne... ni... ni... (objet) ne... pas (de)... ni (de)... (objet)

II. *Place de la négation* **ne... pas** *et des autres négations*

A. ne... pas. Pour rendre une phrase négative, on emploie l'adverbe négatif **ne (n')... pas.**

1. *Aux temps simples* (**n'** devant une voyelle ou un *h* muet) est placé devant le verbe ; *pas* est placé après le verbe :

   Ex. Je vais bien.   Je **ne** vais **pas** bien.

   Il arrivera à deux heures.   Il **n'**arrivera **pas** à deux heures.

   Allez le voir.   **N'**allez **pas** le voir.

2. *Aux temps composés*, les règles s'appliquent à l'auxiliaire ; donc *ne* est placé devant l'auxiliaire ; *pas* est placé après l'auxiliaire :

   Ex. Nous sommes allés au cirque.   Nous **ne** sommes **pas** allés au cirque.

   Vous avez vu Maurice.   Vous **n'**avez **pas** vu Maurice.

3. Quand il y a *des pronoms objets*, *ne* précède ces pronoms ; *ne* est donc placé immédiatement après le sujet :

   Ex. Il la voit.   **Il ne** la voit **pas.**

   Le professeur les leur a rendus.   **Le professeur ne** les leur a **pas** rendus.

4. Avec *l'inversion du verbe et du pronom sujet*, *ne* est placé devant le groupe inséparable [verbe-pronom sujet] ou [auxiliaire-pronom sujet] et devant les pronoms objets ; *pas* est placé après le groupe [verbe-pronom sujet] :

   Ex. [Voulez-vous] cette feuille ?   Ne [voulez-vous] **pas** cette feuille ?

   Lui [a-t-il] demandé pourquoi ?   Ne lui [a-t-il] **pas** demandé pourquoi ?

   Peut-être le [saviez-vous].   Peut-être **ne** le [saviez-vous] **pas.**

Application immédiate   Mettez les phrases suivantes à la forme négative.

1. Tu honores sa mémoire.
2. Il a vendu sa maison.
3. Vous les lui avez apportés.
4. Lui en as-tu parlé ?   (*Réponses p. 291*)

---

5. *Quand il n'y a pas de verbe*, on omet *ne* (phrase elliptique) ; on emploie seulement *pas* :

   Ex. Qui est fatigué ? —**Pas** moi.

   Il fait beau ; regardez le ciel, **pas** un nuage.

   Faut-il tout faire dans cet exercice ? —Non, **pas** tout.

   Pouvez-vous venir tout de suite ? —Bien sûr, **pas** de problème.

6. On peut omettre *pas*, dans la langue écrite, avec les verbes suivants :

savoir + inf.   **Ex.** Je **ne saurais** vous dire pourquoi.   (Je ne saurais pas...)

cesser + inf.   **Ex.** Elle **ne cesse** de la décourager.   (Elle ne cesse pas...)

oser + inf.   **Ex.** Il **n'osait** dire ce qu'il pensait.   (Il n'osait pas...)

pouvoir + inf.   **Ex.** Il craignait de **ne pouvoir** s'y rendre.   (... de ne pas pouvoir...)

7. Pour la forme négative de *l'infinitif*, voir leçon 2, p. 15.

8. Quand *un adverbe* accompagne le verbe, *pas* précède généralement l'adverbe :

    Ex. J'ai **bien** compris le texte.   Je n'ai **pas bien** compris le texte.

    Je suis **souvent** chez moi.   Je ne suis **pas souvent** chez moi.

Mais, avec certains adverbes, *pas* suit l'adverbe : *certainement pas*, *généralement pas*, *peut-être pas*, *probablement pas*, *sans doute pas*.

    Ex. Vous êtes **peut-être** intéressé par cela.   Vous **n'**êtes **peut-être pas** intéressé par cela.

    Je serai **probablement** en classe demain.   Je **ne** serai **probablement pas** en classe demain.

9. *La négation apporte des changements :*

— dans la place des pronoms à l'impératif (voir leçon 3, p. 56) :

    Ex. Apportez-**moi** votre travail.   **Ne m'**apportez **pas** votre travail.

    Reposez-**vous**.   **Ne vous** reposez **pas**.

— pour le partitif (**du**, **de la**, **de l'**) et **un**, **une**, **des**, qui se changent en **de** (**d'**) avec tous les verbes excepté le verbe **être** :

    Ex. J'ai **de la** chance.   Je **n'**ai **pas de** chance.

    J'ai acheté **un** cahier.   Je **n'**ai **pas** acheté **de** cahier.

Application immédiate   Mettez les phrases suivantes au négatif, oralement.

1. Il a des amis.
2. C'étaient des blagues.
3. Vous avez acheté une maison.
4. Donnez-moi de l'argent.
5. Tu as bien parlé.
6. Je peux vous apporter du miel.
7. Offrez-vous des cadeaux à Noël ?
8. Je suis une sotte.
9. Nous avons été des spectateurs indifférents.
10. Elle travaille certainement trop.

(*Réponses p. 291*)

B. Place des autres négations

1. Les règles précédentes s'appliquent aussi aux autres *adverbes* négatifs (voir tableau 13-1) :

    Ex. Elle **ne** vient **jamais** me voir.

      N'avez-vous **point** pitié d'eux ?

      Ses amis **ne** le comprennent **plus**.

      Il **n**'est **pas encore** revenu.

EXCEPTIONS

nulle part et **non plus** *suivent* le participe passé :

Ex. Nous **ne** sommes allés **nulle part** pendant le week-end.

---

2. *ne… que* = seulement. Le sens restrictif de cet adverbe le place parmi les mots négatifs, mais ce n'est pas une négation ; le partitif ne change donc pas avec *ne… que* :

    Ex. Nous avons **des** ennuis. Nous **n**'avons **que des** ennuis.

    Que précède immédiatement les mots qui subissent le sens restrictif :

    Ex. Je **n**'ai **que de la malchance**.   (seulement de la malchance)

      Elle **ne** m'a donné **que trois dollars**.   (seulement trois dollars)

      Il **ne** m'a donné mon argent **que quand je l'ai réclamé**.   (seulement quand)

      On **ne** peut réussir **qu'en travaillant dur**.   (seulement en travaillant dur)

Remarque

On ne peut pas employer **ne… que** (on emploie donc **seulement**) :

— quand il n'y a pas de verbe dans la phrase.

    Ex. Qui avez-vous vu ? —**Seulement** trois personnes.

— quand c'est le verbe qui subit la restriction.

    Ex. Je ne parlais pas, je pensais **seulement**.

— quand c'est le sujet du verbe qui subit la restriction.

    Ex. Seulement (seul) Jean peut le faire.

— quand il y a déjà le mot **que** dans la phrase.

    Ex. Il m'a **seulement** dit qu'il fallait y aller.

Note : L'expression *ne faire que* + infinitif peut signifier **ne pas arrêter de, ne pas cesser de** :

    Ex. Il **ne fait que** se plaindre.   (Il ne cesse pas de se plaindre.)

      Les enfants **n'ont fait que** pleurer pendant le voyage.   (Les enfants n'ont pas arrêté de pleurer…)

Application immédiate   Substituez **ne... que** à **seulement** quand c'est possible.

1. J'y suis resté **seulement** deux jours.
2. Il parle **seulement** quand c'est nécessaire.
3. Il plaisante **seulement**.
4. Nous avons **seulement** regretté qu'il soit trop tard.   (*Réponses p. 291*)

3. *Les adjectifs*, *pronoms*, et *conjonctions* négatifs (voir tableau 13-1)

— précèdent **ne** quand ils sont *sujets* du verbe.

   Ex. Personne ne le comprend.

   Aucun film **n'**est intéressant cette semaine.

— suivent le participe passé ou l'infinitif quand ils sont *objets* du verbe, excepté **rien** (qui se place régulièrement) et **ni... ni...** .

   Ex. Nous **n'**avons rencontré **personne**.

   Il **n'**a accepté **aucune faveur**.

   Vous **n'**avez **pas** appris **grand-chose**.

   mais : Vous **n'**avez **rien** fait de mal.

   Tu **n'**as **ni** mangé **ni** dormi.

III. *Emplois*

A. **Adverbes négatifs** (voir tableau 13-1)

1. *ne... pas* rend négative une phrase qui contient *un verbe conjugué, un infinitif* ou *un participe* :

   Ex. Vous **n'**êtes **pas** content.

   Je voudrais bien **ne pas** aller en classe aujourd'hui.

   Ne voulant **pas** l'interrompre, il partit sans bruit.

— La réponse affirmative à une question (ou déclaration) négative est *si* (à la place de *oui*) :

   Ex. Parlez-vous français ? —**Oui**, je parle français.

   Vous **ne** parlez **pas** français ? —**Si**, un peu.

   Vous **n'**êtes **pas** satisfait, n'est-ce pas ? —Oh ! **si**.

— Le mot *sans* peut remplacer **ne... pas**, ou le **ne** qui accompagne les autres négations :

   Ex. Il parle **sans** réfléchir.

   Elle me parle **sans jamais** me regarder.

2. *ne... point* = *ne... pas*, mais est plus littéraire, pas très employé, plus archaïque :
   Ex. Il **n'**apprécie **point** mes plaisanteries.

3. *ne... aucunement*, *ne... nullement*, *ne... pas du tout* sont des formes emphatiques de *ne... pas* :
   Ex. C'est curieux, je **ne** suis **pas du tout** fatigué après cette longue marche.
   Sa réponse **ne** répondait **nullement** à la question.
   Est-ce que je vous dérange ? —Non, **aucunement**.

4. *ne... pas encore* est l'opposé de **déjà** :
   Ex. Vous avez **déjà** fini ?—Non, je **n'**ai **pas encore** fini.
   ou : Non, **pas encore**.
   Est-ce que vous lui avez parlé ? —Non, **pas encore**.
   Il est midi et le courrier **n'**est **pas encore** arrivé.

Remarque

ne... **toujours pas** = ne... pas encore. (Ne confondez pas avec **pas toujours**)
ne... **toujours pas** exprime de l'impatience ou une crainte :
Ex. Je **ne** l'ai **toujours pas** vu et je ne sais pas pourquoi.
Que lui est-il arrivé ? Il **n'**est **toujours pas** rentré.

5. *ne... plus* est l'opposé de **encore**, **toujours** (dans le sens de **encore**) :
   Ex. Etes-vous **encore** à l'université ? —Non, je **n'**y suis **plus**.
   Est-ce qu'il habite **toujours** (encore) la Californie ? —Non, il **ne** l'habite **plus**.
   Avez-vous **toujours** (encore) froid ? —Non, **plus** maintenant.

ne... plus indique qu'une action qui existait est finie :
   Ex. Quand on **n'**a **plus** d'argent, on va à la banque.
   A une heure du matin je **n'**étudie **plus**, je dors.
   Depuis sa maladie, il **n'**a **plus** d'appétit.
   Il va mieux ; je vous demande de **ne plus** vous inquiéter.
   Avant je le voyais quelquefois ; maintenant je **ne** le vois **plus du tout**.

Note : Ne confondez pas ne... **plus** avec **plus** du comparatif :
   Ex. Je **n'**en veux **plus**. (négation)
   J'en veux **plus**. (J'en veux davantage.)

6. *ne... jamais* est l'opposé de **toujours, quelquefois, parfois, souvent, de temps en temps, de temps à autre** :

   Ex. Le voyez-vous quelquefois ? —Non, je **ne** le vois **jamais**.

   Allez-vous aux courses de chevaux **de temps en temps** ? —Non, je **n'**y vais **jamais**.

   Etes-vous **toujours** en retard pour la classe de français ? —Non, **jamais**.

   Je vous demande de **ne jamais** lui mentionner cela.

   Il marchait droit devant lui, **sans jamais** se retourner.

Remarque

On peut évidemment dire aussi :

Je ne suis **pas toujours** (*ou* **pas souvent**) en retard.

ATTENTION

jamais signifie "ever" quand le verbe n'est pas accompagné de **ne** :

Ex. Avez-vous **jamais** vu un individu pareil ?

Si **jamais** vous le rencontrez, dites-lui bonjour de ma part.

---

7. *ne... guère* = **pas beaucoup, pas très, peu de, presque pas, à peine** :

   Ex. Je **n'**ai **guère** eu le temps de lui parler.   (pas beaucoup)

   Vous **ne** répondez **guère** aux questions.   (à peine)

   Nous **n'**avons **guère** de travail pour demain.   (presque pas, peu de)

   Vous **n'**avez **guère** envie d'y aller ?   (pas très)

8. *ne... nulle part* est l'opposé de **partout, quelque part**, et est placé après le participe passé dans les temps composés :

   Ex. J'ai cherché mon livre partout mais je **ne** l'ai trouvé **nulle part**. Il est pourtant quelque part.

9. *ne... pas... non plus* est l'opposé de **aussi** ; *non plus* est placé après le participe passé dans les temps composés :

   Ex. ⎰ J'ai mal à la tête. Et vous ? —Moi **aussi**.

   ⎱ Je **n'**ai **pas** mal à la tête. Et vous ? —Moi **non plus**.

   Je **n'**ai **pas** eu de chance à l'examen. Et toi ? —Je **n'**en ai **pas** eu **non plus**.

   Réponses possibles d'après le cas :

   Ex. Je suis fatigué. Et toi ? —Moi **aussi**. —Moi **non**. (*ou* **Pas** moi. *ou* Moi **pas**.)

   Je ne suis pas fatigué. Et toi ? —Moi **non plus**. —Moi **si**.

Application immédiate Répondez aux questions suivantes en employant un mot négatif.

1. Allez-vous **encore** à la campagne le dimanche ? —Non, _____.
2. Faites-vous du sport **de temps en temps** ? —Non, _____.
3. Voyez-vous mes lunettes **quelque part** ? —Non, _____.
4. Sommes-nous **déjà** arrivés ? —Non, _____.
5. Je ne suis **pas encore** réveillée ; et toi ? _____.

(*Réponses p. 291*)

B. Adjectifs négatifs (voir tableau 13-1)

Les adjectifs négatifs peuvent être sujets ou objets du verbe. *Aucun(e)*, *nul(le)*, *pas un(e)* sont l'opposé de **plusieurs, quelques, tous, un**.

Ils s'accordent avec le nom qu'ils qualifient et sont employés au singulier, excepté avec un nom toujours pluriel. Ils sont placés après le participe passé des temps composés.

Aucun, nul, pas un signifient **zéro**.

Nul est moins employé que **aucun** et est un peu plus emphatique.

Pas un est beaucoup plus emphatique que **nul** et **aucun**, et est quelquefois accompagné de *seul* : *pas un seul*.

Ex. **Aucun** ami **n'**est venu me voir. (ne mettez pas **de** entre **aucun** et le nom)

Vous **n'**avez fait **aucune** faute dans votre dictée.

Est-ce qu'elle va venir ? —**Aucune** idée.

Votre travail est écrit en vitesse, **sans aucun** respect pour la forme.

Nous n'aurons **aucunes** vacances cette année. (vacances toujours pluriel)

Nul homme **ne** peut l'affirmer.

Je n'avais **nulle** envie d'y aller.

Vous savez cela, **sans nul** doute.

Avez-vous réfléchi à notre problème ? —Oui, mais **pas une** idée **ne** m'est venue.

C. Pronoms négatifs (voir tableau 13-1)

Les pronoms négatifs peuvent être sujets ou objets du verbe, excepté **nul** qui est seulement sujet.

1. *aucun(e)*, *nul(le)*, *pas un(e)* sont l'opposé de **plusieurs, quelques-uns, tous, un**. Employez-les au singulier, excepté à la place d'un nom toujours pluriel. Il faut ajouter **en** quand ils sont objets du verbe. Ils sont placés après le participe passé des temps composés ou après l'infinitif.

— $\begin{cases} \textit{aucun(e)... ne} \text{ (sujet)} \\ \textit{ne... en... aucun(e)} \text{ (objet)} \end{cases}$

> **Ex.** J'ai regardé les quelques livres qui sont sur la table mais **aucun ne** m'intéresse.   (sujet)
>
> Avez-vous des ennemis ? —Non, je **n'en** ai **aucun**.   (objet)
>
> As-tu rencontré quelques difficultés ? —Non, je **n'en** ai rencontré **aucune**.   (objet)
>
> Il a envoyé une carte mais il m'a dit de **ne** lui **en** envoyer **aucune**.   (objet)

— *nul(le)... ne* (sujet seulement). **Nul** = pas un ; plus littéraire que **aucun**.

> **Ex. Nul ne** peut le remplacer.
>
> A l'impossible **nul n'**est tenu.   (proverbe)
>
> O toi que **nul n'**a pu connaître.   (Musset)

— $\begin{cases} \textit{pas un(e)... ne} \text{ (sujet)} \\ \textit{ne... en... pas un(e)} \text{ (objet)} \end{cases}$ plus emphatique que **aucun, nul**

> **Ex. Pas un** de mes copains **ne** veut aller voir ce film.
>
> J'ai vu beaucoup de personnes mais je **n'en** connaissais **pas une seule**.

2. $\begin{cases} \textit{personne... ne} \text{ (sujet)} \\ \textit{ne... personne} \text{ (objet)} \end{cases}$ est l'opposé de **quelqu'un**, **tout le monde**.

Personne est placé après le participe passé des temps composés ou après l'infinitif.

> **Ex. Personne ne** l'aime.   (sujet)
>
> As-tu vu quelqu'un sur la plage ? —Non, je **n'**ai vu **personne**.   (objet)
>
> Il a décidé de **ne** voir **personne** aujourd'hui.   (objet)
>
> As-tu parlé à quelqu'un ? —Non, je **n'**ai parlé à **personne**.   (objet)
>
> (Ne remplacez pas **à quelqu'un** par **lui** ; **quelqu'un** est un pronom indéfini, **lui** est un pronom personnel.)
>
> Je **n'**ai trouvé **personne** à qui parler.
>
> Il est parti **sans** voir **personne**.   (objet)

Remarques

— Quand **personne** est suivi d'un adjectif, il faut ajouter **de** et l'adjectif est invariable (voir aussi leçon 12, p. 239) :

> **Ex.** J'ai bien regardé mais je **n'**ai vu **personne** d'intéressant.

— Quand **personne** est suivi d'un infinitif, ajoutez **à** :

> **Ex.** Nous **n'**avons **personne à voir**.

Note : Ne confondez pas le pronom négatif **personne** avec le nom **une personne** qui est féminin :

> **Ex.** personne de **méchant**   *mais*   une personne **méchante**

3. $\begin{cases} \textit{rien... ne} \text{ (sujet)} \\ \textit{ne... rien} \text{ (objet)} \end{cases}$ est l'opposé de **quelque chose, tout**. C'est le seul pronom négatif

qui se place régulièrement.

    Ex. Je m'ennuie et **rien ne** m'intéresse.   (sujet)

          Qui **ne** risque **rien n**'a **rien**.   (objet) (*proverbe*)

          Je te demande de **ne rien** dire à ce sujet.

          Il **n**'a **rien** gagné à Las Vegas.   (objet)

          Je **ne** veux **rien du tout**, merci.

Remarques

— Quand **rien** est suivi d'un adjectif, il faut ajouter **de** et l'adjectif est invariable.

— Quand **rien** est suivi d'un infinitif, il faut ajouter **à**.

    Ex. As-tu quelque chose d'autre à dire ?—Non, je **n**'ai **rien d'autre à** dire.

ATTENTION

Faites bien la distinction entre **rien** et **aucun** :

    Ex. Je **n**'ai **rien** vu de plus beau. ("nothing")

          Je **n'en** ai vu **aucun** de plus beau. ("none, not any")

---

4. *ne... pas grand-chose* = pas beaucoup de choses

   Grand-chose est placé après le participe passé des temps composés. Il est construit avec : **de** + adjectif invariable

   et : **à** + infinitif.

    Ex. As-tu bien travaillé hier ?—Non, parce que je **n**'avais **pas grand-chose à** faire.

          Il **ne** possède **pas grand-chose**.

          Le conférencier **n**'a **pas** dit **grand-chose d'intéressant**.

          Qu'est-ce qu'il y a de nouveau dans le journal ?—Oh, **pas grand-chose**.

Application immédiate   Mettez la phrase au négatif.

1. **Tout le monde** est heureux aujourd'hui.
2. J'ai **quelque chose** d'extraordinaire à te dire.
3. Il a **beaucoup de choses** à vous annoncer.
4. **Plusieurs** prisonniers se sont évadés.
5. Elle a lu **quelques journaux** pendant le week-end.   (*Réponses p. 291*)

D. Conjonctions négatives

ni est l'opposé de **et, ou, ou bien, soit**.

⎡ *ni... ni... ne...* (sujet)
| *ne... ni... ni...* (objet)
⎣ *ne... pas (de)... ni (de)...* (objet)

Les deux formes objets sont équivalentes ; **ne... pas (de)... ni (de)...** est plus courante.
Ces conjonctions sont employées :

1. *entre deux pronoms ou deux noms.* Le verbe est au pluriel quand les deux pronoms ou les deux noms sont *sujets*, excepté dans le cas de l'opposition des sujets (c'est-à-dire quand un sujet exclut l'autre) :

   Ex. *sujets* : ⎡ Vous **ou** moi pouvons y arriver.
              ⎣ **Ni** vous **ni** moi **ne** pouvons y arriver.
              ⎡ Votre livre **et** votre stylo sont sur la table.
              ⎣ **Ni** votre livre **ni** votre stylo **ne** sont sur la table.

   mais : **Ni** Jean **ni** toi **ne** deviendra président du club.
           (opposition des sujets ; *une seule personne sera le président*)

   objets : Je trouve mon sac **et** mes clés.
            Je **ne** trouve **ni** mon sac **ni** mes clés.
       ou : Je **ne** trouve **pas** mon sac **ni** mes clés.

   — L'article partitif (**du, de la, de l'**) et **un, une, des** disparaissent avec **ni... ni...** :
       Ex. Il y a **des** œufs **et du** beurre dans mon réfrigérateur.
       Il **n'**y a **ni** œufs **ni** beurre dans mon réfrigérateur.
     mais : Il **n'**y a **pas d'**œufs **ni de** beurre dans mon réfrigérateur.   (on garde **de** dans ce cas)

ATTENTION

J'ai besoin **d'**œufs **et de** beurre.   (Ici **de** n'est pas le partitif ; on garde donc **de** avec **ni... ni...**)
Je **n'**ai besoin **ni d'**œufs **ni de** beurre.

Remarque

Avec **ni... ni...** l'article **le, la, les** ne change pas :
    Ex. J'ai **la** volonté **et la** capacité de faire cela.
        Je **n'**ai **ni la** volonté **ni la** capacité de faire cela.

2. entre *deux prépositions* :

> **Ex.** J'irai **à** Londres **et à** Rome l'été prochain.
>
> Je **n'**irai **ni à** Londres **ni à** Rome l'été prochain.
>
> ou : Je **n'**irai **pas** à Londres **ni à** Rome l'été prochain.

3. entre *deux participes passés* :

> **Ex.** J'ai **entendu** le concert **et lu** la critique.
>
> Je **n'**ai **ni entendu** le concert **ni lu** la critique.
>
> ou : Je **n'**ai **pas entendu** le concert **ni lu** la critique.

4. entre *deux infinitifs* :

> **Ex.** Veux-tu **écouter** la radio **ou regarder** la télévision ?
>
> Je **ne** veux **ni écouter** la radio **ni regarder** la télévision.
>
> ou : Je **ne** veux **pas écouter** la radio **ni regarder** la télévision.

5. entre *deux propositions principales dont les verbes ont le même sujet*. On emploie **ne... pas** dans la première (**pas** est facultatif) et **ni ne** dans la deuxième. Ne répétez pas le sujet.

> **Ex. Il** la regarde **et il** l'écoute.
>
> **Il ne** la regarde (**pas**) **ni ne** l'écoute.

6. entre *deux propositions subordonnées* :

> **Ex.** Je tolérerai **que** vous soyez impoli **et que** vous partiez avant les autres.
>
> Je **ne** tolérerai **ni que** vous soyez impoli **ni que** vous partiez avant les autres.
>
> ou : Je **ne** tolérerai **pas que** vous soyez impoli **ni que** vous partiez avant les autres.

Application immédiate   Mettez au négatif avec une forme de **ni**.

1. Mon cahier et mon crayon sont sur le bureau.
2. Vous avez une bougie et des allumettes.
3. Il a le temps et l'argent pour le faire.
4. J'ai confiance en vous et en vos amis.
5. Il a aimé et compris votre conférence.
6. Il faut soit lui téléphoner soit aller le voir.
7. Je lis le texte et je m'endors.
8. Vous voulez que je vous appelle ou que je vienne ?

(*Réponses p. 291*)

IV. *Négation multiple*

En français il est possible d'avoir plusieurs négations dans la même proposition à condition qu'il n'y ait pas de **pas**. Il faut donc enlever **pas** des négations contenant ce mot : **ne**... **pas encore** devient **ne**... **encore**. La négation **ne**... **pas** n'est pas employée dans une négation multiple. (voir l'ordre des négations dans le tableau suivant)

TABLEAU 13-2   Ordre des négations dans une négation multiple

ad-verbes	adjectifs et pronoms sujets	adverbes				adjectifs et pronoms objets	adverbes	
plus	aucun rien personne	plus	guère	encore	jamais	aucun rien personne	nulle part	non plus

Remarque

On dit **jamais plus** aussi bien que **plus jamais**.

Exemples de combinaisons :
Il est très triste et **plus rien ne** le fera **jamais** rire.
Elle a mauvais caractère alors je **ne** lui demanderai **plus jamais rien**.
Elle **ne** va **plus jamais nulle part** seule le soir. C'est trop dangereux.
Vous **n'**en avez **plus aucun** et moi je **n'**en ai **plus aucun non plus**.
Il **n'**a **encore rien** répondu à ma lettre ; et j'attends toujours.
Personne ne veut **plus rien**, alors nous pouvons partir.
Depuis ce moment-là elle **n'**a malheureusement **plus jamais** parlé à **personne**.
Je **n'**ai **plus guère** de courage.
Rien ne nous étonne **plus**.
Après cette mauvaise expérience irez-vous encore dans ce pays ? —**Plus jamais.**
   (*ou* **Jamais plus**)
Nous **n'**avons **encore jamais** vu **personne** comme ça.
Il **n'**a **encore jamais rien** vu, il semble.
Je **ne** lui demande **plus jamais rien**. (*ou* **jamais plus rien**)
Il **n'**amène **plus jamais personne** chez moi. (*ou* **jamais plus personne**)
Vous **ne** l'avez **encore** trouvé **nulle part non plus** ?
A cause de la grève, nous **ne** recevons **plus** de nouvelles de **personne**.
Avec **ne**... **que**, on peut employer les autres négations, y compris celles avec **pas**, puisque ce n'est pas une négation :
   Ex. Il **ne** parle **pas que** français ; il parle deux autres langues.
   Je **n'**ai **plus que** trois dollars.
   Tu **n'**as **plus rien** dit **que** ça ?

Exercices

EXERCICE I (oral ou écrit)   *Mettez les phrases suivantes au négatif.*

1. Il veut ce livre.
2. Nous hésitons à partir.
3. Offre-moi des fleurs.
4. Elle a pu y aller.
5. Sa mère la lui a expliquée.
6. On y en rencontrera.
7. Entendez-vous bien ?
8. Lui avez-vous demandé la permission ?
9. Peut-être faudrait-il l'appeler.
10. Il y aura des discussions intéressantes.
11. Ces animaux sont des quadrupèdes.
12. Vous avez sans doute oublié notre rendez-vous.
13. Nous allons généralement au laboratoire le vendredi.
14. Je vous prie de venir à mon bureau.   (mettez l'infinitif au négatif)
15. On m'a disputé pour avoir pris une décision finale.   (mettez l'infinitif au négatif)

EXERCICE II (oral ou écrit)   *Placez la négation entre parenthèses dans la phrase.*

1. Je vais au musée. (ne… jamais)
2. Vous avez faim. (ne… pas du tout)
3. Sa lettre est arrivée. (ne… pas encore)
4. Appelez-moi. (ne… plus)
5. J'ai envie de travailler. (ne… guère)
6. Je l'ai vu. (ne… nulle part)
7. Nous avons entendu. (ne… rien)
8. J'ai compris. (ne… pas… grand-chose)

EXERCICE III (oral)   *Substituez **ne… que** à **seulement** quand c'est possible.*

1. Il y a **seulement** trois crayons dans la boîte.
2. **Seulement** lui peut m'aider.
3. Il voulait **seulement** que je comprenne la situation.
4. Combien de personnes étaient là ? —**Seulement** une dizaine.
5. Venez **seulement** quand vous pourrez.
6. Pour l'instant nous espérons **seulement**.

EXERCICE IV (oral)   *Placez **ne… que** dans la phrase.*

1. Direz-vous la vérité ?
2. Je voulais lui faire dire cela.
3. Nous avons eu des difficultés.

EXERCICE V (oral)   *Répondez affirmativement avec **oui** ou **si**.*

1. Ce tableau n'est pas noir, n'est-ce pas ?
2. Vous avez eu un A en français, n'est-ce pas ?
3. Avez-vous peur de poser des questions en français ?
4. Peut-être n'avez-vous pas compris la question.
5. Tu ne veux pas venir avec nous au cinéma ?

EXERCICE VI (écrit)   *Répondez négativement aux questions en remplaçant les mots soulignés par des pronoms et en employant des mots négatifs ; puis finissez la phrase.*

Ex. Le professeur a-t-il donné beaucoup à faire aux étudiants ?
    Non, il ne leur a pas donné grand-chose parce qu'il y avait un jour de congé.

1. Habitez-vous toujours Los Angeles ?
   Non, _____ ; maintenant j'habite _____ .
2. Savez-vous déjà quelle note vous aurez ce trimestre (ce semestre) en français ?
   Non, _____ , mais je pense que _____ .
3. Est-ce que des étudiants ont pu finir leur examen ?
   Non, _____ , parce que _____ .
4. Je ne comprends pas ce poème de Baudelaire. Et toi ?
   Non, _____ ; il est _____ .
5. Est-ce que quelqu'un parle aussi bien qu'un Français dans la classe de français ?
   Non, _____ ; mais un jour _____ .
6. Vous voulez dire quelque chose à votre camarade ?
   Non, _____ , parce que _____ .
7. Parles-tu souvent au professeur après la classe ?
   Non, _____ ; pourtant _____ .

EXERCICE VII   *Écrivez deux phrases avec **ne... que**.*

EXERCICE VIII (oral)   *Ajoutez chaque négation entre parenthèses dans la phrase donnée et placez-la convenablement. Faites les changements ou substitutions nécessaires.*

1. Je vais au cinéma. (ne... pas, ne... point, ne... plus, ne... jamais)
2. Ils sont fatigués. (ne... pas du tout, ne... plus, ne... aucunement)
3. Vous avez fini votre travail. (ne... pas encore, ne... toujours pas)
4. Tu l'as retrouvé. (ne... pas... non plus, ne... nulle part, ne... jamais)
5. Tout le monde comprend la situation. (personne ne..., nul ne...)
6. J'ai vu quelqu'un. (ne... rien, ne... pas grand-chose, ne... personne, ne... aucun)
7. Vous aurez un dessert. (ne... pas, ne... aucun, ne... plus)
8. Quelque chose est arrivé. (personne ne..., rien ne..., aucun ne...)
9. Elle a beaucoup à faire. (ne... pas... grand-chose, ne... guère, ne... plus rien)
10. Il vous en a donné. (ne... pas... non plus, ne... aucun, ne... toujours pas)

EXERCICE IX (oral ou écrit)   *Mettez le passage suivant au négatif.*

La ferme est animée. Les vaches sont encore dans les étables ; les chevaux sont impatients d'aller travailler dans les champs et les bœufs aussi. Le chien est quelque part ; on entend quelques aboiements. Les poulets sont soit dans le poulailler soit dans la cour. Il y a toujours quelqu'un qui passe avec ses sabots : c'est un va-et-vient continuel parce que tout le monde a quelque chose d'intéressant à faire. Dans le verger il y a des cerises et des pêches à ramasser. Cette ferme a de la valeur et les terres donnent des revenus appréciables.

EXERCICE X (oral)   *Déterminez la nature de **ne** dans les phrases suivantes : a-t-il le sens négatif ou est-il explétif ?*

1. A moins que le temps **ne** change, nous **ne** ferons aucun projet.
2. Je **n**'aurais jamais compris l'histoire si tu **ne** m'en avais expliqué que le commencement.
3. Ce travail est meilleur que vous **ne** pensiez.
4. Il **n**'est pire eau que l'eau qui dort. (proverbe)

EXERCICE XI (oral ou écrit)   *Mettez les phrases suivantes à la forme affirmative.*

Ex. Vous n'êtes jamais malade. → Vous êtes quelquefois malade.

1. Je n'ai pas besoin d'un manteau ni toi non plus.
2. Nous ne voulons pas vous voir ni vous parler.
3. Votre composition n'est pas encore finie ?
4. Aucun invité ne s'est présenté.
5. Je n'ai plus d'argent. Je n'ai rien.

EXERCICE XII (écrit)   *Mettez les phrases au négatif avec un **ni** ou deux **ni** comme indiqué.*

Ex. Il va téléphoner et venir me voir (1) → Il **ne** va **pas** téléphoner **ni** venir me voir.

1. Je veux aller au restaurant et au théâtre. (2)
2. Vous savez tricoter et coudre. (1)
3. Je prends du jus d'orange et des œufs le matin. (2)
4. Il a été intéressé et amusé par l'histoire. (2)
5. Vous pouvez lui parler ou lui écrire. (2)
6. Je sais où et comment c'est arrivé. (2)
7. Lui et elle sont venus hier soir. (2)
8. Nous pouvons faire du tennis ou du volleyball. (1)
9. Elle danse et elle peint. (1)

EXERCICE XIII   *Ecrivez une phrase avec :*

1. ***rien*** + *adj.* + *infin.*   2. ***personne*** + *adj.*

EXERCICE XIV (écrit)   *Finissez la phrase en employant des mots négatifs variés. Consultez le tableau* 13-1.

Ex. **Je pars tout de suite** parce que je n'ai aucune envie d'être en retard à la conférence ; il n'y aurait plus de place en arrivant.

1. J'ai des difficultés _____
2. Il faut que j'aille au marché _____
3. Cette leçon n'est pas claire _____
4. Il va rester chez lui _____

5. On est malheureux quand_____
6. Mets ta chambre en ordre _____
7. Je cherche mon livre _____
8. Tout marche mal aujourd'hui _____

EXERCICE XV (oral)   *Répondez négativement aux questions suivantes. Attention à **en** dans la réponse. Variez les mots négatifs.*

Ex. Avez-vous quelquefois de l'argent sur vous ? —Non, je n'en ai jamais.

1. Avez-vous des idées pour votre projet ?
2. Connaissez-vous une personne qui puisse vous aider ?
3. Avez-vous un crayon ? Et vous ?
4. Avez-vous de la chance généralement ?
5. Avez-vous un dollar sur vous ?
6. Avez-vous du courage aujourd'hui ?

EXERCICE XVI (écrit)   *Mettez les deux actions simultanées en une, en employant **sans**. Attention à la forme infinitive des verbes pronominaux.*

Ex. Tu me parles et tu ne me regardes pas. → Tu me parles **sans** me regarder.

1. Ils ont dîné et ne se sont pas parlé.
2. Je travaille et je n'écoute jamais la radio.
3. Nous avons écouté et nous n'avons rien compris.
4. Elle a quitté le pays et elle n'a eu aucun regret.
5. Vous souffrez et vous ne vous plaignez pas.
6. Tu as fait une erreur et tu ne t'en es pas rendu compte.

EXERCICE XVII   *Ecrivez une phrase de dix à quinze mots avec chacun des mots négatifs suivants.*

1. ne... plus
2. ne... pas... non plus
3. rien

4. aucun (pronom objet)
5. pas encore
6. ne... pas (de)... ni (de)...

EXERCICE XVIII (écrit)   *Tout va mal aujourd'hui pour vous. Montrez en quelques lignes à quel point tout est négatif. Employez beaucoup de mots négatifs. (quatre lignes)*

EXERCICE XIX (écrit)   *Vous venez d'étudier pendant de nombreuses heures pour un examen que vous allez passer dans quelques minutes. Vous pensez que vous n'avez pas préparé convenablement. Expliquez vos craintes en employant des mots négatifs.* (*quatre ou cinq lignes*)

EXERCICE XX (écrit)   *Négation multiple. Répondez aux questions négativement. Attention à la position des négations ; et n'employez pas de* **pas** *!*

1. Est-ce que quelqu'un a déjà fini son examen ?
2. Vous aviez l'habitude de sortir le dimanche. Allez-vous encore souvent quelque part ?
3. Est-ce que ce livre a quelquefois intéressé quelqu'un ?
4. Avez-vous jamais entendu quelque chose d'aussi bizarre ?
5. Avez-vous déjà fait quelques projets pour les vacances ?
6. Etes-vous allé quelque part avec quelqu'un l'été dernier ?
7. Avez-vous déjà quelquefois vu quelque chose de pareil quelque part aussi ?

EXERCICE XXI   *Ecrivez deux phrases en mettant dans chacune plusieurs mots négatifs.*

Réponses aux applications immédiates

p. 275   1. Tu n'honores pas sa mémoire.
2. Il n'a pas vendu sa maison.
3. Vous ne les lui avez pas apportés.
4. Ne lui en as-tu pas parlé ?

p. 276   1. Il n'a pas d'amis.
2. Ce n'étaient pas des blagues.
3. Vous n'avez pas acheté de maison.
4. Ne me donnez pas d'argent.
5. Tu n'as pas bien parlé.
6. Je ne peux pas vous apporter de miel.
7. N'offrez-vous pas de cadeaux à Noël ?
8. Je ne suis pas une sotte.
9. Nous n'avons pas été des spectateurs indifférents.
10. Elle ne travaille certainement pas trop.

p. 278   1. Je n'y suis resté que deux jours.
2. Il ne parle que quand c'est nécessaire.
3. (impossible)
4. (impossible)

p. 281   1. Non, je n'y vais plus.
2. Non, je n'en fais jamais.
3. Non, je ne les vois nulle part.

4. Non, pas encore.
5. Moi non plus.

p. 283   1. Personne n'est heureux aujourd'hui.
2. Je n'ai rien d'extraordinaire à te dire.
3. Il n'a pas grand-chose à vous annoncer.
4. Aucun prisonnier ne s'est évadé.
5. Elle n'a lu aucun journal pendant le week-end.

p. 285   1. Ni mon cahier ni mon crayon ne sont sur le bureau.
2. Vous n'avez pas de bougie ni d'allumettes.
3. Il n'a ni le temps ni l'argent pour le faire.
4. Je n'ai confiance ni en vous ni en vos amis.
5. Il n'a ni aimé ni compris votre conférence.
6. Il ne faut ni lui téléphoner ni aller le voir.
7. Je ne lis (pas) le texte ni ne m'endors.
8. Vous ne voulez pas que je vous appelle ni que je vienne ?

I4 L'Interrogation directe
Le Style indirect

I. L'Interrogation directe

On distingue deux sortes de phrases interrogatives, celles qui demandent une réponse affirmative ou négative, et celles qui demandent des renseignements spécifiques.

Il y a toujours un point d'interrogation à la fin d'une phrase interrogative directe.

A. Constructions interrogatives auxquelles la réponse est : *oui, non, si.*

On peut rendre une phrase interrogative de quatre façons :

1. en plaçant *est-ce que* (ou *est-ce qu'*) devant la phrase *sans changer l'ordre des mots.*

    Ex.   Le livre est sur la table.

    Est-ce que le livre est sur la table ?

    Il est arrivé.

    Est-ce qu' il est arrivé ?

2. en utilisant *l'inversion*.

    a. Quand le sujet du verbe est *un pronom*, on fait *l'inversion du verbe et du pronom sujet*. Il y a un trait d'union entre le verbe et le pronom :

        Ex. Il est content. → **Est-il** content ?

      — *A la troisième personne du singulier* on ajoute un **t** entre deux voyelles pour faciliter la prononciation :

        Ex. Elle a un chien. → **A-t-elle** un chien ?

      — Avec un verbe négatif, **pas** est placé après le groupe inséparable [verbe-pronom sujet] :

        Ex. Il n'est pas content. → **N'est-il pas** content ?

      — Quand le verbe est à un temps composé, on fait *l'inversion de l'auxiliaire et du pronom sujet* :

        Ex. Ils ont vu ce film. → **Ont-ils** vu ce film ?

            Vous ne les avez pas rencontrés. → Ne les **avez-vous** pas rencontrés ?

    b. Quand le sujet du verbe est *un nom*, on fait *l'inversion du verbe et du pronom qui remplace le nom*. Le nom reste à sa place :

        Ex. Le livre est sur la table. → Le livre **est-il** sur la table ?

3. en ajoutant ***n'est-ce pas*** à la fin de la phrase déclarative. Cette expression est invariable :

    Ex. Le livre est sur la table.

        Le livre est sur la table, **n'est-ce pas** ?

        Vous n'avez pas écrit l'exercice.

        Vous n'avez pas écrit l'exercice, **n'est-ce pas** ?

4. avec *un ton de voix interrogatif*, façon employée très couramment dans la langue parlée :

    Ex. Vous n'avez pas fait votre travail ?

Remarque

Quand le sujet d'un verbe est **je**, on peut faire l'inversion *verbe-je* avec certains verbes seulement :

être : suis-je	avoir : ai-je
devoir : dois-je	pouvoir : puis-je (*mais* est-ce que je peux)
aller : vais-je	

Avec les autres verbes, *ne faites pas l'inversion* :

Ex.

Je prends mon parapluie :
    Est-ce que je prends mon parapluie ?
    Je prends mon parapluie, n'est-ce pas ?
    Je prends mon parapluie ?

Application immédiate   Mettez les phrases suivantes à la forme interrogative avec inversion, quand c'est possible.

1. Vous suivez beaucoup de cours.
2. L'homme ouvre la porte.
3. Tu n'as pas compris l'explication.
4. Il me le répétera.
5. Je peux vous l'indiquer.
6. Je travaille très dur.

(Réponses p. 303)

Note : On emploie **si** (à la place de **oui**) dans la réponse affirmative à une question négative (voir aussi leçon 13, p. 278).

   Ex. Vous **n'**avez **pas** fini votre devoir ? —**Si**, je l'ai fini.

B. Questions qui demandent des renseignements spécifiques

Ces questions commencent par des mots interrogatifs qui sont : des adverbes, un adjectif et un pronom variables, et des pronoms invariables.

ATTENTION

Après tous les mots interrogatifs, la phrase doit être à la forme interrogative, soit avec l'inversion du verbe et du pronom sujet, soit avec **est-ce que** sans changer l'ordre des mots (notez que **est-ce que** est une inversion) :

   Ex. Vous êtes en colère. { Pourquoi **êtes-vous** en colère ?
   Pourquoi **est-ce que vous êtes** en colère ?

Application immédiate   Ecrivez les deux formes interrogatives de la phrase suivante :

   Votre ami va venir.
   1. Quand _____ ?
   2. Quand _____ ?

(Réponses p. 303)

Note : La forme avec **est-ce que** est plus courante dans *la langue parlée* parce qu'elle est plus simple à employer que l'inversion. Dans *la langue écrite*, au contraire, il est préférable d'employer *l'inversion*, plus élégante et moins lourde que la forme avec **est-ce que**.

1. *Adverbes interrogatifs*

Les adverbes interrogatifs sont **combien**, **comment**, **où**, **pourquoi**, **quand**.

Ex.   **Combien** avez-vous payé ce manteau ?

ou : **Combien** est-ce que vous avez payé ce manteau ?

Comment voulez-vous y aller ?

ou : **Comment** est-ce que vous voulez y aller ?

Où sommes-nous ?

ou : **Où** est-ce que nous sommes ?

Pourquoi le livre est-il ouvert ?

ou : **Pourquoi** est-ce que le livre est ouvert ?

Quand viendrez-vous me voir ?

ou : **Quand** est-ce que vous viendrez me voir ?

Inversion verbe-nom sujet, dans une phrase courte

Dans une phrase courte qui ne contient qu'un verbe à temps simple et un nom sujet, on fait l'inversion *verbe-nom sujet*, excepté avec **pourquoi** :

Ex. **Combien** coûte ce tricot ?

Comment va votre mère ?

Où est le professeur ?

Quand arrivent vos parents ?

mais : **Pourquoi** votre chien aboie-t-il ?

Application immédiate   A l'aide d'un adverbe interrogatif, écrivez les questions pour les réponses suivantes. Faites l'inversion quand c'est possible.

1. Les invités partiront bientôt.
2. Robert est à la bibliothèque.
3. Mon frère gagne trois cents dollars par mois.
4. La dame s'énerve parce que sa voiture est en panne.
5. Son enfant travaille très bien.

(*Réponses p. 303*)

---

2. *Adjectif et pronom interrogatifs variables*

a. Adjectif interrogatif variable : *quel*, *quelle*, *quels*, *quelles*

L'adjectif interrogatif *quel* s'accorde en genre et en nombre avec le nom qu'il qualifie :

Ex. **Quelle heure** est-il ?

— Il est placé au commencement de la question avec le nom qualifié :

Ex. **Quel avion** vient d'arriver ?   (sujet)

Quels exercices avez-vous préparés ?   (objet direct)

De quel film est-ce que vous parlez ?   (objet d'une préposition)
A quelles filles a-t-il souri ?   ''
Pour quelles raisons est-ce que vous êtes ici ?   ''

— Il est suivi du verbe **être** qui le sépare du nom qualifié :
Ex. Quelle est **la différence** entre un désert et un dessert ?
Quel sera **le but** du club ?
Quelle doit être **notre conduite** ?

Application immédiate   Complétez avec l'adjectif interrogatif à la forme
correcte.

1. _____ réaction avez-vous eue ?
2. _____ sont leurs intentions ?
3. _____ sera le résultat de tout cela ?   (*Réponses p. 303*)

— Il est aussi employé dans des exclamations :
Ex. Quelle vie !
Quel beau temps !
Quelle chance ! Je pars demain.
Quelle honte de faire une chose pareille !

b. Pronom interrogatif variable : *lequel, laquelle, lesquels, lesquelles*

— Le pronom interrogatif *lequel* est une forme composée : **le** (article) + **quel**.
L'article se contracte
avec **à** : auquel, auxquels, auxquelles
et avec **de** : duquel, desquels, desquelles
la ne se contracte pas : à laquelle, de laquelle

— *Lequel* remplace *quel* + *nom* et s'accorde en genre et en nombre avec ce
nom. Il est placé au commencement de la question. Il indique un choix :
Ex. Voilà deux pommes. **Laquelle** veux-tu ?   (Quelle pomme)
ou : **Laquelle** de ces deux pommes veux-tu ?
Lequel de ces exercices est oral ?
Auxquels as-tu parlé ?
Il y avait trois candidats. Pour **lequel** as-tu voté ?
Desquelles avez-vous besoin, des grandes ou des petites ?
Lesquels avez-vous lus ?

Application immédiate   Complétez avec une forme de **quel** ou de **lequel**.

1. _____ des trois sujets avez-vous choisi ?
2. _____ questions as-tu posées ?
3. _____ de ces livres as-tu besoin ?
4. De ces deux roses, _____ vous plaît le plus ?
5. Vous allez bien maintenant ? _____ bonne nouvelle !   (*Réponses p. 303*)

3. *Pronoms interrogatifs invariables*

On distingue les pronoms à forme courte et à forme longue (voir le tableau suivant).

TABLEAU 14-1   Les pronoms interrogatifs invariables

	PERSONNES		CHOSES	
	formes courtes	*formes longues*	*formes courtes*	*formes longues*
Sujet	qui	qui est-ce qui		qu'est-ce qui
Objet direct	qui (+ inversion)	qui est-ce que	que (qu') (+ inversion)	qu'est-ce que
Objet d'une préposition	qui (+ inversion)	qui est-ce que	quoi (+ inversion)	quoi est-ce que

a. *Pronoms à formes courtes* (voir tableau 14-1)

Pour une personne on emploie toujours **qui**, suivi d'une inversion, excepté après **qui** *sujet*.

Pour une chose, on emploie **que** (objet direct) et **quoi** (objet d'une préposition), suivis d'une inversion. Il n'y a pas de forme courte sujet.

Ex. **Qui** est à la porte ?   (personne : *sujet*)

Qui avez-vous vu ?   (personne : *objet direct*)

A qui as-tu parlé ?   (personne : *objet d'une préposition*)

Que veux-tu ?   (chose : *objet direct*)

Avec quoi écrivez-vous ?   (chose : *objet d'une préposition*)

Remarques

— **que** devient **qu'** devant une voyelle ou un **h** muet ; **qui** ne change jamais.

— dans une phrase courte qui ne contient qu'un verbe et un nom sujet, on fait l'inversion verbe-nom sujet après **que** :

   Ex. Que veut cette dame ?

— **quoi** est quelquefois employé seul :

   Ex. Quoi ?

      Quoi de neuf ?   (verbe sous-entendu)

   b. *Pronoms à formes longues* (voir tableau 14-1)

      On les obtient en ajoutant **est-ce qui** à la forme courte sujet

                        et   **est-ce que** à la forme courte objet.

   Ex.   **qui** est-ce **que**   **qu'**est-ce **que**   **qu'**est-ce **qui**

               ↑   ↑   ↑   ↑   ↑   ↑

           (personne) (objet)   (chose) (objet)   (chose) (sujet)
                       (du verbe)   (du verbe)   (du verbe)

(La forme longue sujet **qu'est-ce qui** est formée sur **que**, forme courte chose-sujet qui existe mais qui n'est pas employée.

   Ex. Qui est-ce qui est à la porte ?   (personne : *sujet*)

      Qui est-ce que vous avez vu ?   (personne : *objet direct*)

      A qui est-ce que tu as parlé ?   (personne : *objet d'une préposition*)

      Qu'est-ce qui te dérange ?   (chose : *sujet*)

      Qu'est-ce que tu veux ?   (chose : *objet direct*)

      Avec quoi est-ce que vous écrivez ?   (*chose-objet d'une préposition*)

Remarques

— Les formes sujets **qui** et **qui est-ce qui** sont interchangeables car il n'y a pas d'inversion après l'une ni après l'autre :

   Ex. Qui veut venir avec moi ?

   ou : **Qui est-ce qui** veut venir avec moi ?

— Pour demander une définition, on pose la question :

   Qu'est-ce que c'est que… ? ou **Qu'est-ce que**… ?

      Ex.   **Qu'est-ce que c'est que** ça ?

            ⌈**Qu'est-ce que c'est que** le Tour de France ?
            ⌊**Qu'est-ce que** le Tour de France ?

Application immédiate Complétez avec le pronom interrogatif à la forme courte ou longue qui convient et une préposition quand elle est nécessaire.

1. _____ vous moquez-vous ? —De sa coiffure bizarre.
2. _____ a-t-il parlé si longtemps au téléphone ? —A ses parents.
3. _____ est venu vous parler ?
4. _____ as-tu aidé ?
5. _____ nous commencerons ? —Par une dictée.
6. _____ vous avez dit ?
7. _____ se passe ?
8. _____ vaut cette composition ?

(*Réponses p. 303*)

Exercices

EXERCICE I (oral) *Mettez chaque phrase à la forme interrogative en employant les quatre façons possibles* (voir partie A).

1. Il a bougé.
2. Mon chat mange trop.
3. Nous ne les lui avons pas apportés.

EXERCICE II (écrit) *A l'aide d'un adverbe interrogatif, trouvez les questions pour les réponses suivantes.*

Ex. Je vais au laboratoire. Où allez-vous (vas-tu) ?

1. Ma voiture marche bien.
2. J'ai dépensé vingt francs dans ce magasin.
3. La Tour Eiffel se trouve à Paris.
4. Mon camarade travaille parce qu'il a besoin d'argent.
5. Il a laissé tomber le cours juste avant l'examen final.

EXERCICE III (oral) *Changez la question de façon à ne pas avoir d'inversion.*

Ex. Quand as-tu rencontré Robert ?
    Quand est-ce que tu as rencontré Robert ?

1. Combien de temps es-tu resté à la bibliothèque ?
2. Pourquoi êtes-vous si en retard ?

3. Où Jean a-t-il mis mon livre ?
4. Quand le professeur va-t-il rendre les examens ?
5. A quelle heure faut-il arriver chez nos amis ?
6. Depuis quand avez-vous cette lettre ?
7. Comment allez-vous aujourd'hui ?
8. Comment dit-on "understatement" en français ?

EXERCICE IV   *Ecrivez deux questions sans inversion avec deux des adverbes interrogatifs :* **combien, comment, où, pourquoi, ou quand.**

EXERCICE V (écrit)   *Complétez avec une forme de* **quel** *ou de* **lequel.**

1. J'ai des olives noires et vertes ; _____ préférez-vous ?
2. Il y a plusieurs concerts ce week-end ; _____ iras-tu ?
3. _____ est le sens de ce mot ?
4. _____ de ces deux tableaux préférez-vous ?
5. J'ai trop de vêtements ; _____ est-ce que je vais me débarrasser ?
6. Dans _____ conditions allons-nous travailler ?

EXERCICE VI (oral)   *Remplacez* **qui** *par* **qui est-ce qui**, *ou inversement.*

1. Qui vient d'entrer ?
2. Qui est allé à la conférence hier soir ?
3. Qui est-ce qui l'aidera ?
4. Qui viendra avec nous ?

EXERCICE VII (oral)   *Remplacez* **que** *par* **qu'est-ce que** *et faites les changements nécessaires.*

1. Que m'apportez-vous ?
2. Que ne puis-je pas dire ?
3. Qu'êtes-vous en train de faire ?
4. Que lui as-tu proposé ?
5. Que voulez-vous que j'apporte demain ?

EXERCICE VIII (oral)

a) *Remplacez la forme courte du pronom interrogatif par la forme longue et faites les changements nécessaires.*

1. Qui n'aimez-vous pas ?
2. De quoi parlais-tu ?
3. A qui voulez-vous faire ce cadeau ?

4. Qui le professeur a-t-il questionné ?
5. Qui vient d'arriver ?
6. De quoi vous plaignez-vous ?

b) *Remplacez la forme longue du pronom interrogatif par la forme courte quand c'est possible, et faites les changements nécessaires.*

1. Pour qui est-ce qu'elle prépare ces feuilles ?
2. Qui est-ce qui va me dire la vérité ?
3. A quoi est-ce qu'il pensait ?
4. Qu'est-ce qui reste à faire maintenant ?
5. Qui est-ce que tu veux voir ?
6. Qu'est-ce que vous cherchez ?

EXERCICE IX (écrit) *Dans les phrases suivantes, écrivez le mot interrogatif qui traduit le mot anglais interrogatif "what", "what is", "what a".*

1. _____ vous voulez ?
2. _____ est arrivé ?
3. A _____ pensez-vous ?
4. _____ dites-vous ?
5. _____ sont les raisons de son départ ?
6. _____ la Sorbonne ?
7. _____ plaisir de vous voir !

EXERCICE X (écrit) *Trouvez la question pour la réponse donnée. Quand il y a deux formes possibles, donnez-les toutes les deux.*

Ex. J'ai joué au bridge. → { A quoi as-tu joué ?
{ A quoi est-ce que tu as joué ?

1. Mes parents sont arrivés.
2. Il a parlé au conférencier.
3. L'étudiant travaille avec un dictionnaire.
4. Elle écrivait un poème pendant la classe.
5. C'est un jeu intéressant.
6. Le feu a détruit sa maison.

EXERCICE XI (écrit) *Trouvez le mot (ou expression) interrogatif qui complète les questions suivantes. Quand il y a deux réponses possibles, donnez-les toutes les deux.*

1. _____ tu veux venir avec nous ? —Oui, je veux bien.
2. _____ t'a raconté cela ?
3. _____ êtes-vous arrivé ? —Ce matin.
4. De _____ as-tu envie pour ton petit déjeuner ?
5. _____ Robert a posé son manteau ?
6. _____ était la question ?

7. Il fait très beau aujourd'hui, _____ ?

8. _____ vous avez rencontré sur le campus ?

9. _____ faut-il apprendre pour demain ?

10. Je peux vous donner une de ces feuilles ; _____ voulez-vous ?

EXERCICE XII (écrit)   *Finissez les questions suivantes.*

1. Avec quoi est-ce que _____ ?
2. A qui _____ ?
3. Où _____ ?
4. Qu'est-ce que _____ ?
5. Qu'est-ce qui _____ ?

EXERCICE XIII (oral)   *Posez toutes les questions possibles sur cet extrait.*

La dernière maison à la sortie du bourg, sur la route du phare, est une maison ordinaire : un simple rez-de-chaussée, avec seulement deux petites fenêtres carrées encadrant une porte basse. Mathias, en passant, frappe au carreau de la première fenêtre et, sans s'arrêter, continue jusqu'à la porte. Juste à la seconde où il atteint celle-ci, il la voit s'ouvrir devant lui ; il n'a même pas besoin de ralentir pour pénétrer dans le corridor, puis, après un quart de tour à droite, dans la cuisine où il pose aussitôt sa mallette à plat sur la grande table…. La maîtresse de maison est debout près de lui, entourée de ses deux filles aînées — une de chaque côté (un peu moins grandes que leur mère) — immobiles et attentives toutes les trois.

Robbe-Grillet, *Le Voyeur*

EXERCICE XIV (oral)   *Etudiez la forme des interrogations contenues dans ce passage.*

Jean Valjean se mit à songer dans les ténèbres. « Où en suis-je ? — Est-ce que je ne rêve pas ? — Que m'a-t-on dit ? Est-il bien vrai que j'aie vu ce policier et qu'il m'ait parlé ainsi ? — Que peut être ce Champmathieu ? Il me ressemble donc ? — Est-ce possible ? — Quand je pense qu'hier j'étais si tranquille à pareille heure ! Qu'y a-t-il dans cet incident ? Comment cela se dénouera-t-il ? Que faire ? »

Victor Hugo, *Les Misérables*

EXERCICE XV (écrit)   *Trouvez des questions qui conviennent pour la situation.*

1. Oh ! je n'ai plus mon portefeuille.
2. Il n'y a rien à manger pour ce soir.
3. Elle a pris un de vos cahiers de notes.
4. Jean m'a dit que j'étais fou de faire ce pari.

EXERCICE XVI (écrit)   *Vous êtes un reporter et vous interviewez la personne de votre choix. Posez beaucoup de questions intéressantes en variant les mots interrogatifs. (cinq ou six lignes)*

Réponses aux applications immédiates

p. 294   1. Suivez-vous beaucoup de cours ?
2. L'homme ouvre-t-il la porte ?
3. N'as-tu pas compris l'explication ?
4. Me le répétera-t-il ?
5. Puis-je vous l'indiquer ?
6. (impossible)

p. 294   1. Quand votre ami va-t-il venir ?
2. Quand est-ce que votre ami va venir ?

p. 295   1. Quand partiront les invités ?
2. Où est Robert ?
3. Combien gagne votre frère ?
4. Pourquoi la dame s'énerve-t-elle ?
5. Comment travaille son enfant ?

p. 296   1. Quelle
2. Quelles
3. Quel

p. 297   1. Lequel
2. Quelles
3. Duquel
4. Laquelle
5. Quelle

p. 299   1. De quoi
2. A qui
3. Qui (Qui est-ce qui)
4. Qui
5. Par quoi est-ce que
6. Qu'est-ce que
7. Qu'est-ce qui
8. Que

II. Le Style indirect

Les paroles d'une personne peuvent être rapportées sous la forme d'une citation entre guillemets ; c'est le style direct :

Ex. Il m'a dit : « **Vous avez l'air fatigué**. »

Elles peuvent aussi être rapportées sous la forme d'une proposition subordonnée ; c'est le style indirect :

Ex. Il m'a dit **que vous aviez l'air fatigué**.

Dans le changement de style direct en style indirect, plusieurs cas se présentent d'après *la forme de la citation* du style direct :

— c'est une phrase déclarative

— c'est un ordre (à l'impératif)

— c'est une interrogation directe

On distingue le style indirect *au présent* et le style indirect *au passé*.

A. Phrase déclarative

Au style indirect, la phrase déclarative est introduite par **que**.

1. *Style indirect au présent.* Quand les paroles sont rapportées dans le présent (le verbe de la proposition principale est au présent), les temps des verbes de la citation ne changent pas. Répétez **que** avec chaque proposition subordonnée :

   Ex. Elle dit : « Il fera beau demain et nous pourrons sortir. »

   Elle dit **qu'**il fera beau demain et **que** nous pourrons sortir.

   Les pronoms et les adjectifs possessifs peuvent changer de personne :

   Ex. Elle me dit : « **Tu** as eu tort de **me** raconter **ton** histoire. »

   Elle me dit que **j'**ai eu tort de **lui** raconter **mon** histoire.

2. *Style indirect au passé.* Quand les paroles sont rapportées dans le passé (le verbe de la proposition principale est au passé), les temps des verbes de la citation changent de façon à toujours avoir les terminaisons **-ais, -ais, -ait, -ions, -iez, -aient**. Les expressions de temps changent aussi. Les pronoms et les adjectifs possessifs peuvent changer, comme dans 1.

   a. *Changements de temps.* Les temps qui ont déjà ces terminaisons (l'imparfait, le plus-que-parfait, les conditionnels présent et passé) ne changent pas, mais :

      –le présent devient l'imparfait

      –le passé composé devient le plus-que-parfait (le présent de l'auxiliaire se change en imparfait)

      –le futur devient le conditionnel présent

      –le futur antérieur devient le conditionnel passé (le futur de l'auxiliaire se change en conditionnel présent)

Le subjonctif ne change pas, puisqu'il dépend du même verbe dans les deux styles.

Ex. Je lui ai dit : « Vous **aurez** peut-être de la chance. »

Je lui ai dit qu'il **aurait** peut-être de la chance.

Il pensait : « Ils **ont gagné** et ils le **méritaient**. »

Il pensait qu'ils **avaient gagné** et qu'ils le **méritaient**.

Vous avez dit : « Il **faut** que vous **réfléchissiez**. »

Vous avez dit qu'il **fallait** que je **réfléchisse**.

b. *Les expressions de temps* changent aussi puisqu'elles sont maintenant relatives au passé (voir la liste ci-dessous).

Les expressions de temps correspondantes

Expressions relatives au présent	*Expressions relatives au passé*
maintenant, en ce moment	à ce moment-là, alors
aujourd'hui	ce jour-là (pour un jour du passé)
hier (le jour avant aujourd'hui)	la veille (le jour avant ce jour-là)
demain (le jour après aujourd'hui)	le lendemain (le jour après ce jour-là)
ce matin, ce soir, cette semaine, cette année	ce matin-là, ce soir-là, cette semaine-là, cette année-là
la semaine prochaine (la semaine après cette semaine)	la semaine suivante (la semaine après cette semaine-là)
la semaine dernière ou passée (la semaine avant cette semaine)	la semaine précédente (la semaine avant cette semaine-là)

Ex. La semaine dernière vous m'avez dit : « **Hier** il est resté en ville très tard et **aujourd'hui** il a sommeil. »

La semaine dernière vous m'avez dit que **la veille** il était resté en ville très tard et que **ce jour-là** il avait sommeil.

Il m'avait prévenu : « **Le mois prochain** je ne gagnerai pas beaucoup d'argent. »

Il m'avait prévenu que **le mois suivant** il ne gagnerait pas beaucoup d'argent.

Application immédiate   Mettez les phrases suivantes au style indirect.

au présent 1. Je lui répète : « Tu devras bientôt choisir un métier. »

au passé   2. Il lui avait dit : « Maintenant je ne peux pas vous répondre ; demain ce sera peut-être possible. »

(*Réponses p. 313*)

B. Ordre à l'impératif

Au style indirect, l'impératif devient *un infinitif* introduit par **de**.

au présent : **Ex.** Le professeur dit : « **Préparez** l'exercice numéro 3. »
Le professeur dit **de préparer** l'exercice numéro 3.

au passé :   **Ex.** Elle a suggéré : « Ecrivez quelques lignes sur votre sujet favori. »
Elle a suggéré **d'écrire** quelques lignes sur notre sujet favori.

L'impératif peut aussi devenir *un subjonctif* (cas moins fréquent) introduit par **que** :

Ex. Il dit (a dit) : « **Partez** les premiers. »
Il dit (a dit) **qu'**on **parte** les premiers.

Application immédiate   Mettez les phrases suivantes au style indirect.

1. Mes parents me demandent : « Ecris-nous plus souvent. »
2. Vous nous aviez dit : « Tapez votre travail à la machine. »   (*Réponses p. 313*)

C. Interrogation indirecte

Au style indirect, une interrogation directe devient une interrogation indirecte. Il n'y a jamais de point d'interrogation à la fin d'une phrase interrogative indirecte. *La forme interrogative* de la citation (avec **est-ce que** *ou* l'inversion) *disparaît* ; l'ordre des mots est donc celui d'une phrase déclarative :

Ex. Je vous demande : « Comment allez-vous ? » (*ou* « Comment est-ce que vous allez ? »)
Je vous demande **comment vous allez**.

Les changements de pronoms, d'adjectifs possessifs, de temps de verbes et d'expressions de temps sont les mêmes que pour la phrase déclarative :

Ex. Je lui ai demandé : « Pourquoi prendras-tu ta décision demain ? »
Je lui ai demandé pourquoi **il prendrait sa** décision **le lendemain**.

Reprenons les deux sortes de phrases interrogatives étudiées dans la partie I.

1. *questions qui demandent la réponse* **oui**, **non**, **si**
La question indirecte est introduite par **si** :
au présent : **Ex.** Tu me demandes : « As-tu fait un bon voyage ? »
Tu me demandes **si** j'ai fait un bon voyage.
au passé :   **Ex.** Il lui a demandé : « Est-ce que je vous ai rendu votre feuille ? »
Il lui a demandé **s'**il lui avait rendu sa feuille.

> **ATTENTION**
>
> Ce **si** est le **si** d'interrogation indirecte, à ne pas confondre avec le **si** de condition d'une phrase conditionnelle (voir leçon 8, p. 157).

2. *questions qui demandent des renseignements spécifiques*

— La question indirecte commence par un adverbe interrogatif : **combien**, **comment**, **où**, **pourquoi**, **quand**, comme dans la question directe.

    Ex. Il m'a demandé : « Où allez-vous ? »

    Il m'a demandé **où** j'allais.

— La question indirecte commence par **quel** ou **lequel** comme dans la question directe.

    Ex. J'ai demandé : « **Quelle** heure est-il et **à quelle** heure faudra-t-il partir ? »

    J'ai demandé **quelle** heure il était et **à quelle** heure il faudrait partir.

    Il a demandé : « **Lequel** veut répondre ? »

    Il a demandé **lequel** voulait répondre.

— La question indirecte commence par *un pronom interrogatif invariable*.

Au style indirect, les pronoms interrogatifs invariables du style direct (revoir tableau 14-1) changent de la façon suivante :

Personnes

qui
qui est-ce qui } → qui (*sujet*)

qui
qui est-ce que } → qui (*objet direct*)

qui
qui est-ce que } → qui (*objet d'une préposition*)

Choses

qu'est-ce qui } → ce qui (*sujet*)

que
qu'est-ce que } → ce que (*objet direct*)

quoi
quoi est-ce que } → quoi (*objet d'une préposition*)

    Ex. Elle m'a demandé : « **Qui est-ce qui** est là ? »

    Elle m'a demandé **qui** était là.   (personne–*sujet*)

    Je voudrais bien savoir : « **Qui** connaît-elle et à **qui** pense-t-elle ? »

Je voudrais bien savoir **qui** elle connaît et **à qui** elle pense.   (personne–
objet direct et *objet d'une préposition*)

Je ne sais pas : « **Qu'est-ce qui** se passe ? »

Je ne sais pas **ce qui** se passe.   (chose–*sujet*)

Je t'ai demandé : « **Que** veux-tu ? » *ou* « **Qu'est-ce que** tu veux ? »

Je t'ai demandé **ce que** tu voulais.   (chose–*objet direct*)

Je lui ai demandé : « Contre **quoi est-ce que** ces gens protestent ? »

Je lui ai demandé contre **quoi** ces gens protestaient.   (chose–*objet d'une
préposition*)

ATTENTION

N'employez jamais **qu'est-ce qui** ou **qu'est-ce que** dans une interrogation indirecte, seulement dans une interrogation *directe* :

Ex. Qu'est-ce qu'il veut ?

Je ne sais pas **ce qu'**il veut.

Application immédiate   Mettez les questions suivantes au style indirect.

1. Je te demande : « As-tu fini ta composition écrite ? »
2. Il se demandait : « Pourquoi est-ce qu'elle est si gentille ? »
3. Je me demandais : « Lesquels faut-il choisir ? »
4. Je vous avais demandé : « De quoi avez-vous parlé aujourd'hui ? »
5. Je voudrais savoir : « Qu'est-ce qu'elle t'a dit ? »   *(Réponses p. 313)*

D. Pour mettre *un paragraphe entier* au style indirect, il faut ajouter des verbes
variés comme **dire, déclarer, ajouter, suggérer, demander, insister, répondre,
répéter, expliquer, remarquer**, etc. Certains mots spéciaux au style direct
disparaissent : **hein, à propos, eh bien**, etc.

Exemple

Style direct :

Antigone (à Ismène) : Tu m'as toujours dit que j'étais folle, pour tout, depuis
toujours. Va te recoucher, Ismène… Il fait jour maintenant, tu vois, et, de
toute façon, je ne pourrais rien faire. Mon frère mort est maintenant entouré
d'une garde exactement comme s'il avait réussi à se faire roi. Va te recoucher.
Tu es toute pâle de fatigue.

Jean Anouilh, *Antigone*

Style indirect au passé :

> Antigone a dit à Ismène que celle-ci lui avait toujours dit qu'elle était folle, pour tout, depuis toujours. Elle lui a suggéré d'aller se recoucher... Elle a ajouté qu'il faisait alors jour, comme elle le voyait, et que, de toute façon, elle ne pourrait rien faire. Elle a expliqué que son frère mort était maintenant entouré d'une garde exactement comme s'il avait réussi à se faire roi. Elle lui a répété d'aller se recoucher car elle était toute pâle de fatigue.

E. La concordance des temps

Le rapport entre le temps du verbe de la subordonnée et le temps du verbe de la principale dont il dépend s'appelle *la concordance des temps.* On a constamment besoin d'utiliser cette concordance quand on s'exprime oralement ou par écrit. Il faut y penser en particulier dans les phrases au passé, comme nous venons de le faire avec le style indirect.

> Ex. Excusez-moi, **j'avais compris** que vous **vouliez** tout sur la même page.
>
> Il **a eu** l'impression qu'on **se moquait** de lui.
>
> Je **pensais** que vous **alliez** partir bientôt et que vous **auriez** besoin de la voiture.

Exercices

EXERCICE I (oral ou écrit)   *Mettez les phrases déclaratives suivantes au style indirect et faites les changements nécessaires. Remarquez si le style est au présent ou au passé.*

Ex. Il a dit : « Je serai là à deux heures. » → Il a dit qu'il serait là à deux heures.

1. Il pense : « Il va faire beau aujourd'hui. »
2. La mère dit à son fils : « Tu n'iras pas en classe aujourd'hui parce que tu as de la fièvre. »
3. Mon ami me dit : « Vous aviez raison et vous auriez dû parler plus fort. »
4. Le professeur dit aux étudiants : « Vous allez écrire vos impressions sur le texte pour demain. »
5. Il a déclaré à la presse : « Je ne suis pas un candidat et il faut que tout le monde le sache. »
6. Il m'a dit : « Je pars demain mais je ne sais pas à quelle heure. »
7. Elle pensait : « Mon tour viendra et j'en profiterai bien. »

8. Tu m'avais dit : « En ce moment je suis découragé parce que mon travail marche mal. »

9. J'ai dit à Lucie : « Votre amie voudrait vous voir. »

10. Mon professeur a annoncé : « Il y aura un autre examen la semaine prochaine car le dernier n'était pas bon. »

EXERCICE II (oral ou écrit)   *Mettez les ordres suivants au style indirect et faites les changements nécessaires.*

1. Les parents disent aux enfants : « Soyez gentils et conduisez-vous bien. »
2. Je vous ai demandé : « N'oubliez pas d'apporter les photos. »
3. Il nous a écrit : « Envoyez-moi de l'argent demain parce que je n'en ai plus. »
4. Elle a suggéré : « Allez à la cafétéria et prenez un bon café chaud. »
5. Le professeur demande : « Venez à mon bureau si vous avez des questions. »

EXERCICE III (oral ou écrit)   *Mettez les interrogations directes suivantes au style indirect et faites les changements nécessaires.*

1. Il a demandé à Robert : « As-tu une voiture ? »
2. Je voudrais savoir : « Es-tu heureux sur le campus ? »
3. Elle se demande : « Est-ce qu'il m'a vue ? »
4. Il vous a demandé : « Combien de frères et soeurs avez-vous ? »
5. Elle voulait savoir : « Où est-ce qu'il y a une fontaine ? »
6. On se demande : « Quelle impression avez-vous d'eux ? »
7. On m'a demandé : « Lequel est-ce que vous aimeriez avoir ? »
8. Le professeur a demandé : « Qui est-ce qui est absent aujourd'hui ? »
9. Il se demandait : « Qu'est-ce que vous avez répondu ? »
10. Je voudrais savoir : « Qu'est-ce qui se passe ? »
11. Ils t'ont demandé : « A qui est-ce que tu as dit ça ? »
12. Tu voulais savoir : « A quoi ou à qui penses-tu en ce moment ? »

EXERCICE IV (oral ou écrit)   *Mettez les phrases suivantes au style direct et faites les changements nécessaires.*

Ex. J'ai dit qu'il fallait s'en occuper à ce moment-là. → J'ai dit : « Il faut s'en occuper maintenant. »

1. Vous m'avez dit à qui vous aviez parlé.
2. Il a dit de lui envoyer des cartes.
3. Elle me dit que j'aurais dû la prévenir immédiatement.
4. Elle a déclaré que la question ne l'intéressait pas ce jour-là.

5. Jeanne a demandé à Sylvie si elle était remise de son voyage.
6. Expliquez-moi ce que vous voulez dire.

EXERCICE V (écrit) *Complétez les interrogations indirectes suivantes avec un pronom interrogatif et une préposition si elle est nécessaire.*

1. Je voudrais savoir _____ vous riez parce que je n'aime pas qu'on se moque des gens.
2. Il ne sait pas _____ sert cet instrument ; il pense qu'il sert à ouvrir des boîtes.
3. Je me demande _____ il pensait quand il a écrit ça. (chose)
4. Il n'a pas dit pour _____ il avait écrit ce poème. (personne)
5. Nous n'avons pas compris _____ il parlait. (chose)
6. Savez-vous _____ il faisait allusion ? —Oui, il faisait allusion à son chef.
7. Devinez _____ j'ai fait hier.
8. Dites-moi _____ vous avez vu et _____ vous avez parlé. (personnes)
9. Je sais avec _____ vous avez construit votre bateau. (chose)
10. Je ne sais pas _____ de vous deux est fautif.

EXERCICE VI (écrit) *Finissez les phrases interrogatives indirectes suivantes en employant un pronom invariable :* **qui**, **ce qui**, **ce que**, **quoi**.

1. Il ne savait pas _____.
2. Elle se demande _____.
3. Je voudrais bien savoir _____.
4. Je n'ai pas compris _____.
5. J'ignore _____.

EXERCICE VII (écrit) *Ecrivez une phrase au style indirect au passé avec chacun des mots interrogatifs suivants.*

1. lequel (laquelle, etc.)
2. pourquoi
3. quel (quelle, etc.)
4. quand
5. combien

EXERCICE VIII (écrit) *Vous êtes allé au bureau d'un de vos professeurs parce que vous aviez quelques questions à lui poser. Racontez la conversation animée qui a eu lieu entre lui et vous, au style indirect au passé. Employez des verbes comme* **demander**, **expliquer**, **répondre**, **ajouter**, **dire**, **suggérer**, *etc.*

EXERCICE IX (oral ou écrit)   *Mettez le passage suivant au style indirect. Ajoutez les verbes* **expliquer**, **déclarer**, *etc.*

... Pangloss disait quelquefois à Candide : « Tous les événements sont enchaînés dans le meilleur des mondes possibles ; car enfin si vous n'aviez pas été chassé d'un beau château à grands coups de pied pour l'amour de Mlle Cunégonde, si vous n'aviez pas été mis à l'Inquisition, si vous n'aviez pas couru l'Amérique à pied,..., si vous n'aviez pas perdu tous vos moutons du bon pays d'Eldorado, vous ne mangeriez pas ici des cédrats confits et des pistaches.

— Cela est bien dit, répondit Candide, mais il faut cultiver notre jardin. »

Voltaire, *Candide*

EXERCICE X (écrit)   *Mettez le passage suivant au style indirect au passé. Employez les verbes* **dire**, **déclarer**, **penser**, **conseiller**, *etc.*

L'homme n'est qu'un roseau, le plus faible de la nature ; mais c'est un roseau pensant. Il ne faut pas que l'univers entier s'arme pour l'écraser : une vapeur, une goutte d'eau, suffit pour le tuer....

Toute notre dignité consiste donc en la pensée. C'est de là qu'il faut nous relever et non de l'espace et de la durée, que nous ne saurions remplir. Travaillons donc à bien penser ; voilà le principe de la morale.

Pascal, *Pensées*

EXERCICE XI (écrit)   *Mettez le passage suivant au style indirect au passé. Employez les verbes* **dire**, **expliquer**, **ajouter**, **déclarer**, **remarquer**, **demander**, *etc.*

Roland (à Pierre, puis à Louise, au sujet d'un portrait) :
— ... Je m'en souviens parfaitement ; je l'ai même encore vu à la fin de l'autre semaine. Ta mère l'avait tiré de son secrétaire en rangeant ses papiers. C'était jeudi ou vendredi. Tu te rappelles bien, Louise ? J'étais en train de me raser quand tu l'as pris dans un tiroir et posé sur une chaise à côté de toi, avec un tas de lettres dont tu as brûlé la moitié. Hein ? est-ce drôle que tu aies touché à ce portrait deux ou trois jours à peine avant l'héritage de Jean ? Si je croyais aux pressentiments, je dirais que c'en est un !

Guy de Maupassant, *Pierre et Jean*

Réponses aux applications immédiates

p. 305 1. Je lui répète qu'il devra bientôt choisir un métier.
2. Il lui avait dit qu'à ce moment-là il ne pouvait pas lui répondre, mais que le lendemain ce serait peut-être possible.

p. 306 1. Mes parents me demandent de leur écrire plus souvent.
ou Mes parents demandent que je leur écrive plus souvent.
2. Vous nous aviez dit de taper notre travail à la machine.

p. 308 1. Je te demande si tu as fini ta composition écrite.
2. Il se demandait pourquoi elle était si gentille.
3. Je me demandais lesquels il fallait choisir.
4. Je vous avais demandé de quoi vous aviez parlé ce jour-là.
5. Je voudrais savoir ce qu'elle t'a dit.

15 Le Participe passé
Le Passif
Le Participe présent

I. Le Participe passé

A. Formes

1. *Verbes réguliers*

Le participe passé est formé *sur l'infinitif* pour les trois conjugaisons régulières.
Au radical de l'infinitif des verbes en **er**, ajoutez **é** :

Ex. aim/er → aimé

Au radical de l'infinitif des verbes en **ir**, ajoutez **i** :

Ex. fin/ir → fini

Au radical de l'infinitif des verbes en **re**, ajoutez **u** :

Ex. vend/re → vendu

Remarque

Pour les verbes en **er** qui ont des changements orthographiques au présent, il est particulièrement important de se rappeler qu'on obtient le participe passé en passant par l'infinitif :

Ex. **j'appelle**   infinitif : **appeler**   passé composé : **j'ai appelé**
(On risque d'écrire le participe passé de ce verbe avec deux **l** si on ne passe pas par l'infinitif.)

		infinitif	passé composé
Autres ex.	elle achète	acheter	elle a acheté
(verbe difficile)	il crée	créer	il a créé

2. *Verbes irréguliers*

Leur participe passé est irrégulier et doit donc être appris par cœur. Dans la liste suivante, les verbes qui forment leur participe passé de la même façon sont groupés ensemble.

acquérir → acquis ; conquérir → conquis

asseoir → assis

avoir → eu

boire → bu ; croire → cru

conclure → conclu

conduire → conduit ; construire → construit ; cuire → cuit ; déduire → déduit ; détruire → détruit ; produire → produit ; traduire → traduit (exceptions : nuire, luire. Voir ces verbes.)

connaître → connu ; apparaître → apparu ; disparaître → disparu ; paraître → paru

coudre → cousu

courir (voir *tenir*)

craindre → craint ; atteindre → atteint ; éteindre → éteint ; feindre → feint ; peindre → peint ; plaindre → plaint

croître → crû

cueillir → cueilli ; accueillir → accueilli ; recueillir → recueilli

décevoir → déçu ; apercevoir → aperçu ; concevoir → conçu ; recevoir → reçu

devoir → dû (avec un accent circonflexe pour le distinguer de *du = de le*) ; féminin : due

devenir (voir *tenir*)

dire → dit ; décrire → décrit ; écrire → écrit ; inscrire → inscrit ; interdire → interdit ; prescrire → prescrit

dormir (voir *sortir*)

être → été (invariable)

faillir (voir *sortir*)

faire → fait ; distraire → distrait ; satisfaire → satisfait

falloir → fallu ; valoir → valu ; voir → vu ; vouloir → voulu fuir → fui ; (s')enfuir → enfui

lire → lu ; relire → relu ; élire → élu ; réélire → réélu

luire (voir *nuire*)

mettre → mis ; admettre → admis ; permettre → permis ; promettre → promis ; remettre → remis

mourir → mort

naître → né

nuire → nui ; luire → lui

ouvrir → ouvert ; couvrir → couvert ; découvrir → découvert ; offrir → offert ; souffrir → souffert

partir (voir *sortir*)

plaire → plu

pleuvoir → plu

pouvoir → pu ; émouvoir → ému

prendre → pris ; apprendre → appris ; comprendre → compris ; entre- prendre → entrepris ; reprendre → repris ; surprendre → surpris

résoudre → résolu

rire → ri ; sourire → souri ; suffire → suffi

savoir → su

sortir → sorti ; dormir → dormi ; faillir → failli ; mentir → menti ; partir → parti ; sentir → senti ; servir → servi

suivre → suivi ; poursuivre → poursuivi

taire (se) → tu (ne confondez pas avec *tué* de *tuer*)

tenir → tenu ; convenir → convenu ; courir → couru ; devenir → devenu ; secourir → secouru ; venir → venu ; vêtir → vêtu

vaincre → vaincu

vivre → vécu (prononcez les deux syllabes vé/cu ; pas de cédille sous le **c**) ; survivre → survécu

Ces participes passés sont aussi dans la liste des verbes irréguliers de l'appendice.

B. Emplois

1. Le participe passé s'emploie dans *les formes composées* des verbes. Un temps composé est formé de deux mots : l'auxiliaire **avoir** ou **être** + le participe passé du verbe en question.

   a. *L'auxiliaire* est un verbe qui *aide* à former les temps composés. Il constitue le premier mot du temps composé.

   Les règles qui s'appliquent aux temps simples (négation, interrogation, place des pronoms objets et de l'adverbe) s'appliquent maintenant à l'auxiliaire seul, car c'est l'auxiliaire qui est *conjugué* dans la forme composée.

b. *Le participe passé* est une forme verbale ; ce n'est pas un temps. Il constitue le deuxième mot des formes composées :

Ex. ai **regardé**   être **entré**   étiez **revus**

et les deuxième et troisième mots des formes surcomposées :

Ex. ai **eu fait**

Il indique *le verbe dont il s'agit*. Regardez le participe passé pour trouver l'infinitif du verbe en question.

Application immédiate   Donnez l'infinitif des verbes suivants.

1. Ils eurent été.
2. Elle ne l'avait pas encore ouverte.
3. Nous les aurions eus.
4. Ne l'avez-vous pas vendue ?
5. Vous les aurez mises.
6. Je l'ai eu vu.

(*Réponses p. 320*)

---

c. C'est *le temps de l'auxiliaire* qui donne au temps composé *son nom*. (voir aussi le tableau des modes et temps)

présent de l'auxiliaire +	participe passé du	= *passé composé*
	verbe en question	
imparfait de l'auxiliaire +	»	= *plus-que-parfait*
passé simple de l'auxiliaire +	»	= *passé antérieur*
futur de l'auxiliaire +	»	= *futur antérieur*
conditionnel présent de l'auxiliaire +	»	= *conditionnel passé*
passé composé de l'auxiliaire +	»	= *passé surcomposé*
infinitif de l'auxiliaire +	»	= *infinitif passé*
participe présent de l'auxiliaire +	»	= *participe passé composé*

d. Voir les règles d'accord du participe passé pour les verbes transitifs et intransitifs dans la leçon 5, pp. 89–91, et pronominaux dans la leçon 6, p. 120.

2. *Certains* participes passés sont employés comme *noms*.

Si le participe passé est masculin, le nom est masculin. S'il est féminin, le nom est féminin. Mais il n'y a pas de règle pour dire quand un participe passé est employé au masculin ou au féminin.

Ex. Avez-vous **un permis** de conduire ?   (permettre)

Les produits de beauté sont chers.   (produire)

D'ici vous aurez **un aperçu** de la région.   (apercevoir)

L'étendue des dégâts est considérable.   (étendre)

Si vous allez en Suisse, mangez **une fondue**.   (fondre)

La prise de la Bastille a eu lieu en 1789.   (prendre)

EXCEPTION

Le nom **la mort** est féminin bien que le participe passé soit employé au masculin ; la mort ≠ la vie, la naissance.

Mais on dit **un mort**, **une morte** pour parler d'un *homme mort* ou d'une *femme morte* respectivement.

Ex. **La morte** a été transportée à la morgue.   (la femme morte)

Dans cette guerre il y a eu beaucoup de **morts** et de blessés. (hommes tués)

mais : Sa vie s'est terminée par **une mort** tragique.   (la fin de la vie)

---

3. Le participe passé est quelquefois employé comme *adjectif*. Quand il accompagne un nom, il suit toujours ce nom. Il s'accorde comme un adjectif :

Ex. Je suis **satisfait** de vos progrès en général mais je suis **déçu** de votre dernière composition.

C'est une personne bien **élevée**.

Les étudiants **inscrits** à cette université sont très sympathiques.

Le bureau est **couvert** de papiers.

Les jeunes gens **assis** là-bas sont mes amis.

4. Quand le participe passé est employé comme *préposition*, il est invariable : *vu, passé, excepté* (≠ *y compris*), *à l'insu de*.

Ex. **Vu** la longueur de la thèse, il n'a pas eu le temps de finir de la lire.

Passé neuf heures du soir, tu as toujours envie de dormir.

J'ai tout compris, **excepté** la dernière partie.

Nous aimons tous les champignons, **y compris** cette variété.   (*mais* : cette variété **comprise**)

Il est entré **à mon insu**.   (**à l'insu de** = sans qu'on le sache ; locution prépositive formée de **su**, participe passé masculin de **savoir**, et de **in** qui indique l'opposé.)

5. Le participe passé constitue le deuxième mot dans *le passif* (voir partie II).

Exercices

EXERCICE I (oral ou écrit)   *Donnez le participe passé des verbes suivants, après avoir reconnu s'ils sont réguliers ou irréguliers.*

1. interrompre	15. vaincre	29. soutenir
2. instruire	16. lire	30. médire
3. nettoyer	17. défaire	31. rapprendre
4. démolir	18. souvenir	32. étendre
5. découdre	19. pleurer	33. reluire
6. consentir	20. percevoir	34. agir
7. déplaire	21. repartir	35. faillir
8. endormir	22. suffire	36. teindre
9. haïr	23. repeindre	37. parcourir
10. crier	24. revivre	38. découvrir
11. écrire	25. recréer	39. maudire
12. démettre	26. cueillir	40. ressentir
13. fondre	27. rouvrir	41. reconnaître
14. prévoir	28. appartenir	42. jeter

EXERCICE II   *Ecrivez le passé composé des verbes suivants à la personne indiquée. Attention aux accents.*

1. ils tolèrent
2. j'emmène
3. tu espères
4. il rappelle

EXERCICE III (écrit)   *Cherchez les noms formés sur le participe passé des verbes suivants. Indiquez le genre (masculin ou féminin) avec un article.*

1. sortir	6. craindre
2. aller	7. conduire
3. mettre	8. penser
4. voir	9. passer
5. devoir	10. recevoir

EXERCICE IV (écrit)   *Choisissez deux des noms de l'exercice précédent (un masculin et un féminin) et faites une phrase avec chacun d'eux.*

EXERCICE V (écrit)   *Employez le participe passé des verbes suivants comme adjectif dans une phrase simple.*

Ex. (ouvrir) La porte est **ouverte**.   Entrez.

(gâter) Voilà un enfant **gâté**.   Il se conduit mal.

1. (détruire)   4. (peindre)
2. (vêtir)   5. (entourer)
3. (élire)   6. (distraire)

EXERCICE VI.   *Choisissez deux des participes passés suivants employés comme prépositions et faites une phrase avec chacun d'eux : **vu**, **passé**, **excepté**, **y compris**, **à l'insu de**.*

Réponses aux applications immédiates

p. 315   1. lever ; tu as levé
            2. jeter ; ils ont jeté
            3. répéter ; j'ai répété

p. 317   1. être   4. vendre
            2. ouvrir   5. mettre
            3. avoir   6. voir

II. *Le Passif*

A. **La voix passive**

Une phrase est au passif (à la voix passive) quand le sujet du verbe ne fait pas l'action, mais *la subit*. L'action est causée par un agent (exprimé ou sous-entendu). C'est la construction : **être** + *le participe passé* d'un verbe *transitif direct* (conjugué avec **avoir**).

Ex. Forme active : La police **arrête** le voleur.

Voix passive : Le voleur **est arrêté** par la police.

L'objet direct du verbe actif (le voleur) devient *le sujet* du verbe passif. *Le sujet* du verbe actif (la police) devient *l'agent* du verbe passif, introduit généralement par **par**. *Le temps* du verbe actif (arrête) devient *le temps* du verbe **être** (ici le présent). Le verbe **être** est suivi *du participe passé* du verbe actif. Ce participe passé s'accorde en genre et en nombre avec *le sujet* du verbe **être**.

Autre ex. La couturière **a fait** cette robe.

Cette robe **a été faite** par la couturière.

Application immédiate   Mettez la phrase suivante à la forme passive.

L'étudiant écrira une composition.   (*Réponse p. 323*)

Remarques

— Tout verbe transitif direct peut être transformé en verbe passif : son objet direct devient le sujet. Par contre les verbes transitifs indirects et intransitifs n'ont pas de passif, puisqu'ils n'ont pas d'objet direct.

— L'agent est introduit par **de** (au lieu de **par**) quand le verbe exprime une situation statique, un état :

  Ex. Il est aimé **de** tous ses amis.

— Quand **on** est le sujet du verbe actif, le verbe passif n'a *pas d'agent exprimé* :

  Ex. Forme active : **On** a construit un pont.

    Voix passive : Un pont a été construit.

— Ne confondez pas *une action* exprimée par *un verbe au passif* :

  Ex. La porte **est ouverte** par le professeur.

  et *un état* exprimé par le verbe *être + adjectif* :

  Ex. La porte **est ouverte**.   (La porte n'est pas fermée.)

Application immédiate   Mettez les phrases suivantes à la forme passive.

1. Le chef de gare donnera le signal de départ du train.
2. On conduit les visiteurs à travers le campus.
3. Le chat a attrapé la souris.
4. Ses amis estiment cet homme.
5. On a bâti une église.   (*Réponses p. 323*)

B. Comment éviter le passif. Le passif est employé plus souvent en anglais qu'en français. En français on l'évite de la façon suivante.

  1. *l'agent est exprimé* :

    on emploie *la forme active* à la place de la forme passive.

      Ex. Tout l'argent a été dépensé par sa femme.

        Sa femme **a dépensé** tout l'argent.

2. *l'agent n'est pas exprimé* :

    a. si l'agent non exprimé se rapporte à une personne, on remplace la forme passive par *la forme active* avec le sujet **on**.

        Ex. Ce palais fut construit au XVIIIe siècle. (*sous-entendu* : par des hommes)

        On construisit ce palais au XVIIIe siècle.

        Ma maison peut être aperçue du haut de la côte.   (par des gens)

        On peut apercevoir ma maison du haut de la côte.

    mais : si l'agent non exprimé est une chose, on garde *le passif*.

        Ex. En chassant **j'ai été blessé** au bras.   (par un fusil)

Remarque

Quand un verbe est transitif en anglais mais intransitif en français, on ne peut pas employer le passif en français ; on emploie la forme **on** + verbe actif.

    Ex. On **a répondu à** la question.   "The question was answered."

    b. pour *une action habituelle, commune,* ou *connue,* où le sujet du verbe est une chose et où l'agent n'est pas important, on emploie la forme pronominale du verbe (verbe pronominal de sens passif, voir aussi leçon 6, p. 120).

        Ex. ⌈Le raisin **est cueilli** en septembre.

             ⌊Le raisin **se cueille** en septembre.

           Le vin rouge **se boit** chambré.

           Ça ne **se dit** pas.

           Ce mot **s'emploie** souvent.

           Le français **se parle** dans beaucoup de pays.

Application immédiate
Evitez le passif dans les phrases suivantes quand c'est possible.

1. Vous **êtes connu** de tout le monde.
2. Quelques poissons **sont mangés** crus.
3. Son auto **a été volée.**
4. La ville **a été inondée.**
5. Nous **sommes dérangés** par le bruit.

(*Réponses p. 323*)

Exercices

EXERCICE I (écrit)   *Mettez les phrases suivantes à la forme passive.*

1. Une autre personne fera le travail.
2. Les pompiers ont éteint le feu.
3. Des bombes détruisirent la ville.
4. Son mari l'accompagnait.
5. Je crois qu'on mettra des livres en solde demain.
6. Votre travail vous absorbe.

EXERCICE II (écrit)   *Complétez avec* **par** *ou* **de**.

1. Ce professeur est très admiré _____ ses étudiants.
2. Le vase de Soissons fut cassé _____ un soldat.
3. Vous êtes détesté _____ vos auditeurs.
4. Ces machines sont fabriquées _____ IBM.
5. Il est respecté _____ tout le monde.

EXERCICE III (écrit)   *Dans les phrases suivantes évitez le passif, quand c'est possible.*

1. Je suis gêné par votre manque de charité.
2. Il faut que les devoirs soient corrigés par le professeur.
3. Le dessert va être servi.
4. Le gigot d'agneau est mangé saignant en France.
5. Pendant la tempête des arbres ont été déracinés.
6. Il est aimé de tous.
7. Ils ont été capturés par l'ennemi.
8. L'Amérique fut découverte par Christophe Colomb.

Réponses aux applications immédiates

p. 321   Une composition sera écrite par l'étudiant.

p. 321
1. Le signal de départ du train sera donné par le chef de gare.
2. Les visiteurs sont conduits à travers le campus.
3. La souris a été attrapée par le chat.
4. Cet homme est estimé de ses amis.
5. Une église a été bâtie.

p. 322
1. Tout le monde vous connaît.
2. Quelques poissons se mangent crus.
3. On a volé son auto.
4. (impossible)
5. Le bruit nous dérange.

III. *Le Participe présent*

A. Formes

On distingue *le participe présent* et sa forme composée : *le participe passé composé.* (voir aussi le tableau des modes et temps)

1. *Le participe présent* a le même radical que l'imparfait. La terminaison **ons** de la première personne du pluriel (nous) du présent de l'indicatif est remplacée par **ant** :

    Ex. vendre ; nous vendons → vendant
    ouvrir ; nous ouvrons → ouvrant
    espérer ; nous espérons → espérant

EXCEPTION

Les trois verbes suivants ont un radical irrégulier :
avoir → ayant
être → étant
savoir → sachant

---

2. *Le participe passé composé* est formé de :
    *le participe présent de l'auxiliaire **avoir** ou **être** + le participe passé du verbe en question.*

    Ex. ayant fini   étant allé   s'étant promené
    Il exprime une action passée par rapport à celle du verbe principal.

Application immédiate   Ecrivez le participe présent et le participe passé composé des verbes suivants :

1. comprendre :
2. être :
3. aller :   (*Réponses p. 333*)

B. Emplois. Le participe présent est employé :

1. comme *nom*.

> Ex. un participant   une assistante (sociale)
>   les passants   le gagnant et le perdant
>   un débutant   un revenant
>   un commerçant   un fabricant

2. comme *adjectif* (verbal). Il est alors variable et s'accorde comme un adjectif ordinaire en genre et en nombre avec le nom ou le pronom qu'il modifie. Il suit généralement le nom.

> Ex. C'est une jeune femme **charmante**.
>
> Quelle musique **entraînante** !
>
> Je suis en train de lire un livre **passionnant**.
>
> Votre histoire est très **intéressante** mais **surprenante**.
>
> Comme cet enfant est **énervant** !

Certains adjectifs n'ont pas la même orthographe que le participe présent :

Ex.	Verbe	Participe présent	Adjectif
gu changé en **g** :	fatiguer →	fatiguant	fatigant(e)
	intriguer	intriguant	intrigant(e)
qu changé en **c** :	provoquer →	provoquant	provocant(e)
	vaquer	vaquant	vacant(e)
ant changé en **ent** :	précéder →	précédant	précédent(e)
	différer	différant	différent(e)
autres changements :	savoir →	sachant	savant(e)
	pouvoir	pouvant	puissant(e)

Application immédiate   Complétez avec le participe présent des verbes suivants employé comme adjectif. Attention aux changements orthographiques.

1. Le passage _____ (suivre) n'est pas difficile à comprendre.
2. Y a-t-il de l'eau _____ (courir) dans cette maison de campagne ?
3. Voilà des enfants _____ (obéir).
4. C'est une _____ (exceller) composition écrite.
5. Il a lancé un regard _____ (provoquer) à son adversaire.   *(Réponses p. 333)*

3. quelquefois comme *préposition*.

> **Ex.** Vous coupez **suivant** la ligne.
>
> Elle était malade **durant** la conférence.

4. comme *forme verbale*. Il est *toujours invariable*. On le trouve avec la préposition **en** (le gérondif) ou seul, sans préposition.

   a. *Le gérondif* **en** + *participe présent*
   (Rappelez-vous que **en** est la seule préposition suivie du participe présent.) Le gérondif modifie un verbe et a le même sujet que ce verbe. Il est employé :

   — *pour la simultanéité de deux actions* (pendant que, en même temps que ; "while"). L'action exprimée par le gérondif est contemporaine de celle du verbe principal :

   > **Ex. En dînant** nous écoutons les nouvelles à la radio.   (présent)
   >
   > **En se promenant**, elle a ramassé des fleurs.   (passé)
   >
   > **En allant** en classe, ils parleront de leur projet.   (futur)

   On emploie *tout en* pour insister sur la simultanéité :

   > **Ex. Tout en parlant**, elle surveillait son enfant.

   ou pour indiquer une opposition ou une restriction (bien que, quoique).

   > **Ex. Tout en étant** en colère contre lui, il ne voulait pas le punir.

   — pour *le temps*, *le moment*, avec l'idée de simultanéité (quand) :

   > **Ex. En partant**, il était très triste.   (quand il est parti)
   >
   > **En arrivant** à Paris, j'irai tout de suite à mon hôtel.
   >
   > L'appétit vient **en mangeant**.   (proverbe)

   — *pour la manière* ou *le moyen* avec l'idée de simultanéité (comment, de quelle manière ; "by", "upon", "in", "on"). Important !

   > **Ex.** Elle a maigri **en faisant** du sport.
   >
   > L'enfant le suivait **en sautant** par-dessus les flaques d'eau.
   >
   > **En persévérant** on réussit.

Remarques

— **commencer par** et **finir par** indiquent la manière mais demandent *l'infinitif* à cause de *par* :

> **Ex.** Elle a commencé **par dire** qu'elle n'aimait pas cet auteur.   (Elle a commencé en disant)

— après **aller** et **s'en aller**, le **en** du gérondif est quelquefois sous-entendu :

> **Ex.** Ils s'en allaient **se tenant** par la main.

Application immédiate Justifiez l'emploi du gérondif.

1. Il regarde la télévision **en travaillant**.
2. Il m'a dit bonjour **en souriant**.
3. **Tout en prenant** ma défense, il savait que j'avais tort.
4. **En entrant** dans la salle, elle a aperçu ses amis.   (*Réponses p. 333*)

b. *Le participe présent*, seul. On l'emploie surtout dans la langue écrite et il est quelquefois remplacé par d'autres tournures de phrases parce qu'il est lourd. Il modifie un nom ou un pronom. Il n'y a donc pas d'idée de simultanéité. Il est employé :

— pour *la cause, la raison* (parce que, comme, puisque ; "because").

   Ex. Je suis venu **pensant** que ça vous ferait plaisir.   (parce que je pensais)
   Ayant fini mon travail, je pouvais faire ce que je voulais.
   Les nuages **noircissant** rapidement, nous nous sommes dépêchés de rentrer.

— pour *une action immédiatement antérieure* à l'action principale (après que). Le sujet du participe présent est identique au sujet du verbe principal.

   Ex. Prenant son imperméable, **il** est parti rapidement.
   (Il a pris son imperméable et puis il est parti rapidement.)

— pour *une action postérieure* à l'action principale et qui indique *le résultat* de cette action. Le sujet du participe présent est identique au sujet du verbe principal.

   Ex. Il m'a quitté, me **laissant** perplexe.   (Il m'a quitté et il m'a laissé perplexe.)
   Un feu a eu lieu au dix-huitième étage d'un gratte-ciel, **causant** beaucoup de dégâts.

— pour *une action simultanée* à une action principale, *seulement* quand son sujet est l'objet direct du verbe principal (avec le même sujet on emploie le gérondif ; voir a.).

   Ex. Je l'ai vu sortir **entraînant** une autre personne avec lui.

— pour *une circonstance* qui accompagne une action. Les sujets sont identiques :

   Ex. Il est parti à la plage, **oubliant** sa serviette de bain.

— pour *remplacer une proposition relative* (qui...).

   Ex. Des gens **chantant** la Marseillaise défilaient dans la rue.   (Des gens qui chantaient...)

— pour *une condition* (si, au cas où) :

> **Ex.** Le temps **permettant**, nous irons nous promener.   (Si le temps le permet...)

Application immédiate   Justifiez l'emploi du participe présent dans les phrases suivantes. Quel mot qualifie-t-il ?

1. Une vieille dame **portant** un grand chapeau m'a fait signe de bonjour.
2. **Prenant** un air mécontent, j'ai dit que j'allais me venger.
3. Les vacances de Noël **étant** courtes cette année, je ne pourrai pas voyager.
4. L'horloge a sonné trois heures, **indiquant** qu'il fallait que nous partions.
5. La chance **aidant**, nous arriverons à le faire.
6. Il est allé au cinéma, **s'imaginant** que le film était formidable.
7. On l'a entendu discuter, **buvant** un martini.   (*Réponses p. 333*)

---

5. Différences d'emploi *entre l'adjectif* (verbal) *et le participe présent*

   a. *L'adjectif* est variable, n'a pas d'objet direct et est précédé de l'adverbe qui le modifie :

   > **Ex.** Une histoire **intéressante**.
   >
   > Une histoire **très intéressante** à lire.

   b. *Le participe présent* est invariable, peut avoir un objet direct et est suivi de l'adverbe qui l'accompagne :

   > **Ex.** Vous portiez un chapeau **montrant votre nuque**.
   >
   > Elle a ouvert la porte **croyant bien que c'était son ami**.

Application immédiate   Reconnaissez l'adjectif ou le participe présent.

1. Lisez l'explication **suivant** le texte.
2. Ecoutez le rythme très **prenant** de cette musique.
3. C'est un article **fascinant** pour tout le monde.
4. La peinture l'**intéressant** beaucoup, il a suivi des cours pendant l'été.
5. Le jour **précédant** ce jour-là, il se sentait bien.   (*Réponses p. 333*)

---

6. *Dans les cas suivants, le participe présent et le participe passé composé ne sont pas employés* :

   a. *Le participe passé composé* peut être employé sans son auxiliaire (il devient alors un participe passé), en particulier avec les mots *sitôt*, *dès*, *une fois* :

Ex. Le beau temps **revenu** (étant revenu), nous sommes repartis.

Le chat **parti**, les souris dansent.   (proverbe)

Sitôt le jour **apparu**, l'oiseau se met à chanter.

Une fois les examens **passés**, les étudiants retournent chez eux.

b. *Beaucoup de formes anglaises en "ing" ne se traduisent pas par le participe présent.* On les traduit :

— *par un infinitif*

avec *un verbe de perception.*

Ex. Je les vois **courir** dans les champs.

après toutes les prépositions, excepté **en** (voir aussi leçon 16).

Ex. Au lieu d'**attendre**, vous feriez mieux de l'appeler.

avec *un infinitif seul.*

Ex. **Voir** c'est **croire**.

— *par un nom.*

Ex. J'aime **le ski** et **la pêche**.

— *par certains temps* et l'expression *être en train de* pour la forme progressive anglaise**.**

Ex. Je **me reposais** quand tu es arrivé.

Il **est en train de** travailler.

Application immédiate   Traduisez les mots entre parenthèses.

1. Vous les avez entendus _____. ("laughing")
2. _____ quand vous êtes arrivé. ("I was working")
3. Nous étions assis devant vous _____. ("without knowing it")
4. _____ est un de ses sports favoris. ("Swimming")
5. _____ à la maison au lieu d'aller à une danse n'est pas amusant. ("Staying")

(*Réponses p. 333*)

Exercices

EXERCICE I (écrit)   *Donnez le participe présent des verbes suivants :*

1. pâlir	5. répondre	8. craindre
2. appeler	6. avoir	9. savoir
3. être	7. partir	10. sourire
4. voir		

et le participe passé composé de :

11. venir	12. faire	13. se regarder

EXERCICE II (écrit)   *Remplacez les mots soulignés par un gérondif ou un participe présent, selon le cas.*

1. Il a parlé à des enfants qui attrapaient des papillons.
2. Comme l'hiver avait été très froid, le printemps fut le bienvenu.
3. Quand je me suis réveillé ce matin, j'avais mal à la tête.
4. Il a ri et en même temps a haussé les épaules.
5. Après qu'il a quitté son ami, il s'est mis à courir.
6. Si Dieu m'aidait, peut-être trouverais-je le courage qu'il me faut.
7. On a de bonnes notes au moyen d'un travail dur.
8. Parce que la pluie ne cesse pas de tomber, nous ne pourrons pas sortir.
9. Le professeur a fait un mauvais cours, et a ainsi diminué mon intérêt pour le sujet.
10. Nous avons vu notre voisin revenir et il zigzaguait sur le trottoir.
11. Elle a mis les légumes à cuire sur le feu, et elle a oublié de mettre de l'eau.

EXERCICE III (oral)   *Expliquez la raison pour la présence d'un participe présent ou d'un gérondif dans ces phrases.*

La jeune fille, **souriant** calmement, s'est dirigée vers sa mère.
et : La jeune fille s'est dirigée vers sa mère **en souriant** calmement.

Ecrivez deux phrases semblables.

EXERCICE IV (écrit)   *Choisissez un participe présent employé aussi comme adjectif et écrivez une phrase avec chacun de ces emplois (voir B2, p. 325).*

Ex. (intéressant) Racontez-moi une histoire **intéressante**.
            Je voudrais trouver une histoire **intéressant** tous les invités.

EXERCICE V (écrit)   *Remplacez les verbes entre parenthèses par une forme du participe présent.*

1. Mes parents _____ (être) très pauvres, je dois travailler dur.
2. Cette jeune fille, _____ (avoir) l'air de rien, a battu toutes les autres à la course.
3. Un serpent se déplace _____ (ramper).
4. Le cyclône a passé rapidement, _____ (détruire) tout sur son passage.
5. _____ (être) malade l'hiver dernier, il va bien se soigner cet hiver.
6. L'eau _____ (être) peu profonde, ils ont pu traverser la rivière à pied.
7. _____ (attraper) sa serviette, il la met sous son bras et sort rapidement.
8. _____ (étudier) beaucoup, il n'oubliait pas de se dépenser physiquement.
9. _____ (se voir) trop souvent, on finit quelquefois par se disputer.
10. Quand je suis entré, il m'a salué _____ (jeter) un coup d'œil de mon côté.
11. _____ (vouloir) attraper la balle, je suis tombé dans l'eau.
12. Il était assis, _____ (fumer) sa pipe.

13. Ils l'ont trouvé _____ (respirer) à peine dans le coin d'une pièce.
14. _____ (naître) aux Etats-Unis, l'enfant était automatiquement américain.
15. _____ (le voir) arriver, elle a été immédiatement soulagée.
16. Il est parti rapidement, _____ (jurer) de ne plus jamais revenir.
17. _____ (bien profiter) de ses vacances, il était content de retourner à la maison.
18. Il s'est blessé _____ (nettoyer) un fusil.
19. _____ (marcher), il comptait les voitures.
20. Tout le monde _____ (se mettre d'accord), la décision sera facile à prendre.

EXERCICE VI (écrit) *Finissez les phrases en employant des participes présents seuls ou avec* **en** *d'après le sens.*

1. Je me suis fait mal _____.
2. De temps en temps, _____ il me parlait gentiment.
3. L'infirmière le soignait bien, _____.
4. _____, je me suis arrêté(e) de travailler.
5. Il a répondu _____.

EXERCICE VII *Ecrivez trois phrases* (*une dans le présent, une dans le passé et une dans le futur*) *qui s'appliquent à vos activités, en employant des gérondifs. Rappelez-vous que le gérondif modifie un verbe.*

Ex. Je bois **en mangeant**.
En allant au laboratoire, j'ai rencontré Robert.
Je répondrai aux questions **en faisant** bien attention.

EXERCICE VIII (écrit) *Complétez avec le participe présent du verbe entre parenthèses employé comme nom, adjectif verbal ou participe présent, d'après le sens.*

1. Je me suis rendu compte qu'il avait la fièvre quand j'ai touché ses joues _____ (brûler).
2. Les jours _____ (précéder) son arrivée, nous avons été très occupés.
3. Chaque année les _____ (résider) de ce pays doivent remplir une feuille _____ (indiquer) leur adresse.
4. Le toréador fait face aux cornes _____ (menacer) du taureau.
5. _____ (aimer) la biologie, elle espère devenir un docteur.
6. C'est une personne très _____ (vivre).

EXERCICE IX (écrit) *Traduisez les phrases suivantes.*

1. "He learned English by going to evening classes."
2. "Upon seeing his reaction, I became scared."

3. "I watch them playing games."
4. "I talk to my friends while going home."
5. "By attacking too soon, they lost the battle."

EXERCICE X   *Parmi les mots soulignés dans les extraits suivants, distinguez les noms, les adjectifs et les participes présents. Analysez leur fonction.*

1.   Un soir, une courte panne d'électricité l'<u>ayant surpris</u> dans le vestibule de son petit appartement de célibataire, il tâtonna un moment dans les ténèbres et, le courant <u>revenu</u>, se trouva sur le palier du troisième étage…. Il se décida à rentrer chez lui comme il en était sorti, <u>en passant</u> à travers la muraille.

> Marcel Aymé, *Le Passe-muraille*

2.   Mais, à d'autres moments, il faut s'arrêter et marquer le pas parce que deux familles, <u>appartenant</u>, l'une à la colonne <u>montante</u> et l'autre à la colonne <u>descendante</u>, se sont rencontrées et solidement agrippées par les mains…. Pendant qu'il soulève doucement son chapeau, <u>en baissant</u> un peu la tête pour aider à l'extraction, sa femme fait un petit saut <u>en inscrivant</u> sur son visage un sourire jeune. Une ombre les dépasse <u>en s'inclinant</u>….

> J. P. Sartre, *La Nausée*

3.   <u>En descendant</u>, moteur au ralenti, sur San Julian, Fabien se sentit las… Il était semblable à un <u>conquérant</u>, le soir de ses conquêtes…. Et le village coulait déjà au ras des ailes, <u>étalant</u> le mystère de ses jardins fermés que leurs murs ne protégeaient plus. Mais Fabien, <u>ayant atterri</u>, sut qu'il n'avait rien vu….

> A. de Saint-Exupéry, *Vol de nuit*

4.   Trois enfants marchent le long d'une grève. Ils s'avancent, côte à côte, <u>se tenant</u> par la main…. L'eau est bleue, calme, sans la moindre ondulation <u>venant</u> du large,…. Ils marchent côte à côte, <u>se tenant</u> par la main….

> Alain Robbe-Grillet, *Instantanés*

Réponses aux applications immédiates

p. 324   1. comprenant, ayant compris
          2. étant, ayant été
          3. allant, étant allé(e, s, es)

p. 325   1. suivant
          2. courante
          3. obéissants
          4. excellente
          5. provocant

p. 327   1. pendant que
          2. comment
          3. bien que
          4. quand

p. 328   1. qui portait
          2. après que
          3. parce que
          4. *résultat* (action postérieure)
          5. si la chance aide
          6. *circonstance qui accompagne l'action*
          7. *modifie l'objet direct du verbe principal*

p. 328   1. participe présent
          2. adjectif
          3. adjectif
          4. participe présent
          5. participe présent

p. 329   1. rire
          2. Je travaillais
          3. sans le savoir
          4. La natation
          5. Rester

16 *Les Prépositions*
Les Conjonctions

I. Les Prépositions

    A. Rôle. Une préposition établit un rapport entre deux mots. Elle est invariable.

Le rapport établi par la préposition peut être entre :
un verbe et un nom :
    Ex. Je travaille **pour** cette compagnie.
un nom et un nom :
    Ex. Le livre **de** l'étudiant.
un nom et un verbe à l'infinitif :
    Ex. Une salle **à** manger.
un adjectif et un nom :
    Ex. Le bureau est couvert **de** papiers.
un verbe et un autre verbe à l'infinitif :
    Ex. Vous avez décidé **de** partir.

B. Catégories

1. Il y a *des prépositions courantes* comme :

    à, après, avant, avec, chez, contre, dans, de, depuis, derrière, dès, devant, durant, en, entre, envers, excepté, jusque, malgré, outre, par, parmi, pendant, pour, sans, selon, sous, sur, vers, voici, voilà, etc.

    et *des locutions prépositives*, formées de plusieurs mots :

    à cause de, à côté de, au-dessous de, au-dessus de, au lieu de, autour de, d'après, en dépit de, en face de, grâce à, hors de, jusqu'à, le long de, loin de, près de, quant à, etc.

2. *Certains adjectifs, participes passés*, et *participes présents* sont employés comme prépositions :

    Ex. **sauf** (adjectif) ; **y compris, vu** (participes passés) ;

    durant, suivant (participes présents)

Remarque

Une préposition devient un adverbe quand elle a un sens complet par elle-même (elle n'est pas suivie d'un complément) :

   Ex. Je vous parlerai **après** la classe.   (préposition)

   Je vais d'abord parler à Jean et je vous parlerai **après**.   (adverbe)

Application immédiate   Distinguez la préposition de l'adverbe.

1. Je suis triste **depuis** votre départ.
2. Le tableau est **derrière** vous.
3. Il s'est mis **devant** pour mieux voir.
4. Place-t-on ce mot **avant** le verbe ou **après** ?   (*Réponses p. 345*)

C. Emplois

1. *Préposition + verbe*

    a. *Après toutes les prépositions*, excepté **en**, le verbe est à l'infinitif, présent ou passé (en anglais il est le plus souvent au participe présent) :

    Ex. **à** faire   **pour (afin de)** travailler   **au lieu d'**insister   **de** voir

    sans avoir regardé   **avant de** visiter

    b. La préposition **après** *est toujours suivie de l'infinitif passé* :

    Ex. **après** avoir écrit   **après** être parti   **après** s'être installé

c. La préposition **en** *est toujours suivie du participe présent* (remarquez les deux sons **en**) :

Ex. **en** attend**ant**   **en** fais**ant**   **en** se promen**ant**

d. La préposition **pour** exprime *un but, un dessein* ("to, in order to") :

Ex. **Pour** finir cette histoire, je dois ajouter que... (Afin de finir...)

Il faut manger **pour** vivre et non vivre **pour** manger. (proverbe)

ou *la cause* : Ex. Il a été arrêté **pour** avoir blessé quelqu'un.

ou *être sur le point de* : Ex. J'étais **pour** partir.

Application immédiate Traduisez :

1. "without thinking" _____   4. "in order to understand" _____
2. "before beginning" _____   5. "by persevering" _____ vous
3. "after arriving" _____   réussirez.   (*Réponses p. 345*)

---

2. *Préposition + nom.* Voici l'emploi de quelques prépositions :

a. *La préposition* **à.** C'est une des prépositions les plus employées.

— **à** introduit *le nom objet indirect d'un verbe* et elle est toujours exprimée (ce qui n'est pas le cas en anglais) :

Ex. Il va téléphoner **à** son ami.

— **à** indique *le lieu où l'on est* ou *où l'on va* (la destination, la direction) :

avec les *noms de ville*

Ex. Je suis **à** New York.

Je vais **à** Paris.

Je suis arrivé **au** Havre. (Le Havre)

avec *les noms de pays masculins* et *les états d'Amérique masculins* (ces noms sont accompagnés de l'article défini)

Ex. **au** Canada   **aux** Etats-Unis   **au** Texas

avec certaines grandes *îles*

Ex. **à** Madagascar   **à** Cuba   **à** Hawaii   **à** Ceylan

avec d'autres endroits

Ex. **à** table   **au** cinéma   **à** la bibliothèque   **à** la campagne
au soleil   **à** l'ombre   (j'ai mal) **à** la tête

— **à** indique *le temps, l'heure précise* :

Ex. Arrivez **à** l'heure. Arrivez **à** temps pour le commencement du film.

Je vous verrai **à** deux heures.

On dit aussi :

        A demain   **A** ce soir **A** tout à l'heure **A** bientôt

        adieu (à Dieu) **au** mois de juillet **au** vingtième siècle

        quatre-vingts kilomètres **à** l'heure

— à indique *une caractéristique* (avec) :

        Ex. une fille **aux** cheveux noirs un homme **à** la barbe dure la dame **au** grand nez

— à indique *l'usage* (+ nom ou infinitif) :

        Ex. une tasse **à** café une brosse **à** cheveux des patins **à** glace

        une machine **à** coudre un fer **à** repasser

— à est employé pour *une manière de locomotion*, quand on se place *sur* le véhicule ou l'animal en question :

        Ex. à bicyclette **à** motocyclette **à** vélo **à** pied **à** dos d'éléphant

        à cheval

— à indique la possession avec les expressions *être à* et *appartenir à* (voir leçon 11) ; on dit aussi : des amis **à** moi.

— à se trouve dans des expressions adverbiales *de manière* ou *de moyen* :

        Ex. tomber goutte **à** goutte **à** toute vitesse parler **à** voix basse (**à** haute voix, **à** l'oreille) être **à** jeun marcher **au** pas (**au** trot, **au** galop) jouer **au** ballon

        Ils sont faits **à** la main. (**à** la machine)

        Il marche **à** l'électricité. (**au** gaz)

— à est employé pour *un appel, un souhait* :

        Ex. A moi ! **Au** secours ! **A** table ! **A** la soupe !

        A vos (tes) souhaits ! (quand on éternue)

b. *La préposition* **de**

— **de** introduit un nom *après certains verbes* :

        Ex. Il s'est aperçu **de** son erreur. (s'apercevoir de)

    ou un nom *objet d'un autre nom* (complément déterminatif) :

        Ex. un tremblement **de** terre la joie **de** vivre

— **de** indique *le lieu d'où l'on vient* (l'origine, la séparation, la provenance) :

    avec un nom de ville

        Ex. Je viens **de** Chicago.

            Elle arrive **de** la Nouvelle-Orléans.

    avec un nom de pays

        Ex. Je repars **des** Etats-Unis demain.

            Je viens **de** France.

avec d'autres lieux
>Ex. Ils sortent **de** la classe.
>J'ai sorti mon mouchoir **de** ma poche.
>Ils sont détachés **de** la réalité.
>C'est importé **d'**Italie.
>Il tient beaucoup **de** lui.   (Il lui ressemble beaucoup.)
>Fontainebleau est à une cinquantaine de kilomètres **de** Paris.

— **de** indique *la possession, la dépendance* :
>Ex. C'est le livre **de** Robert ; celui **de** Jean est là-bas.
>C'est le dernier vers **d'**un poème **de** Verlaine.
>Nous avons acheté une peinture **de** Picasso.
>Un rectangle **de** trois mètres sur cinq.
>Un écrivain **de** talent.

— **de** est employé dans *des expressions de temps* :
>Ex. **De** mon temps, tout était moins rapide.
>**De** nos jours, tout va trop vite.
>C'est un travail **de** longue haleine.

— **de** indique *la matière* (on emploie aussi **en**) :
>Ex. une robe **de** coton   le rideau **de** fer

— **de** indique *la cause* :
>Ex. Je meurs **de** soif.
>Elle s'est évanouie **d'**émotion.

— **de** indique *la manière*, à la place d'un adverbe de manière (important !) :
>Ex. Il marchait **d'**une façon bizarre.
>Vous alliez **d'**un pas pressé.
>Il m'a parlé **d'**un air sévère et **d'**un ton grave.

— **de** est employé après *quelqu'un, personne, quelque chose, rien*, suivis d'un adjectif (voir leçons 13 et 17).

— **de** est employé *après un superlatif* :
>Ex. la personne la plus aimable **du** groupe

— **de** est employé avec *les adverbes et expressions de quantité* et *le partitif* (voir leçon 7) :
>Ex. beaucoup **de** travail   **du** pain   une tasse **de** café (comparez avec : une tasse **à** café)

Application immédiate   Ajoutez **à** ou **de**.

1. C'est une vieille machine _____ vapeur qui appartient _____ cet homme.
2. Il vient _____ Londres et se rend _____ New York.
3. Je meurs _____ faim ; je vais aller prendre quelque chose _____ restaurant avec une tasse _____ café.
4. _____ la fin de la réunion il m'a parlé _____ un ton très sérieux.
5. Cet homme _____ génie tremble _____ peur devant son bureau couvert _____ formules.
6. Il n'y a rien _____ neuf _____ mentionner quand on ne sort pas _____ sa maison _____ toute la journée.
7. Nous buvons de l'eau _____ source parce que nous avons mal _____ reins.
8. Je travaillerai _____ huit heures _____ midi.   (*Réponses p. 345*)

c. *La préposition* **en** *est employée :*

— avec les noms de pays *féminins* (ils se terminent par **e** excepté **le Mexique**), les continents, les états d'Amérique *féminins*, les provinces :

    Ex. en Amérique, **en** France, **en** Italie ;

          en Europe, **en** Asie, **en** Afrique ;

          en Californie, **en** Floride, **en** Virginie ;

          en Normandie, **en** Bretagne, **en** Auvergne.

et avec les noms de pays qui commencent par *une voyelle* :
    en Israël, **en** Iran.

et quelques grandes *îles* : **en** Corse, **en** Sardaigne.

— avec les mois, les saisons, les années (voir leçon 20)

— avec un participe présent pour former le gérondif (voir leçon 15)

— devant un nom *sans article défini*, à la place de **dans** :

    Ex. en classe

mais : **dans la** classe

Exceptions : en l'honneur de, en l'absence de, en l'air.

— pour indiquer *la manière de locomotion* quand on se place *dans* le véhicule en question :

    Ex. en train **en** voiture **en** auto **en** bateau **en** avion **en** hélicoptère

        en autobus   **en** autocar

mais : On envoie une lettre **par** avion.

— pour indiquer *le temps qu'il faut* pour accomplir une action :

    Ex. J'ai fait ce travail **en** trois jours.

— pour indiquer *la matière* dont un objet est fait (**de** est aussi employé quelquefois) :

    Ex. Son sac est-il **en** cuir ? —Non, il est **en** plastique.

    Mon bureau est **en** bois et ma montre est **en** or.

— pour un *état physique* :

    Ex. Je suis **en** colère.   L'arbre est **en** fleur.

    Nous sommes heureux **en** famille.

— dans de nombreuses expressions et locutions adverbiales et prépositives :

    Ex. en un mot, **en** ce temps-là, **en** retour, **en** même temps, **en** route, **en** face de, **en** train de

d. *La préposition* **pour** *est employée* :

— à la place de *pendant*, *durant*, avec les verbes *partir*, (*s'en*) *aller* et *venir*.

    Ex. Je pars **pour** trois jours.

— dans le sens de *à la place de*, *en échange de* :

    Ex. Pour toute récompense, on ne m'a donné que ceci.

    Je l'avais pris **pour** le directeur.

— pour indiquer *la destination* :

    Ex. Voilà le train **pour** Paris.   J'ai fait ceci **pour** vous.

e. *La préposition* **dans**

— **dans** signifie *à l'intérieur de* :

    Ex. La lettre est **dans** la boîte.

    Par extension elle indique *la situation d'une personne ou d'une chose* :

    Ex. Nous sommes **dans** notre jardin.

    Ils vivent **dans** la saleté.

    Il s'est perdu **dans** Paris.

    Dans le doute, abstiens-toi.   (proverbe)

    Dans la vie, il faut être sérieux.

— **dans**, suivi d'un espace de temps, signifie *au bout de*, *après* (dans le futur) et correspond à *il y a* (dans le passé) :

    Ex. Revenez me voir **dans** cinq jours.   (futur)

    Il est venu me voir **il y a** cinq jours.   (passé)

f. *La préposition* **par** *est employée* :

— pour *le lieu par où l'on passe* :

    Ex. En allant à mon travail, je passerai **par** chez vous.

    Il l'a jeté **par** la fenêtre.

    Nous avons passé **par** une période troublée.

— pour indiquer *le moyen à employer* :

> **Ex.** J'ai obtenu cette carte **par** un moyen spécial.
>
> C'est **par** lui que j'ai eu cela.

— pour indiquer *la cause :*

> **Ex.** Il a fait ça **par** gentillesse.

— pour indiquer *l'agent d'un verbe au passif* :

> **Ex.** Il a été attaqué **par** un voleur.

— dans *un sens distributif* : **par** mois, **par** jour, **par** an, etc.

— dans des expressions : un **par** un, **par** terre, **par** hasard, **par**-ci, **par**-là, etc.

Application immédiate   Complétez avec une des prépositions **en, pour, dans, par.**

1. J'irai _____ Belgique et _____ Danemark _____ faire plaisir à mes amis.
2. Une composition s'écrit généralement _____ trois heures. Nous en faisons une _____ semaine.
3. J'étais _____ classe ; un étudiant m'a demandé si _____ hasard je savais la date de l'examen. Je lui ai répondu qu' _____ automne, c'était la deuxième semaine de décembre.
4. J'ai perdu ma montre _____ or pendant que je voyageais _____ avion. Quand j'étais _____ mon fauteuil, j'ai dû la laisser tomber _____ regardant _____ la petite fenêtre.
5. Elle fera un gâteau _____ vous _____ quatre jours quand ce sera votre anniversaire. Elle a su la date _____ une de vos amies.
6. Je suis _____ colère quand j'entends des gens _____ cet Etat dire qu'il pleut souvent _____ le mien. _____ tous renseignements, ils n'ont que ceux des brochures.

(Réponses p. 345)

---

g. *Observations sur quelques autres prépositions*

— **vers, envers**

> *vers* indique la direction physique :
>
> **Ex.** Je marche **vers** la fenêtre.
>
> *envers* signifie : à l'égard de (sentiments, attitude).
>
> **Ex.** Elle est bienveillante **envers** tout le monde.

— **avant** ≠ **après   devant** ≠ **derrière**

> Généralement *avant* est employé pour le temps et *devant* pour le lieu :
>
> **Ex.** Je lui parlerai **avant** la classe.
>
> L'étudiant récitera son poème **devant** la classe.

— **chez** = à la maison de, dans le pays de :

    Ex. Je suis resté **chez** moi hier.

        Tu vas **chez** le dentiste à trois heures.

        Ça arrive en Europe mais ça n'arrive pas **chez** nous.　(dans notre pays)

  Au figuré, **chez** = dans la personne de, dans l'œuvre de, dans la société de :

    Ex. C'est une réaction normale **chez** lui.

— **sur, au-dessus de** :

    Ex. Le livre est **sur** la table.

        L'avion vole **au-dessus de** la ville.

— **sous, au-dessous de**

    Ex. Le bateau passe **sous** le pont.

        Un sous-marin navigue **au-dessous de** la surface de l'eau.

— **avec** ≠ **sans**

  Quand *avec* et *sans* indiquent la manière, il n'y a pas d'article après ces prépositions. L'expression équivaut à un adverbe de manière :

    Ex. Vous l'écrirez **avec soin**.　(soigneusement)

        Vous le traitez **sans pitié**.　(impitoyablement)

— **jusque** est suivie d'une préposition comme **à** (le plus fréquemment), **sur**, **vers, chez**, etc. ou d'un adverbe : **là, ici**, etc.

    Ex. Vous attendez **jusqu'à** la dernière minute pour faire votre travail.

        Il est allé **jusqu'à** dire que ce n'était pas vrai.

        J'irai **jusqu'au** parc avec vous.

        Nous y resterons **jusque vers** dix heures.

        Jusque là, elle avait été charmante.

— **à cause de** s'emploie avec un nom ou un pronom (avec un verbe, employez **parce que** ou **car**, qui sont des conjonctions) :

    Ex. Nous ne pourrons pas partir **à cause de** la neige.

  h. *Distinctions de sens* entre **porter, mener–apporter, amener–emporter, emmener**

— *porter* dans les bras, sur le dos :

    Ex. Je vais **porter** votre valise à la voiture.

        La mère **porte** son enfant dans ses bras.

  mener = conduire :

    Ex. Vous ne savez pas où est la bibliothèque ; je vais vous y **mener**.

— *apporter* : porter quelque chose à l'endroit où est quelqu'un :

    Ex. Demain, **apportez**-moi votre composition écrite.

  amener : mener quelqu'un à une personne :

    Ex. Il faut que je lui parle ; **amenez**-la-moi.

— *emporter* : prendre quelque chose avec soi quand on part d'un lieu :
>**Ex.** Il faut que tu **emportes** ton parapluie car il va pleuvoir.

emmener : prendre quelqu'un avec soi d'un lieu dans un autre :
>**Ex.** Il va **emmener** ses amis au cinéma ce soir.

Exercices

EXERCICE I (écrit)   *Complétez avec la préposition qui manque.*

1. Hier je suis allée _____ ville et je suis passée _____ mon amie.
2. Il faut avoir de la compassion _____ les gens qui souffrent.
3. Quand ils sont tombés _____ panne au milieu du désert, il ne leur restait de l'eau que _____ deux jours.
4. _____ s'y être installé, il a commencé _____ lire.
5. Je me dirigeais _____ l'église quand je l'ai rencontré.
6. Vous y êtes arrivé _____ poursuivant vos efforts.
7. Nous sortons _____ un cours de chimie et nous sommes très fatigués.
8. Quand elle a été arrêtée, elle allait _____ cent kilomètres _____ l'heure.
9. Demain nous allons partir _____ deux semaines.
10. Que préférez-vous ? Voyager _____ chemin de fer, _____ avion, _____ autocar, ou _____ cheval ?
11. Il l'a regardé _____ un air impatient.
12. J'arrive _____ Dallas et je repars demain _____ Seattle.
13. Le soleil était si chaud qu'il a fallu se mettre _____ l'ombre d'un arbre.
14. C'est une pièce _____ six mètres _____ quatre.
15. Vous préférez étudier _____ jour ou _____ nuit ?
16. _____ ce texte il n'y a pas beaucoup de bon vocabulaire.
17. Es-tu passé _____ le chemin le plus court ?
18. La maison a été peinte _____ trois jours.
19. On l'a puni _____ son mensonge.
20. Tu n'as rien _____ autre _____ me dire ?
21. Elle est très active _____ le matin et elle se lève d'ailleurs très tôt.
22. _____ mener à bien ce projet, il faudra de la patience.
23. Tous les passagers, _____ deux, ont péri dans l'accident d'avion.
24. _____ la feuille que vous désirez.
25. Vous vous levez _____ bonne heure généralement.
26. C'est à vous _____ lui pardonner.
27. Découpez l'image _____ les pointillés.

28. Son attitude n'est plus la même _____ son échec.
29. Vous avez agi _____ réfléchir.
30. _____ Japon, vous verrez beaucoup _____ choses intéressantes.
31. _____ une grande fatigue, ils ont continué leur chemin.
32. J'ai une belle statue _____ bronze.
33. Notre propriété s'étend _____ la rivière.
34. Est-ce que tu me prends _____ un sot ?
35. Il faut que je vous quitte mais je reviendrai vous voir _____ quelque temps.
36. C'est un poème _____ Baudelaire.
37. Vous vous exprimez _____ facilité.
38. Complétez les phrases _____ le modèle.
39. _____ les gens qui se trouvaient là, aucun ne pouvait expliquer la disparition de leur ami.
40. Tout est arrivé _____ lui ; c'était vraiment sa faute.

EXERCICE II (écrit)   *Employez **vers** ou **envers**.*

1. Quand je suis allé _____ la porte, il a compris que je partais.
2. On peut dire que vous êtes loyal _____ vos amis.
3. Elle montre de la faiblesse _____ lui.
4. Ce sera fini _____ la fin de l'après-midi.
5. Il a couru _____ la rive.

EXERCICE III (écrit)   *Complétez avec une des prépositions **sur**, **sous**, **au-dessus de**, **au-dessous de**.*

1. La vallée s'étendait _____ nous.
2. Le chef a l'habitude de mettre ses pieds _____ le bureau.
3. Le soleil est encore _____ l'horizon.
4. Il conduisait _____ l'effet de l'alcool.
5. Il faut aller _____ le bateau pour atteindre le trou à réparer.
6. Le chien est en train de dormir _____ la table.

EXERCICE IV   *Complétez avec une forme de **porter** ou **mener**.*

1. Pour la sortie, chacun devra _____ son repas.
2. Le docteur guérit les malades qu'on lui _____.
3. Allez-vous _____ votre mère à l'opéra ?
4. Le sac qu'elle _____ sur son dos est lourd.

Réponses aux applications immédiates

p. 335 1. préposition
2. préposition
3. adverbe
4. préposition, adverbe

p. 336 1. sans penser
2. avant de commencer
3. après être arrivé(s, e, es)
4. pour comprendre
5. en persévérant

p. 339 1. à, à
2. de, à
3. de, au, de

4. A, d'
5. de, de, de,
6. de, à, de, de
7. de, aux
8. de, à

p. 341 1. en, au, pour
2. en, par
3. en, par, en
4. en, en, dans, en, par
5. pour, dans, par
6. en, de, dans, Pour

II. *Les Conjonctions*

A. Rôle. Une conjonction est un mot qui sert à joindre deux mots ou deux groupes de mots. Elle est invariable.

B. Catégories

Les conjonctions et les locutions conjonctives (formées de plusieurs mots) se divisent en deux catégories.

1. *Les conjonctions de coordination* :
   et, ou, ou bien, soit... soit..., ni, car, en effet, cependant, toutefois, pourtant, puis, ensuite, alors, par conséquent, c'est pourquoi, mais, néanmoins, par contre, sinon, donc, c'est-à-dire, comme, d'ailleurs, or, etc.

   a. Elles joignent des mots *de même fonction* :
      Ex. Je suis content, **comme** vous.
      Il n'a pas retrouvé son livre **ni** son cahier.

   b. Elles joignent des propositions *de même nature* :
      Ex. Elle est allée à la bibliothèque **et puis** elle est retournée chez elle.
      Vous étiez fatigué ; **c'est pourquoi** je ne vous ai pas demandé de venir avec nous.

Application immédiate   Complétez les phrases par une conjonction de coordination.

1. Vous n'avez pas terminé votre travail ; _____ je vous avais bien dit de le finir.
2. Robert est toujours gentil ; _____ son frère, c'est une autre histoire !
3. Je pense, _____ je suis.   (Descartes)
4. Il fait de l'exercice régulièrement ; _____ il est toujours en bonne forme.
5. Deux _____ deux font quatre.
6. Il est maigre _____ un clou.   (*Réponses p. 348*)

Remarque

or s'emploie pour la transition :

> **Ex.** On jouait Carmen à l'opéra ; **or** elle ne l'avait pas vu depuis longtemps. ("now")

2. *Les conjonctions de subordination* joignent une proposition subordonnée à la proposition dont elle dépend. Beaucoup d'entre elles sont composées de **que**.

   a. Certaines sont suivies du subjonctif (voir le tableau de la leçon 10, p. 206).

   b. D'autres sont suivies de l'indicatif. Elles indiquent :

   la cause : comme, parce que, puisque, étant donné que, etc.

   l'opposition : tandis que, alors que, etc.

   la condition : si, au cas où, etc.

   la conséquence : que, de sorte que, en sorte que, de façon que, de manière que, etc.

   le temps : quand, lorsque, aussitôt que, dès que, à peine… que…, après que, depuis que, etc.

   la comparaison : plus que, moins que, autant que, de même que, selon que, suivant que, comme, comme si, etc.

Application immédiate   Complétez avec la conjonction de subordination qui convient.

1. Vérifiez-le avec lui _____ vous ne voulez pas me croire.
2. _____ le soleil brille, il fait assez froid.
3. On m'a annoncé _____ vous alliez partir.
4. Je vous le dis _____ vous voudriez lui en parler.
5. _____ elle est en colère, je la laisse tranquille.
6. J'ai fait exactement _____ vous m'aviez expliqué.
7. Il faudra le prévenir _____ il sache la vérité.   (*Réponses p. 348*)

Remarques

— Quand deux propositions consécutives commencent par la même conjonction, ne la répétez pas ; employez **que** avec le même mode :

    Ex. Quand je suis fatigué et **qu'**il est tard, je vais me coucher.

        Nous n'y sommes pas allés **parce que** ça aurait coûté cher et **qu'**il aurait fallu y rester trop longtemps.

        Afin que vous puissiez la voir et **que** vous ayez la possibilité de lui parler quelques instants, je vous emmènerai chez elle.

    mais : avec **si**, il faut employer le subjonctif après **que** (voir aussi leçon 10, p. 207) :

    Ex. S'il fait beau demain et **que** vous **ayez** envie de sortir, faites-le-moi savoir.

— Une conjonction de subordination devient une préposition quand elle est employée devant un infinitif ou devant un nom ou un pronom ; la forme change :

    Ex.

Conjonction (+ proposition)	Préposition (+ infinitif)	Préposition (+ nom ou pronom)
après que	après (+inf. passé)	après
avant que	avant de	avant
c'est-à-dire que		c'est-à-dire
depuis que		depuis
jusqu'à ce que	jusqu'à	jusqu'à
malgré que		malgré
sans que	sans	sans

(Voir aussi le tableau des conjonctions et prépositions correspondantes de la leçon 10, p. 211.)

    Ex.
- Parlez-moi **avant que** je parte.
- Parlez-moi **avant de** décider.
- Parlez-moi **avant** la classe.

- Vous êtes parti **sans que** je vous voie.
- Vous êtes parti **sans** me dire au revoir.
- Vous êtes parti **sans** votre livre.

— **car** (conjonction de coordination) ne s'emploie pas au début d'une phrase ni après une autre conjonction de coordination : et, mais, aussi, pas, etc.

parce que s'emploie dans tous les cas.

    Ex. Vous êtes content **parce que (car)** vous avez passé une bonne journée au grand air.

        Parce que tu es gentil, je vais te donner un bonbon.

        Il m'a dit quelque chose ; mais **parce que** c'est un secret je ne le répéterai pas.

Exercices

EXERCICE I (écrit)   *Mettez les verbes entre parenthèses au mode et au temps qui conviennent.*

1. Quand vous _____ (finir) votre travail, vous serez content.
2. Vous m'avez marché sur le pied sans _____ (faire attention)
3. Etant donné que tu _____ (être) plus petit, tu auras moins de gâteau.
4. Comme l'orage _____ (approcher), nous avons rentré les fauteuils.
5. Nous pouvons vous aider à condition que vous _____ (accepter).
6. Vous m'en parlerez après _____ (discuter) la question avec eux.
7. Si nous vous le _____ (dire) et que vous le _____ (répéter) ce serait terrible.
8. Depuis qu'elle _____ (être) malade et qu'elle ne _____ (pouvoir) plus sortir, elle est devenue pâle.
9. Il gagne plus d'argent que vous ne le _____ (penser).
10. Bien que ce _____ (être) faisable et que vous en _____ (être) capable, il vaut mieux abandonner l'idée.

EXERCICE II   *Ecrivez une phrase avec chacune des conjonctions suivantes.*

a) *conjonctions de coordination*
1. et
2. alors
3. par contre
4. sinon
5. comme
6. or

b) *conjonctions de subordination*
1. comme (la cause)
2. de sorte que (+ indicatif)
3. dès que
4. si
5. alors que
6. plus que

Réponses aux applications immédiates

p. 346
1. pourtant
2. mais
3. donc
4. c'est pourquoi (alors, en consé-quence)
5. et
6. comme

p. 346
1. puisque
2. Bien que (Quoique)
3. que
4. au cas où
5. Quand (Lorsqu', Comme)
6. comme
7. afin qu' (pour qu')

I7 Les Verbes impersonnels Les Mots indéfinis

I. Les Verbes impersonnels

A. Définition. Un verbe impersonnel est un verbe dont le sujet est le pronom **il** impersonnel. Il se conjugue donc seulement à la 3ème personne du singulier de tous ses temps. Quand on parle d'un verbe impersonnel, il faut toujours penser au groupe : **il** (impersonnel) + *verbe*. Aux temps composés, le participe passé d'un verbe impersonnel est invariable. Les constructions impersonnelles sont plus employées en français qu'en anglais.

B. On distingue **les verbes impersonnels** et **les expressions impersonnelles**. Ce sont :

1. les verbes qui expriment *les conditions atmosphériques* :

   — **il pleut** (*ou* il va pleuvoir)**, il neige, il gèle, il grêle, il tonne,** etc.

   — les expressions avec **faire** :
   il fait beau, mauvais, chaud, froid, frais, bon, humide, sec, etc.
   il fait jour, nuit, sombre, clair, etc.
   il fait du soleil, du vent, de l'orage, du tonnerre, du brouillard, etc.

2. **falloir**. Ce verbe est suivi d'un nom, d'un infinitif, ou d'un subjonctif. Son sujet est toujours **il** impersonnel.

> **Ex. Il (me) faut** du courage.
>> **Il a fallu** y aller.
>> **Il faudra que** j'y aille.

Note:

Evitez la construction : *il me faut* + infinitif.   Dites : *il faut que je* + subj.

3. **s'agir de**. Le seul sujet possible est **il** impersonnel, comme pour le verbe **falloir**.

> **Ex.** De qui **s'agit-il** ? —**Il s'agit de** vous.
>> De quoi **s'agit-il** dans cette histoire ? —Dans cette histoire, **il s'agit** de gens pauvres.   ("This story is about ...")

Application immédiate   Traduisez : "This film is about a king."

(*Réponse p. 353*)

---

4. **il est**

a. pour exprimer *l'heure* (voir aussi leçon 20) :

> **Ex.** Quelle heure **est-il** ? —**Il est** cinq heures.
>> **Il est** temps de partir.
>> **Il sera** tard quand je reviendrai.
>> **Il est** trop tôt pour l'appeler.

b. dans les constructions suivantes *avec un adjectif* :

> — **il** (impersonnel) + **être** + adjectif + **de** + infinitif (voir leçon 2, p. 25)
>> **Ex. Il est** nécessaire **de** travailler.

> — **il** (impersonnel) + **être** + adjectif + **que** + indicatif
>> **Ex. Il est** évident **que** vous êtes fatigué.

> — **il** (impersonnel) + **être** + adjectif + **que** + subjonctif (voir leçon 10)
>> **Ex. Il est** rare **qu'**il vienne me voir.

c. à la place de **il y a** :

> — en *littérature*
>> **Ex. Il est** des choses qu'on ne peut pas dire. (Il y a...)

> — ou *au commencement d'un conte* (de fée par exemple)
>> **Ex. Il était une fois** une petite fille qui... (Il y avait...)

5. **il y a** (singulier ou pluriel)

   a. pour indiquer l'existence de quelque chose :
      Ex. Il y a des gens qui sont méchants.

   b. pour exprimer le temps écoulé (voir leçon 3, p. 45) :
      Ex. Il y a une heure **qu**'il l'attend.   Je l'ai vu **il y a** une heure.

   c. dans l'expression : **Qu'est-ce qu'il y a ?**   (Qu'est-ce qui se passe ?)
      Ex. Qu'est-ce qu'**il y a** ? Tout le monde regarde en l'air.

6. *des verbes personnels employés à la forme impersonnelle* pour mettre en relief l'action du verbe. Ils sont alors suivis du sujet réel du verbe.   (forme très employée)

   Ex. ⎰ Une pluie diluvienne **tombe**.   (verbe personnel)
   ⎱ **Il tombe** une pluie diluvienne.   (verbe impersonnel ; sujet réel : une pluie diluvienne)

   Il manque des sous dans la boîte.

   Il est rappelé au public qu'il ne faut pas faire de bruit ici.

Remarque

Un participe passé, variable avec un verbe personnel, est invariable quand le verbe est impersonnel :
   Ex. Des choses étranges se sont **passées** ici.   (verbe personnel)
   Il s'est **passé** des choses étranges ici.   (verbe impersonnel)

Application immédiate   Mettez les phrases à la forme impersonnelle.

1. Des malheurs arrivent à tout le monde.
2. Une compétition féroce se prépare.
3. Une bonne nouvelle nous est parvenue.
4. Des gens très bruyants sont arrivés.   *(Réponses p. 353)*

Exercices

EXERCICE I   *Écrivez une phrase avec chacun des verbes (ou expressions) impersonnels suivants.*

1. falloir
2. s'agir de

3. il y a
4. il est

EXERCICE II (écrit)   *Indiquez si **il** est personnel ou impersonnel.*

1. Voulez-vous me dire l'heure qu'il est, s'il vous plaît ?
2. Il est difficile à contenter.
3. Il est intéressant de lire un bon roman.
4. Il était une fois un étudiant qui n'aimait pas étudier.
5. Il convient que nous lui répondions.
6. Il y eut des sifflements assourdissants.
7. Il se faisait beaucoup de soucis.
8. Il suffit de le dire.

EXERCICE III   *Ecrivez le participe passé du verbe entre parenthèses correctement.*

1. Des tas de réactions se sont _____. Il s'est _____ des tas de réactions. (se produire)
2. Une foule nombreuse est _____ au défilé. Il est _____ une foule nombreuse au défilé. (venir)

EXERCICE IV   *Soulignez le sujet réel du verbe impersonnel.*

1. Il vous faudra beaucoup de patience.
2. Il vaudrait mieux que vous lui téléphoniez.
3. Il est arrivé que nous nous sommes trompés de route.
4. Il m'est venu une idée sensationnelle.
5. Il s'est trouvé qu'ils étaient déjà arrivés.
6. Il suffirait que vous lui disiez.
7. Il tombe des fruits dans le verger.
8. Il est bon de se reposer quand on est fatigué.

EXERCICE V (écrit)   *Mettez les phrases suivantes à la forme impersonnelle.*

1. Quelques semaines de vacances restent encore.
2. Un brouillard épais arrivait de l'océan.
3. Douze voitures sont entrées en peu de temps.
4. Un grand silence se fera quand il entrera.
5. Des gens bizarres viennent quelquefois le voir.

EXERCICE VI (oral)   *Répondez aux questions suivantes.*

1. Quel temps fait-il ? Quel temps fait-il au printemps, en été, en automne, en hiver ? Et dans l'Etat où vous êtes né(e) ?
2. Que vous faut-il pour être heureux ?
3. Quelle heure est-il ?
4. De quoi s'agit-il dans cette leçon ?
5. Il y a combien de temps que vous êtes dans la classe ?
6. Combien de semaines reste-t-il jusqu'à la fin du trimestre (du semestre) ?
7. Que s'est-il passé d'intéressant hier ?

EXERCICE VII   *Ecrivez trois phrases contenant des verbes personnels employés impersonnellement.*

EXERCICE VIII (écrit)   *Commencez un conte de fée… Employez le plus possible de verbes impersonnels.* (*cinq lignes*)

Réponses aux applications immédiates

p. 350   Dans ce film il s'agit d'un roi.

p. 351   1. Il arrive des malheurs à tout le monde.

2. Il se prépare une compétition féroce.

3. Il nous est parvenu une bonne nouvelle.

4. Il est arrivé des gens très bruyants.

II. *Les Mots indéfinis*

On distingue *l'article*, *les adjectifs*, *les pronoms*, et *les adverbes* indéfinis. L'article indéfini est traité dans la leçon 7.

A. Formes. (voir le tableau suivant)

TABLEAU 17–1 Les Mots indéfinis (par ordre alphabétique)

	Adjectifs		Pronoms Variables et Invariables		Adverbes
	Singulier	Pluriel	Singulier	Pluriel	
1.	aucun, aucune	aucuns, aucunes	aucun, aucune	aucuns, aucunes	
2.	autre	autres	autre	autres	
3.			autre chose		
4.			autrui		
5.	certain, certaine	certains, certaines		certains, certaines	
6.	chaque		chacun, chacune		
7.		différents, diffé-rentes			
8.		divers, diverses			
9.	maint, mainte	maints, maintes			
10.	même	mêmes			même
11.	n'importe quel (quelle)	n'importe quels (quelles)	n'importe lequel (laquelle) n'importe qui n'importe quoi	n'importe lesquels (lesquelles)	n'importe où n'importe quand n'importe com-ment
12.	nul, nulle	nuls, nulles	nul, nulle		
13.			on		
14.			personne		
15.		plusieurs		plusieurs	
16.	quel que... (quelle)	quels que... (quelles)			
17.	quelconque	quelconques			
18.	quelque quelque... que...	quelques quelques... que...	quelqu'un	quelques-uns (unes)	quelque quelque... que...
19.			quelque chose		
20.					quelque part
21.			qui que, quoi que		
22.			qui que ce soit (qui, que) quoi que ce soit (qui, que)		
23.			quiconque		
24.			rien		
25.	tel, telle	tels, telles	tel, telle		
26.	tout, toute	tous, toutes	tout	tous, toutes	tout (toute, toutes)
27.			un, une l'un, l'une	les uns, les unes	

B. Emplois

Les mots indéfinis désignent ou représentent les noms d'une manière vague, indéterminée. Voici leurs emplois (les numéros correspondent à ceux du tableau).

1. **aucun(e)** : *adjectif* et *pronom* négatifs (voir leçon 13 sur la négation).

2. **autre(s)**

   — *adjectif*. Il est placé devant le nom.
   > **Ex.** Robert est resté en classe mais **les autres** étudiants sont partis.
   > Voilà **un autre** exemple. Voilà **d'autres** exemples.

   — *pronom*. Il est précédé d'un article ou d'un déterminatif.
   > **Ex.** Je n'ai qu'une feuille. Vous avez **l'autre**.
   > Si vous avez besoin d'un crayon supplémentaire, **en** voici **un autre** ("another one") ; et j'**en** ai encore **d'autres**.

Note : Le pronom objet est accompagné de **en**. ("of them")

   Expressions :

   a. **nous autres, vous autres** indiquent des groupes distincts :
   > **Ex. Vous autres** vous avez eu de la chance.

   b. **l'un l'autre** indique la réciprocité. (Voir leçon 6 sur les verbes pronominaux.)

   c. **d'un côté, d'un autre côté** ("on the other hand")

3. **autre chose** "something else". Distinguez de : *une autre chose* "another thing".

   — *pronom*. Il est invariable et sans article. Il se construit avec *de + adjectif* (invariable).
   > **Ex. Autre chose** m'intéresse.
   > Y a-t-il **autre chose de nouveau** ?

4. **autrui** (tous les autres, en opposition à *moi*)

   — *pronom*. Il est invariable. Il est généralement l'objet d'une préposition, ou objet direct, jamais sujet.
   > **Ex.** Ne fais pas à **autrui** ce que tu ne voudrais pas qu'on te fît.   (proverbe)
   > Il faut avoir le respect d'**autrui**.

5. certain(e)

— *adjectif*. Il est placé devant le nom ; il n'a pas d'article au pluriel. Il signifie : *un, quelque* (au singulier), *quelques* (au pluriel).

    Ex. Un **certain** auteur a dit cela.

        Certains champignons sont toxiques, d'autres ne le sont pas.   (souvent accompagné de **d'autres**)

Note : Placé après le nom, c'est un adjectif qualificatif qui signifie : *sûr, déterminé*.
    Ex. C'est un fait **certain**.

— *pronom*. Seulement *au pluriel*.   ***certains*** = quelques-uns

    Ex. Beaucoup de gens le croient, mais **certains** en doutent.

Application immédiate   Complétez avec une forme de **autre**, **autre chose**, **autrui**, ou une forme de **certain**. Ajoutez le pronom **en** s'il est nécessaire, ou un article.

1. Avez-vous _____ à me dire à ce sujet ?
2. _____ personnes aiment la campagne, _____ préfèrent la ville.
3. Il faut gagner le respect d'_____.
4. Une cinquantaine de passagers ont pu être sauvés ; _____ ont péri.
5. Parlons d'_____. Comment s'est passé votre voyage ?
6. C'est bizarre ; _____ personne m'a déjà dit ce que vous me dites.
7. Dans _____ pays, il fait toujours chaud.
8. J'ai perdu la clé de ma voiture ; heureusement que j'_____ ai _____.
9. _____ jour, j'ai visité un musée très intéressant.
10. _____ prétendent que ce n'est pas vrai.   (*Réponses p. 367*)

---

6. chaque, chacun(e)

— *adjectif* : **chaque** est toujours *singulier*.

    Ex. Après **chaque** classe, il y a un arrêt de dix minutes.

— *pronom*. **Chacun(e)** s'emploie pour une personne (ou une chose) considérée en elle-même, mais qui appartient à un tout.

    Ex. Ces lampes coûtent cent francs **chacune**.

        Chacun pour soi, Dieu pour tous.   (proverbe)

7, 8. **différents(es), divers(es)**

— *adjectifs*. Ils sont employés *au pluriel*, et *précèdent le nom*. *différents* = plusieurs ; ***divers*** = quelques, certains

  Ex. J'ai vu **différents** endroits et j'ai rencontré **diverses** personnes.
  Voici les **différents** emplois de ce mot.

Note : Placés après le nom, ce sont des adjectifs qualificatifs (voir leçon 12, p. 243).

9. **maint(e)**

— *adjectif*. C'est un vieux mot, *employé surtout au pluriel* et qui signifie un grand nombre indéterminé.
  Ex. Je l'ai vu **maintes** fois.   (beaucoup de)

10. **même(s)**

— *adjectif*
Placé *devant* le nom, il exprime la similitude.
  Ex. Nous portons les **mêmes** robes.
Placé *après* le nom, il affirme la personne ou l'objet dont on parle, met le nom en relief.
  Ex. C'est la vérité **même**.

— *adverbe*. Il est alors invariable et signifie *de plus, aussi, encore*.
  Ex. Même malade, elle pense encore aux autres.   (précède un adjectif)
  Il a été impoli et il a **même** refusé de répondre.   (modifie un verbe)
  Il n'est **même** pas allé jusqu'au bout.   (modifie un adverbe)
  Même sa mère ne le comprend pas.   (modifie un nom ou un pronom)

11. **n'importe quel (lequel, qui, quoi, où, quand, comment)**

— *adjectif* : *n'importe quel (quelle, quels, quelles)*
N'importe signifie : il n'importe pas, il n'est pas important.
N'importe quel indique un choix libre entre plusieurs personnes ou choses :
  Ex. Prenez **n'importe quelle** place.

— *pronoms* : ***n'importe lequel** (laquelle, lesquels, lesquelles), **n'importe qui**, **n'importe quoi***. Ils sont sujets ou objets du verbe.
  Ex. Quel sujet faut-il traiter ? —**N'importe lequel.**   (N'importe quel sujet.)
n'importe qui (pour une personne)
  Ex. N'importe qui est capable de faire cela.
n'importe quoi (pour une chose)
  Ex. Pensez à quelque chose, à **n'importe quoi**. **N'importe quoi** l'intéresse.

— *adverbes* : ***n'importe où, n'importe quand, n'importe comment***.

> **Ex.** Mettez ce livre **n'importe où**.   Venez demain, **n'importe quand**.
>
> Il faut recommencer ce travail parce qu'il est fait **n'importe comment**.

Application immédiate   Complétez avec une forme de **chaque, chacun, différent, divers, même, n'importe quel (qui, etc.)**.

1. _____ jour, il fallait mettre le vieillard dans un fauteuil.
2. Quelle place faut-il prendre ? —_____, ça n'a pas d'importance.
3. Ne venez pas tous au _____ moment.
4. J'ai vu _____ choses ; j'ai eu _____ réactions.
5. Vous êtes la promptitude _____.
6. C'est très facile à préparer ; _____ peut le faire.
7. Si _____ vous ne pouvez pas le croire, alors comment le croirai-je ?
8. Après la conférence, _____ rentra chez soi satisfait.
9. Je serai à la maison demain ; vous pouvez venir me voir _____.
10. Faites-le _____ mais finissez-le.   (*Réponses p. 367*)

---

12. **nul** : *adjectif* et *pronom* négatifs (voir leçon 13)

Note : Placé après le nom, **nul** est un adjectif qualificatif qui signifie *sans valeur*.

> **Ex.** Voilà un élève complètement **nul**.

13. **on**

> — *pronom*. ***On*** est un pronom personnel indéfini de la 3ème *personne du singulier*. Il est *toujours sujet*, généralement masculin singulier. Il peut désigner : quelqu'un, un groupe de gens, l'homme en général, ou même des personnes déterminées ; dans ce dernier cas, le participe passé s'accorde avec le nom que ***on*** remplace.
>
> (On peut ajouter *l'* devant ***on*** après *et, ou, où, que, si, lorsque* pour l'euphonie.)
>
> > **Ex. On** m'a dit qu'il était absent.   (une personne)
> >
> > **On** dit que l'été sera très sec.   (des gens)
> >
> > **On** a souvent besoin d'un plus petit que soi.   (l'homme en général)
> >
> > > (La Fontaine)
> >
> > Si **l'on** allait se promener cet après-midi ! (nous)
> >
> > Lucie et moi, **on** s'est disput**ées**.   (**on** représente deux jeunes filles : accord du participe passé)

14. **personne** : *pronom* négatif (voir leçon 13)

15. **plusieurs**

— *adjectif*. Il indique un nombre indéterminé, pas grand, mais de plus de deux. Il est toujours pluriel (Ne mettez pas *de* entre ***plusieurs*** et le nom qui suit.)
   Ex. Je lui ai parlé à **plusieurs** reprises.

— *pronom*. Il est toujours pluriel.
   Ex. Je le sais. **Plusieurs** me l'ont dit.   (plusieurs personnes)
      Avez-vous des fautes dans votre dictée ? —Oui, j'**en** ai **plusieurs**. (avec **en**)

16. **quel (quelle, quels, quelles) que**... *adjectif*, suivi du subjonctif (voir leçon 18, p. 379).

17. **quelconque**

— *adjectif*. Il est placé après le nom. Il peut avoir un article. Il signifie :

   a. *n'importe quel* :
      Ex. Il s'excuse toujours pour une raison **quelconque**.   (pour n'importe quelle raison)

   b. *de valeur médiocre, commun* (pour une personne) :
      Ex. Ce roman est très **quelconque**.
      Ces gens-là sont **quelconques**.

18. **quelque, quelqu'un**

— *adjectif*

   a. *quelque* indique un petit nombre, une petite quantité. Il peut avoir un article.
      Ex. Vous avez demandé **quelques** conseils.
      Corrigez les **quelques** fautes que vous avez faites.
      J'y resterai **quelque** temps.

   b. Il signifie aussi : *n'importe quel* (au singulier seulement).
      Ex. Il cherche **quelque** occupation.

   c. *quelque(s)*... *que*... est suivi du subjonctif (voir leçon 18, p. 379).

— *pronom*. Le e de *quelque* s'élide seulement devant *un(e)*.
   Quelqu'un s'applique *à une personne* et est construit avec *de + adjectif* (*invariable*) :
      Ex. **Quelqu'un** est venu pendant votre absence.
      J'ai rencontré **quelqu'un de** très **intéressant**.

Le pluriel *quelques-uns*, *quelques-unes*, s'applique à des personnes ou à des choses, et remplace *quelques* + *nom*.

> **Ex.** Nous avons beaucoup de fleurs ; prenez-**en quelques-unes**.   (quelques fleurs)
>
> J'ai parlé à **quelques-uns** de tes amis.

— *adverbe*.

a. Il signifie *à peu près, environ* :

> **Ex.** Il y a **quelque** cinquante ans, on ne pensait pas pouvoir aller à la lune.

b. *quelque… que…* est suivi du subjonctif (voir leçon 18, p. 379)

19. **quelque chose**

—*pronom*. Il est *invariable*. (Il est l'équivalent de *quelqu'un*, employé pour une personne.) Il se construit avec *de* + *adjectif* (*invariable*).

> **Ex.** J'ai vu **quelque chose de** très **intéressant**.

20. **quelque part**

— *adverbe*. Il signifie : *un endroit indéfini*.

> **Ex.** J'ai vu votre livre **quelque part** mais je ne sais plus où.

Application immédiate

Complétez avec **on, plusieurs, quelconque, quelque, quelqu'un, quelque chose, ou quelque part.**

1. _____ frappe à la porte.
2. Quand _____ veut, _____ peut. (proverbe)
3. Il y a _____ que je ne comprends pas. Pourriez-vous me donner _____ explications supplémentaires ?
4. Il peut vous prêter une gomme car il _____ a _____.
5. Je connais cette dame ; je sais que je l'ai déjà vue _____.
6. Nous nous sommes arrêtés à _____ endroits.
7. Vous auriez pu vous en tirer avec une excuse _____.
8. Nous avons beaucoup de poires ; _____ voulez-vous _____ ?

(Réponses p. 367)

21, 22. **qui que, quoi que, qui que ce soit qui (que), quoi que ce soit qui (que) qui que ce soit, quoi que ce soit**

— *pronoms*.

a. Les pronoms relatifs indéfinis *qui que*, *quoi que*, *qui que ce soit qui* (*que*), *quoi que ce soit qui* (*que*) sont suivis du subjonctif (voir leçon 18, pp. 379–80).

b. *qui que ce soit* = ("anyone at all ; whoever it may be") et
quoi que ce soit = ("anything at all ; whatever it may be")
Ils sont plus emphatiques que *n'importe qui* (*quoi*).
> **Ex.** Vous pouvez le demander à **qui que ce soit**.
> Si vous lui dites **quoi que ce soit**, elle le répète immédiatement.
> Ne parlez à **qui que ce soit** le soir dans la rue. (= ne . . . personne)
> N'acceptez **quoi que ce soit** d'un étranger. (= ne . . . rien)

23. **quiconque** (+ indicatif)

— *pronom relatif.* Il est invariable. Il signifie *celui qui, toute personne qui.* Il unit deux propositions et a donc *une double fonction* : il est *le sujet* du verbe de la proposition relative qu'il introduit, et il est *le sujet* ou *l'objet* du verbe de l'autre proposition.
> **Ex. Quiconque** mentira sera puni. (sujet de *mentira* et de *sera*)
> Il parlera à **quiconque** voudra écouter. (objet indirect de *parlera* et sujet de *voudra*)
> Arrêtez **quiconque** vous semblera étrange. (objet direct de *arrêtez* et sujet de *semblera*)

24. **rien** : *pronom* négatif (voir leçon 13)

25. **tel** (**telle**)

— *adjectif.* Il peut être précédé d'un article (en anglais l'article le suit). Voici les emplois.
a. la similitude : *semblable à, pareil à, comme*
> **Ex. Tel** père, **tel** fils. (proverbe)
> Racontez-moi les événements **tels qu'**ils sont arrivés. (comme ils sont arrivés)
b. un sens démonstratif : *voilà, comme cela*
> **Ex. Telles** sont mes intentions.
> **Telle** a été ma vie, mon cher.
> J'espère ne plus entendre de **tels** commentaires.
c. l'intensité : *si grand que* (+ indicatif)
> **Ex.** Sa fierté est **telle qu'**il ne pense jamais à s'excuser.
> Il allait à une **telle** vitesse !
d. l'indétermination : *un certain*
> **Ex.** Prenez **telle** décision qui vous plaira.
e. *tel quel* = sans changement ("as is")
> **Ex.** Cet article est en solde à vingt-cinq dollars, **tel quel**. (avec les imperfections qu'il contient)

— *pronom.* Il s'emploie au singulier. Il signifie : *un certain, quelqu'un, celui qui.*
>   Ex. **Tel** est pris qui croyait prendre.   (proverbe)

Un tel s'emploie à la place d'un nom propre quand on ne veut pas nommer une personne :
>   Ex. Monsieur **Un Tel**, Madame **Une Telle**.

26. tout

— *adjectif*

a. Au singulier, ***tout, toute*** signifie :
>   *chaque* (sans article, et dans un sens général)
>>   Ex. **Toute** vérité n'est pas bonne à dire.
>>   **Tout** chemin mène à Rome.
>   *entier* (avec un article ou un adjectif possessif ou démonstratif)
>>   Ex. **Toute la classe** est présente aujourd'hui.
>>   **Tout mon travail** est fait parce que j'ai travaillé **toute la nuit**.
>>   **Toute cette histoire** est fabriquée.
>   Ne confondez pas *tout le monde* (+ verbe au singulier) et *le monde entier.*

b. Au pluriel, ***tous, toutes,*** signifie : *la totalité*
>>   Ex. **Tous les invités** sont partis.
>   et *chaque* (pour une répétition de temps, ou de lieu)
>>   Ex. Il y va **tous les jours**.
>>   **Tous les cent mètres**, il y a une borne sur la route.

— *pronom.* Attention ! Le **s** de *tous* pronom se prononce. (Dites : tou**ss**)

a. Quand ***tous, toutes,*** sont *sujets du verbe*, on peut dire de deux façons :
>>   Ex. **Tous** avaient faim. ou : **Ils** avaient **tous** faim.   (plus fréquent)

b. Quand ***tous, toutes,*** sont *objets du verbe*, ils sont placés entre l'auxiliaire et le participe passé.
>>   Ex. Je les ai **tous** vu.   (**tous** modifie **les**)

c. Quand ***tout*** signifie "everything", il est *invariable* :
>>   Ex. J'ai **tout** vu, **tout** entendu et **tout** compris.
>>   **Tout** est très cher dans ce magasin.
>>   **Tout** va bien.

Remarque

Avec un nombre, on dit *tous les deux, tous les trois, tous les quatre.* Ne prononcez pas le **s**. (Mais on dit **les deux** + *nom* ; avec un nom, l'adjectif **tous** n'est pas employé dans ce cas.)
>   Ex. Est-ce que **les deux jeunes filles** sont allées à la fête ?   ("both")
>   Oui, **toutes les deux** y sont allées.   ("both")

— *adverbe*. **tout** signifie : *entièrement, complètement*.

> **Ex.** Il est **tout** pâle.

Il est *invariable*, excepté devant un adjectif féminin singulier (**toute**) ou féminin pluriel (**toutes**) qui commence par *une consonne* ou un **h** *aspiré*, par raison d'euphonie :

> **Ex.** Elle est **tout** essoufflée.   Elles sont **tout** heureuses.

mais : Elle est **toute** contente et **toute** humble de son succès.

> Elles semblent **toutes** préoccupées par cette affaire.

27. un(e)

— *pronom*. Il remplace **un(e)** + *nom*.

> **Ex.** J'ai un chien.   **En** avez-vous **un** ? (avec **en**)
>
> As-tu fait des fautes dans ta dictée ? —Non, **pas une (seule)**.

a. On peut employer **l'un** quand il est suivi de *de + nom ou pronom* :

> **Ex. L'un** de vous a fait une erreur.   **L'un** des employés a démissionné.

b. Il s'emploie souvent avec *autre* : l'un et l'autre, l'un… l'autre… ;

> l'un ou l'autre, ni l'un ni l'autre ; etc.
>
> **Ex. Les uns** sont satisfaits, **les autres** (ou **d'autres**) ne le sont pas.

c. Avec un adjectif :

> **Ex.** J'ai des roses. En voilà **une belle** pour vous.   ("a beautiful one")

Application immédiate   Complétez avec **qui** (**quoi**) **que ce soit, quiconque, tel, un, nul**, ou **tout** (numéros 6 à 10).

1. Il réagit très fortement à _____ et à _____.
2. A l'impossible _____ n'est tenu.
3. Dites à _____ viendra que je ne suis pas là.
4. C'est ainsi que je le veux ; _____ est ma volonté.
5. _____ des professeurs du département est malade.
6. _____ les étudiants sont présents aujourd'hui.
7. Vous me voyez _____ joyeuse parce que j'ai reçu une lettre agréable.
8. _____ travail mérite un salaire.
9. J'ai _____ compris dans la leçon.
10. Vous avez une _____ autre attitude qu'auparavant.

(Réponses p. 367)

Exercices

EXERCICE I (écrit)   *Complétez avec le mot indéfini qui convient.*

1. _____ les jours, à la _____ heure, il fait une petite promenade.
2. Depuis _____ années, environ quatre, ils ne vont plus à la montagne.
3. Le soleil vient de se coucher ; il commence à faire sombre et on voit déjà _____ étoiles.
4. _____ serpents sont venimeux, _____ ne le sont pas.
5. Ne vous inquiétez pas ; vous ne m'avez fait _____ mal.
6. Dans _____ circonstances, il faut être prudent.
7. _____ chose doit être à sa place.
8. Je ne sais pas du tout ce que je pourrai faire ; alors ne promettez rien à _____.
9. Votre chien n'a pas arrêté d'aboyer pendant _____ la matinée.
10. _____ de nous a ses opinions.
11. Tous ces fruits sont mûrs, alors choisissez _____.
12. _____ stationnera sa voiture ici aura une contravention.
13. Vous lui avez _____ dit, même le prix de notre hôtel ?
14. Je ne comprends pas pourquoi ce livre a du succès ; je le trouve _____.
15. Pourquoi faites-vous un _____ effort pour la convaincre ? Je pense que ça n'en vaut pas la peine.
16. Elle était _____ contente d'avoir réussi. C'était si important pour elle !
17. Vous faites les _____ fautes pour les _____ raisons.
18. Je devais le rencontrer _____ sur le campus, mais il n'est pas venu.
19. J'ai fini mon travail ; je ne veux pas commencer _____ avant de partir.
20. _____ ne me comprend.
21. Mettez ça _____ ; le principal est de pouvoir le retrouver aisément.
22. Je n'ai pas besoin d'acheter de manteau cette année car j'en ai acheté _____ l'année dernière.
23. _____ s'est trompé de route, alors il a fallu revenir sur nos pas.
24. _____ est bien qui finit bien. (proverbe)
25. Il faut respecter le bien d'_____.

EXERCICE II (écrit)   *Complétez avec **n'importe quel** (**lequel, qui, quoi, où, quand,** ou **comment**).*

Venez vite ; habillez-vous _____, c'est-à-dire portez _____. Apportez _____ disque et amenez _____. Nous irons _____ et nous ferons _____. Nous rentrerons _____ et _____ d'entre nous nous ramènera en voiture.

EXERCICE III (écrit)   *Complétez avec une forme de **tout** : adjectif, pronom ou adverbe.*

1. Marchez _____ doucement.
2. _____ mes amis sont très sympathiques.
3. Mes photos sont _____ ratées.
4. _____ cette famille est française.
5. J'ai été _____ étonnée quand j'ai appris cela.
6. Avez-vous fait les exercices ? —Oui, je les ai _____ faits.
7. _____ en marchant, il réfléchit à son problème.
8. Savez-vous _____ le poème par cœur ?
9. Nous voyageons _____ les étés.
10. Voulez-vous _____ inspecter ?
11. Il y a une composition à écrire ; je les veux _____ pour demain, a dit le professeur.
12. Je n'ai pas compris _____ ce qu'elle a dit.

EXERCICE IV (oral)   *Lisez les phrases suivantes à haute voix. Attention à la prononciation de **tous** pronom.*

1. Tous les enfants sont dehors.
2. Tous m'ont dit cela et ils me l'ont même tous répété.
3. Tous vos livres sont dans votre chambre.
4. Les prisonniers ont tous été libérés.
5. C'est entendu, cet après-midi nous irons en ville, tous ensemble.

EXERCICE V (écrit)   *Placez l'adjectif devant ou après le nom, selon le sens dans la phrase : adjectif qualificatif ou mot indéfini. Faites les changements nécessaires.*

1. **certain** Des <u>choses</u> ne lui plaisent pas.
        Je sais qu'il voulait venir ; c'est un <u>oubli</u>.
2. **différent** Les Anglais et les Américains sont des <u>peuples</u>.
        Qu'avez-vous fait ce matin ? —J'ai fait des <u>courses</u>.
3. **divers** A la radio, on donne des <u>nouvelles</u>.
        Des <u>écrivains</u> ont cette tendance.
4. **même** C'est la <u>personne</u> que j'ai vue hier.
        Ces mots représentent la <u>sagesse</u>.
5. **nul** Les deux équipes ont fait un <u>match</u>.
        Un <u>espoir</u> est permis.

EXERCICE VI (écrit)   *Remplacez les mots soulignés par les pronoms indéfinis qui conviennent et faites les changements nécessaires. N'oubliez pas d'ajouter* **en** *avec le pronom objet.*

1. Plusieurs pages restent à taper.
2. Nous avons fait quelques remarques.
3. Tous les invités étaient satisfaits. (deux possibilités)
4. N'importe quelle réponse conviendra.
5. Chaque homme a ses goûts.
6. Il y a d'autres photos ici.
7. Il ne faut oublier aucune correction.
8. Pour certaines occupations, c'est absolument nécessaire.

EXERCICE VII   *Ecrivez une phrase avec chacun des mots indéfinis suivants.*

1. n'importe lequel
2. autre chose
3. plusieurs
4. quiconque
5. quelconque
6. tel
7. certains... d'autres...
8. quoi que ce soit

EXERCICE VIII (écrit)   *Répondez aux questions suivantes en employant des mots indéfinis. Consultez le tableau des mots indéfinis pour vous aider.*

Ex. Faut-il que j'achète une viande spéciale pour ce soir ? →
Non, n'importe laquelle conviendra, la même qu'hier si tu veux.

1. Recevez-vous un journal le dimanche ?   Lisez-vous des articles ?
2. Où faut-il que je mette ton sac ?   Pourquoi ?
3. Quel courrier as-tu reçu aujourd'hui ?
4. Pouvez-vous passer nous voir dans la soirée ?
5. Qui est à la porte ?
6. Quand êtes-vous confus(e) ?
7. Est-ce que les étudiants du dortoir sont allés à la danse ?
8. Qu'est-ce que vous regardez ?
9. Est-ce que les insectes sont utiles ou nuisibles ?
10. Avez-vous vu le spectacle ? Avez-vous aimé la musique, les danses, les chansons ?

EXERCICE IX (écrit)   *Décrivez en quelques lignes la routine de la vie dans une ferme : les repas, l'indépendance des différents membres de la famille, les travaux, etc. Employez beaucoup de mots indéfinis :* **on**, **chacun**, **tout le monde**, **tout**, *etc.*

EXERCICE X (écrit)   *Expliquez en quelques lignes comment on fait pour danser votre danse favorite. Employez beaucoup de mots indéfinis et des verbes impersonnels.*

Réponses aux applications immédiates

p. 356   1. autre chose
2. Certaines, d'autres
3. autrui
4. les autres
5. autre chose
6. une autre
7. certains
8. en, une autre
9. L'autre
10. Certains

p. 358   1. Chaque
2. N'importe laquelle
3. même
4. différentes, diverses
5. même
6. n'importe qui
7. même
8. chacun
9. n'importe quand
10. n'importe comment

p. 360   1. Quelqu'un
2. on, on
3. quelque chose, quelques
4. en, plusieurs
5. quelque part
6. plusieurs, quelques
7. quelconque
8. en, quelques-unes

p. 363   1. qui que ce soit, quoi que ce soit
2. nul
3. quiconque
4. telle
5. Un
6. Tous
7. toute
8. Tout
9. tout
10. tout

18 *Les Temps littéraires :*

LE PASSÉ SIMPLE
LE PASSÉ ANTÉRIEUR
L'IMPARFAIT et
LE PLUS-QUE-PARFAIT du subjonctif
Le Subjonctif dans les constructions relatives

I. Le Passé simple.   C'est un temps simple : un mot.

A. Formes

1. *Verbes réguliers*

   a. Pour les verbes en **er** (y compris le verbe irrégulier **aller**) ajoutez *au radical de l'infinitif* les terminaisons **ai, as, a, âmes, âtes, èrent**.

   > **Ex.** aim **er**
   > j' aim**ai**
   > tu aim**as**
   > il, elle, on aim**a**
   > nous aim**âmes**
   > vous aim**âtes**
   > ils, elles aim**èrent**

b. Pour les verbes en **ir** et **re**, ajoutez *au radical de l'infinitif* les terminaisons **is, is, it, îmes, îtes, irent**.

Ex. fin **ir**	vend **re**
je fin**is**	vend**is**
tu fin**is**	vend**is**
il, elle, on fin**it**	vend**it**
nous fin**îmes**	vend**îmes**
vous fin**îtes**	vend**îtes**
ils, elles fin**irent**	vend**irent**

2. *Verbes irréguliers*

   a. Les verbes auxiliaires :

avoir	être
j' eus (prononcez **u**)	je fus
tu eus	tu fus
il, elle, on eut	il, elle, on fut
nous eûmes	nous fûmes
vous eûtes	vous fûtes
ils, elles eurent	ils, elles furent

   b. Les verbes **venir, tenir** et leurs composés ont la terminaison **ins**. On garde le son **in** à toutes les personnes :

venir	tenir
je vins	je tins
tu vins	tu tins
il, elle, on vint	il, elle, on tint
nous vînmes	nous tînmes
vous vîntes	vous tîntes
ils, elles vinrent	ils, elles tinrent

   c. *Les autres verbes irréguliers* ont les terminaisons **is** (comme celles des verbes réguliers en **ir** et **re**) ou **us** (comme le verbe **être**). Les verbes en **oir** ont la terminaison **us**, excepté le verbe **voir** : je vis. Pour un grand nombre de ces verbes, le participe passé conduit au passé simple :

   Ex. (la liste n'est pas complète)

Infinitif	Participe passé	Passé simple
connaître	connu	je connus
courir	couru	je courus
croire	cru	je crus

Infinitif	Participe passé	Passé simple
lire	lu	je lus
mettre	mis	je mis
pouvoir	pu	je pus
prendre	pris	je pris
recevoir	reçu	je reçus
rire	ri	je ris
vivre	vécu	je vécus
vouloir	voulu	je voulus

(Voir le passé simple des autres verbes irréguliers dans l'appendice.)

Remarques

— Aux formes **nous** et **vous**, il y a toujours *un accent circonflexe* sur la voyelle de l'avant-dernière syllabe de tous les passés simples. C'est une façon de reconnaître ce temps à ces personnes : **âmes   îmes**

âtes   îtes, etc.

— Ne confondez pas **être** : je fus

et **faire** : je fis

— Ne confondez pas *le passé simple* du verbe **voir** : je vis, tu vis, il vit, nous vîmes, etc. et *le présent* du verbe **vivre** : je vis, tu vis, il vit, nous vivons, etc.

Application immédiate   Ecrivez le passé simple des verbes réguliers ou irréguliers suivants à la personne indiquée.

1. être ; nous
2. ajouter ; tu
3. répondre ; elle
4. partir ; ils

5. se lever ; ils
6. devenir ; il
7. avoir ; vous
8. revoir ; je

(*Réponses p. 374*)

B. Emplois

1. Le passé simple exprime un fait qui a eu lieu dans le passé, et qui est considéré de son début jusqu'à sa fin, mais *sans aucun rapport avec le présent*. Il correspond au passé composé mais celui-ci a un rapport avec le présent.

Note : L'imparfait reste le même dans un style littéraire ou non littéraire.

2. Le passé simple est un temps *historique*, c'est-à-dire qu'on le trouve dans les textes d'histoire de France, pour les événements qui sont arrivés dans le passé à une certaine période ou à une certaine date :

Ex. Louis XIV **fit** bâtir le château de Versailles.

Remarques

— Dans la langue parlée on n'emploie pas le passé simple.

— Dans la littérature contemporaine, le passé composé est souvent employé à la place du passé simple, car on écrit comme on parle.

— Il faut surtout savoir reconnaître le passé simple.

Exercices

EXERCICE I *Ecrivez le passé simple des verbes suivants à la personne indiquée.*

Verbes réguliers :

1. remarquer ; je
2. attendre ; nous
3. ajouter ; elle
4. vieillir ; elles
5. essayer ; ils

6. répondre ; tu
7. finir ; vous
8. apprécier ; il
9. interrompre ; tu
10. appeler ; nous

Verbes irréguliers :

1. aller ; ils
2. résoudre ; elle
3. mourir ; il
4. vouloir ; nous
5. pouvoir ; je
6. sourire ; elle

7. voir ; elle
8. avoir ; il
9. faire ; vous
10. dire ; ils
11. écrire ; je
12. tenir ; il

EXERCICE II (écrit) *Mettez les formes suivantes du passé simple au passé composé.*

1. je sus
2. elle tomba
3. nous vécûmes
4. vous fûtes
5. tu suivis
6. il reçut
7. je m'assis
8. il plut

9. ils vinrent
10. nous comprîmes
11. elle peignit
12. il naquit
13. elles dirent
14. tu lus
15. il eut

EXERCICE III (oral)   *Donnez les passés composés correspondant aux passés simples de l'extrait suivant.*

> Ce jour-là je <u>déjeunai</u> chez mon oncle. Peu de temps après le repas, il <u>sortit</u> ; je l'<u>accompagnai</u> jusqu'à son bureau, puis <u>remontai</u> à la maison Plantier chercher ma mère. Là j'<u>appris</u> qu'elle était sortie avec ma tante et ne rentrerait que pour dîner. Aussitôt je <u>redescendis</u> en ville, où il était rare que je pusse librement me promener. Je <u>gagnai</u> le port... ; j'<u>errai</u> une heure ou deux sur les quais. Brusquement le désir me <u>saisit</u> d'aller surprendre Alissa que pourtant je venais de quitter.... Ma mère s'<u>éteignit</u> très doucement un soir, entre Miss Ashburton et moi. La dernière crise qui l'<u>enleva</u> ne semblait d'abord pas plus forte que les précédentes ; elle ne <u>prit</u> un caractère alarmant que vers la fin, avant laquelle aucun de nos parents n'<u>eut</u> le temps d'accourir....

> André Gide, *La Porte Étroite*

EXERCICE IV   *Ecrivez un petit paragraphe de quatre ou cinq lignes au passé simple.*
Sujet : Un événement historique qui a eu lieu depuis votre naissance.

II. *Le Passé antérieur.*   C'est un temps composé : deux mots.

A. Formes. Le passé antérieur est le temps composé du passé simple. Il est formé de : *le passé simple* d'**avoir** ou **être** + *le participe passé* du verbe en question :

Ex.	*verbe transitif* (**aimer**)	*intransitif* (**aller**)	*pronominal* (**se promener**)
j'	eus aimé	fus allé(e)	me fus promené(e)
tu	eus aimé	fus allé(e)	te fus promené(e)
il, elle, on	eut aimé	fut allé(e)	se fut promené(e)
nous	eûmes aimé	fûmes allés(es)	nous fûmes promenés(es)
vous	eûtes aimé	fûtes allé(s, e, es)	vous fûtes promené(s, e, es)
ils, elles	eurent aimé	furent allés(es)	se furent promenés(es)

Application immédiate   Ecrivez le passé antérieur des verbes suivants à la personne indiquée.

1. lire ; nous _____
2. faire ; vous _____
3. arriver ; ils _____
4. se perdre ; il _____
5. avoir ; j' _____
6. finir ; tu _____

(Réponses p. 374)

B. Emplois

Le passé antérieur est employé pour une action *immédiatement antérieure* à une action passée *au passé simple*, introduite par *une conjonction de temps* qui exprime l'antériorité : quand, lorsque, après que, aussitôt que, dès que, à peine... que....
    Ex. Il était hésitant à agir mais dès qu'il **eut pris** la décision, il **se sentit** mieux.
        Après que nous **eûmes fini** de parler, elle **commença** à pleurer.

Remarques

— Si l'action immédiatement antérieure est *presque simultanée* à l'action au passé simple, elle peut aussi être *au passé simple* :
    Ex. Aussitôt qu'elle le **vit**, elle **sourit**.

— Si l'action n'est pas immédiatement antérieure, employez *le plus-que-parfait* :
    Ex. Après qu'ils **avaient dit** ça, notre impression **changea**.
        Comme il **avait compris** la question, il **put** l'expliquer à son ami.

— Comme le passé simple, le passé antérieur peut être *accompagné d'un imparfait* :
    Ex. Il **était** content après qu'ils lui **eurent apporté** le message.

— Dans la langue parlée, on emploie *le passé surcomposé* pour une action immédiatement antérieure à une action *au passé composé* (voir leçon 5) :
    Ex. Aussitôt que **j'ai eu fini** de manger, je **suis parti**.

Exercices

EXERCICE I (écrit)   *Complétez en mettant le verbe au temps nécessaire.*

1. Après qu'elle l'_____, il referma la porte lentement.
       (quitter)

2. Quand le chien _____ sur elle, elle se mit à crier.
       (sauter)

3. A peine le pianiste _____ de jouer le concerto que les applaudissements retentirent dans la salle.
       (finir, il)

4. Elle raconta l'accident qu'elle _____ ce matin-là.
       (voir)

5. Aussitôt qu'il _____, l'autre arriva.
       (partir)

6. Comme son chef _____ son bureau, il put lui parler.
       (ne pas quitter)

7. A peine _____ mon secret que je le regrettai.
       (dire, je)

8. Dès que le conférencier _____ à parler, un bruit se fit dans l'auditoire.
       (commencer)

EXERCICE II (oral)   *Remplacez les passés simples par des passés composés et les passés antérieurs par des plus-que-parfaits.*

Ex. Dès qu'ils <u>furent arrivés</u>, nous <u>partîmes</u> au cinéma. → Dès qu'ils <u>étaient arrivés</u>, nous <u>sommes partis</u> au cinéma.

1. A peine **eut**-elle **reçu** la nouvelle qu'elle **se sentit** heureuse.
2. Dès que je leur **eus fait** part de mes désirs, ils **éclatèrent** de rire.
3. Après qu'il **eut entendu** un cri, il **courut** voir ce qui s'était passé.
4. Quand la souris **montra** son museau, le chat la **vit** aussitôt.
5. Après qu'ils **furent partis**, je **poussai** la porte de la maison.

Réponses aux applications immédiates

p. 370			*p.* 372		
1. fûmes	5. se levèrent		1. eûmes lu	4. se fut perdu
2. ajoutas	6. devint		2. eûtes fait	5. eus eu
3. répondit	7. eûtes		3. furent arrivés	6. eus fini
4. partirent	8. revis			

III. *L'Imparfait et le Plus-que-parfait du subjonctif*

A. Formes

1. *L'imparfait du subjonctif.* C'est un temps simple : un mot. Formation : doublez la consonne finale de la 2ème personne du singulier (tu) du passé simple et ajoutez les terminaisons du présent du subjonctif, excepté à la 3ème personne du singulier qui prend **t** et l'accent circonflexe sur la voyelle. (On conjugue les temps du subjonctif avec **que**.) La formation est la même pour tous les verbes, *réguliers* et *irréguliers*.

Verbes réguliers : (Les verbes en **ir** et en **re** ont le même passé simple.)

Ex.   aimer   finir

(tu aimas) :   que j' aimasse   (tu finis) :   que je finisse
              que tu aimasses   que tu finisses
      qu'il, elle, on aimât   qu'il, elle, on finît
        que nous aimassions   que nous finissions
        que vous aimassiez   que vous finissiez
      qu'ils, elles aimassent   qu'ils, elles finissent

Verbes irréguliers :

Ex. connaître		venir	
(tu connus) :	que je connusse	(tu vins) :	que je vinsse
	que tu connusses		que tu vinsses
	qu'il, elle, on connût		qu'il, elle, on vînt
	que nous connussions		que nous vinssions
	que vous connussiez		que vous vinssiez
	qu'ils, elles connussent		qu'ils, elles vinssent

Remarque

On reconnaît la 3ème personne du singulier à l'accent circonflexe sur la voyelle. Rappelez-vous qu'au passé simple l'accent circonflexe se rencontre aux personnes **nous** et **vous**.

Application immédiate   Ecrivez l'imparfait du subjonctif des verbes suivants à la personne indiquée.

1. répondre ; que je _____
2. vouloir ; qu'ils _____
3. supposer ; qu'il _____
4. faire ; qu'elle _____

(Réponses p. 378)

---

2. *Le plus-que-parfait du subjonctif*. C'est un temps composé : deux mots.
   C'est le temps composé de l'imparfait du subjonctif (voir aussi le tableau des modes et temps). Il est formé de *l'imparfait du subjonctif* d'**avoir** ou **être** + *le participe passé* du verbe en question.

Ex.	aimer (transitif)	aller (intransitif)
	que j' eusse aimé	que je fusse allé(e)
	que tu eusses aimé	que tu fusses allé(e)
	qu'il, elle, on eût aimé	qu'il, elle, on fût allé(e)
	que nous eussions aimé	que nous fussions allés(es)
	que vous eussiez aimé	que vous fussiez allé(s, e, es)
	qu'ils, elles eussent aimé	qu'ils, elles fussent allés(es)

se lever (pronominal)

que je me fusse levé(e)

que tu te fusses levé(e)

qu'il, elle, on se fût levé(e)

que nous nous fussions levés(es)

que vous vous fussiez levé(s, e, es)

qu'ils, elles se fussent levés(es)

Application immédiate   Ecrivez le plus-que-parfait du subjonctif des verbes suivants à la personne indiquée.

1. travailler ; que j' _____   3. venir ; qu'il _____
2. se tromper ; qu'ils_____   4. comprendre ; que vous_____

(Réponses p. 378)

B. Emplois

L'imparfait et le plus-que-parfait du subjonctif ne sont plus employés dans la langue parlée et même de moins en moins dans la langue littéraire. *A l'imparfait* (temps simple) on substitue *le présent* (temps simple), et *au plus-que-parfait* (temps composé) on substitue *le passé* (temps composé). Il faut savoir reconnaître les deux temps dans un texte et comprendre leur emploi. Le tableau suivant indique quel temps du subjonctif est employé dans un rapport de simultanéité, de postériorité, ou d'antériorité avec le verbe principal.

TABLEAU 18-1   Les temps du subjonctif

VERBE PRINCIPAL	VERBE SUBORDONNÉ AU SUBJONCTIF	
	simultanéité ou postériorité	antériorité
présent, futur, passé composé	Présent	Passé
imparfait, conditionnel	Présent ou Imparfait	Passé ou Plus-que-parfait
passé simple (littéraire)	Imparfait	Plus-que-parfait

1. *L'imparfait du subjonctif* (voir le tableau ci-dessus)
   On emploie l'imparfait du subjonctif pour une action *simultanée* ou *postérieure* à une action principale à l'imparfait, au conditionnel, ou au passé simple.
   Ex. Je **craignais** qu'il ne **comprît** pas.   (*ou* qu'il ne comprenne pas)
   Je **voudrais** qu'elle **essayât** un jour.   (*ou* qu'elle essaie)
   J'**aurais aimé** qu'ils **vinssent**.   (*ou* qu'ils viennent)
   Ils **furent** satisfaits qu'il **fît** leur connaissance.

2. *Le plus-que-parfait du subjonctif* (voir le tableau ci-dessus)

    a. On emploie le plus-que-parfait du subjonctif pour une action *antérieure* à une principale à l'imparfait, au conditionnel, ou au passé simple.
        Ex. Je **souhaitais** que vous **eussiez réfléchi**. (*ou* que vous ayez réfléchi)
        Je **regretterais** qu'il **eût agi** trop rapidement. (*ou* qu'il ait agi)
        Il **aurait fallu** que vous **fussiez allé** avec eux. (*ou* que vous soyez allé)
        Ils **doutèrent** qu'il **eût été** sage de le faire.

    b. *Autre emploi.* Le plus-que-parfait du subjonctif est employé comme deuxième forme du *conditionnel passé* dans un contexte littéraire (voir leçon 8).

Exercices

EXERCICE I (écrit)   *Remplacez les imparfaits et les plus-que-parfaits du subjonctif par les temps correspondants, quand c'est possible.*

1. Il était peu probable qu'il <u>eût fini</u> ses recherches en six mois.
2. Nous aimerions qu'il <u>fît</u> un peu plus attention.
3. Il valait mieux que vous ne lui <u>répondissiez</u> pas.
4. Elle attendit que son ami l'<u>appelât</u> au téléphone.
5. Je doutais qu'ils <u>pussent</u> l'aider.
6. C'était le seul ami qu'il <u>eût eu</u> à ce moment-là.

EXERCICE II   *Ecrivez les formes de l'imparfait et du plus-que-parfait du subjonctif, comme indiqué.*

Imparfait	*Plus-que-parfait*
1. savoir ; qu'il _____	7. aller ; que je _____
2. être ; qu'elle _____	8. comprendre ; qu'elle _____
3. avoir ; qu'ils _____	9. offrir ; que vous _____
4. arriver ; que j' _____	10. travailler ; qu'il _____
5. tenir ; que nous _____	11. se lever ; que nous _____
6. vendre ; que tu _____	12. finir ; qu'ils _____

EXERCICE III (écrit ou oral)   *Identifiez les différents temps littéraires (passé simple, passé antérieur, imparfait du subjonctif, et plus-que-parfait du subjonctif) des verbes soulignés.*

1. Je voudrais qu'il ne vous en <u>voulût</u> pas.
2. Ils <u>parlèrent</u> des heures et des heures jusqu'à ce qu'ils n'en <u>pussent</u> plus.
3. A peine <u>eut</u>-il <u>fini</u> de courir qu'il <u>tomba</u> épuisé.
4. L'âne, s'il <u>eût osé</u>, se <u>fût mis</u> en colère.   (La Fontaine)
5. Nous <u>entendîmes</u> le garde qui faisait sa ronde.
6. Après qu'il <u>fut arrivé</u> d'un grand voyage, il <u>souhaita</u> que son ami <u>fût venu</u> le chercher.
7. Il fallait qu'elles <u>eussent</u> de la force pour endurer cela.
8. Nous cherchions un moyen qui <u>rendît</u> la chose facile.

Réponses aux applications immédiates

p. 375	1. répondisse	*p.* 376	1. eusse travaillé
	2. voulussent		2. se fussent trompés
	3. supposât		3. fût venu
	4. fît		4. eussiez compris

IV. *Le subjonctif dans les constructions relatives*

A. Le subjonctif dans les propositions relatives

1. Comme avec les verbes de pensée et de déclaration (voir leçon 10, p. 205), *l'analyse de l'attitude* indiquera si on doit employer le subjonctif dans une proposition relative.
   Le subjonctif dans la proposition relative indique que l'existence du fait exprimé n'est pas certaine, mais qu'elle est *souhaitée*. L'attitude est subjective :
   Ex. Je cherche une église qui **soit** près de chez moi.
   (Je souhaite qu'il y ait une église près de chez moi ; alors je cherche s'il y en a une.)
   L'indicatif dans la proposition relative indique que le fait exprimé est *une réalité* :
   Ex. Je cherche une église qui **est** près de chez moi.
       (Il y a une église près de chez moi ; je la cherche.)

2. Quand l'antécédent du pronom relatif est *un superlatif* ou un des mots super-latifs *le premier*, *le seul*, *le dernier*, *il n'y a que*, le subjonctif est aussi employé pour une attitude subjective :

> **Ex.** C'est **le plus beau** musée que j'**aie visité**.
>
> (A mon avis, je n'ai jamais visité un musée plus beau.)

> mais : C'est **le plus beau** musée que j'**ai visité**.
>
> (J'ai visité le musée qui est le plus beau.)

> **Autre ex.** Ce sont **les seules** fautes que j'**aie vues**.
>
> (J'ai bien regardé et je n'ai pas trouvé d'autres fautes que celles-ci ; il y en a peut-être d'autres.)

> mais : Ce sont **les seules** fautes que j'**ai vues**.
>
> (Voilà les fautes que j'ai vues ; ce sont les seules fautes contenues dans le travail.)

B. **Le subjonctif après les mots relatifs indéfinis** : quel(le) que…, quelque… que…, qui (quoi) que ce soit qui, qui que, quoi que, qui (quoi) que ce soit que, où que. (voir aussi tableau 17-1)

1. **quel (quelle, quels, quelles) que**… est *un adjectif, suivi du verbe* **être** *et d'un nom ou d'un pronom* "whatever, whoever". Il s'accorde avec ce nom ou ce pronom :

> **Ex. Quelles que soient** vos excuses, je les accepterai.
>
> **Quels qu'ils soient**, il faut leur parler.

2. **quelque… que**… est *un adverbe* (donc invariable) quand il est *suivi d'un adjectif* "however".

> Expressions équivalentes : *tout… que…, si… que…, pour… que…*

— **quelque(s)… que**… est *un adjectif* (donc variable) quand il est *suivi d'un nom* "whatever" et s'accorde avec ce nom.

> **Ex. Quelque** intelligents **qu'**ils **soient**, ils feront face à une compétition féroce. (adverbe)
>
> **Quelques** difficultés **que** vous **ayez**, vous les résoudrez. (adjectif)
>
> (= Quelles que soient vos difficultés,…)

3. **qui que ce soit qui**, pronom indéfini *sujet* pour *une personne* "anyone (whatever), whoever" et **quoi que ce soit qui** pour *une chose* "anything (whatever)" :

> **Ex. Qui que ce soit qui** te **pose** une question, ne réponds pas.
>
> Achète **quoi que ce soit qui** te **fasse** plaisir.

4. **qui que**, **qui que ce soit que**, pronoms *objets* pour *une personne* "who(m)ever" :
   Ex. Qui que vous **soyez**, je n'ai pas peur de vous.
   Donnez ceci à **qui que ce soit que** vous **vouliez**.

   quoi que (deux mots), **quoi que ce soit que**, pronoms *objets* pour *une chose* "whatever, no matter what" :
   Ex. Ne vous inquiétez pas, **quoi qu**'il **arrive**.
   Quoi que ce soit que vous **décidiez**, ça ira très bien.

5. **où que** est un adverbe indéfini "wherever" :
   Ex. Où que vous **alliez**, soyez heureux.

Application immédiate Traduisez les mots entre parenthèses pour compléter les phrases.

1. _____ cela soit, je n'y comprends rien. ("however clear")
2. _____ vous soyez, faites attention. ("wherever")
3. _____ frappe à la porte le soir, n'ouvre pas. ("whoever")
4. _____ il dise, elle ne l'écoute pas. ("no matter what")
5. _____ soit la situation, nous irons là-bas. ("whatever") (*Réponses p. 381*)

Exercices

EXERCICE I (écrit) *Complétez les propositions relatives suivantes avec le subjonctif ou l'indicatif, selon le sens.*

1. Je cherche quelqu'un qui me _____ (comprendre).
2. Je n'ai trouvé personne qui _____ (vouloir) venir avec moi.
3. J'ai trouvé quelqu'un qui _____ (savoir) le faire.
4. Il y a quelque chose que je _____ (pouvoir) faire pour vous. C'est de vous causer.
5. Je ne vois rien qui _____ (être) comparable à cela.
6. C'est l'appartement le plus confortable que je _____ (trouver).

EXERCICE II (écrit)   *Complétez avec le mot relatif indéfini qui convient* : **quelque… que**, **quel(le) que…**, **qui (quoi) que ce soit qui**, **qui que** *ou* **qui que ce soit que**, **quoi que** *ou* **quoi que ce soit que**, **où que**.

1. _____ soient leurs secrets, ils ne devraient pas les divulguer.
2. Surtout ne dites rien à _____ se trouve là.
3. _____ opinions _____ vous ayez, elles seront acceptées.
4. _____ vous soyez, ils seront toujours à côté de vous.
5. _____ vous en pensiez, la situation n'est pas très grave.
6. Nous partirons _____ soit le temps.
7. _____ vous désiriez, je vous l'achèterai.
8. Contre _____ il doive se battre, il le fera pour son pays.

Réponses aux applications immédiates

p. 380   1. Quelque clair que
(Tout clair que, Si clair que, Pour
clair que)
2. Où que
3. Qui que ce soit qui…
4. Quoi qu'
5. Quelle que

19 Les Verbes

DEVOIR, POUVOIR
SAVOIR, CONNAÎTRE
FAIRE, LAISSER et les verbes de perception

I. *Devoir + infinitif* (voir conjugaison dans l'appendice)

Quand le verbe **devoir** est suivi d'un infinitif, on l'appelle un verbe semi-auxiliaire. Il exprime :

A. la nécessité (falloir, être obligé de) ; mais le sens de nécessité est un peu plus fort avec *falloir* qu'avec **devoir**. Tous les temps de l'indicatif sont possibles : présent, imparfait, passé composé, futur, plus-que-parfait, passé simple.

> **Ex.** Je **dois** lui dire si j'accepte ou non cet après-midi.   ("must", "have to")
> Vous **devrez** m'apporter votre travail demain au plus tard.   ("will have to")
> Elle **devait** travailler dur à ce moment-là.   ("had to")
> Il **a dû** s'excuser pour être accepté de nouveau dans le club.   ("had to")

B. l'intention (être censé ou supposé) avec le présent ou l'imparfait.

> **Ex.** Je **dois** partir la semaine prochaine.
> Vous **deviez** aller à la campagne ; y êtes-vous allée ?
> Nous **devons** les rencontrer ce soir.

C. **la probabilité** ou **la supposition** avec le présent, l'imparfait, le passé composé ou le plus-que-parfait.

> Ex. Robert est absent. Il **doit** être malade.   ("is probably", "must be")
>
> Ce **doit** être assez difficile à faire.
>
> Le dîner **devait** être excellent puisque tu as bien mangé.   ("was probably")
>
> Ils **ont dû** avoir un accident pour être si en retard.   ("They *must have* had...")
>
> Il **avait dû** attendre longtemps car il avait très froid. ("probably had waited")

D. **un conseil** ou **une suggestion**. Le verbe est au conditionnel présent ("should", "ought to").

> Ex. Tu **devrais** aller la voir.
>
> Vous **devriez** expliquer votre action.
>
> Je **devrais** faire un plus grand effort.

l'anticipation :

> Ex. Je **devrais** avoir fini demain, je pense.

E. **un reproche** ou **un regret**. Le verbe est au conditionnel passé ("should have", "ought to have").

> Ex. Elle **aurait dû** être plus gentille.
>
> Vous **auriez dû** l'aider.
>
> J'**aurais dû** faire attention.

Remarque

Quand le verbe **devoir** est suivi *d'un nom*, il signifie *avoir une dette*.

> Ex. Je te **dois** dix dollars.
>
> Il lui **doit** la vie.

Application immédiate Donnez le sens du verbe **devoir** dans chaque phrase.

1. Nous **avons dû** repeindre notre maison.
2. Tu **devrais** aller voir un docteur.
3. Ce film **doit** être très amusant.
4. Elle **a dû** encore rater son autobus.
5. Vous **n'auriez pas dû** lui donner ce renseignement.
6. Je me demande ce qui est arrivé ; il **devait** téléphoner aujourd'hui.
7. A quelle heure cet autobus **doit**-il partir ?   (*Réponses p. 394*)

II. Pouvoir + infinitif.   C'est un verbe semi-auxiliaire quand il est suivi d'un infinitif. Il exprime:

A. la capacité (être capable de, être en état de, avoir la faculté de). Ne confondez pas avec le verbe *savoir* = avoir les connaissances.

Au passé composé j'**ai pu** = j'ai réussi à

> **Ex.** Qu'est-ce que tu paries que je **peux** grimper à cet arbre ?
> Je **peux** vous expliquer ce poème, si vous voulez.
> Quand il était en forme, il **pouvait** faire rire tout le monde.
> Nous **avons pu** le trouver, finalement.
> Nous **n'avons pas pu** finir les mots croisés ; ils étaient trop difficiles.
> Vous **auriez pu** le faire aussi bien que nous.

B. la permission, la liberté, ou **la possibilité**

> **Ex.** Leurs enfants **peuvent** rentrer tard s'ils le veulent.
> **Puis**-je vous demander quelque chose ?
> **Pourriez**-vous déposer le paquet chez la concierge ?
> Tu **aurais pu** y aller si tu en avais eu envie.

C. un reproche. Le verbe au conditionnel passé est quelquefois employé à la place de : j'*aurais dû*.

> **Ex.** Vous **auriez pu** me le dire !   (Vous auriez dû)
> Tu **aurais pu** faire attention !

Attention à la traduction de "could," soit par un conditionnel présent, soit par un imparfait ou un passé composé (voir leçon 8, p. 169).

Application immédiate   Expliquez le sens du verbe **pouvoir** dans chaque phrase.

1. Je vous dis que je **pourrais** traverser cette rivière à la nage.
2. Elle **n'a pas pu** répondre à trois des cinq questions.
3. **Pouvez**-vous venir tout de suite ?
4. Vous **auriez pu** faire mieux, vous ne croyez pas ?
5. Je **pouvais** y aller mais j'ai préféré rester ici.

(*Réponses p. 394*)

III. Savoir, Connaître (voir les usages des deux verbes dans le tableau suivant)

Savoir	Connaître
+ *objet direct* (*nom ou pronom*)	+ *objet direct* (*nom ou pronom*) "*to be acquainted with*"
	une personne :
	Ex. Je connais bien M. Durand.
	un animal (*un poisson, un insecte*) :
	Ex. Il connaît les serpents.
	un endroit :
N'employez jamais **savoir** *pour* : une personne, un animal, un endroit, ou un objet concret	**Ex.** Nous connaissons Paris et Londres.
	un objet concret :
	Ex. Je connais ce monument, ce magasin, ces fleurs.
une chose, un fait : quand la connaissance est complète, catégorique, précise (après réflexion ou raisonnement, apprise par l'étude ou l'expérience, ou sue par cœur) :	*une chose* : quand la connaissance n'est pas catégorique ni complète (on a déjà vu ou rencontré cette chose ou cette situation ; on est donc capable de la reconnaître), quand on ressent ou éprouve :
Ex. Je sais la différence entre ces deux mots. Je sais ma leçon. Je sais ma grammaire. Je sais la date de la Révolution française. Je sais ce poème. (par cœur)	**Ex.** Je connais son point de vue sur la question. Il a connu la misère, le bonheur, le malheur. Il connaît nos habitudes. On ne connaît pas l'hiver dans certains pays. Je connais ce poème.
+ *une proposition subordonnée*, introduite par **que** : **Ex.** Je sais **qu'**il ne faut pas trop se fatiguer.	
+ *interrogations indirectes* : **Ex.** Je sais **où** est le trésor. Je sais **quelle** heure il est. Je ne sais pas **ce que** c'est. Je ne sais pas **comment** il va.	*N'employez jamais* **connaître** *avec* une proposition subordonnée, ou une infinitive.
+ *une proposition infinitive* : **Ex.** Je sais **faire** la cuisine. Je sais comment **trouver** un appartement.	

Remarque

Dans la partie commune aux emplois des deux verbes (voir tableau), il peut arriver que l'un ou l'autre des verbes convienne quand leur sens est très proche :

Ex. Je sais (connais) le grec.

Je sais (connais) la réponse à la question.

Application immédiate   Employez **savoir** ou **connaître** dans les phrases suivantes.

1. Je _____ à quoi vous pensez.
2. _____-vous ce poème ?   Pouvez-vous le réciter par cœur ?
3. Vous _____ probablement ce texte.
4. Il ne _____ pas comment faire ça.
5. Nous _____ ça par son frère qui nous l'a dit un jour.
6. _____-tu la Statue de la Liberté ?
7. Il _____ beaucoup de choses quand il allait à l'école.
8. Vous _____ les champignons de Paris et vous _____ qu'ils sont petits.
9. Tu _____ mon amie Lucie, n'est-ce pas ?
10. _____-vous l'heure qu'il est ?
11. Ils ne voudront pas m'écouter. Je le _____.   (*Réponses p. 394*)

IV. *Faire, Laisser et les verbes de perception, + infinitif*

Quand les verbes **faire, laisser**, ainsi que *les verbes de perception*, sont suivis d'un infinitif, leurs constructions sont spéciales parce que les règles qui gouvernent l'emploi et la place des pronoms et des noms changent.

A.   Faire + *infinitif.* La construction *faire* + *infinitif* est employée quand le sujet provoque, cause l'action mais ne la fait pas. Le verbe **faire** est causatif.

Ex. Louis XIV **a fait construire** le château de Versailles.

1. *Celui qui fait l'action* n'est pas toujours mentionné, comme dans l'exemple ci-dessus.

2. *Le participe passé* de **faire** est *invariable* dans cette construction.

3. Le groupe [*faire* + *infinitif*] forme une unité, donc les pronoms personnels objets de l'infinitif ne précèdent pas l'infinitif ; ils se placent avec le verbe **faire**

comme s'ils étaient objets de **faire**, et les noms suivent l'infinitif. Voici les différents cas :

a. *Avec un seul nom ou pronom*

L'infinitif a *un objet direct* mais pas de sujet.
— Si c'est un nom, il est après l'infinitif, à sa place normale :
    Ex. Je [fais chanter] **les chansons**.
— Si c'est un pronom, il précède le verbe **faire** :
    Ex. Je **les** [fais chanter].

L'infinitif a *un sujet*, mais pas d'objet direct.
— Si c'est un nom, il est placé après l'infinitif ; il devient donc un objet direct.
    Ex. Je [fais chanter] **l'enfant**.
— Si c'est un pronom, il précède le verbe **faire** ; c'est un pronom objet direct puisque le sujet devient objet direct.
    Ex. Je **le** [fais chanter].

b. *Avec deux noms ou pronoms*

L'infinitif a *un sujet* et *un objet direct*.
— Si ce sont des noms, ils suivent l'infinitif ; le sujet devient objet indirect.
    Ex. Je [fais chanter] **les chansons à l'enfant**.
— Si ce sont des pronoms, ils précèdent le verbe **faire** ; l'objet direct est remplacé par un pronom objet direct et le sujet par un pronom objet indirect.
    Ex. Je **les lui** [fais chanter].
    Ambiguïté de sens. Quand on dit **Je fais chanter les chansons à l'enfant**, on n'est pas certain si *quelqu'un* chante les chansons à l'enfant ou si c'est *l'enfant* qui les chante. On évite l'ambiguïté en disant **Je fais chanter les chansons par l'enfant**, dont le sens est clair.
    Note : On emploie le même pronom objet indirect pour remplacer *par l'enfant* et *à l'enfant*.

4. Si le verbe **faire** est négatif, ou accompagné d'un adverbe, ou à l'impératif affirmatif, les mots sont à leur place habituelle avec le verbe **faire** :
    Ex. Je **ne** fais **pas** chanter les chansons à l'enfant.
    Je **n**'ai **pas** fait chanter les chansons à l'enfant.
    Je fais **souvent** chanter les chansons à l'enfant.
    J'ai **souvent** fait chanter les chansons à l'enfant.
    Fais-**lui** chanter les chansons.
    Fais-**les-lui** chanter.

Application immédiate   Placez les mots entre parenthèses dans la phrase
(numéros 1 à 3) ; puis répondez aux questions.

1. Je fais lire (ma composition)
2. Je fais lire (le professeur)
3. Je fais lire (ma composition, le professeur)
4. Y a-t-il une ambiguïté de sens ?
5. Remplacez les noms par des pronoms.
6. Remplacez les mots soulignés par des pronoms dans les phrases suivantes :
   a. Elle a fait faire sa robe par la couturière.
   b. Vous n'avez pas fait servir ce repas à mes amis.
   c. Fais voir ta composition à Robert.
   d. Tu as fait expliquer par Jean que j'étais très occupé.   (*Réponses p. 394*)

5. *Autres expressions*

   — **se faire**. Le verbe **faire** *causatif* peut aussi être *pronominal* :
        Ex. Je me suis fait couper **les cheveux**.
             Je me **les** suis fait couper.
             Vous vous êtes fait apporter **des provisions par l'épicier**.

Note :

Quand la phrase devient trop compliquée, comme ci-dessus, on dit plus simplement :
   Vous avez dit (demandé) à l'épicier d'apporter des provisions.

        — **faire voir** = montrer
             Ex. Fais-moi **voir** tes photos.   (Montre-moi...)
        — **faire savoir** = apprendre
             Ex. Je vous **ferai savoir** les résultats.   (Je vous apprendrai...)

B. Laisser et **les verbes de perception** + *infinitif*

   1. *Leur participe passé* s'accorde avec l'objet direct qui précède, seulement si cet
      objet direct est l'objet du verbe et non de l'infinitif :
           Ex. les enfants que j'ai **entendus** chanter   (j'ai entendu les enfants qui
                chantaient)
                les chansons que j'ai **entendu** chanter   (j'ai entendu chanter les chansons)

   2. Le verbe **laisser** et les verbes de perception, **regarder**, **voir**, **apercevoir**, **écouter**,
      entendre, **sentir**, ne forment pas d'unité avec l'infinitif comme le verbe *faire*. Les
      pronoms et les noms peuvent donc se trouver entre un de ces verbes et l'infinitif
      qui suit.

Voici les différents cas :

a. *Avec un seul nom ou pronom*

L'infinitif a *un objet direct*, mais pas de sujet. Le nom suit l'infinitif. Le pronom objet direct précède le verbe principal (comme avec *faire*).

   Ex. Il laissera arrêter **la course**.   Il **la** laissera arrêter.

L'infinitif a *un sujet*, mais pas d'objet (c'est le cas en particulier avec les verbes intransitifs) :
   — Si c'est un nom, il est placé devant ou après l'infinitif. Il est équivalent à un objet direct.
      Ex. Je vois **les enfants** arriver. *ou* : Je vois arriver **les enfants**.
      (s'il y a un objet prépositif après l'infinitif, le sujet se place devant l'infinitif :
      Ex. Je vois **les enfants** arriver **à la porte**.)
   — Si c'est un pronom, le sujet est remplacé par un pronom objet direct et il est placé devant le verbe principal.
      Ex. Je **les** vois arriver.

b. *Avec deux noms ou pronoms*

L'infinitif a *un sujet* et *un objet direct*.
   — Si ce sont des noms, ils prennent leur place normale devant et après l'infinitif.
      Ex. Je laisse **les enfants** regarder **la télévision.**
      Remarquez que le sujet de l'infinitif (*les enfants*) est aussi l'objet direct du verbe principal (*laisse*), ce qui n'était pas le cas avec le verbe *faire*.
   — Si ce sont des pronoms, il y a deux possibilités :
      les deux pronoms sont placés devant le verbe principal et le sujet de l'infinitif devient un objet indirect ; l'objet direct reste direct.
      Ex. Je **la leur** laisse regarder.   (objet direct et objet indirect)
      ou bien : les pronoms sont placés devant le verbe dont ils sont l'objet. Il y a un pronom objet direct devant chaque verbe. C'est le cas le plus simple et le plus courant.
      Ex. Je **les** laisse **la** regarder.   (deux objets directs)
      (Si on garde un des noms : Je **les** laisse regarder la télévision.
                         Je laisse les enfants **la** regarder.)

Remarques

— Quand deux pronoms incompatibles (voir leçon 4, p. 82) se trouvent devant le verbe principal, il faut mettre un pronom devant chaque verbe.
   Ex. J'ai vu **Robert vous** regarder.
   On ne peut pas dire : Je ~~vous lui~~ ai vu regarder.
               On dit : Je **l'**ai vu **vous** regarder.

— Quand l'objet direct de l'infinitif est le pronom partitif **en**, le sujet de l'infinitif devient l'objet indirect (construction normale) :

   Ex. J'ai vu **Robert** acheter **des livres.**

      Je **lui en** ai vu acheter. (*ou* Je l'ai vu **en** acheter.)

mais si **en** est un pronom adverbial (de là), le sujet de l'infinitif reste un objet direct car **en** n'est pas un objet direct.

   Ex. J'ai vu **Robert** revenir **de ses classes.**

      Je **l'en** ai vu revenir.   (*ou* Je l'ai vu **en** revenir.)

Application immédiate Remplacez les mots soulignés par des pronoms et placez-les dans la phrase. Donnez les deux possibilités quand il y en a deux.

1. Nous avons entendu la jeune fille jouer la sonate.
2. Il a laissé son ami aller en ville.
3. J'ai senti les feuilles me toucher.   (*Réponses p. 394*)

V. *Expressions idiomatiques avec avoir*

A. **avoir raison, avoir tort.** (*Avoir tort* est équivalent au conditionnel négatif de *devoir*.)

    Ex. Vous **avez tort** de lui en parler. (Vous ne devriez pas lui en parler.)

B. **avoir le droit de** a un sens plus fort que *pouvoir*.

    Ex. On n'**a** pas **le droit** d'entrer ici.
    Vous **avez le droit de** dire cela.

C. **avoir chaud, avoir froid** (voir leçon 11, p. 224)

D. **avoir mal** (voir leçon 11, p. 224)

E. **avoir faim, avoir soif**

    Ex. Il fait si chaud que j'**ai** toujours **soif** et que je n'**ai** pas du tout **faim.**

F. **avoir lieu**

    Ex. La conférence **aura lieu** mardi prochain.

G. avoir sommeil signifie : avoir besoin de dormir. Ne pas confondre avec *être endormi*.

> **Ex.** Robert ne dort pas assez ; alors il **a** toujours **sommeil**.
> mais : Le lundi matin, les étudiants **sont** toujours **endormis**.   (sens figuratif)

H. avoir peur

> **Ex. Avez**-vous **peur** des serpents, des araignées ?

I. avoir envie de. Ne pas confondre **avoir envie de** et *envier*.

> **Ex.** J'**ai envie** d'aller me promener.
> mais : Je n'**envie** pas mes voisins.

J. avoir besoin de

> **Ex.** Elle **a besoin de** farine et d'oeufs pour faire le gâteau.

Remarque

Employez **très** avec ces expressions ; n'employez pas : beaucoup.
  Ex. avoir très chaud (très froid, très faim, très soif, très peur)

Exercices

EXERCICE I (écrit)   *Refaites les phrases suivantes en employant* **devoir** *ou* **pouvoir** :

Ex. Il a probablement eu un accident. → Il a dû avoir un accident.

1. Vous avez tort de fumer.
2. Je n'ai pas réussi à le convaincre.
3. Il est probablement encore là.
4. Vous étiez censé recevoir cet argent hier ?
5. Elle est capable de faire ce travail.
6. Est-ce que vous me donnez la permission de me servir de votre téléphone ?
7. Ils ne sont pas venus ; ils ont probablement oublié.
8. Il faudra que tu prennes un rendez-vous avec le dentiste.
9. Nous allons vraisemblablement faire leur connaissance bientôt.
10. Je regrette de ne pas vous avoir informés plus tôt.

EXERCICE II   *Ecrivez une phrase donnant un conseil et une autre exprimant un regret, en employant le verbe* **devoir**.

EXERCICE III   *Ecrivez une phrase contenant* **savoir** *ou* **connaître**, *d'après l'emploi indiqué.*

1. (+ une personne)
2. (+ un infinitif)
3. (+ que)
4. (+ un endroit)
5. (+ une chose, avec connaître)
6. (+ une chose, avec savoir)

EXERCICE IV   *Ecrivez une phrase avec chacune des expressions* **faire voir**, **faire savoir**.

EXERCICE V   *Ecrivez une phrase avec chacun des passés composés suivants.*

1. j'ai dû (j'ai été obligé)
2. j'ai pu (j'ai réussi à)
3. j'ai su (j'ai appris)

EXERCICE VI (écrit ou oral)   *Répondez aux questions suivantes en remplaçant les noms par des pronoms.*

1. Sentez-vous la fraîcheur du soir arriver ?
2. Avez-vous fait visiter votre campus à votre famille ?
3. Avez-vous fait réparer votre montre ?
4. Faites-vous ranger ses affaires à votre camarade de chambre ?
5. Faites-vous fermer sa radio à votre voisin ?
6. Avez-vous vu votre ami accompagner une jeune fille à la bibliothèque ?
7. Avez-vous quelquefois entendu votre professeur faire des compliments aux étudiants ?

EXERCICE VII (écrit)   *Remplacez les mots soulignés par des pronoms et placez-les dans la phrase. S'il y a deux possibilités, donnez-les toutes les deux. Attention au participe passé.*

1. Vous laisserez les enfants entrer dans la salle.
2. Nous faisons toujours inspecter notre voiture par la même personne.
3. J'ai vu les oiseaux prendre leur vol.
4. Il a regardé l'écureuil casser des noix.
5. Faites dire à Robert que je veux le voir.
6. Je vais faire écrire une pièce par les étudiants.
7. Il s'est fait raser la barbe.

EXERCICE VIII (oral)   *Répondez à la question en remplaçant les noms par des pronoms.*

a) *avec **faire** + infinitif.*

Ex. Faites-vous souvent laver votre voiture ? →
Non, je ne la fais pas souvent laver. Généralement je la lave moi-même.

1. Ferez-vous chercher la personne responsable de l'accident ?
2. Faites-vous lire le journal de votre école à vos parents ?
3. As-tu fait faire une promenade à ton chien aujourd'hui ?
4. Vas-tu me faire voir ton dessin ?
5. A-t-on fait annoncer la nouvelle aux intéressés ?
6. Avez-vous fait faire un agrandissement de votre photo ?
7. Allez-vous vous faire couper les cheveux ?

b) *avec **laisser** et les verbes de perception + infinitif. Donnez les deux possibilités quand il y en a deux.*

1. Laisse-t-il les étudiants apporter leurs compositions en retard ?
2. M'écouterez-vous faire ma conférence ?
3. Entendez-vous les enfants crier dans le jardin ?
4. Voyez-vous approcher l'orage ?
5. As-tu entendu ton ami dire des blagues hier soir ?
6. Allez-vous laisser passer quelques semaines avant de répondre à cette lettre ?
7. Sentez-vous venir le sommeil quand vous lisez trop ?

EXERCICE IX (écrit)   *Finissez la phrase en employant une des constructions : **faire**, **laisser**, ou verbe de perception, + infinitif.*

Ex. Il y a des gens qui sont très amusants ; **j'ai un camarade qui fait rire tout le monde.**

1. Les enfants étaient fatigués ; ils ne voulaient pas se lever. Alors leur mère _____.
2. Nous ne pourrons pas aller au concert que cette chanteuse va donner ; mais comme elle a une répétition la veille, nous _____.
3. Ils ne font pas bon ménage. —Comment le sais-tu ? —Je _____.
4. Je suis très occupée ; je n'ai pas le temps de faire la vaisselle ; je _____.
5. Pour apprendre comment il fait ce tour incroyable, _____.
6. Comment sais-tu qu'il lui a tout répété ? —Je _____.

EXERCICE X   *Ecrivez une phrase avec chacune des expressions suivantes.*

1. avoir le droit de
2. avoir lieu
3. avoir envie de

Réponses aux applications immédiates

p. 383 1. nécessité
2. conseil
3. probabilité
4. probabilité
5. reproche
6. intention
7. intention

p. 384 1. capacité
2. capacité
3. possibilité
4. reproche
5. permission

p. 386 1. sais
2. Savez
3. connaissez
4. sait
5. savons
6. Connais
7. savait
8. connaissez, savez
9. connais
10. Savez
11. sais

p. 388 1. Je fais lire ma composition.
2. Je fais lire le professeur.
3. Je fais lire ma composition au professeur.
4. Non (c'est certainement le professeur qui la lit).
5. Je la lui fais lire.
6. a) Elle la lui a fait faire.
b) Vous ne le leur avez pas fait servir.
c) Fais-la-lui voir.
d) Tu le lui as fait expliquer.

p. 390 1. Nous la lui avons entendu jouer.
ou Nous l'avons entendue la jouer.
2. Il l'y a laissé aller.
ou Il l'a laissé y aller.
3. **me, leur** sont incompatibles. Seule possibilité :
Je les ai senties me toucher.

20 Les Nombres
La Date
L'Heure

I. Les Nombres

Les nombres sont représentés par des chiffres.
    Ex. 25 est un nombre formé des chiffres 2 et 5.

A. Les nombres cardinaux (voir liste dans l'appendice)

Les nombres (ou adjectifs numéraux) cardinaux indiquent un nombre précis. Ils sont invariables, généralement.

Particularités :

1. **un** a le féminin **une** :
       Ex. J'ai acheté **un** sweater et **une** paire de souliers.

2. Attention ! **quatre** n'a jamais d'**s** :
       Ex. Voilà les **quatre** dollars que je vous dois.

3. Les adjectifs numéraux composés, *en dessous de* **cent**, ont un trait d'union :
   Ex. vingt-cinq ; soixante-dix
   mais : cent quarante-deux

E X C E P T I O N

Il n'y a pas de trait d'union dans *les nombres avec* **et**.

21	vingt et un
31	trente et un
41	quarante et un
51	cinquante et un
61	soixante et un
71	soixante et onze

---

4. **vingt** et **cent** prennent un **s** au pluriel s'ils ne sont *pas suivis d'un autre nombre* :
   Ex. quatre-vingts   cinq cents
   mais : quatre-vingt-cinq   cinq cent vingt

5. **mille** est invariable :
   Ex. six **mille** personnes
   Entre 1000 et 2000, on peut dire **mille** cinq cent vingt
   ou **quinze cent** vingt

6. **un million** et **un milliard** prennent un **s** au pluriel et **de** s'ils sont suivis d'un nom :
   Ex. trois millions **d'**habitants

7. Quand on écrit les nombres avec des chiffres, *le point marque les mille, la virgule marque les décimaux* (en anglais c'est le contraire) :
   Ex. dix mille huit cent vingt-deux :   10.822
                   un dixième :   0,1
              trois virgule huit :   3,8
   cinq virgule soixante-quinze :   5,75

8. On n'emploie pas **un** devant **cent** ou **mille**.

9. Le chiffre 7 a une barre en français dans l'écriture ordinaire :   7

10. Certains nombres ont une prononciation particulière :
    — le **f** de **neuf** se prononce **v** avec les mots **ans** et **heures** :
        Ex. Il a neuf ans. (Prononcez : neuvan)
            Il est neuf heures.

— **six** et **dix** se prononcent : **siss, diss** ; et on prononce la consonne finale de : **cinq, sept, huit**.

Quand ils sont suivis d'un mot qui commence par une consonne, on ne prononce pas la consonne finale :

    Ex. six livres ; dix livres ; cinq livres ; huit livres

Avec un mot qui commence par une voyelle, la liaison est normale :

    Ex. six éléphants   huit enfants

— Il n'y a pas de liaison dans les nombres suivants : quatre-vingt-un (81), quatre-vingt-onze (91), cent un (101), cent onze (111).

Application immédiate Ecrivez les nombres suivants en toutes lettres.

1. (98)   3. (1.111)
2. (377)   4. (5.561)   *(Réponses p. 406)*

B. Les nombres ordinaux (voir liste dans l'appendice)

Ils indiquent l'ordre, le rang. Ils sont variables.

Ils se forment en ajoutant **ième** au nombre cardinal correspondant. Le **e** final du nombre cardinal disparaît.

    Ex. sept → sept**ième**   quatre → quatr**ième**   vingt-trois → vingt-trois**ième**

EXCEPTIONS

premier (1er), **première**. On emploie la forme régulière **unième** dans les nombres composés.

    Ex. vingt et un → vingt et **unième**

deuxième se dit aussi **second(e)** (Prononcez : segond)

On emploie **deuxième** dans les nombres composés.

    Ex. vingt-deux → vingt-**deuxième**

cinq → cinquième (avec **u**)

neuf → neuvième (avec **v**)

Note : Quand **premier** et **dernier** accompagnent un nombre cardinal, on les place *après le nombre cardinal* :

    Ex. les **deux premiers** exercices

Application immédiate Ecrivez les nombres ordinaux correspondant aux nombres des questions 1 à 4 ; puis répondez à la question 5.

1. six   2. trente   3. soixante-cinq   4. cent quatre-vingt-un
5. Placez ces mots dans l'ordre convenable : derniers, noms, cinq, les

(*Réponses p. 406*)

Remarques

— Un nombre cardinal remplace un nombre ordinal pour le rang des souverains d'une dynastie, excepté **premier**. Il n'y a pas d'article.
   Ex. François I → François premier
      Charles X → Charles dix
      Louis XIV → Louis quatorze

— On dit : page 5, à la page 5 (Ne dites pas : sur la page.)
   Ex. Ouvrez votre livre **à la page cinq**.
      Page cinq, il y a une expression intéressante à la ligne dix.

C. Les nombres collectifs

1. *Formes*. On ajoute **aine** *au nombre cardinal*. Ce sont des noms féminins, suivis de **de** + nom. Le e du nombre cardinal disparaît et **x** se change en **z**.
   En voici quelques-uns :
      dix → une dizaine (de)
      douze → une douzaine (de)
      quinze → une quinzaine (de)
      vingt → une vingtaine (de)
      trente → une trentaine (de)
      cent → une centaine (de)
   Exception : mille → un millier (de)

2. *Emploi*. Ces nombres indiquent *l'approximation* :
   une centaine de = à peu près cent.
      Ex. Combien de personnes y avait-il à la conférence ?
         Il y **en** avait **une centaine**.   (avec **en** "of them")
   Mais **une douzaine** signifie généralement douze exactement :
      Ex. J'ai reçu une **douzaine de** roses.   (12)
         J'ai acheté **une demi-douzaine d'œufs**.   (6)

Application immédiate Ecrivez les nombres collectifs suivants.

1. à peu près huit jours   2. environ trois mille francs

(*Réponses p. 406*)

D. Les fractions

1. *Fractions courantes*

$\frac{1}{4}$: un quart (25%, 25 pour cent) $2\frac{1}{4}$: deux et quart (*ou* deux un quart)

$\frac{1}{3}$: un tiers

$\frac{1}{2}$: un demi, une demie $5\frac{1}{2}$: cinq et demi(e)

$\frac{2}{3}$: deux tiers

$\frac{3}{4}$: trois quarts

— **Demi(e)** est un adjectif (voir accord dans la leçon 12). Le nom correspondant est **la moitié**.

>   **Ex.** As-tu résolu toutes les questions ? —Non, seulement **la moitié**.
>   J'ai répondu à une question et **demie**.

2. *Pour les autres fractions* :

le nominateur est le nombre cardinal,

le dénominateur est le nombre ordinal.

>   **Ex.** $\frac{5}{7}$: cinq septièmes
> $3\frac{2}{5}$: trois deux cinquièmes

Application immédiate Ecrivez les fractions en toutes lettres.

1. $\frac{3}{5}$ 3. $\frac{1}{8}$

2. $\frac{5}{4}$ 4. $4\frac{5}{6}$ (*Réponses p. 406*)

E. Calcul arithmétique

Problème

Voici un rectangle de 5 mètres de longueur et de 3 mètres de largeur.

On dit aussi : Il a une longueur de 5 mètres et une largeur de 3 mètres.

>   ou : Il a 5 mètres de long et 3 mètres de large.

1. Pour avoir son périmètre, on fait une addition :

>   5 mètres + 5 mètres + 3 mètres + 3 mètres = 16 mètres
>   (plus)   (font, égalent)

2. Pour avoir sa surface, on fait une multiplication :

5 mètres × 3 mètres   = 15 mètres carrés
(multipliés par)   (font, égalent)

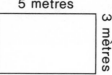

3. Pour avoir la différence entre sa longueur et sa largeur, on fait une soustraction :

5 mètres − 3 mètres   = 2 mètres
(moins)   (font, égalent)

4. Il reste la division. Si on divise la surface par la longueur, on retrouve la largeur :

15 : 5   = 3
(divisés par)   (font, égalent)

Application immédiate   Ecrivez les opérations suivantes en toutes lettres.

1. $8 + 3 + 6 = 17$
2. $35 - 11 = 24$
3. $11 \times 10 = 110$
4. $121 : 11 = 11$

(Réponses p. 406)

II. *La Date* (voir les noms des jours et des mois dans l'appendice)

Pour les dates, on emploie les nombres cardinaux excepté **premier** pour le premier jour du mois. Une date est précédée de **le**, y compris devant **huit** (le h est aspiré) et devant **onze** dont le **o** est traité comme une consonne.

Ex. le 8 mai   le 11 avril

A. Les mois. Le nom du mois n'a pas de majuscule et est masculin.

Ex. le 1er avril   le 3 mai   le 11 juin
On dit : **au mois de** septembre *ou* **en** septembre.

B. Les jours. Si le jour est indiqué, l'ordre est : jour, mois, année. Le nom des jours n'a pas de majuscule et est masculin. Il y a trois façons d'écrire une date quand le jour est indiqué :

Ex. le jeudi 3 mai 1967   jeudi, le 3 mai 1967   jeudi 3 mai 1967

Application immédiate Ecrivez les dates suivantes. Les nombres seront en chiffres.

1. " February 1ˢᵗ "
2. " October 31ˢᵗ, 1950 "
3. " 6/23/72 "
4. " Friday, August 15, 1975 "

(*Réponses p. 406*)

C. L'année. Pour une année de l'ère chrétienne, on peut écrire **mil.**

1957 $\begin{cases} \text{mil(le) neuf cent cinquante-sept} \\ \text{dix-neuf cent cinquante-sept} \end{cases}$

On dit : **en** 1957.

    Ex. En quelle année êtes-vous né(e) ? —Je suis né(e) **en** 1957.

D. Le siècle. A quel siècle sommes-nous? —Nous sommes **au** vingtième siècle.

E. Les saisons. Les saisons sont le printemps, l'été, l'automne, et l'hiver. Les noms des saisons sont masculins mais le mot **saison** est féminin :

    Ex. Le printemps est **une** saison.

On dit : **au** printemps, **en** été, **en** automne, **en** hiver.

F. Jour, journée, an, année, matin, matinée, soir, soirée

Les mots **jour, an, matin, soir** sont masculins et désignent les divisions de temps. Les mots **journée, année, matinée, soirée,** sont féminins et sont généralement employés pour la durée de ces périodes de temps.

    Ex. Je l'ai vu **ce matin.**

mais : J'ai travaillé toute **la matinée.** (la longueur de temps)

    Je vous téléphonerai **demain soir.**

mais : **La soirée** a été très agréable.

Remarques

— **an** est généralement employé avec *un nombre cardinal non modifié* :

    Ex. trois **ans**

mais : trois bonnes **années**

— On dit : **chaque** année, **plusieurs** années, **quelques** années, **cette** année.

    Quelquefois **an** et **année** sont interchangeables :

    Ex. l'**an** dernier, l'**année** dernière

— On dit : **tous les** jours (ans, matins, soirs).

— **Une matinée** est aussi la représentation de cinéma ou de théâtre de l'après-midi.

— On dit : **le matin, l'après-midi, le soir.**

>   **Ex. Le matin**, j'ai trois classes.
>
>   **L'après-midi**, je fais du sport.
>
>   **Le soir**, je suis fatigué.   ("in the evening, at night")

G. Expressions utiles

1. Quelle est la date aujourd'hui ? —Aujourd'hui **c'est** le 5 septembre.

   ou : **C'est** aujourd'hui le 5 septembre.

   ou : Le combien sommes-nous aujourd'hui ? —Aujourd'hui, **nous sommes** le 5 septembre.

2. Quel jour est-ce aujourd'hui ? —Aujourd'hui, **c'est** mercredi.

   ou : Quel jour sommes-nous aujourd'hui ? —Aujourd'hui, **nous sommes** mercredi.

3. dans une semaine, dans huit jours, en huit.   (on compte huit jours pour une semaine)

   Ex. Je vous reverrai **samedi en huit**.   (dans une semaine à partir de samedi)

4. dans deux semaines, dans quinze jours.   (on compte quinze jours pour deux semaines)

   Ex. Nous reviendrons **dans quinze jours**.

5. tous les deux jours, tous les trois jours, etc.

   Ex. J'y vais **tous les deux jours**. ("every other day")

   Il faut lui donner un médicament **toutes les deux heures**.

ATTENTION

Les mots **an(s)**, **heure(s)** et **cent(s)** sont toujours exprimés en français pour l'âge, l'heure (voir plus loin) et l'année.

>   **Ex.** Il a seize **ans**.
>
>   Il est trois **heures** et demie.
>
>   Nous sommes en dix-neuf **cent** cinquante-quatre.

III. *L'Heure*

Quelle heure est-il ? —**Il est** trois heures.

Quelle heure avez-vous ? (à votre montre) —J'ai trois heures **dix**. (3:10)

Savez-vous quelle heure il est ? —Il est trois heures et **quart** (ou : **un quart**). (3:15)

A quelle heure doivent-ils arriver ? —A trois heures **et demie**. (3:30)

Arriveront-ils à l'heure ? —Non, probablement pas avant quatre heures **moins le quart**. (3:45)   Ils sont toujours un peu **en retard**.

J'espère qu'ils arriveront **à temps** (pas trop tard) pour entendre le commencement de la conférence.   Elle commence à quatre heures **moins cinq**. (3:55)

Remarques

— N'oubliez pas que **midi** (**le** milieu du jour) et **minuit** (**le** milieu de la nuit) sont masculins. On écrit donc : midi et **demi**, minuit et **demi**.

— **du matin, de l'après-midi, du soir**
> **Ex.** Il est **trois heures du matin** et je ne peux pas dormir.
> Je vous verrai à **cinq heures de l'après-midi**.
> La réunion a duré jusqu'à **dix heures du soir**.

— Pour *l'heure officielle* (horaires de train, d'autobus, etc.) on compte de 0 à 24.
> **Ex.** Mon train part à 22 heures 15.   (à dix heures et quart du soir)

— Approximation et heure précise :
A quelle heure voulez-vous que je vienne ?
> Approximation : **Vers** deux heures.
> Heure précise : A deux heures **précises**.
> *ou* : A deux heures **juste(s)**.

Application immédiate   Ecrivez les heures suivantes en toutes lettres.

1. 2:25 a.m.
2. 5:45 p.m.
3. 12:10 p.m.

(*Réponses* p. 406)

Exercices

EXERCICE I   *Ecrivez les nombres cardinaux suivants en toutes lettres.*

1. 31
2. 91
3. 200

4. 263
5. 1.842
6. 111.715

EXERCICE II (écrit)   *Complétez les phrases en écrivant les nombres donnés en toutes lettres.*

1. Sa thèse a _____ pages. (61)
2. Les _____ enfants jouent ensemble. (4)
3. Cette voiture coûte _____ francs. (20.000)
4. La Révolution française a eu lieu en _____. (1789)
5. Ce pays a _____ habitants. (5.000.000)
6. _____ ans, c'est un bel âge. (80)

EXERCICE III   *Ecrivez les nombres ordinaux suivants en toutes lettres.*

1. 3ème
2. 100ème
3. 1er
4. 21ème

5. 2ème
6. 39ème
7. 248ème
8. 1.000ème

EXERCICE IV   *Ecrivez les nombres collectifs suivants en toutes lettres.*

1. environ 150
2. à peu près 20 étudiants
3. 12 mouchoirs
4. environ mille personnes

EXERCICE V (oral)   *Lisez les fractions et les pourcentages suivants.*

1. $\frac{4}{3}$
2. $\frac{3}{6} = \frac{1}{2}$ *ou* 50%
3. $\frac{3}{4}$ *ou* 75%
4. $8\frac{1}{9}$
5. $5\frac{1}{4}$

EXERCICE VI (oral)   *Lisez les nombres suivants à vitesse normale.*

16   22   31   44   55   67   78   81   93   105   111   123   132
146   271   304   1.001   2.614   10.359   3.000.000
3 enfants   six étudiants   dix livres   huit pages   neuf crayons

EXERCICE VII (oral)   *Lisez les opérations suivantes.*

1. $6 - 6 = 0$
2. $32 \times 2 = 64$
3. $50 \times 10 = 500$
4. $75 - 15 = 60$
5. $144 : 12 = 12$

6. $11 + 13 + 40 = 64$
7. $10.000 : 2 = 5.000$
8. $131 - 111 = 20$
9. $10,8 : 4 = 2,7$
10. $1.000 \times 1.000 = 1.000.000$

EXERCICE VIII (oral)   *Répondez aux questions suivantes.*

1. Quelle est la date de votre anniversaire ? En quelle saison êtes-vous né(e) ?
2. Quelle est la date de la fête nationale française ?
3. Quelle est la date aujourd'hui ?
4. Quel jour de la semaine préférez-vous ? Pourquoi ?
5. Quel jour sommes-nous ?
6. Quel jour êtes-vous le (la) plus occupé(e) ?
7. Quelle heure est-il maintenant ? (Regardez votre montre.)
   Quelle heure sera-t-il dans une demi-heure ?
8. A quelle heure dînez-vous habituellement ?
9. En quelle année aurez-vous votre diplôme de l'université ?
10. A quel siècle vivez-vous ?

EXERCICE IX (écrit)

a) *Complétez en employant **demi(e)** ou **moitié**.*

1. Vous avez bu _____ de la bouteille de vin.
2. J'ai passé une semaine et _____ chez eux.
3. Tu as mangé _____ du gâteau.
4. Nous avons mis une _____-heure à faire ce travail.

b) *Traduisez le mot "first" dans les phrases suivantes (adjectif ou adverbe).*

1. Vous êtes _____ à me le dire.
2. _____ il faut aller à la banque. (2 réponses)

c) *Traduisez les mots entre parenthèses.*

1. Faites _____ exercices pour demain. ("the first three")
2. J'y vais _____. ("every other week")
3. Vous travaillez tard _____. ("at night")

d) *Complétez avec un des mots **nombre** ou **numéro**.*

1. Il y a un _____ considérable de gens dans la rue en ce moment.
2. Quel _____ avez-vous tiré pour une place dans un dortoir ?

e) *Complétez avec **jour**, **journée**, **an**, **année**.*

1. Elle travaille tous les _____ et je vous assure que sa _____ est bien remplie. (jour, journée)
2. Chaque _____ nous allons à la montagne ; il y a plusieurs _____ que nous le faisons, depuis cinq _____ exactement. (an, année)

EXERCICE X   *Ecrivez une phrase avec chacune des expressions suivantes.*

1. la moitié
2. une dizaine
3. premier (ère)
4. des milliers

Réponses aux applications immédiates

p. 397   1. quatre-vingt-dix-huit
2. trois cent soixante-dix-sept
3. mille cent onze, onze cent onze
4. cinq mille cinq cent soixante et un

p. 398   1. sixième
2. trentième
3. soixante-cinquième
4. cent quatre-vingt-unième
5. les cinq derniers noms

p. 399   1. une huitaine de jours
2. trois milliers de francs

p. 399   1. trois cinquièmes
2. cinq quarts
3. un huitième
4. quatre cinq sixièmes

p. 400   1. huit plus trois plus six égalent dix-sept
2. trente-cinq moins onze font vingt-quatre
3. onze multipliés par dix égalent cent dix
4. cent vingt et un divisés par onze égalent onze

p. 401   1. le 1ᵉʳ février
2. le 31 octobre 1950
3. le 23 juin 1972
4. vendredi, le 15 août 1975
   le vendredi 15 août 1975
   vendredi 15 août 1975

p. 403   1. deux heures vingt-cinq du matin
2. six heures moins le quart du soir
3. midi dix

Appendice

Tableau des modes et temps

TEMPS SIMPLES	*aimer*	TEMPS COMPOSÉS

INDICATIF

Présent ————————————————	———— Passé composé
(j'aime)	(j'ai aimé)
	Passé surcomposé
	(j'ai eu aimé)
Imparfait ————————————————	———— Plus-que-parfait
(j'aimais)	(j'avais aimé)
Passé simple (*littéraire*) ———————	———— Passé antérieur (*littéraire*)
(j'aimai)	(j'eus aimé)
Futur ————————————————————	———— Futur antérieur
(j'aimerai)	(j'aurai aimé)

CONDITIONNEL

Présent ————————————————	———— Passé
(j'aimerais)	(j'aurais aimé)
	(j'eusse aimé: *littéraire*)

IMPÉRATIF

Présent ————————————————	———— Passé
(aime)	(aie aimé)

SUBJONCTIF

Présent ————————————————	———— Passé
(que j'aime)	(que j'aie aimé)
Imparfait (*littéraire*) ———————————	———— Plus-que-parfait (*littéraire*)
(que j'aimasse)	(que j'eusse aimé)

INFINITIF

Présent ————————————————	———— Passé
(aimer)	(avoir aimé)

PARTICIPE

Présent ————————————————	———— Passé composé
(aimant)	(ayant aimé)
Passé	
(aimé)	

I. *Verbes réguliers*

1. Verbe régulier en **er : aimer**

Modes	Temps simples		Temps composés	
infinitif	*présent* aimer		*passé* avoir aimé	
indicatif	*présent*		*passé composé*	
	aime	aimons	ai aimé	avons aimé
	aimes	aimez	as aimé	avez aimé
	aime	aiment	a aimé	ont aimé
	imparfait		*plus-que-parfait*	
	aimais	aimions	avais aimé	avions aimé
	aimais	aimiez	avais aimé	aviez aimé
	aimait	aimaient	avait aimé	avaient aimé
	passé simple ——— littéraires ———		*passé antérieur*	
	aimai	aimâmes	eus aimé	eûmes aimé
	aimas	aimâtes	eus aimé	eûtes aimé
	aima	aimèrent	eut aimé	eurent aimé
	futur		*futur antérieur*	
	aimerai	aimerons	aurai aimé	aurons aimé
	aimeras	aimerez	auras aimé	aurez aimé
	aimera	aimeront	aura aimé	auront aimé
conditionnel	*présent*		*passé*	
	aimerais	aimerions	aurais aimé	aurions aimé
	aimerais	aimeriez	aurais aimé	auriez aimé
	aimerait	aimeraient	aurait aimé	auraient aimé
impératif	*présent* aime, aimons, aimez		*passé* aie aimé, ayons aimé, ayez aimé	
subjonctif	*présent*		*passé*	
	aime	aimions	aie aimé	ayons aimé
	aimes	aimiez	aies aimé	ayez aimé
	aime	aiment	ait aimé	aient aimé
	imparfait ——— littéraires ———		*plus-que-parfait*	
	aimasse	aimassions	eusse aimé	eussions aimé
	aimasses	aimassiez	eusses aimé	eussiez aimé
	aimât	aimassent	eût aimé	eussent aimé
participe	*présent* aimant *passé* aimé		*passé composé* ayant aimé	

2. Verbe régulier en **ir** : **finir**

Modes	Temps simples	Temps composés
infinitif	*présent* finir	*passé* avoir fini
indicatif	*présent* finis · finissons finis · finissez finit · finissent *imparfait* finissais · finissions finissais · finissiez finissait · finissaient *passé simple* —— littéraires —— finis · finîmes finis · finîtes finit · finirent *futur* finirai · finirons finiras · finirez finira · finiront	*passé composé* ai fini · avons fini as fini · avez fini a fini · ont fini *plus-que-parfait* avais fini · avions fini avais fini · aviez fini avait fini · avaient fini *passé antérieur* eus fini · eûmes fini eus fini · eûtes fini eut fini · eurent fini *futur antérieur* aurai fini · aurons fini auras fini · aurez fini aura fini · auront fini
conditionnel	*présent* finirais · finirions finirais · finiriez finirait · finiraient	*passé* aurais fini · aurions fini aurais fini · auriez fini aurait fini · auraient fini
impératif	*présent* finis, finissons, finissez	*passé* aie fini, ayons fini, ayez fini
subjonctif	*présent* finisse · finissions finisses · finissiez finisse · finissent *imparfait* —— littéraires —— finisse · finissions finisses · finissiez finît · finissent	*passé* aie fini · ayons fini aies fini · ayez fini ait fini · aient fini *plus-que-parfait* eusse fini · eussions fini eusses fini · eussiez fini eût fini · eussent fini
participe	*présent* finissant *passé* fini	*passé composé* ayant fini

3. Verbe régulier en **re** : **vendre**

Modes	Temps simples	Temps composés
infinitif	*présent* vendre	*passé* avoir vendu
indicatif	*présent* vends vendons vends vendez vend vendent *imparfait* vendais vendions vendais vendiez vendait vendaient *passé simple* ——— littéraires vendis vendîmes vendis vendîtes vendit vendirent *futur* vendrai vendrons vendras vendrez vendra vendront	*passé composé* ai vendu avons vendu as vendu avez vendu a vendu ont vendu *plus-que-parfait* avais vendu avions vendu avais vendu aviez vendu avait vendu avaient vendu ——— *passé antérieur* eus vendu eûmes vendu eus vendu eûtes vendu eut vendu eurent vendu *futur antérieur* aurai vendu aurons vendu auras vendu aurez vendu aura vendu auront vendu
conditionnel	*présent* vendrais vendrions vendrais vendriez vendrait vendraient	*passé* aurais vendu aurions vendu aurais vendu auriez vendu aurait vendu auraient vendu
impératif	*présent* vends, vendons, vendez	*passé* aie vendu, ayons vendu, ayez vendu
subjonctif	*présent* vende vendions vendes vendiez vende vendent *imparfait* ——— littéraires vendisse vendissions vendisses vendissiez vendît vendissent	*passé* aie vendu ayons vendu aies vendu ayez vendu ait vendu aient vendu ——— *plus-que-parfait* eusse vendu eussions vendu eusses vendu eussiez vendu eût vendu eussent vendu
participe	*présent* vendant *passé* vendu	*passé composé* ayant vendu

II. *Verbes irréguliers*

Auxiliaire : **avoir**

Modes	Temps simples		Temps composés	
infinitif	*présent* avoir		*passé* avoir eu	
indicatif	*présent*		*passé composé*	
	ai	avons	ai eu	avons eu
	as	avez	as eu	avez eu
	a	ont	a eu	ont eu
	imparfait		*plus-que-parfait*	
	avais	avions	avais eu	avions eu
	avais	aviez	avais eu	aviez eu
	avait	avaient	avait eu	avaient eu
	passé simple ——— littéraires ———		*passé antérieur*	
	eus	eûmes	eus eu	eûmes eu
	eus	eûtes	eus eu	eûtes eu
	eut	eurent	eut eu	eurent eu
	futur		*futur antérieur*	
	aurai	aurons	aurai eu	aurons eu
	auras	aurez	auras eu	aurez eu
	aura	auront	aura eu	auront eu
conditionnel	*présent*		*passé*	
	aurais	aurions	aurais eu	aurions eu
	aurais	auriez	aurais eu	auriez eu
	aurait	auraient	aurait eu	auraient eu
impératif	*présent* aie, ayons, ayez		*passé* aie eu, ayons eu, ayez eu	
subjonctif	*présent*		*passé*	
	aie	ayons	aie eu	ayons eu
	aies	ayez	aies eu	ayez eu
	ait	aient	ait eu	aient eu
	imparfait ——— littéraires ———		*plus-que-parfait*	
	eusse	eussions	eusse eu	eussions eu
	eusses	eussiez	eusses eu	eussiez eu
	eût	eussent	eût eu	eussent eu
participe	*présent* ayant *passé* eu		*passé composé* ayant eu	

Auxiliaire : **être**

Modes	Temps simples	Temps composés
infinitif	*présent* être	*passé* avoir été
indicatif	*présent* suis sommes es êtes est sont *imparfait* étais étions étais étiez était étaient *passé simple* —— littéraires —— fus fûmes fus fûtes fut furent *futur* serai serons seras serez sera seront	*passé composé* ai été avons été as été avez été a été ont été *plus-que-parfait* avais été avions été avais été aviez été avait été avaient été *passé antérieur* eus été eûmes été eus été eûtes été eut été eurent été *futur antérieur* aurai été aurons été auras été aurez été aura été auront été
conditionnel	*présent* serais serions serais seriez serait seraient	*passé* aurais été aurions été aurais été auriez été aurait été auraient été
impératif	*présent* sois, soyons, soyez	*passé* aie été, ayons été, ayez été
subjonctif	*présent* sois soyons sois soyez soit soient *imparfait* —— littéraires —— fusse fussions fusses fussiez fût fussent	*passé* aie été ayons été aies été ayez été ait été aient été *plus-que-parfait* eusse été eussions été eusses été eussiez été eût été eussent été
participe	*présent* étant *passé* été	*passé composé* ayant été

III. *Autres verbes irréguliers*

INFINITIF et PARTICIPES	INDICATIF				
	Présent	Imparfait	Passé composé	Passé simple	Futur
acquérir acquérant acquis	j'acquiers tu acquiers il acquiert nous acquérons vous acquérez ils acquièrent	j'acquérais	j'ai acquis	j'acquis	j'acquerrai
		Plus-que-parfait	*Passé surcomposé*	*Passé antérieur*	*Futur antérieur*
		j'avais acquis	j'ai eu acquis	j'eus acquis	j'aurai acquis
aller allant allé	vais vas va allons allez vont	allais	suis allé(e)	allai	irai
		étais allé(e)	ai été allé(e)	fus allé(e)	serai allé(e)
s'asseoir (1) asseyant assis	m'assieds t'assieds s'assied nous asseyons vous asseyez s'asseyent	m'asseyais	me suis assis(e)	m'assis	m'assiérai
		m'étais assis(e)	m'ai été assis(e)	me fus assis(e)	me serai assis(e)
(2) assoyant	m'assois t'assois s'assoit nous assoyons vous assoyez s'assoient	m'assoyais			m'assoirai
battre battant battu	bats bats bat battons battez battent	battais	ai battu	battis	battrai
		avais battu	ai eu battu	eus battu	aurai battu
boire buvant bu	bois bois boit buvons buvez boivent	buvais	ai bu	bus	boirai
		avais bu	ai eu bu	eus bu	aurai bu
conclure concluant conclu	conclus conclus conclut concluons concluez concluent	concluais	ai conclu	conclus	conclurai
		avais conclu	ai eu conclu	eus conclu	aurai conclu

CONDITIONNEL	IMPÉRATIF	SUBJONCTIF		
Présent	Présent	Présent	Imparfait (littéraire)	Passé
j'acquerrais	acquiers	que j'acquière que tu acquières	que j'acquisse que tu acquisses	que j'aie acquis
Passé	acquérons	qu'il acquière que nous acquérions	qu'il acquît que nous acquissions	Plus-que-parfait (littéraire)
j'aurais acquis	acquérez	que vous acquériez qu'ils acquièrent	que vous acquissiez qu'ils acquissent	que j'eusse acquis
irais	va	aille ailles aille	allasse allasses allât	sois allé(e)
serais allé(e)	allons allez	allions alliez aillent	allassions allassiez allassent	fusse allé(e)
m'assiérais	assieds-toi	m'asseye t'asseyes s'asseye	m'assisse t'assisses s'assît	me sois assis(e)
me serais assis(e)	asseyons-nous asseyez-vous	nous asseyions vous asseyiez s'asseyent	nous assissions vous assissiez s'assissent	me fusse assis(e)
m'assoirais	assois-toi	m'assoie t'assoies s'assoie		
	assoyons-nous assoyez-vous	nous assoyions vous assoyiez s'assoient		
battrais	bats	batte battes batte	battisse battisses battît	aie battu
aurais battu	battons battez	battions battiez battent	battissions battissiez battissent	eusse battu
boirais	bois	boive boives boive	busse busses bût	aie bu
aurais bu	buvons buvez	buvions buviez boivent	bussions bussiez bussent	eusse bu
conclurais	conclus	conclue conclues conclue	conclusse conclusses conclût	aie conclu
aurais conclu	concluons concluez	concluions concluiez concluent	conclussions conclussiez conclussent	eusse conclu

INFINITIF et PARTICIPES	INDICATIF				
	Présent	Imparfait	Passé composé	Passé simple	Futur
conduire conduisant conduit	conduis conduis conduit conduisons conduisez conduisent	conduisais	ai conduit	conduisis	conduirai
		Plus-que-parfait	Passé surcomposé	Passé antérieur	Futur antérieur
		avais conduit	ai eu conduit	eus conduit	aurai conduit
connaître connaissant connu	connais connais connaît connaissons connaissez connaissent	connaissais	ai connu	connus	connaîtrai
		avais connu	ai eu connu	eus connu	aurai connu
coudre cousant cousu	couds couds coud cousons cousez cousent	cousais	ai cousu	cousis	coudrai
		avais cousu	ai eu cousu	eus cousu	aurai cousu
courir courant couru	cours cours court courons courez courent	courais	ai couru	courus	courrai
		avais couru	ai eu couru	eus couru	aurai couru
craindre craignant craint	crains crains craint craignons craignez craignent	craignais	ai craint	craignis	craindrai
		avais craint	ai eu craint	eus craint	aurai craint
croire croyant cru	crois crois croit croyons croyez croient	croyais	ai cru	crus	croirai
		avais cru	ai eu cru	eus cru	aurai cru
croître croissant crû, crue	croîs croîs croît croissons croissez croissent	croissais	ai crû	crûs	croîtrai
		avais crû	ai eu crû	eus crû	aurai crû
cueillir cueillant cueilli	cueille cueilles cueille cueillons cueillez cueillent	cueillais	ai cueilli	cueillis	cueillerai
		avais cueilli	ai eu cueilli	eus cueilli	aurai cueilli

CONDITIONNEL	IMPÉRATIF	SUBJONCTIF		
Présent	Présent	Présent	Imparfait (littéraire)	Passé
conduirais		conduise	conduisisse	aie conduit
	conduis	conduises	conduisisses	
Passé		conduise	conduisît	Plus-que-parfait (littéraire)
	conduisons	conduisions	conduisissions	
aurais conduit	conduisez	conduisiez	conduisissiez	eusse conduit
		conduisent	conduisissent	
connaîtrais		connaisse	connusse	
	connais	connaisses	connusses	aie connu
		connaisse	connût	
	connaissons	connaissions	connussions	
aurais connu	connaissez	connaissiez	connussiez	eusse connu
		connaissent	connussent	
coudrais		couse	cousisse	
	couds	couses	cousisses	aie cousu
		couse	cousît	
	cousons	cousions	cousissions	
aurais cousu	cousez	cousiez	cousissiez	eusse cousu
		cousent	cousissent	
courrais		coure	courusse	
	cours	coures	courusses	aie couru
		coure	courût	
	courons	courions	courussions	
aurais couru	courez	couriez	courussiez	eusse couru
		courent	courussent	
craindrais		craigne	craignisse	
	crains	craignes	craignisses	aie craint
		craigne	craignît	
	craignons	craignions	craignissions	
aurais craint	craignez	craigniez	craignissiez	eusse craint
		craignent	craignissent	
croirais		croie	crusse	
	crois	croies	crusses	aie cru
		croie	crût	
	croyons	croyions	crussions	
aurais cru	croyez	croyiez	crussiez	eusse cru
		croient	crussent	
croîtrais		croisse	crusse	
	croîs	croisses	crusses	aie crû
		croisse	crût	
	croissons	croissions	crussions	
aurais crû	croissez	croissiez	crussiez	eusse crû
		croissent	crussent	
cueillerais		cueille	cueillisse	
	cueille	cueilles	cueillisses	aie cueilli
		cueille	cueillît	
	cueillons	cueillions	cueillissions	
aurais cueilli	cueillez	cueilliez	cueillissiez	eusse cueilli
		cueillent	cueillissent	

INFINITIF et PARTICIPES	INDICATIF				
	Présent	Imparfait	Passé composé	Passé simple	Futur
devoir devant dû, due	dois dois doit devons devez doivent	devais	ai dû	dus	devrai
		Plus-que-parfait	Passé surcomposé	Passé antérieur	Futur antérieur
		avais dû	ai eu dû	eus dû	aurai dû
dire disant dit	dis dis dit disons dites disent	disais	ai dit	dis	dirai
		avais dit	ai eu dit	eus dit	aurai dit
écrire écrivant écrit	écris écris écrit écrivons écrivez écrivent	écrivais	ai écrit	écrivis	écrirai
		avais écrit	ai eu écrit	eus écrit	aurai écrit
envoyer envoyant envoyé	envoie envoies envoie envoyons envoyez envoient	envoyais	ai envoyé	envoyai	enverrai
		avais envoyé	ai eu envoyé	eus envoyé	aurai envoyé
faire faisant fait	fais fais fait faisons faites font	faisais	ai fait	fis	ferai
		avais fait	ai eu fait	eus fait	aurai fait
falloir fallu	il faut	il fallait	il a fallu	il fallut	il faudra
		il avait fallu	il a eu fallu	il eut fallu	il aura fallu
fuir fuyant fui	fuis fuis fuit fuyons fuyez fuient	fuyais	ai fui	fuis	fuirai
		avais fui	ai eu fui	eus fui	aurai fui
haïr haïssant haï	hais hais hait haïssons haïssez haïssent	haïssais	ai haï	haïs	haïrai
		avais haï	ai eu haï	eus haï	aurai haï

CONDITIONNEL	IMPÉRATIF	SUBJONCTIF		
Présent	Présent	Présent	Imparfait (littéraire)	Passé
devrais	dois	doive / doives / doive	dusse / dusses / dût	aie dû
Passé	devons	devions	dussions	**Plus-que-parfait (littéraire)**
aurais dû	devez	deviez / doivent	dussiez / dussent	eusse dû
dirais	dis	dise / dises / dise	disse / disses / dît	aie dit
aurais dit	disons / dites	disions / disiez / disent	dissions / dissiez / dissent	eusse dit
écrirais	écris	écrive / écrives / écrive	écrivisse / écrivisses / écrivît	aie écrit
aurais écrit	écrivons / écrivez	écrivions / écriviez / écrivent	écrivissions / écrivissiez / écrivissent	eusse écrit
enverrais	envoie	envoie / envoies / envoie	envoyasse / envoyasses / envoyât	aie envoyé
aurais envoyé	envoyons / envoyez	envoyions / envoyiez / envoient	envoyassions / envoyassiez / envoyassent	eusse envoyé
ferais	fais	fasse / fasses / fasse	fisse / fisses / fît	aie fait
aurais fait	faisons / faites	fassions / fassiez / fassent	fissions / fissiez / fissent	eusse fait
il faudrait		il faille	il fallût	il ait fallu
il aurait fallu				il eût fallu
fuirais	fuis	fuie / fuies / fuie	fuisse / fuisses / fuît	aie fui
aurais fui	fuyons / fuyez	fuyions / fuyiez / fuient	fuissions / fuissiez / fuissent	eusse fui
haïrais	hais	haïsse / haïsses / haïsse	haïsse / haïsses / haït	aie haï
aurais haï	haïssons / haïssez	haïssions / haïssiez / haïssent	haïssions / haïssiez / haïssent	eusse haï

INFINITIF et PARTICIPES	INDICATIF				
	Présent	Imparfait	Passé composé	Passé simple	Futur
lire lisant lu	lis lis lit lisons lisez lisent	lisais	ai lu	lus	lirai
		Plus-que-parfait	**Passé surcomposé**	**Passé antérieur**	**Futur antérieur**
		avais lu	ai eu lu	eus lu	aurai lu
mettre mettant mis	mets mets met mettons mettez mettent	mettais	ai mis	mis	mettrai
		avais mis	ai eu mis	eus mis	aurai mis
mourir mourant mort	meurs meurs meurt mourons mourez meurent	mourais	suis mort(e)	mourus	mourrai
		étais mort(e)	ai été mort(e)	fus mort(e)	serai mort(e)
naître naissant né	nais nais naît naissons naissez naissent	naissais	suis né(e)	naquis	naîtrai
		étais né(e)	ai été né(e)	fus né(e)	serai né(e)
ouvrir ouvrant ouvert	ouvre ouvres ouvre ouvrons ouvrez ouvrent	ouvrais	ai ouvert	ouvris	ouvrirai
		avais ouvert	ai eu ouvert	eus ouvert	aurai ouvert
peindre peignant peint	peins peins peint peignons peignez peignent	peignais	ai peint	peignis	peindrai
		avais peint	ai eu peint	eus peint	aurai peint
plaire plaisant plu	plais plais plaît plaisons plaisez plaisent	plaisais	ai plu	plus	plairai
		avais plu	ai eu plu	eus plu	aurai plu
pleuvoir pleuvant plu	il pleut	il pleuvait	il a plu	il plut	il pleuvra
		il avait plu	il a eu plu	il eut plu	il aura plu

CONDITIONNEL	IMPÉRATIF	SUBJONCTIF		
Présent	Présent	Présent	Imparfait (littéraire)	Passé
lirais	lis	lise lises	lusse lusses	aie lu
Passé	lisons	lise lisions	lût lussions	**Plus-que-parfait (littéraire)**
aurais lu	lisez	lisiez lisent	lussiez lussent	eusse lu
mettrais	mets	mette mettes mette	misse misses mît	aie mis
aurais mis	mettons mettez	mettions mettiez mettent	missions missiez missent	eusse mis
mourrais	meurs	meure meures meure	mourusse mourusses mourût	sois mort(e)
serais mort(e)	mourons mourez	mourions mouriez meurent	mourussions mourussiez mourussent	fusse mort(e)
naîtrais	nais	naisse naisses naisse	naquisse naquisses naquît	sois né(e)
serais né(e)	naissons naissez	naissions naissiez naissent	naquissions naquissiez naquissent	fusse né(e)
ouvrirais	ouvre	ouvre ouvres ouvre	ouvrisse ouvrisses ouvrît	aie ouvert
aurais ouvert	ouvrons ouvrez	ouvrions ouvriez ouvrent	ouvrissions ouvrissiez ouvrissent	eusse ouvert
peindrais	peins	peigne peignes peigne	peignisse peignisses peignît	aie peint
aurais peint	peignons peignez	peignions peigniez peignent	peignissions peignissiez peignissent	eusse peint
plairais	plais	plaise plaises plaise	plusse plusses plût	aie plu
aurais plu	plaisons plaisez	plaisions plaisiez plaisent	plussions plussiez plussent	eusse plu
il pleuvrait		il pleuve	il plût	il ait plu
il aurait plu				il eût plu

INFINITIF et PARTICIPES	INDICATIF				
	Présent	Imparfait	Passé composé	Passé simple	Futur
pouvoir pouvant pu	peux, puis peux peut pouvons pouvez peuvent	pouvais	ai pu	pus	pourrai
		Plus-que-parfait	*Passé surcomposé*	*Passé antérieur*	*Futur antérieur*
		avais pu	ai eu pu	eus pu	aurai pu
prendre prenant pris	prends prends prend prenons prenez prennent	prenais	ai pris	pris	prendrai
		avais pris	ai eu pris	eus pris	aurai pris
recevoir recevant reçu	reçois reçois reçoit recevons recevez reçoivent	recevais	ai reçu	reçus	recevrai
		avais reçu	ai eu reçu	eus reçu	aurai reçu
résoudre résolvant résolu	résous résous résout résolvons résolvez résolvent	résolvais	ai résolu	résolus	résoudrai
		avais résolu	ai eu résolu	eus résolu	aurai résolu
rire riant ri	ris ris rit rions riez rient	riais	ai ri	ris	rirai
		avais ri	ai eu ri	eus ri	aurai ri
savoir sachant su	sais sais sait savons savez savent	savais	ai su	sus	saurai
		avais su	ai eu su	eus su	aurai su
suffire suffisant suffi	suffis suffis suffit suffisons suffisez suffisent	suffisais	ai suffi	suffis	suffirai
		avais suffi	ai eu suffi	eus suffi	aurai suffi
suivre suivant suivi	suis suis suit suivons suivez suivent	suivais	ai suivi	suivis	suivrai
		avais suivi	ai eu suivi	eus suivi	aurai suivi

CONDITIONNEL	IMPÉRATIF	SUBJONCTIF		
Présent	Présent	Présent	Imparfait (littéraire)	Passé
pourrais		puisse	pusse	aie pu
		puisses	pusses	
Passè		puisse	pût	Plus-que-parfait (littéraire)
		puissions	pussions	
aurais pu		puissiez	pussiez	eusse pu
		puissent	pussent	
prendrais	prends	prenne	prisse	aie pris
		prennes	prisses	
		prenne	prît	
	prenons	prenions	prissions	
aurais pris	prenez	preniez	prissiez	eusse pris
		prennent	prissent	
recevrais	reçois	reçoive	reçusse	aie reçu
		reçoives	reçusses	
		reçoive	reçût	
	recevons	recevions	reçussions	
aurais reçu	recevez	receviez	reçussiez	eusse reçu
		reçoivent	reçussent	
résoudrais	résous	résolve	résolusse	aie résolu
		résolves	résolusses	
		résolve	résolût	
	résolvons	résolvions	résolussions	
aurais résolu	résolvez	résolviez	résolussiez	eusse résolu
		résolvent	résolussent	
rirais	ris	rie	risse	aie ri
		ries	risses	
		rie	rît	
	rions	riions	rissions	
aurais ri	riez	riiez	rissiez	eusse ri
		rient	rissent	
saurais	sache	sache	susse	aie su
		saches	susses	
		sache	sût	
	sachons	sachions	sussions	
aurais su	sachez	sachiez	sussiez	eusse su
		sachent	sussent	
suffirais	suffis	suffise	suffisse	aie suffi
		suffises	suffisses	
		suffise	suffît	
	suffisons	suffisions	suffissions	
aurais suffi	suffisez	suffisiez	suffissiez	eusse suffi
		suffisent	suffissent	
suivrais	suis	suive	suivisse	aie suivi
		suives	suivisses	
		suive	suivît	
	suivons	suivions	suivissions	
aurais suivi	suivez	suiviez	suivissiez	eusse suivi
		suivent	suivissent	

INFINITIF et PARTICIPES	INDICATIF				
	Présent	Imparfait	Passé composé	Passé simple	Futur
tenir	tiens	tenais	ai tenu	tins	tiendrai
	tiens				
tenant	tient	Plus-que-parfait	Passé surcomposé	Passé antérieur	Futur antérieur
tenu	tenons				
	tenez	avais tenu	ai eu tenu	eus tenu	aurai tenu
	tiennent				
vaincre	vaincs	vainquais	ai vaincu	vainquis	vaincrai
	vaincs				
vainquant	vainc				
vaincu	vainquons	avais vaincu	ai eu vaincu	eus vaincu	aurai vaincu
	vainquez				
	vainquent				
valoir	vaux	valais	ai valu	valus	vaudrai
	vaux				
valant	vaut				
valu	valons	avais valu	ai eu valu	eus valu	aurai valu
	valez				
	valent				
venir	viens	venais	suis venu(e)	vins	viendrai
	viens				
venant	vient				
venu	venons	étais venu(e)	ai été venu(e)	fus venu(e)	serai venu(e)
	venez				
	viennent				
vêtir	vêts	vêtais	ai vêtu	vêtis	vêtirai
	vêts				
vêtant	vêt				
vêtu	vêtons	avais vêtu	ai eu vêtu	eus vêtu	aurai vêtu
	vêtez				
	vêtent				
vivre	vis	vivais	ai vécu	vécus	vivrai
	vis				
vivant	vit				
vécu	vivons	avais vécu	ai eu vécu	eus vécu	aurai vécu
	vivez				
	vivent				
voir	vois	voyais	ai vu	vis	verrai
	vois				
voyant	voit				
vu	voyons	avais vu	ai eu vu	eus vu	aurai vu
	voyez				
	voient				
vouloir	veux	voulais	ai voulu	voulus	voudrai
	veux				
voulant	veut				
voulu	voulons	avais voulu	ai eu voulu	eus voulu	aurai voulu
	voulez				
	veulent				

CONDITIONNEL	IMPÉRATIF	SUBJONCTIF		
Présent	Présent	Présent	Imparfait (littéraire)	Passé
tiendrais	tiens	tienne tiennes tienne	tinsse tinsses tînt	aie tenu
Passé	tenons	tenions	tinssions	Plus-que-parfait (littéraire)
aurais tenu	tenez	teniez tiennent	tinssiez tinssent	eusse tenu
vaincrais	vaincs	vainque vainques vainque	vainquisse vainquisses vainquît	aie vaincu
aurais vaincu	vainquons vainquez	vainquions vainquiez vainquent	vainquissions vainquissiez vainquissent	eusse vaincu
vaudrais	vaux	vaille vailles vaille	valusse valusses valût	aie valu
aurais valu	valons valez	valions valiez vaillent	valussions valussiez valussent	eusse valu
viendrais	viens	vienne viennes vienne	vinsse vinsses vînt	sois venu(e)
serais venu(e)	venons venez	venions veniez viennent	vinssions vinssiez vinssent	fusse venu(e)
vêtirais	vêts	vête vêtes vête	vêtisse vêtisses vêtît	aie vêtu
aurais vêtu	vêtons vêtez	vêtions vêtiez vêtent	vêtissions vêtissiez vêtissent	eusse vêtu
vivrais	vis	vive vives vive	vécusse vécusses vécût	aie vécu
aurais vécu	vivons vivez	vivions viviez vivent	vécussions vécussiez vécussent	eusse vécu
verrais	vois	voie voies voie	visse visses vît	aie vu
aurais vu	voyons voyez	voyions voyiez voient	vissions vissiez vissent	eusse vu
voudrais	veuille	veuille veuilles veuille	voulusse voulusses voulût	aie voulu
aurais voulu	(veuillons) veuillez	voulions vouliez veuillent	voulussions voulussiez voulussent	eusse voulu

IV. *Les nombres, les mois, les jours*

Nombres cardinaux

0	zéro	20	vingt	70	soixante-dix
1	un, une	21	vingt et un	71	soixante et onze
2	deux	22	vingt-deux	72	soixante-douze
3	trois	30	trente	80	quatre-vingts
4	quatre	31	trente et un	81	quatre-vingt-un
5	cinq	32	trente-deux	82	quatre-vingt-deux
6	six				
7	sept	40	quarante	90	quatre-vingt-dix
8	huit	41	quarante et un	91	quatre-vingt-onze
9	neuf	42	quarante-deux	92	quatre-vingt-douze
10	dix				
11	onze	50	cinquante	100	cent
12	douze	51	cinquante et un	101	cent un
13	treize	52	cinquante-deux	102	cent deux
14	quatorze				
15	quinze	60	soixante	200	deux cents
16	seize	61	soixante et un	201	deux cent un
17	dix-sept	62	soixante-deux	202	deux cent deux
18	dix-huit				
19	dix-neuf				

1000	mille
1001	mille un
2000	deux mille
10.000	dix mille
100.000	cent mille
1.000.000	un million (de)
1.000.000.000	un milliard (de)

Nombres ordinaux

$1^{er(ère)}$	premier (ère)	8ème	huitième
2ème	deuxième *ou* second(e)	9ème	neuvième
3ème	troisième	10ème	dixième
4ème	quatrième	17ème	dix-septième
5ème	cinquième	20ème	vingtième
6ème	sixième	21ème	vingt et unième
7ème	septième	22ème	vingt-deuxième

Les mois

janvier	juillet
février	août
mars	septembre
avril	octobre
mai	novembre
juin	décembre

Les jours

lundi	vendredi
mardi	samedi
mercredi	dimanche
jeudi	

V. *Verbes + Infinitif*

sans préposition

1. affirmer
2. aimer
3. aimer mieux
4. aller
5. apercevoir
6. assurer
7. avoir beau
8. avouer
9. compter
10. courir
11. croire
12. daigner
13. déclarer
14. descendre
15. désirer
16. détester
17. devoir
18. dire (déclarer)
19. écouter
20. emmener
21. entendre
22. entrer
23. envoyer
24. espérer
25. être censé
26. faillir
27. faire
28. falloir
29. se figurer
30. s'imaginer
31. jurer
32. laisser
33. mener
34. monter
35. nier
36. oser
37. ouïr
38. paraître
39. partir
40. penser (avoir l'intention de)
41. pouvoir
42. préférer
43. prétendre
44. se rappeler (+ inf. passé)
45. reconnaître
46. regarder
47. rentrer
48. retourner
49. revenir
50. savoir
51. sembler
52. sentir
53. sortir
54. souhaiter
55. valoir mieux
56. venir
57. voir
58. vouloir

avec la préposition **à**

1. s'accoutumer à
2. aider à
3. aimer à (littéraire)
4. s'amuser à
5. s'appliquer à
6. apprendre à
7. arriver à
8. s'attendre à
9. autoriser à
10. avoir à
11. chercher à
12. commencer à (*ou* de)
13. condamner à
14. conduire à
15. consentir à
16. consister à
17. continuer à
18. décider (quelqu'un) à
19. se décider à
20. être décidé à
21. demander à (vouloir)
22. destiner à
23. encourager à
24. s'engager à
25. enseigner à
26. forcer à
27. s'habituer à
28. hésiter à
29. inciter à
30. s'intéresser à
31. inviter à
32. jouer à
33. se mettre à
34. mettre (du temps) à
35. obliger à (*ou* de)
36. parvenir à
37. passer (du temps) à
38. penser à
39. perdre (du temps) à
40. persister à
41. se plaire à
42. pousser à
43. prendre plaisir à
44. se préparer à
45. renoncer à
46. se résoudre à
47. réussir à
48. servir à
49. songer à
50. suffire à
51. surprendre à
52. tarder à
53. tenir à
54. travailler à
55. en venir à

avec la préposition **de**

1. s'abstenir de
2. accepter de
3. accuser de
4. achever de
5. s'agir de (il)
6. admirer de
7. s'arrêter de
8. avoir besoin, la chance, envie, hâte, honte, l'air, l'intention, peur, raison, soin, le temps, tort de
9. blâmer de
10. cesser de
11. choisir de
12. commander de
13. commencer de (*ou* à)
14. conseiller de
15. continuer de (*ou* à)
16. convaincre de
17. craindre de
18. crier de
19. décider de
20. défendre de
21. demander de
22. se dépêcher de
23. désespérer de
24. dire de
25. écrire de
26. s'efforcer de
27. empêcher de
28. s'empresser de
29. entreprendre de
30. essayer de
31. s'étonner de
32. éviter de
33. s'excuser de
34. faire bien de
35. faire exprès de
36. faire semblant de
37. se fatiguer de
38. feindre de
39. (se) féliciter de
40. finir de
41. se garder de
42. se hâter de
43. inspirer de
44. interdire de
45. juger bon de
46. jurer de
47. se lasser de
48. manquer de
49. menacer de
50. mériter de
51. mourir de
52. négliger de
53. être obligé de
54. obtenir de
55. s'occuper de
56. offrir de
57. ordonner de
58. oublier de
59. pardonner de
60. permettre de
61. persuader de
62. se plaindre de
63. prendre soin de
64. se presser de
65. prier de
66. promettre de
67. proposer de
68. punir de
69. rappeler de
70. se rappeler de
71. refuser de
72. regretter de
73. remercier de
74. se repentir de
75. reprocher de
76. résoudre de
77. rire de
78. risquer de
79. souffrir de
80. soupçonner de
81. se souvenir de
82. suggérer de
83. tâcher de
84. tenter de
85. venir de (passé récent)

Lexique

Lexique

A

abaisser to lower
abeille *n.f.* bee
abîmer to damage
aboiement *n.m.* barking
abonné(e) subscriber
abonnement *n.m.* subscription
d'abord at first
aboyer to bark
être d'accord to agree
accoutrement *n.m.* dress, garb
accueil *n.m.* welcome,
    greeting
accueillir to receive, greet
achat *n.m.* purchase
acheter to buy
achever to end, complete
acier *n.m.* steel
acquérir to acquire
adieu farewell
adroit(e) skillful
affaires *n.f.* things,
    belongings
  avoir affaire à to deal with
affamé(e) hungry, starving
affolant(e) maddening,
    disturbing
afin de in order to
afin que in order that
agacer to set on edge
âgé(e) aged, old
agir to act
  s'agir to be about
agneau *n.m.* lamb
agrandissement *n.m.*
    enlargement
agréer to accept
agripper to clutch, to grip
aider to help
aigre sour, acid, bitter
aigu(ë) acute; piercing

aiguille *n.f.* needle
aile *n.f.* wing
ailleurs elsewhere
  d'ailleurs besides
aimable amiable, kind
aimer to like
  aimer mieux to prefer
aîné(e) elder, eldest
ainsi thus, so
air : avoir l'— to look, seem
ajouter to add
aliment *n.m.* food, aliment
aller to go, ; to be becoming,
    to suit
  s'en aller to leave
s'allonger to stretch out;
    to lie down
allumer to light
allumette *n.f.* match
alors then
alourdir to make heavy
amasser to pile up, to gather
    together
âme *n.f.* soul
ami(e) friend
amincir to thin down, to make
    thinner
amitié *n.f.* friendship
amour *n.m.* love
amoureux(euse) in love
s'amuser to have a good time
an *n.m.* year
ancien (ancienne) ancient,
    old, former
âne *n.m.* donkey
apercevoir to see
  s'apercevoir to realize
appartenir to belong
appeler to call
  s'appeler to be named

appel : faire — à to call upon
apporter to bring
apprivoiser to tame, to
    domesticate
s'approcher de to approach,
    to come near
appui *n.m.* support
appuyer to press, to lean on
après after
  d'après according to
ardoise *n.f.* slate
argent *n.m.* money
arracher to pull out
assailli(e) assailed
s'asseoir to sit
assez de enough
assister to be present at, to
    attend
assourdissant(e) deafening
atteindre to reach
attendre to wait
  s'attendre à to expect
  en attendant in the
    meantime
  en attendant que + *subj.*
    till, until
attention : faire — à to pay
    attention to
atterré(e) utterly crushed;
    dismayed
atterrir to land
attirer to attract
attraper to catch
aucun(e) none, not any
aucunement in no way, by no
    means
audace *n.f.* audacity, daring
au-dessous (de) below,
    underneath
au-dessus (de) above

aujourd'hui   today
aussi   as, also, too
aussitôt (que)   as soon as
autant de   as much, as many
autocar *n.m.*   bus
autre   other
autre chose   something else
autrefois   formerly, in the past
autrement   otherwise
autrui   others, other people
avaler   to swallow
avant (que)   before
avenir *n.m.*   future
avertir   to warn
aveugle   blind, sightless
avion *n.m.*   plane, aircraft
avis *n.m.*   opinion
avoir à   to have to
avouer   to acknowledge, to
   confess

B

bague *n.f.*   ring
se baigner   to bathe
baisser   to lower
balançoire *n.f.*   swing
banc *n.m.*   bench, seat
bandes *n.f.*   tapes
basse-cour *n.f.*   farmyard;
   poultry-yard
bateau *n.m.*   boat
bâtiment *n.m.*   building
bâtir   to build
battre   to beat
bauge *n.f.*   lair
beau : avoir —   to do in vain
beaucoup de   much, many
bénin (bénigne)   benign
bénir   to bless
bercer   to rock
besoin : avoir — de   to need
beurre *n.m.*   butter
bibliothèque *n.f.*   library
bien   well
   le bien   good
bien des   many
bien que   although
bien sûr   of course

bientôt   soon
bienvenu(e)   welcome
bijou *n.m.*   jewel, gem
billet *n.m.*   ticket
blague *n.f.*   joke
(se) blesser   to hurt, to
   wound (oneself)
bœuf *n.m.*   ox
boire   to drink
bois *n.m.*   wood
boisson *n.f.*   drink
boîte *n.f.*   box
bonheur *n.m.*   happiness
bonne *n.f.*   servant
bord : au — du lac   at the
   lakeside
bordé(e)   bordered
borne *n.f.*   boundary mark,
   post
bouche *n.f.*   mouth
boue *n.f.*   mud
bouger   to move
bougie *n.f.*   candle
bouquiniste *n.m.*   secondhand
   bookseller
bourg *n.m.*   borough
bourru(e)   churlish; rugged
bourse *n.f.*   scholarship
bout *n.m.*   end, extremity
bouteille *n.f.*   bottle
bras *n.m.*   arm
briller   to shine
(se) briser   to break
brosser   to brush
brouillard *n.m.*   fog
bruit *n.m.*   noise
brûler   to burn
bruyant(e)   noisy
bureau *n.m.*   office
but *n.m.*   goal

C

ça y est   it's done
(se) cacher   to hide (oneself)
cache-cache   hide-and-seek
cadeau *n.m.*   gift
cafard : avoir le —   to have
   the blues

caillou *n.m.*   pebble, stone
campagne *n.f.*   country
caoutchouc *n.m.*   rubber
car   for, because
**caractère : avoir bon
   (mauvais) —**   to be good
   (bad) tempered
carnet *n.m.*   notebook
carré(e)   square
carreau *n.m.*   windowpane
cartomancienne *n.f.*   fortune-
   teller
cas : en — d'urgence   in case
   of emergency
cas : au — où   in case
casser   to break
cause : à — de   on account
   of, because of
causer   to chat
céder   to yield
cédrat *n.m.*   citron
ceinture *n.f.*   belt
célibataire   single, unmarried,
   bachelor
censé(e)   supposed
cependant   however
cerise *n.f.*   cherry
cerveau *n.m.*   brain
cesser de   to stop, to cease
chacun(e)   each one
chair de poule *n.f.*   goose flesh
chaleur *n.f.*   heat
chambré   at room temperature
champ *n.m.*   field
champignon *n.m.*   mushroom
chance *n.f.*   luck
chanson *n.f.*   song
chanter   to sing
chapeau *n.m.*   hat
chaque   each, every
chasser   to hunt
chaume *n.m.*   thatch
chaussures *n.f.*   shoes
chef *n.m.*   head, manager,
   boss
chef-lieu *n.m.*   chief town
chemin *n.m.*   way
chemise *n.f.*   shirt

cher (chère) expensive
chercher to look for
cheval *n.m.* horse
cheveu(x) *n.m.* hair
cheville *n.f.* ankle
chèvre *n.f.* goat
chez at the house of
chien *n.m.* dog
choisir to choose
choix *n.m.* choice
chose *n.f.* thing
   quelque chose something
chou *n.m.* cream bun
chute *n.f.* fall
ciel *n.m.* sky
ciguë *n.f.* hemlock
cirque *n.m.* circus
citron *n.m.* lemon
civière *n.f.* stretcher
clair(e) clear, light
clairement clearly
clé (clef) *n.f.* key
cloche *n.f.* bell
clou *n.m.* nail
cœur *n.m.* heart
   par cœur by heart
colère : (être) en — *n.f.* (to be)
   angry
collant(e) sticky
collier *n.m.* necklace
colline *n.f.* hill
combat *n.m.* fight
combien de how much, how
   many
commander to order
comme as, like, since
commencer to begin
comment how
commérage *n.m.* (ill-natured)
   gossip
commode easy, convenient
composé(e) compound
comprendre to understand
y compris included
compter to count, to expect
   to do
comte *n.m.* count, earl
conclure to conclude

condition : à — que on
   condition that
conduire to drive
conduite *n.f.* behavior
conférence *n.f.* lecture
conférencier *n.m.* lecturer
confiance *n.f.* confidence,
   trust
   avoir confiance to trust
   se confier à to confide
confiture *n.f.* preserves, jam
confus(e) confused
connaître to know
   s'y connaître en to be an
   expert
conseil *n.m.* advice
content(e) glad
contre against
   par contre on the other
   hand
contrée *n.f.* country, region
contrevents *n.m.* outside
   shutters
convaincre to convince
convenir to suit, to fit
copain *n.m.* friend, pal
coq *n.m.* rooster
coquillage *n.m.* shell
   (of shellfish)
coquin(e) rascal
corbeille *n.f.* (open) basket
corne *n.f.* horn
corriger to correct
côte *n.f.* slope (of hill)
   côte à côte side by side
côté : à côté de near
cou *n.m.* neck
se coucher to go to bed
coup de marteau *n.m.*
   hammer-stroke
couper to cut
coupure *n.f.* cut, gash,
   cutting
cour *n.f.* yard
courant électrique *n.m.*
   electric current
courant : être au — (de) to
   know all about

courir to run
courrier *n.m.* mail
course *n.f.* race
   faire des courses to go
   shopping; run errands
coûter to cost
couturière *n.f.* dressmaker
couvercle *n.m.* lid, cover
craie *n.f.* chalk
craindre to fear, to dread
   crainte : de crainte que lest,
   for fear that
cravate *n.f.* tie
créer to create
crépuscule *n.m.* dusk,
   twilight
creux(euse) hollow
crier to shout, to yell
croire to believe
croiser to cross, to pass
croissant *n.m.* crescent
croître to grow
croquer to crunch
cru(e) raw
cueillir to pick, to gather
cuir *n.m.* leather
cuire to cook
cuisine *n.f.* cooking

D

davantage more
se débarrasser de to get rid of
debout standing
se débrouiller to manage, to
   extricate oneself
décevoir to deceive
déchirer to tear
découdre to unstitch
découper to cut out, to carve
découvrir to discover
défaut *n.m.* fault,
   shortcoming
défendre to forbid
défiler to march past
dégât *n.m.* damage
dégoutter to drip
dégustateur (dégustatrice)
   taster

dehors   outside
déjà   already
déjeuner   to have lunch
demain   tomorrow
se demander   to wonder
démarche *n.f.*   gait
déménager   to move house, to move
demeure *n.f.*   residence, dwelling
demi(e)   half
dénouer   to untie
denrée *n.f.*   foodstuff, produce
dent *n.f.*   tooth
dépasser   to pass, to overtake
se dépêcher   to hurry
dépenser   to spend
dépit : en — de   in spite of
déposer   to deposit
déprimé(e)   depressed
depuis (que)   since
déraciner   to uproot
déranger   to disturb
dernier (dernière)   last
désormais   from now on, henceforth
dès que   as soon as
dessein *n.m.*   plan, project
dessin *n.m.*   drawing, sketch
dessiner   to draw
dessous *n.m.*   lower part
dessus *n.m.*   top
détruire   to destroy
devant   before, in front of
devenir   to become
deviner   to guess
devoir *n.m.*   duty, homework
devoir   to owe, to have to, must
digérer   to digest
digne   worthy
diluvien(ne)   torrential (rain)
dimanche *n.m.*   Sunday
se diriger   to make one's way, to go (towards)
disparaître   to disappear
se disputer   to argue, to quarrel

disque *n.m.*   record
se distraire   to amuse oneself
diviser   to divide
doigt *n.m.*   finger
dommage *n.m.*   damage
donc   therefore, so, hence
donner   to give
dorénavant   henceforth
dortoir *n.m.*   dormitory
dos *n.m.*   back
doué(e)   gifted
douter   to doubt
  se douter   to suspect
dresser (les oreilles)   to prick up
droit : avoir le — de   to have the right to
droite *n.f.*   right-hand side
dur(e)   hard, difficult
durée *n.f.*   duration

E

eau *n.f.*   water
  eau de Javel   chlorinated water
ébahi(e)   dumbfounded
s'échapper   to escape
s'échauffer   to become overheated
échouer   to fail
éclair *n.m.*   lightning
éclater   to burst, to blow up
s'écouler   to flow away, to elapse
écouter   to listen
écran *n.m.*   screen
écraser   to run over, to crush
s'écrier   to exclaim
écrire   to write
écrivain *n.m.*   writer
s'écrouler   to collapse, to fall in
écueil *n.m.*   reef, snag, danger
écureuil *n.m.*   squirrel
écurie *n.f.*   stable
effacer   to erase
efficace   efficient
effrayer   to frighten

égard : à l' — de   with regard to
égaré(e)   stray, lost
église *n.f.*   church
eh bien   well
élevé(e)   high, raised
éloigné(e)   distant, far (away)
émission : d'une seule — de voix   in one breath
emmener   to take, to take away
emmurer   to wall in
émouvoir   to move, to affect
s'emparer de   to seize, to take possession
empêcher   to prevent
empirer   to worsen
emploi *n.m.*   employment, occupation, post
s'empresser   to hurry, to hasten
emprunter   to borrow
encadrer   to frame, to enclose by
enchaîné(e)   chained up
encore   still
encre *n.f.*   ink
s'endormir   to fall asleep
endroit *n.m.*   place
  à l'endroit   right side up
enfant *n.*   child
s'énerver   to become irritable
enfoncer   to drive in
s'enfuir   to flee, to run away
enivrant(e)   intoxicating; heady
enlèvement *n.m.*   removal; kidnapping
ennuis *n.m.*   worries
s'ennuyer   to be bored
ennuyeux (ennuyeuse)   boring
enseigner   to teach
ensoleillé(e)   sunny
ensuite   then
entendre   to hear
  entendre dire   to hear it said
  s'entendre   to get along
entouré(e)   surrounded

entraîner to carry away, along
entre between
entreprendre to undertake
envers towards
  à l'envers upside down
envie : avoir — de to want, to
  feel like
envier to envy
environ about
s'envoler to fly away
envoyer to send
épais(se) thick
épandre to spread
s'épanouir to blossom, to
  open out
épatant(e) wonderful, terrific
épeler to spell
épicier grocer
épouser to marry
éprouver to feel
épuisé(e) exhausted
équipe *n.f.* team
escalier *n.m.* stairs
espalier *n.m.* trellis
espèce *n.f.* kind, species
espérance *n.f.* expectation
espérer to hope
espoir *n.m.* hope
esprit *n.m.* mind
essouflé(e) out of breath
essuyer to wipe
estomper to shade off
étable *n.f.* cattleshed
étagère *n.f.* shelf
étaler to display
état *n.m.* state
été *n.m.* summer
éteindre to extinguish
étendre to extend, to stretch
éternuer to sneeze
étoile *n.f.* star
s'étonner to be astonished
étourdissant(e) deafening,
  astounding
étrange strange
étranger(ère) foreign
  à l'étranger abroad
être à to belong to

être humain *n.m.* human
  being
étroit(e) narrow
s'évader to escape
s'évanouir to faint
s'éveiller to awaken
éviter to avoid
exiger to demand, to require
exprès on purpose
exprimer to express

F

face : en — de facing
se fâcher to get angry
façon *n.f.* manner, way
  de façon à so as to
  de façon que so that
faillir to just miss
faim *n.f.* hunger
faire to do; to make
  faire des siennes to be up
    to one's old tricks
  faire de son mieux to do
    one's best
  faire mal to hurt
  faire savoir to inform
  faire voir to show
  s'en faire to worry
  s'y faire to get used to
fait *n.m.* fact
falloir to be necessary
fané(e) faded
farine *n.f.* flour
fauteuil *n.m.* armchair
fautif(ve) faulty, incorrect
faux (fausse) false,
  erroneous
fée (conte de) *n.f.* fairy (tale)
feindre to pretend
femme *n.f.* woman, wife
fendre to split
fenêtre *n.f.* window
fer *n.m.* iron
ferme *n.f.* farm
fermer to close, to shut
fier(ère) proud
fièvre *n.f.* fever
figure *n.f.* face

fil *n.m.* thread, wire
fille *n.f.* girl, daughter
fils *n.m.* son
fin *n.f.* end
fin(e) fine, refined
flacon *n.m.* small bottle
flaque d'eau *n.f.* puddle
fleur *n.f.* flower
fleuve *n.m.* river
foi *n.f.* faith
foie *n.m.* liver
foire *n.f.* fair
fois *n.f.* time
  à la fois at the same time
  une fois que once
foncé(e) dark, deep
force *n.f.* strength
forficule *n.f.* earwig
forgeron *n.m.* blacksmith
fou (folle) mad, crazy
foule *n.f.* crowd, multitude
four *n.m.* oven
fourmi *n.f.* ant
fourrure *n.f.* fur
frapper to knock
frère *n.m.* brother
frisé(e) curly
frites *n.f.* French fries
fromage *n.m.* cheese
froncer (les sourcils) to frown
front *n.m.* forehead
frotter to rub
fuir to flee
fumer to smoke
fusil *n.m.* rifle

G

gagner to earn, to win, to
  reach
gant *n.m.* glove
garder to keep
  prendre garde à to beware
gare *n.f.* train station
se garer to move out of the
  way
gâteau *n.m.* cake
  gâteaux secs cookies
gâter to spoil

gauche left
geler to freeze
gênant(e) embarrassing
gêner to embarrass
genou *n.m.* knee
genre *n.m.* kind, gender
gens *n.m.* people
gentil(le) nice, pleasant
gérer to manage
gifle *n.f.* slap
gigot *n.m.* leg of mutton
glace *n.f.* ice cream; mirror
gomme *n.f.* eraser
gorge *n.f.* throat
gourmand(e) glutton
goût *n.m.* taste
goûter to taste
goutte *n.f.* drop
grâce à thanks to
ne… pas grand-chose not
    much
gras(se) fat
gratte-ciel *n.m.* skyscraper
gré : de bon — willingly
greffe du cœur *n.f.* heart
    transplant
grêle *n.f.* hail
grève *n.f.* strike, (sea)shore
griffe *n.f.* claw
grimper to climb
gronder to scold
gros(se) big
ne… guère hardly
guérir to cure, to heal
guerre *n.f.* war
guichet *n.m.* box office
    window
guillemets *n.m.* quotation
    marks

H

(*signifie que le **h** est aspiré)
habiller to dress
habiter to live
***haine** *n.f.* hate
***haïr** to hate
haleine : de longue —
    long-term

***hanche** *n.f.* hip
par *hasard by accident, by
    chance
***hâte : avoir — de** to be eager
***hausser les épaules** to shrug
    one's shoulders
en *haut upstairs, at the top
***hauteur** *n.f.* height
hebdomadaire weekly
herbe *n.f.* grass
héritage *n.m.* inheritance
heure : à l' — on time
    de bonne — early
heureux(se) happy
se *heurter to collide
***hibou** *n.m.* owl
hier yesterday
hiver *n.m.* winter
homme *n.m.* man
***honni** disgraced, spurned
***honte : avoir — de** to be
    ashamed of
horloge *n.f.* clock
***hors de** out of
huile *n.f.* oil
hurlement *n.m.* howling
***hurler** to howl
humeur : (de bonne, mauvaise)
    — *n.f.* mood
humour *n.m.* humor

I

ici here
il y a ago
il y a there is, there are
imbuvable undrinkable
n'importe qui anyone
incroyable unbelievable
inouï(e) unheard of
inquiet(ète) worried
s'inquiéter to worry
insolemment insolently
à l'insu de without the
    knowledge of
invité(e) guest
ivre drunk
ivrogne *n.m.* drunkard

J

jadis formerly, of old
jamais never
jambe *n.f.* leg
jaune yellow
jeter to throw
jeu *n.m.* game
jeudi Thursday
jeun : être à — fasting
joue *n.f.* cheek
jouet, joujou *n.m.* toy
jour *n.m.* day
jumeau(elle) twin
jurer to swear
jus d'orange *n.m.* orange
    juice
jusqu'à as far as, up to

L

là-bas over there
laid(e) ugly
laisser to let, to allow
    laisser tomber to drop
lait *n.m.* milk
lancer to throw
langue *n.f.* language, tongue
large wide
    le large open sea
largeur *n.f.* width
las(se) tired
se lasser to get tired
(se) laver to wash (oneself)
lecteur(rice) lecturer, reader
lecture *n.f.* reading
léger(ère) light
légume *n.m.* vegetable
le lendemain the next day
lentement slowly
lever to raise
    se lever to get up
librairie *n.f.* bookstore
libre free
lieu : avoir — to take place
lieu-dit *n.m.* named place
ligne *n.f.* line
lire to read
lit *n.m.* bed
livre *n.f.* pound

loin far
le long de along
à la longue in the long run
longueur *n.f.* length
lorsque when
louer to rent, to praise
loup *n.m.* wolf
lourd(e) heavy
lugubre gloomy
luire to shine
lundi Monday
lune *n.f.* moon
lunettes *n.f.* glasses

M

**machine, ** *n.f.*:
   — **à écrire** typewriter
   — **à laver** washing
      machine
   — **à coudre** sewing
      machine
magasin *n.m.* store
  grand magasin department
  store
maillot de bain *n.m.* bathing
  suit
main *n.f.* hand
maintenant now
mal : avoir — to have a pain
mal de mer *n.m.* seasickness
mal de tête *n.m.* headache
pas mal de a fair amount
malade sick
malgré (que) in spite of
malheur *n.m.* misfortune
malin (maligne) shrewd,
  cunning
mallette *n.f.* attaché case
manche : *n.m.* handle
       n.f. sleeve
mander to send news
  (by letter)
manger to eat
de manière que so that
manquer to miss, to lack
manteau *n.m.* coat
se maquiller to make up
  (face)

marche *n.f.* a walk
marché : bon — cheap
marcher to walk, to work
  (machine)
mardi Tuesday
marée *n.f.* tide
marron chestnut(-color),
  maroon
maudire to curse
mauvais(e) bad, wrong
méchant(e) wicked, naughty
médicament *n.m.* medicine
médire to slander
se méfier de to mistrust
mélanger to mix
mêler to mix
même same; even
  même si even if
ménage : faire bon — to live
  happily together
mener to lead
mensonge *n.m.* lie
menthe *n.f.* mint
mentir to lie
menton *n.m.* chin
mépriser to scorn
mercredi Wednesday
mère *n.f.* mother
mesquin(e) mean, petty
messe *n.f.* mass
métier *n.m.* trade
mets *n.m.* food, dish
mettre to put
  se mettre à to begin
  y mettre du sien to
  contribute to
meuble *n.m.* piece of
  furniture
midi noon
miel *n.m.* honey
milieu : au — de in the
  middle of
mince thin
mine *n.f.* appearance, look
minuit midnight
mode *n.m.* mood
moindre smaller, less, least
moine *n.m.* monk

moins less
  à moins que unless
mois *n.m.* month
moitié *n.f.* half
moment : en ce — now
monde *n.m.* world
montre *n.f.* watch
montrer to show
se moquer de to make fun
mordre to bite
mort *n.f.* death
mot *n.m.* word
mots croisés crosswords
mou (molle) soft
se moucher to blow one's
  nose
mouchoir *n.m.* handkerchief
moule *n.m.* mold
mourir to die
mousse *n.f.* moss
moyen *n.m.* means
muet(te) mute
mûr(e) ripe
museau *n.m.* snout

N

nager to swim
naguère not long ago
naissance *n.f.* birth
naître to be born
nappe *n.f.* tablecloth
natal(e) native
néanmoins nevertheless
négliger to neglect
neige *n.f.* snow
ne... que... only
net(te) clean, clear, spotless,
  sharp
nettoyer to clean
neuf (neuve) new
neveu *n.m.* nephew
nez *n.m.* nose
ni... ni... neither ... nor ...
nid *n.m.* nest
nier to deny
noix *n.f.* nut
nom *n.m.* noun, name
nombre *n.m.* number

nombreux(se) numerous
nouer to tie, to knot
nouveau(elle) new
   de nouveau again
nouvelle *n.f.* news
se noyer to drown
nu(e) bare, naked
nuage *n.m.* cloud
nues *n.f.* high clouds, skies
nuire (à) to be harmful,
   prejudicial
nul(le) no, not one
nullement not at all
nulle part nowhere

O

occasion : d' — used,
   second-hand
s'occuper de to take care of
œil (plur. **yeux**) *n.m.* eye
œuf *n.m.* egg
œuvre *n.f.* work
oiseau *n.m.* bird
ombragé(e) shaded, shady
ombre *n.f.* shadow, shade
omelette norvégienne *n.f.*
   baked Alaska
or *n.m.* gold
   d'or golden
or now
orage *n.m.* storm
ordinateur *n.m.* computer
oreille *n.f.* ear
oser to dare
ôter to remove
où where
ou or
   ou bien or
oublier to forget
où que wherever
outil *n.m.* tool
ouvert(e) open
ouvrage *n.m.* work
ouvrir to open

P

pain *n.m.* bread
   petit pain roll

palier *n.m.* stair landing
panier *n.m.* basket
panne *n.f.* breakdown
pantalon *n.m.* slacks
papillon *n.m.* butterfly
paquet *n.m.* package
paraître to appear, to seem
parapluie *n.m.* umbrella
parcourir to travel through,
   to go over
par-dessous underneath
par-dessus over (the top of)
pareil(le) similar, such, like
   that
parents *n.m.* parents,
   relatives
paresseux (paresseuse) lazy
parfois sometimes
pari *n.m.* bet
parier to bet
parler to speak, to talk
parmi among, amid
parole *n.f.* (spoken) word
part *n.f.* share, part
   à part apart, aside
   quelque part somewhere
partager to share
partie *n.f.* part
partir to leave
partout everywhere
parvenir à to succeed,
   to attain
pas *n.m.* step
passant(e) passer-by
pas du tout not at all
pas encore not yet
passé *n.m.* past
se passer to happen
   se passer de to do without
patins à glace *n.m.* ice skates
pâtisserie *n.f.* pastry
patte *n.f.* paw
pâture *n.f.* food (for animals);
   pasture
pauvre poor
pays *n.m.* country
paysage *n.m.* landscape,
   scenery

péage *n.m.* toll
pêche *n.f.* peach
pêcher to fish
pécheur *n.m.* sinner
peine *n.f.* pains, trouble,
   difficulty
   ce n'est pas la peine de it's
      not worth the trouble
   à peine... que... hardly . . .
      when . . .
peler to peel
pelouse *n.f.* lawn
penchant *n.m.* inclination
se pencher to bend, to stoop
   over
pendant(e) hanging
pendant (que) while
pendre to hang
pénible painful, wearisome
pensée *n.f.* thought
penser to think
perdre to lose
permis de conduire *n.m.*
   driver's license
personnage *n.m.* character
personne no one
peser to weigh
petits pois *n.m.* green peas
peu de little, few
   un peu de a little
peuple *n.m.* people, nation
à peu près nearly,
   approximately
peur *n.f.* fear
   de peur que lest
peut-être (que) perhaps,
   maybe
phare *n.m.* lighthouse
phrase *n.f.* sentence
pièce *n.f.* play
pied *n.m.* foot
pierre *n.f.* stone
pinceau *n.m.* brush
pincer to pinch
pion *n.m.* study master
piquer to sting, to prick
pire worse
pis worse

place *n.f.* place; seat; room; square (*public*)
  assez de place enough room
plage *n.f.* beach
se plaindre to complain
plaire to please, to enjoy
plaisanterie *n.f.* joke
plancher *n.m.* floor
plat *n.m.* dish
  à plat flat
plein(e) full
pleurer to cry
pleuvoir to rain
pluie *n.f.* rain
plume *n.f.* feather
la plupart des most, the greatest part
de plus en plus more and more
ne... plus... no longer
plusieurs several
plutôt rather
pneu *n.m.* tire
poche *n.f.* pocket
poésie *n.f.* poetry
poids *n.m.* weight
point *n.m.* dot
pointillés *n.m.* dotted line
pointu(e) pointed, sharp
poire *n.f.* pear
poireau *n.m.* leek
poisson *n.m.* fish
poli(e) polite
pomme *n.f.* apple
pompier *n.m.* fireman
pondre to lay eggs
pont *n.m.* bridge
portefeuille *n.m.* billfold, wallet
porter to carry
poser to put
  poser une question to ask a question
posséder to possess
poste *n.m.* job, employment
potager *n.m.* kitchen garden
pou *n.m.* louse
poulailler *n.m.* henhouse

poule *n.f.* hen
poulet *n.m.* chicken
poumon *n.m.* lung
poupée *n.f.* doll
pour for, in order to
pourquoi why
poursuivre to pursue
pourtant however, nevertheless
pourvu que provided, so long as
poussière *n.f.* dust
pouvoir *n.m.* power, command
pouvoir to be able, to be possible
  ne plus en pouvoir to be tired out
praline *n.f.* burnt almond
prédire to foretell, to predict
prendre to take
  prendre une décision to make a decision
  prendre froid to catch a cold
près (de) near
presque almost
pressé : être — to be in a hurry
se presser to hurry
prêt(e) ready
prêter to lend
preuve *n.f.* proof
prévenir to warn, to caution
prévoir to foresee
prier de to beg, to request
prière *n.f.* prayer
printemps *n.m.* spring
prise *n.f.* taking, capture
prochain(e) next
se promener to take a walk
propos : à — by the way, relevant
  à — de with regard to
proposition *n.f.* clause
propre clean, own
prouver to prove

provisions *n.f.* supply, eatables
puis then
puisque since, as
puissant(e) powerful, strong

Q

quand when
  quand même all the same
quant à : as for
quartier *n.m.* neighborhood
ne... que only
quel que... whatever
quelconque whatever, mediocre
quelque... que... however, whatever
quelquefois sometimes
quelques some, a few
quelqu'un someone
se quereller to quarrel
qu'est-ce qui what
qu'est-ce que (c'est que) what is
quiconque anyone who, who(so)ever
quitter to leave
quoique although
quotidien(ne) daily

R

raccourcir to shorten
raconter une histoire to tell a story
ragoût *n.m.* stew
raisin *n.m.* grape
raison : avoir — to be right
ralentir to slow down
ramasser to gather, to pick up
ramper to crawl, to slither
rang *n.m.* row, rank
ranger to put in order
rappeler to remind, to recall
  se rappeler to remember
ras : au — de on a level with
se raser to shave
rater to miss, to fail
ravi(e) delighted

recette *n.f.* recipe
se réchauffer to get warm again
réclamer to claim, to object
récolte *n.f.* crop, harvest
recouvrer to recover, to get again
recueil *n.m.* collection, selection
redouter to fear, to dread
réfléchi(e) reflexive
réfléchir to reflect, to think over
règle *n.f.* rule
rein *n.m.* kidney
relève *n.f.* relief, shift
relever to raise again, to pick up
remis : être — de to be recovered
rendez-vous *n.m.* appointment, date
rendre to return, to give back
  se rendre to go
  se rendre compte to realize
remplacer to replace
remplir to fill
remuer to stir, to move
renard *n.m.* fox
rencontrer to meet
se renfermer to confine oneself
renseignement *n.m.* information
rentrer to return home
rentrer sous terre to go underground
renverser to spill, to throw down
renvoyer to send back, to discharge
repas *n.m.* meal
repérer to mark, to locate
répétition *n.f.* rehearsal
replet(ète) fat, bulky
se replier to fold oneself, to wind
se reposer to rest

reprises : à plusieurs — repeatedly
résoudre to solve, to resolve
respirer to breathe
ressentir to feel
rester to stay
retard : en — late
retentir to resound, to have repercussions
retentissement *n.m.* resounding sound or noise
retour : être de — to be back
retourner to go back
retroussé(e) turned up, snub(nose)
réunion *n.f.* meeting
se réunir to meet, to reunite
réussir to succeed
rêve *n.m.* dream
réveiller to awaken, to wake up
revenir to come back
revue *n.f.* magazine
rez-de-chaussée *n.m.* first floor
ridé(e) wrinkled
rideau de fer *n.m.* iron curtain
rien nothing
rire to laugh
rive *n.f.* bank, shore
riz *n.m.* rice
robe *n.f.* dress
roi *n.m.* king
roman *n.m.* novel
rompre to break
ronde : faire sa — to make the rounds
roseau *n.m.* reed
roue *n.f.* wheel
rouge à lèvres *n.m.* lipstick
rouillé(e) rusty
rouler to roll
route *n.f.* road
ruban *n.m.* ribbon
rue *n.f.* street
rusé(e) sly, cunning

S

sable *n.m.* sand
sac *n.m.* bag
sagesse *n.f.* widsom, good behavior
saignant(e) bleeding, rare (meat)
sale dirty
salé(e) salted
salle *n.f.* large room
samedi Saturday
sanglant(e) bloody
sans without
santé *n.f.* health
sauf except
saut *n.m.* jump
sauter to jump
sceau *n.m.* seal, mark
seau *n.m.* pail, bucket
sec (sèche) dry
sécher to dry
secours : au — help
secrétaire *n.m.* writing desk
séjour *n.m.* sojourn, stay
sel *n.m.* salt
selon according to
semaine *n.f.* week
semblable similar, same
sembler to seem
sens *n.m.* sense, meaning, direction
sensé(e) sensible, intelligent
sentir to feel, to perceive, to smell
serpent *n.m.* snake
serrer to press; to tighten; to squeeze
serveuse *n.f.* waitress
serviette *n.f.* towel; briefcase
servir à to be used for
se servir de to use
seul(e) alone
si if, whether
siècle *n.m.* century
sifflement *n.m.* whistling
signe : faire — to signal
  c'est — que it means
sitôt so soon, as soon

soi oneself

soif *n.f.* thirst

soigner to take care of, to nurse, to look after

soin *n.m.* care, attention

soit (que)... soit (que)... either, or; whether, or

sommeil : avoir — to be sleepy

son *n.m.* sound

songer to think, to dream

sonner to ring, to strike

sort *n.m.* fate, destiny

de sorte que so that

sortir to go out

sot(te) stupid, silly

sou *n.m.* penny, sou

souci *n.m.* worry

se soucier de to be concerned, to care

souffler to blow

souhait *n.m.* wish

souhaiter to wish, to desire

soulagement *n.m.* relief, alleviation

soulever to raise, to stir up

soulier *n.m.* shoe

souligner to underline

sourire to smile

souris *n.f.* mouse

sous-entendu(e) understood, implied

sous-titre *n.m.* subtitle

souvent often, many times

subir to undergo

sucre *n.m.* sugar

suer to perspire, to sweat

suffire to suffice

suite *n.f.* continuation

suivant(e) next, following

suivant (que) in the direction of, according to

suivi(e) followed

se suivre to follow each other

supplémentaire additional

supplier to implore, to supplicate

supposer : à — que supposing that, assuming that

surprenant(e) surprising

surveiller to supervise, to watch over

T

tableau *n.m.* blackboard, painting

tablier *n.m.* apron

tâche *n.f.* task, job

tâcher de to try

se taire to keep quiet, to fall silent

tandis que while, whereas

tant so, so much

en tant que as

tant que so long as

taper à la machine to type

tapis *n.m.* rug

tapisserie *n.f.* tapestry

taquiner to tease

tard late

tarder à to delay

tas : un — de heap, lot, pack

tasse *n.f.* cup

tâtonner to feel one's way, to grope

teindre to tint, to dye

teint *n.m.* complexion, color

tel(le) such, like

tellement so, so much, to such a degree

témoignage *n.m.* testimony

témoin *n.m.* witness

tempête *n.f.* storm

temps *n.m.* tense, weather, time

à temps in time

de temps en temps from time to time

il est temps de it is time to

tendre to stretch, to lay

ténèbres *n.f.* darkness, gloom

tenir à to want, to be anxious, to be bent on

tenter to attempt, to try

terre *n.f.* earth

par terre on the ground

terrier *n.m.* burrow, hole

tête *n.f.* head

thé *n.m.* tea

tiers *n.m.* third

timbre *n.m.* stamp

tirer to draw, to pull

s'en tirer to pull through

tiroir *n.m.* drawer

toile *n.f.* canvass

toit *n.m.* roof

tollé *n.m.* outcry

tomber to fall

ton *n.m.* tone

tondre to shear

il tonne it is thundering

tonnerre *n.m.* thunder

tordre to twist

tort : avoir — to be wrong

tôt early

toujours always, still

touffu(e) bushy ; tufted

tour *n.m.* turn

faire le tour de to go round

tout(e) all; whole; every

tout à coup suddenly

tout à l'heure in a few minutes; a few minutes ago

tout de suite immediately

tout le monde everyone

tout le temps all the time

toutefois however, nevertheless

toux *n.f.* cough

train : être en — de to be in the act of

trait *n.m.* straight line

trait d'union *n.m.* hyphen

travailler to work

travers : à — through

traverser to cross, to go through

tremblement de terre *n.m.* earthquake

trésor *n.m.* treasure

tricot *n.m.* knitting;
  sweater
tricoter to knit
triste sad
se tromper to make a
  mistake, to be wrong
trompeur(euse) deceitful,
  misleading
trop de too much, too
  many
trottoir *n.m.* sidewalk
trou *n.m.* hole
trouver to find
  se trouver to be
truand vagrant
tuer to kill
tuile *n.f.* tile
tutoyer to address as "**tu**"

U

usé(e) worn out
usine *n.f.* factory
utile useful

V

vache *n.f.* cow
vague *n.f.* wave
vaillant(e) valiant
vaincre to conquer, to win
valise *n.f.* suitcase
valoir to be worth
  valoir mieux to be better

vaisselle : faire la — to wash
  the dishes
vase *n.f.* slime, mud
veille *n.f.* the day before
vendre to sell
vendredi Friday
venir to come
  en venir à to come to the
    point of
  venir de (faire) to have
    just (done)
vent *n.m.* wind
véreux(euse) wormy,
  worm-eaten
verger *n.m.* orchard
vérité *n.f.* truth
vermeil(le) ruby, rosy
verre *n.m.* glass
  verres de contact *n.m.*
    contact lenses
vers *n.m.* line of poetry
vers toward(s)
verser to pour
vêtement *n.m.* garment
vêtir to dress, to clothe
veuf (veuve) widower
viande *n.f.* meat
vide empty
vie *n.f.* life
vieillard *n.m.* old man
vieillir to age, to grow old
vieux (vieille) old
vif (vive) bright, vivid

ville *n.f.* city; town
vin *n.m.* wine
visage *n.m.* face
vitesse *n.f.* speed
vitrail *n.m.* stained glass
  window
vivre to live
vœu *n.m.* vow, wish, desire
voici here is; here are
voilà there is; there are
voir to see
voisin(e) neighbor
voiture *n.f.* car, automobile
voix *n.f.* voice
  à haute voix aloud
vol *n.m.* flight, theft
voler to fly, to steal
voleur *n.m.* thief
volonté *n.f.* will
volontiers willingly
vouloir to want, to wish
  vouloir dire to mean
  en vouloir à to bear a
    grudge
vraiment really
vraisemblablement very
  likely, probably
vue *n.f.* sight, view;
  eyesight

Y

yeux (*sing.* œil) *n.m.* eyes

Index

Index

Tableaux